KB071348

열두 개의 키워드로 이해하는

국제개발협력

한국국제협력단KOICA 기획

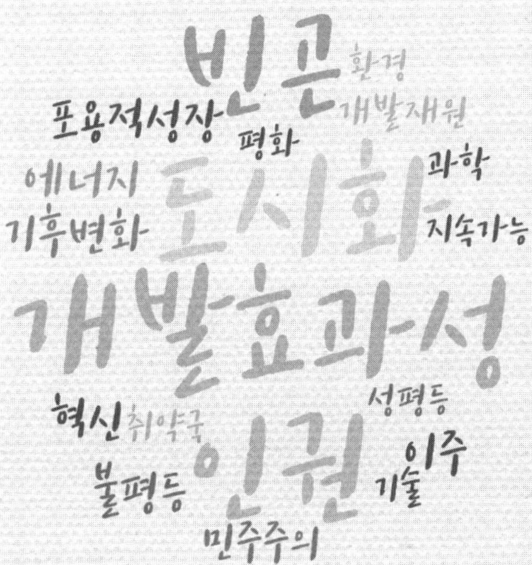

한울
아카데미

"그 누구도 소외되지 않는다Leave no one behind."

지난 2015년 9월, 유엔 개발정상회의에서 국제사회가 천명한 지속가능개발목표SDGs: Sustainable Development Goals의 방향입니다.

한국국제협력단KOICA: Korea International Cooperation Agency은 이러한 흐름에 맞춘 발걸음을 힘차게 내딛고 있습니다. KOICA의 기관 미션은 '누구도 소외받지 않는 사람 중심의 평화와 번영을 위한 상생의 개발협력'입니다. 이는 국제개발협력의 보편적인 원칙과 규범에 충실한 공적개발원조ODA: Official Development Assistance를 추진하겠다는 KOICA의 의지입니다.

또한 KOICA는 '사람중심People, 평화중심Peace, 상생번영Prosperity, 그리고 환경보전Planet'을 기관의 주요 가치이자 지향점으로 설정하여, 빈곤퇴치, 인권개선, 인도주의 실현 등 ODA의 본연의 가치가 더욱 빛날 수 있게 노력해나가고 있습니다.

한편, KOICA는 우리나라의 무상원조를 전담하는 공공기관입니다. 이는 KOICA가 국내의 사회적 가치도 조화롭게 추진하여 우리의 공동체 발전에 기여해야 한다는 의미입니다. KOICA는 국민이 체감하고 응원할 수 있는 ODA를 통해 대한민국을 대표하는 국제개발협력 기관으로 거듭날 것입니다.

이와 같은 관점에서 KOICA는 『열두 개의 키워드로 이해하는 국제개발협력』을 발간하게 되었습니다. 그간 KOICA가 국제개발협력 현장에서 쌓은 노하우, 경험, 지식을 모아 국민들이 최대한 쉽고 친근하게 국제개발협력과 ODA에 다가올 수 있게 준비했습니다.

아무쪼록 이 책을 통해 보다 많은 국민들께서 KOICA와 국제개발협력에 따뜻한 관심을 가져주시고 많은 응원을 해주실 것을 기대합니다.

감사합니다.

KOICA 이사장 이미경

차례

국제사회는 제2차 세계대전 이후 마셜 플랜Marshall Plan을 시작으로 본격적인 개발원조development aid를 시작했다. 전후 재건에 필요한 투자재원을 지원해 경제성장을 촉진하고자 추진되었던 원조는 이제는 개발도상국의 경제사회 발전뿐 아니라 전 인류의 지속가능한 발전을 위한 노력으로 확대되었다.

원조무용론도 없지 않지만 1950년 이후 세계는 국제사회의 노력에 힘입어 다양한 차원에서 많은 진전을 이루었다. 1950년 전 세계 인구의 63%가량이 절대빈곤 속에 생활했으나, 새천년개발목표MDGs: Millennium Development Goals 체제가 종료된 2015년에는 그 비율이 9.9%로 크게 축소되었다. 문맹률도 동 기간 44%에서 14%로 대폭 감소했다. 1940년 23%가 넘었던 5세 이하 영아 사망률은 2015년에는 4%대로 획기적으로 감소했다. 국제적 개발 노력이 인간의 기본적 생활요건basic human needs을 개선한다는 측면에서 많은 성과를 거둔 것은 분명해 보인다.

이러한 국제사회의 성취에 한국도 동참하고 있고, 더디지만 그 비중과 공헌의 깊이를 더해가고 있다. 한국은 제2차 세계대전 이후 원조를 받는 수원국에서 원조를 주는 공여국으로 변신한 유일한 국가이다. 우리 정부는 꾸준히 원조 규모를 증대하는 한편, 우리가 보유한 중요한 개발경험을 수원국들과 공유하며 국제사회의 책임 있는 일원으로서 개도국의 발전과 인류 공동의 번영에 이바지하고 있다.

21세기 초반의 인류는 새로운 차원의 도전에 직면해 있다. 전술한 바와 같이 절대빈곤 측면에서는 많은 진전이 있어, 2000년도 63개였던 저소득국low income countries의 숫자는 2015년 33개국으로 절반 가까이 감소했다. 그러나 세계적으로 소득과 자산 분포의 불평등 역시 점차 심화되어, 현재 상위 1% 인구는 전 세계 부의 45%를 차지하고 있다. 이러한 불평등의 심화는 사회적 건전성을 저해하고 정치적 불안정성을 증가시켜 미래의 성장과 발전에 어두운 그림자를 드리운다.

안보와 안전은 새로운 양상의 과제를 마주하고 있다. 냉전 종식 이후 갈등이 감소하고 평화가 정착될 것으로 기대했으나, 테러리즘과 국지적 분쟁은 여전히 줄지 않고 세계의 안보와 안전에 위협이 되고 있다. 2017년 기준으로 6850만 명의 사람들이 박해와 분쟁, 폭력으로 인해 삶의 터전에서 밀려나 이주민과 난민이 되었다. 그 결과, 약 2850만 명의 초등학교 취학연령 어린이들이 학교에 갈 기회를 박탈당한 채 분쟁지역에서 생활하고 있다. 이처럼 분쟁과 폭력은 현재의 발전을 저해할 뿐 아니라 미래 세대의 발전에도 심각한 걸림돌로 작용한다.

기후변화와 환경오염은 지구 생태계와 환경 전체에 영향을 미쳐 인류의 생존 자체를 위협하고 있다. 지구온난화로 인해 더욱 극심해진 가뭄, 홍수, 폭염, 태풍 등 이상기후와 해수면 상승은 농업생산성을 저해하고 인명과 재산, 경제 및 사회 기반시설을 위험하게 한다. 그뿐 아니라 기후변화는 세계 최빈국의 1인당 국내총생산을 17~31% 감소시켜, 전 세계적인 불평등을 심화시키고 가난한 나라의 발전을 방해한다.

한편, 이러한 경제, 환경, 안보, 사회적 측면에서의 위험은 그에 대한 대응 능력이 충분하지 못한 국가들에 더욱 큰 어려움으로 작용하고 있다. 국제사회는 이러한 국가들을 취약성이 높은 국가fragile states로 분류하고 특별한 지원과 노력을 촉구하고 있다. 그러나 실상 취약국가들은 원조와 교역에서도 외면받으며 성장과 발전을 위한 적절한 투자와 역량이 부족한 상태로 어려움에 처해 있다. 취약국 국민들은 다양한 위험에 노출되어 안정적인 일상을 영위하지 못하고 있고, 많은 경우 비자발적 이주민이 되어 국가 내에서 또는 해외를 떠돌아다니게 된다. 취약국의 분쟁과 비자발적 이주 문제는 주변국이나 접경지역의 안정성에도 악영향을 미쳐 위험이 확산되며 더 심각한 문제를 촉발하기도 한다. 따라서 취약성과 이에 대응하는 회복력resilience을 향상시키는 문제는 21세기 개발협력의 새로운 화두가 되고 있다.

새롭게 대두된 도전과제들은 인류에게 이전과는 다른 방식의 대처와 노력을 요구하게 되었다. 지속가능개발목표SDGs: Sustainable Development Goals 체제는 국제사회의 노력을 아우르는 대응체계로서 193개 유엔UN: United Nations 회원국 만장일치로 2015년 9월 출범했다. MDGs 체제가 개도국의 절대빈곤 및 교육과 보건 같은 기초서비스 제공에 초점을 맞추어 추진되었다면, SDGs 체제는 MDGs 체제의 성과와 교훈을 계승하되 환경문제 해결과 경제사회 발전은 개도국과 선진국 모두의 공동의 과제라는 점을 인식하며 시작되었다. 17개 상위 목표와 169개 세부목표로 이루어진 SDGs는 생태계와 환경의 한계를 인식하고, 그 테두리 안에서 미래 세대의 기회를 빼앗지 않는 지속가능한 경제사회 발전을 인류사회 공동의 협력을 통해 이룩하는 것을 목표로 하고 있다. 케이트 레이워스Kate Raworth의 주장에 따르면, 인류는 이제 지속가능하지 않은 무한성장이 아닌, 생태계의 한계 속에서 모두가 존엄성과 인권을 누리며 기본적 생활요건을 충족할 수 있는 새로운 발전모델을 추구해야 한다. 즉, 인류는 이제 외부는 환경적 한계, 내부는 사회적 기초라는 동심원에 둘러싸인 도넛 고리 내에서 발전을 구현해야 한다.

이 책은 이러한 새로운 패러다임하에서 공존번영을 위해 이루어지고 있는 노력을 이해할 수 있는 12개의 개발협력 주제를 담고 있다. 제1장의 주제인 빈곤과 불평등은 개발협력의 가장 오래된 근본적인 문제이다. 그러나 기후변화와 4차 산업혁명과 같은 새로운 환경은 이전과 다른 대응방식을 요구한다. 이 책은 이러한 기술적·환경적 변화를 반영하여 빈곤문제에의 영향과 불평등의 다양한 요소를 고찰하고 대응노력을 분석한다.

제2장부터 제5장까지는 경제적 발전과 관련된 주제를 다룬다. 제2장은 심화되는 양극화 현상 속에서 필요한 사회적 제도와 고용을 통한 포용적 성장의 문제를 고찰한다. 제3장은 경제성장을 위해 불가피하지만 점차 고갈되면서 장기적으로 인류 생존을 위협하는 화석연료 문제와 그에 대응하는 재생에너지 효율성 증대 노력을 분석한다. 제4장은 포용적 도시 구축을 통한 지속가능한 개발 이슈를 논의한다. 21세기 들어 인류 역사상 처음으로 도시거주인구가 시골거주인구수를 앞지르게 되었다. 2015년 기준, 전 세계 인구의 50%가 넘는 40억 인구가 도시 거주민이며, 2030년에는 도시 인구가 50억 명을 넘어서게 될 것이다. 제5장은 상품의 생산, 소비, 폐기에 이르는 순환경제 모델로의 변화의 중요성과 의미를 고찰한다. 최근 우리나라에서도 언론에 자주 보도된 미세플라스틱과 쓰레기 처리 문제가 보여주듯이, 상품의 생산과 소비, 폐기는 우리의 생활양식과 생존에 중요한 영향을 미치고 있다.

인류의 지속가능한 발전과 번영은 개개인이 존엄을 지키고 보편적 인권을 누리며 안전을 보장받을 때만이 가능하다. 제6장부터 제9장에 이르는 사회적 발전 부문에서는 인권과 성평등, 평화와 취약성을 논의 주제로 선정했다. 먼저, 제6장은 보편적 인권 보장을 위해 사회적 약자로서의 여성 및 성평등과 개발의 문제를 알아본다. 세계적으로 여성 5명 중 1명은 50세 이전에 육체적·성적 폭력에 노출되지만 여전히 전 세계 49개국에서는 가정폭력으로부터 여성을 보호하는 법률조차 마련되어 있지 않다. 이 책은 사회가 여성의 권리를 보장하고 여성에게 투자할 때 경제적으로도 더 높은 경제사회 발전을 달성한다는 점을 확인한다.

제7장의 주제는 평화와 민주주의이다. 전 세계적으로 10억 명의 사람들이 법적으로 신분을 증명할 수 없는 '투명인간invisible person'의 상태이며, 이 중 절반 이상인 6억 2500만 명은 태어날 때 출생신고를 하지 못한 어린이이다. 따라서 이들은 시민으로서 누려야 할 투표권과 교육권을 주장할 수 없으며 사회보장제도 서비스에서 배제되어 있다. 이 책은 모든 소외계층을 아우르는 법적 제도의 강화를 통한 인권 보장이 인류의 보편적 번영과 발전의 핵심 요소임을 주장한다.

제8장은 취약국과 이주민의 문제를 고찰하고 대응노력을 논의한다. 앞서 언급한 바와 같이 환경적·정치적·경제적 위험은 이에 적절히 대응할 역량과 권위를 갖춘 정부와 국가제도가 부재한 곳에서 더욱 큰 위기로 발화한다. 중국과 인도의 부상과 함께 많은 저개발국들도 사회경제적 성장을 이룩했다. 이제 발전의 문제는 사하라 이남 아프리카나 내륙국, 태평양의 소규모 도서국가와 같은 취약국가들이 지속적인 취약성을 극복하고 복원력을 강화하는 데 초점이 맞추어지고 있다.

제9장에서는 기후변화와 환경오염이 개발에 미치는 전반적인 영향을 분석한다. 환경오염과 기후변화는 SDGs 17개 목표 중 4개의 목표와 직접적으로 연관된 중요한 개발문제이다. 이 책은 저감mitigation과 적응adaptation을 중심으로 한 극복 노력을 고찰한다.

국제사회는 다양한 개발문제 해결을 위한 이행수단means of implementation으로서 재원 확보와 과학기술혁신STI: Science, Technology, Innovation의 활용, 그리고 원조와 개발협력의 효과성 증대를 논의하고 있다. 이 책의 마지막 세 장은 이러한 이행수단별로 최신 논의 동향을 소개한다. 제10장 개발재원에서는 민간재원과의 결합, '지속가능한 개발을 위한 총공적지원TOSSD: Total Official Support for Sustainable Development'이라는 새로운 개념을 도입하여 확대, 발전되고 있는 개발재원 관련 담론을 소개한다. 제11장 과학기술혁신 부분에서는 새로운 개발과제에 대응하는 과학기술과 혁신의 긍정적 영향과 한계를 함께 분석한다. 마지막으로 제12장은 전통적인 개발효과성 이슈와 함께 새롭게 강조되고 있는 개발사업 추진 과정에서의 성과중심관리와 계량적 성과분석의 의미 및 한계를 고찰한다.

이 책이 담고 있는 열두 개의 주제를 통해 다학제적multi-disciplinary인 개발협력의 모든 내용을 망라하기는 심히 어렵다. 그러나 개발협력의 최신 이슈를 확인하고 방향을 전망하기에는 큰 도움이 될 것이라 생각한다. 이 책이 국제개발협력의 최신 이슈에 대한 이해를 높이고 개발협력의 나아갈 방향에 대한 논의를 활성화하는 데 기여하기를 기대한다.

열 두 개의 키워드로 이해하는 국제개발협력

01

빈곤과 불평등

1. 개요

지난 세기에 인류는 놀라운 경제성장을 바탕으로 전 세계적인 생활수준 개선을 경험했다. 선진국을 중심으로 복지 프로그램이 발달하여 적극적인 빈곤 개선이 가능했고, 이러한 경험은 전 세계 빈곤지역으로 확대되었다. 2000년에 형성된 새천년개발목표MDGs: Millenium Development Goals 체제하에서 15년간 세계 절대빈곤* 수준은 절반으로 감소되었다. 이와 같은 빈곤감소 성과는 큰 진전이나, 아직까지도 40억 세계 인구는 빈곤층으로 힘겹게 생계를 유지하고 있다. 한편, 1980년대부터 경제성장의 성과를 극히 소수의 개인만 독점하게 되는 불평등 현상이 심화되고 있는데, 이는 인류에게 심각한 도전과제가 되고 있다.

이번 장에서는 최근 전 세계의 빈곤과 불평등의 현황을 살펴보고, MDGs 체제를 계승한 지속가능개발목표SDGs: Sustainable Development Goals 체제에서 국제사회의 빈곤과 불평등 감소를 위한 정책적 노력 및 혁신활동의 흐름이 어떻게 전개되고 있는지 알아본다. 아울러, 전 세계적인 빈곤과 불평등 감소를 위한 노력에도 불구하고 그 성과를 상쇄시킬 수 있는 핵심 변수로서 경제성장의 위기 및 부의 양극화 추세 심화 현상에 대해 이해를 높이고자 한다.

* 절대빈곤의 수준은 고정되어 있지 않고 보통 한 나라의 소득수준과 물가수준, 구매력 지수, 생존에 필요한 최소 비용 등을 종합적으로 고려하여 설정되므로, 국가마다 다를 수 있다. 2019년도 현재 일반적으로 선진국에서는 최저생계비로, 개발도상국에서는 세계은행(World Bank)이 사용하는 세계빈곤선인 하루 1.25달러(2005년도 물가 기준)가 기준으로 사용된다.

2. 빈곤 현황

인류의 생산성은 생산 도구가 돌인 석기시대부터 오늘날의 개인 컴퓨터에 이르기까지 꾸준한 발전을 해왔는데, 2, 3차 산업혁명기인 최근 2세기 동안 인류는 선진국을 중심으로 놀라운 부의 증가와 함께 생활수준의 개선을 경험해왔다. 개발도상국(이하 개도국)이라 불리는 빈곤한 국가들도, 1970년대 전후로 자본의 급격한 '세계화'와 함께, 이러한 경제 패러다임에 편입되기 시작했기 때문에 오늘날 세계 대부분의 사람이 여섯 세대 이전의 조상보다는 잘살게 되었다. 특히 제2차 세계대전 이후 '황금기'라 불리는 시기 동안 부유한 세계에서는 사회의 빈곤을 적정선에서 관리하는 복지국가를 발전시키는 성과도 거두었다. 국제사회는 '국제개발협력' 혹은 '해외 원조'를 통해 개도국도 빈곤관리를 할 수 있도록 체계적인 도움을 주고자 노력하고 있는데, 선진국들은 이를 위해 2017년 기준 평균 자국의 GNI 대비 0.31%를 공적개발원조ODA: Official Development Assistance 자금으로 제공하고 있다.

빈곤 탈출의 극적인 성공사례인 한국은 1960년대에는 세계 최빈곤국 중 하나였으나 '황금기' 경제 패러다임에 성공적으로 진입하면서 세계 10대 규모의 경제로 성장했고, 이 과정에서 해외 원조는 긴요한 디딤돌 역할을 한 것으로 평가되었다. 한스 로슬링Hans Rosling은 『팩트풀니스: 우리가 세상을 오해하는 10가지 이유와 세상이 생각보다 괜찮은 이유』를 통해, 이 '황금기'의 전 세계적인 성과를 박스 1-1과 같이 요약하고 있다.

로슬링은 2017년 기준으로 세계 인구를 네 개의 소득그룹으로 나누고, 극빈층부터 중고소득층까지의 생활수준을 박스 1-2와 같이 간소화하여 설명한다. 이 기준에 따르면, 인간은 10만 년이 넘도록 누구도 1단계인 극빈곤층 수준을 넘어서지 못했고, 200년 전까지도 세계 인구의 85%가 1단계에 머물고 있었다. 불과 1966년까지도 세계 인구의 다수가 줄곧 극빈층의 삶을 살았으

박스 1-1 한스 로슬링의 발전 성과 요약

'현대적 삶의 기초적 단계를 충족하고 사는지 통계적으로 살펴본다면 더 이상 가난한 개도국이라는 집단이 따로 존재하지 않는다. 오늘날에는 75%에 이르는 대다수 사람이 중간 소득 국가에 산다. 저소득 국가의 기대 수명도 62세가 되었고, 그들 대부분이 먹을거리가 충분하고, 수질이 개선된 물을 이용하며, 다수의 아이가 예방접종을 받고, 여성의 60%가 초등학교 교육을 마친다.'

자료: Rosling(2019).

박스 1-2 세계의 빈곤 현황

- 극빈층(1단계): 지구에서 하루 1달러 소득 극빈층이 10억 명인데, 이 극빈 단계의 아이들은 물을 긷기 위해 1시간 거리를 맨발로 다녀오고 땔감을 줍는다. 주식인 거무스름한 죽마저 충분히 먹지 못해 굶주리고, 실내에서 불을 지피다 보니 폐병에 걸리지만 항생제를 사지 못해 사망하기도 한다.
- 빈곤층(2단계): 하루 4달러 소득층은 30억 명이며, 돈을 모아 자전거를 사고 아이들을 학교에 보낼 수 있고 집에는 전등을 켤 수 있으며 흙바닥에서 자지 않아도 되지만 아프기라도 하면 다시 1단계로 추락할 수 있는 불안한 삶을 산다.
- 저중소득층(3단계): 하루 16달러 소득층은 20억 명이며, 이제 저축이 가능하고 수도와 전기를 안정적으로 사용하며 오토바이를 사서 도심 공장에 나가 일할 수 있고 사고를 당해도 2단계로 추락하지는 않는다. 아이들은 고등학교를 진학하고 가족이 생전 처음 해변에서 휴가를 즐길 수 있다.
- 중고소득층(4단계): 하루 32달러 이상 소득층은 10억 명이고 12년 이상의 교육을 받고 차를 살 수도 있고 냉온수를 사용하며 비행기를 타고 휴가를 떠나기도 한다.

자료: Rosling(2019).

나, 2017년 기준으로 세계 극빈층의 비율은 9%대로 감소했다.

이러한 빈곤감소 성과는 인류 역사에서 큰 진전임이 분명하며, 이러한 성과를 제대로 인식하지 못하고 세계의 빈곤상태를 20~30년 전의 단편적 기억에 의존하여 비관적으로 보고 있는 사람들에게 로슬링은 정확한 현실을 전달하고자 했다. 21세기를 맞으면서 국제사회는 MDGs를 세우고 15년간 협력하여 세계 절대빈곤 수준을 절반으로 감소시키는 성과를 달성했는데, 빈곤이라는 인류의 큰 난제가 공동의 노력을 통해 해결될 수 있다는 가능성을 보여준 획기적인 시도였다 할 수 있다.

반면, 박스 1-2에서 알 수 있듯이 그간의 절대빈곤 감소 성과에도 불구하고 아직까지 40억 명의 세계 인구는 빈곤층으로 불안하고 힘든 삶을 살고 있다. 더구나 인류의 생산성 증가라는 열매가 극히 소수의 개인에게만 귀속되는 현상이 강화되고 있는데, 세계적 석학들과 주요 기관들은 이러한 불평등의 위기가 사회 안전성을 저해하며 결국 인류의 미래를 위협할 것으로 본다. 따라서 기존의 절대빈곤 감소 차원을 넘어선 개인 간 그리고 국가 간 불평등을 줄이기 위한 국제사회의 적극적 노력이 필요하다는 인식이 확산되고 있다. 2017년에 옥스팜Oxfam이 발간한 「99퍼센트를 위한 경제」 보고서는 이러한 현상을 잘 요약하여 보여준다. 이 보고서에 따르면, 2015년 이래로 전 세계 상위 1%가 나머지 99% 전체보다 더 많은 부를 소유하게 되었고, 1988년부터 2011년까지 하위 10%는 소득의 연간 증가액이 3달러 미만인 반면 상위 1%의 연간 증가액은 이의 182배에 달하며, 2017년 현재 겨우 여덟 명이 전 세계 하위 50%와 동등한 부를 소유하고 있다.

MDGs를 계승하고 발전시킨 SDGs는 2030년까지 개도국뿐 아니라 전 세계 모든 국가가 해결해야 할 17대 과제를 제시하고 있으며, 그중 두 개의 과제가 직접적으로 빈곤과 불평등에 관한 개선 목표를 담고 있다. 모든 형태의 빈곤퇴치를 목표로 하는 1번 과제는 기존 MDGs 체제의 절대빈곤 감소 노력을 지속하되 빈곤층의 취약성을 사회보장제도 확대 등을 통해 구조적으로 해소하고자 한다. 불평등 감소를 목표로 하는 10번 과제는 국가 평균 소득증가와 하위소득층 40%의 소득증가 간 연동성을 강화하여 선진국을 포함한 모든 국가에서 개인 간 불평등을 감소시키는 한편, 개도국에 호혜적인 무역정책 도입 등을 통해 국가 간 불평등도 감소시키고자 한다.

다시 로슬링의 통계로 돌아가 최근 인류가 이루어낸 성과를 상기해 보자. 가까운 과거의 추세대로만 간다면, SDGs 체제에서 우리 인류가 빈곤을 '역사의 유물making poverty history'로 만드는 데 상당한 진전을 이룰 수도 있지 않을까? 그러나 인류의 진보적 성과를 체계적 통계로 알려낸 로슬링도 이에 대해 낙관할 수만은 없다고 하면서, 세계적 유행병 및 금융위기 등이 발생하는 경우 기존의 성과체계가 작동하지 않게 할 것이니 인류의 적극적 대처가 필요하다는 점을 언급하고 있다. 다음 절에서는 빈곤과 불평등 감소와 관련하여 SDGs 체제가 당면한 두 가지 주요한 변수 혹은 도전과제에 대해 살펴보겠다.

3. 약한 성장과 불평등

2015년 유엔UN: United Nations 총회에서 채택한 '2030년 의제'는 SDGs를 설정한 정책적 배경을 설명하면서, 인류의 주요 도전과제로 수십억 명의 빈곤층과 실업 문제, 기회, 부, 권력의 불균형으로 인한 불평등의 증가, 분열적 갈등과 극단주의, 테러리즘 및 인도적 위기 등을 제시하고, 이것들이 최근 수십 년 동안 진행되어온 개발상 진전의 많은 부분을 되돌릴 위험이 있음을 우려하고 있다. 그중에서도 경제성장의 위기와 부의 양극화 심화는 4차 산업혁명이라는 거대한 변화와 맞물려 빈곤과 불평등의 양상에 심대한 영향을 줄 수 있는 구조적 요소라 할 수 있다.

1) 약한 성장

세계은행World Bank에 따르면, 기존 빈곤감소 성과의 약 70%는 경제성장을 통해 가능했으며, 특히 일자리를 통해 소득이 만들어진 것이 중요한 기여를 했다. 이를 반영하여 SDGs 8, 9번 목표는 각국이 일정 규모 이상의 성장률을 달성하고 일자리를 만드는 것이 필요하고, 개도국에서는 산업화 및 소규모 산업의 가치사슬 통합을 촉진하여 일자리를 창출하는 것이 필요하다고 제시한다. 특히 최빈개도국은 빈곤감소라는 목표를 달성하기 위해 연간 7%의 국내총생산GDP: Gross Domestic Product 성장이 필요하다.

그러나 지난 수년간 선진국의 경제성장은 매우 약했으며 앞으로도 상당 기간 그러할 것으로 전망되고 있다. 개도국의 사정은 조금 나은 편이나 개도국 경제의 성장이 선진국과의 무역에 크게 의존하고 있는 점을 고려할 때, 선진국의 약한 성장은 결국 개도국에서 빈곤을 포함한 여러 개발 측면에 악영향을 줄 것으로 예상되고 있다(World Bank, 2015). 그간 인류 역사에서 지엽적으로 팽창과 수축의 경제 사이클이 있었으므로 약한 경제 추세가 항상 문제가 되는 것은 아니나, 현재는 인류사 최초로 세계 경제가 동시에 수축 국면을 향해가고 있고, 줄어들고 있는 파이를 두고 제로섬적 쟁탈전이 전개되고 있다는 점이 큰 문제이다(홍성국, 2019). 전 세계적 경제성장 약화를 초래하는 두 가지 주요 동인으로는 세계적 차원의 공급능력 과잉과 인구구조의 변화가 작동하고 있다고 보인다.

첫째, 과학기술의 빠른 발전에 힘입은 공산품 생산성 향상과 중국, 인도 등 개도국의 산업발전으로 인해 근래 전 세계 제조업 공급능력은 2~3배 늘어난 것으로 추정된다. 이로 인한 공급과잉과 경쟁은 격화되고 있는데, 각국은 생존을 위해 근본적인 구조조정보다는 위기 시마다 임기응변적 처방에 의존하면서 과도한 부채에 의존한 성장을 하고 있다. 과도한 부채는 수요를 감소시키는데, 세계적 수요가 감소할 경우 농업의존도가 높은 개도국의 농산물 판로와 건설 등 임시직 일자리가 감소한다. 더불어, 세수감소와 연계된 국제지원 체제의 약화가 개도국에 이중 압박으로 가해질 경우 개도국의 학교, 의료시설, 구호 프로그램을 위한 재원은 줄어들 수밖에 없다.

둘째, 인구의 감소로 인한 경제성장 약화이다. 인구 증가는 오랫동안 경제성장의 원천이었으나, 이제 선진국뿐만 아니라 개도국에서도 저출산으로 경향이 바뀌어가고 있다(Klingholz, 2014). 선진국의 경우 인구의 안정적 유지를 위해서는 평균 출산율이 2.1명, 빈국은 2.2~2.6명이 필요하다. 현재 전 세계 200여 개국 중 90여 개국의 여성 출산율이 2.1명을 밑돌고 있고, 세계 인구의 절반 이상이 이들 국가에 살고 있다. 여타 개도국에서도 지난 30년 동안 출산율이 방글라데시는 6.6명에서 2.3명, 터키는 4.2명에서 2명, 심지어 이란은 7명에서 1.8명으로 급감했다. 인구 증가는 노동력·소비자·시장의 증가를 의미한다. 인간의 수명이 길어지는 고령화가 진행되더라도, 저출산율이 이대로 이어지면 어느 시점에서는 인구가 급속히 감소하고 경제성장 정체의 효과를 가져오게 된다.

이와 같은 약한 성장의 추세를 반영하여, 세계은행(World Bank, 2015)은 빈곤감소 목표의 수정이 필요하다고 주장한다. 자체 시뮬레이션에 의하면, 개도국의 연간 4% 평균성장을 가정할 때 2030년까지 세계 절대빈곤은 3%까지 감소가 가능할 것으로 추산되는데, 이것 자체도 매우 도전적이라는 것이다. 이어 현실적으로는 과거 20년 패턴을 적용한다면 2030년까지 절대빈곤은 6.8% 수준까지만 감소가 가능할 것으로 예측하고 있다. 여기에 성장에 부정적 영향을 미칠 수 있는 사안들이 발생하면, 빈곤감소라는 목표의 달성은 더 어려워질 수 있다. 특히 경제 및 금융 위기, 국가 취약성, 정치적 불안정 및 갈등, 기후변화, 세계적 전염병은 경제성장과 빈곤감소에 막대한 영향을 줄 수 있는 요인들로 꼽힌다.

가령, 최근 시리아는 내전 이후 GDP 규모가 1/3로 축소된 것으로 추정된다. 2014년 기준으로, 세계은행의 좁은 범위 취약성을 적용한 36개 취약국에 전 세계 빈곤층의 17%가, 광범위한 경제협력개발기구OECD: Organization for Economic Cooperation and Development의 51개 취약국에는 44%의 빈곤층이 살고 있다. 한편, 전 세계적인 약한 경제성장 효과로 빈곤층 인구가 많은 중국, 인도, 방글라데시, 나이지리아, 콩고민주공화국과 같은 국가들에 경제 위기가 닥칠 경우 세계 빈곤감소 추세에 현저한 정체가 있을 수밖에 없다. 경제 위기 시 늘어나는 정부 재정적자는 미래의 사회안전망의 효과를 약화시킬 것이고, 빈곤 가정의 영양부족, 교육 중단 등은 장기적으로 개인의 노동생산성, 사회적으로는 인적자본의 손실로 나타날 수 있다. 기후변화로 인한 가뭄은 농산물 생산량 감소 및 식량가격 변화, 농작법 변화의 필요로 이어질 수 있고, 세계적 전염병은 가축의 대량 폐사 및 관광업 축소와 같은 형태로 경제성장과 빈곤감소에 악영향을 줄 수 있다.

지역적으로 볼 때, 1990년대 이래 상당한 빈곤감소가 있었음에도 불구하고 거의 절반에 가까운 아프리카 국가들은 국가 취약성으로 인해 경제성장 및 빈곤감소에서 상당히 뒤처져 있으며, 특히 사하라 이남 아프리카에서는 기후변화로 인한 기온 상승이 경제성장과 빈곤감소에 미치는 부정적 영향이 상당할 수 있으므로 특별한 대응체계를 고려할 필요가 있다.

2) 부의 양극화

경제학자 토마 피케티Thomas Piketty는 『21세기 자본』을 통해 지난 30년간 소득층위 하위 50%의 소득증가는 정체된 반면, 상위 1%의 소득은 300% 성장했는데, 그러한 소득증가에서 축적된 부가 다시 부를 낳는 '세습 자본'이 더 큰 역할을 했음을 보여준다. 상이한 발전 수준을 가진 다양한 전 세계 모든 나라가 유사한 패턴의 불평등 심화 과정을 공유했는데, 박스 1-3의 통계는 불평등 심화의 세계적 결과를 잘 보여준다.

오늘날 이렇게 경제성장의 결실이 전 지구적으로 상위 1%에 집중되는 이유는 피케티가 지적한 '세습 자본'의 역할뿐 아니라, 부가 개인의 역량에 따라 불균형적으로 누적되는 기본적인 경향과 인간 노동의 자동화로 인한 일자리 구조의 변화, 조세회피 등 부유층의 적극적인 불공정한 행위 등이 복합적으로 작용한 결과라 할 수 있다. 피케티는 인류 경제체제에서 '불평등을 자연적·자동적으로 제어하는 과정'은 역사적으로 사실상 없었으며, 흔히 만병통치약처럼 제시되는 시장불완전성 해소로 해결할 수 있는 문제도 아님을 강조한다. 오히려 자본시장이 완전해질수록 부유층의 자본소득이 더 증가하

박스 1-3 심각한 불평등을 보여주는 통계

- 2018년 한 해에 전 세계 억만장자의 부는 9000억 달러가 증가했는데, 반면 인류의 반에 해당하는 38억 명 빈곤층의 재산은 11% 감소했다.
- 아마존(Amazon)의 창립자인 제프 베이조스(Jeff Bezos)는 2018년 1120억 달러의 재산을 보유하고 있었는데, 그의 총 재산의 단 1%가 1억 500만 명의 인구를 가진 에티오피아의 총 의료예산과 거의 유사한 수준이었다.
- 2015~2016년에 세계 10대 기업의 수익의 합은 180개 빈곤 국가의 수익보다 컸다.
- 1980년대에는 코코아를 재배하는 농민들이 초콜릿 바 가격의 18%에 해당하는 대가를 받았으나, 오늘날에는 겨우 6%만을 받는다.
- 빈곤층은 질병에 취약해 빨리 사망하는 경향이 있는데, 런던에서 가장 빈곤한 지역의 기대수명은 불과 몇 마일 떨어진 부유 지역보다 6년가량 짧고, 브라질 상파울루에서 초부유층의 기대수명은 79세이지만, 최빈곤층의 기대수명은 54세이다.

자료: Oxfam(2017, 2019).

여 불평등이 강화될 가능성이 많은데, 가령 부유국 외국인이 자본시장 개방과 함께 해외직접투자FDI: Foreign Direct Investment를 통해 빈곤국에 투자하여 지속적으로 자산을 소유한다면 결과적으로 부유국 1인당 국민소득이 빈곤국에 비해 영구적으로 높은 상태로 남게 될 것이라고 피케티는 추정한다. 이런 방식으로 자유시장 기제가 국가 간 불평등을 더 악화시킬 수 있는데, 대조적으로 일본, 한국, 대만 등 빈곤 탈출에 성공했던 국가는 초기에 외국인 투자를 제한하고 국내 저축을 통해 물적·인적 자본을 형성하여 장기 성장의 토대를 마련한 후 자유무역의 수혜를 받는 구조로 전환했다.

심각한 불평등의 원인들 한가운데에 기업과 부자들이 있는 만큼, 이들의 부 축적에서 불공정한 부분을 개선해야 한다는 요구와 부유층 개인의 이익보다는 공공의 이익에 기여하는 방향으로 조세 정책이 개선되어야 한다는 요구가 주목을 받을 수밖에 없다. 옥스팜(Oxfam, 2017, 2019)에 따르면, 대기업들의 고수익 추구 욕구가 노동자와 생산자의 인건비를 줄이려 하고, 결과적으로 매년 2100만 명이 강제 노동에 시달리면서 약 1500억 달러에 해당하는 가치를 생산하고 있다. 예를 들어, 세계 최대 의류 회사들은 인도 소녀들을 면방기cotton-spinning mills 강제 노동에 이용하고 있다. 한편, 부유층의 세금

박스 1-4 **4차 산업혁명 시대의 불평등 예측**

경제사가인 발터 샤이델(Walter Scheidel)은 인류 불평등의 기원 및 원인을 방대한 사료를 통해 연구했는데, 불평등의 두 가지 결정적인 동인이 '자본의 소유'와 '부의 세대 이전'임을 알아냈다. 이 두 가지 동인이 오랜 역사에서 누적적으로 작용하면서 계층 간 상대적 부의 불평등은 시대에 따라 변화해도 결과적으로 '절대적 부의 불평등'은 인류사에서 지속적으로 증가해왔다는 것이다. 농경지나 가축 같은 초기 자본의 형성에는 튼튼한 몸과 같은 신체적 조건부터 다양한 개인적 수완들이 자본집중에 기여했으며, 형성된 부를 보전하고 세대 간 이전을 하기 위해서 자산 관련 권리규정을 위한 사회규범과 같은 정치적·제도적 장치를 만들고 유지하게끔 하는 역량도 더해졌다. 이러한 샤이델의 통찰에 따르면, 시대별로 여러 형태의 자본에 대한 소유를 늘리고 상속가능성을 제고하는 데 기여한 모든 개인의 역량(신체적·교육적·인적·정치적 영향력 등 모든 역량의 집합)이 종합적으로 작동한 결과가 부의 집중이라고 볼 수 있다. 이러한 맥락에서, 인공지능과 함께 인간 신체 개조도 가능해지면 불평등의 진화는 새로운 국면으로 갈 것이라고 샤이델은 예측하고 있다. 사이보그와 유전공학으로 후손에까지 격차를 확대할 잠재력이 있기 때문이다. 유발 하라리(Yuval Harari)는 인공지능의 부상과 생명공학이 결합되면 인류는 소규모의 슈퍼휴먼 계층과 쓸모없는 호모사피엔스 대중의 하위 계층으로 나뉘며, 인류의 공존을 위한 협력이 없다면 '종의 분화'로 귀결될 수도 있다고 경고했는데(Harari, 2018), 이러한 주장에 대한 공감대가 4차 산업혁명에 대한 논의와 함께 높아지고 있다.

자료: Scheidel(2017) 및 Harari(2018).

증가 방지 및 감소를 위한 여러 가지 로비활동으로 공공재원은 축소되고 있다. 1980년에 미국에서 70%였던 개인소득세 최고세율은 오늘날 거의 반인 37%로 낮아졌고, 남미에서 소득 상위 10%에 대한 실효세율은 4.8%에 불과하다. 이러한 상황은 부유층과 기업의 탈세로 더욱 악화되고 있는데, 이들의 세금회피 규모는 최소 7조 6000억 달러로 추정되고 있으며, 다국적기업이 과세 수익을 조세피난처로 옮겨 세금회피를 하기 때문에 개도국들은 1000억 달러에 이르는 법인세 손실을 보고 있다.

불평등과 빈곤의 악화는 전쟁, 질병, 테러, 범죄, 불법 이주 등의 뿌리가 되므로, 사회 전체의 위험도risk를 증대시킨다. 피케티 등(Piketty et al., 2017)은 앞에서 논의된 불평등 증가 궤도가 이대로 지속된다면 세계가 파국으로 치닫기까지 약 두 세대가량의 시간이 남았다고 추정하면서, 인류가 개도국뿐 아니라 선진국의 빈곤 및 불평등 감소도 긴박한 과제로 받아들이고 국제적 공조 등을 통한 대응을 해야 한다고 강조한다.

4. 개선 방안

1) 정책 선택 및 성과 모니터링

세계 지도자들은 인류 역사상 처음으로 SDGs와 같은 광범위하고 보편적인 정책 의제를 통해 공동의 행동과 노력을 다짐하게 되었고 모든 나라와 지역에 이익을 줄 수 있는 '윈윈' 협력을 공동으로 추구하겠다고 다짐했다(UN 어젠다 2030, 2015: 18항). 이를 이행하기 위해 각국은 자국의 현실, 역량 및 개발 수준을 고려하여 SDGs를 국가 계획 프로세스, 정책 및 전략에 통합하는 작업을 해왔다(SDG1.b). 이후 유엔에서는 매년 SDGs 진전 성과를 발표하고 있는데, 최근 2018년도 SDGs 리포트는 빈곤과 불평등 목표에 대해 표 1-1과 같이 진전 상황을 보여준다.

표 1-1은 그간 대체로 세계적인 빈곤과 불평등의 추세에 개선이 있었음을 보여주는데, 중요한 것은 왜 그리고 어떻게 그러한 변화가 이루어졌는지 아는 것이다. SDGs 체제가 각 국가별 사정에 맞춰 정책을 선택하여 시행하도록 하고 있기 때문에, 각 국가가 빈곤과 불평등에서 개선 혹은 악화되고 있다면 어떤 종류의 정책을 도입했고 그 결과가 어떠한지 성과를 모니터링할 수 있는 방법이 필요하다. 이를 위해, 2017년에 국제개발금융DFI: Development Finance International과 옥스팜은 '불평등 해소 실천 지표Commitment to Reducing Inequality(CRI) Index'를 만들어서 전 세계 157개국 정부가 불평등 해소에 중요한 세 가지 부문(공적 투자, 과세, 노동자 권리)에서 어떠한 정책적 실천을 하고 있는지 모니터링하기 시작했다.

「2018 불평등 해소 실천 지표2018 CRI Index」 보고서는 불평등 해소에 긍정

표 1-1 **2018년 빈곤과 불평등 SDGs 목표 진전 현황**

목표	진전 현황
SDG1 빈곤퇴치	• 1990년 이후 절대빈곤은 상당히 완화되어, 2013년에 전 세계 절대빈곤인구는 1990년의 1/3로 감소하여 세계 인구의 11%인 7억 8300만 명이 되었고, 다시 2017년에는 9.2%로 감소 • 2016년 추정치에 따르면 세계 인구의 45%만이 적어도 하나의 사회보장 급여로 보호받고 있음 • 2017년에는 재난으로 인한 경제적 손실이 3000억 달러가 넘는 것으로 추산되었으며, 허리케인에 의한 카리브 해 전역의 여러 국가가 최근 몇 년간 가장 큰 손실을 봄 • 지속적 빈곤퇴치를 위해서는 전생애주기 동안 모든 개인을 보호하기 위한 보편적 사회 보호 시스템이 필요하며, 재난에 대한 취약성을 줄이는 노력이 필요
SDG10 불평등 감소	• 2010~2016년간 데이터가 있는 94개국 중 60개국에서 하위 40% 소득계층의 소득이 전체 인구의 40%에 비해 빠르게 증가 • 일부 국가에서는 국가 간 소득 불평등을 줄이기 위해 저개발국(LDCs)과 개도국의 수출에 대한 무관세 접근성을 높임 • 잠정 데이터를 바탕으로 2017년 총 국가 간 송금액인 6130억 달러 중 4660억 달러는 저소득 및 중간 소득 국가로 이동. 최근 몇 년 동안 세계 평균 송금 비용은 점차 감소했지만 2017년 현재 7.2%로 아직까지 목표거래비용 수준인 3%와 두 배 이상 차이가 있음

자료: UN(2018).

적 기여를 하는 정책 선택이 결국 좋은 결과로 이어질 것이라고 보고, 다음과 같은 정책을 실천한 국가들에 높은 순위를 부여하고 있다. 첫째, 보편적이고 공적이며 무료로 제공되는 건강과 교육 및 보편적 사회보장 기반을 제공하기 위한 공공 지출은 불평등 감소에 효과적이며, 특히 빈곤 여성이나 소녀들에게 미치는 영향력이 크다. 전반적으로 불평등 수준을 낮춰온 13개 개도국 조사에 따르면, 해당 개선의 69%가 공공서비스 분야에 기인한 것으로 나타났다. 둘째, 부유한 법인과 개인에게 더 과세하고 사회적 자원이 재분배되도록 하는 세금 정책이다. 그러나 정부의 세금 징수역량이 약한 개도국에서는 좋은 정책만으로 과세를 담보할 수 없는 한계가 있다. 셋째, 최저임금 등 근로자의 임금을 높이는 정책과 노동조합 등을 통한 노동자의 권리 보호는 불평등 감소에 도움이 된다.

「2018 CRI Index」 보고서의 결과를 보면, 157개국 중 112개국이 가장 잘한 국가들이 보여준 실천의 절반에도 미치지 못하는 점수를 받았으며, 지표의 최상위에 포진한 국가들은 대부분 OECD 국가들이었다. 가장 긍정적인 사례로 최저임금 및 법인세 인상 등의 정책 조치를 한 한국이 꼽혔고, 인도네시아는 최저임금의 꾸준한 상승, 가이아나와 말리, 콜롬비아는 고소득자에 대한 소득세율 및 법인세율 인상, 기니와 라이베리아는 교육분야에 대한 지출 증가, 모잠비크는 여성 육아휴직 50% 연장, 시에라리온은 무상 초등교육 개시 등으로 좋은 평가를 받았다. 반면, 불평등을 증가시키는 유형의 세금 정책을 실시하고 일반적 최저임금제도가 없는 싱가포르가 세계 최하위 10위에 속하는 등 불평등이 더 악화되는 국가들도 있었다. 전반적으로 많은 국가에서 공공 지출이 늘었으나, 이것이 지니계수를 1/10 정도 줄이는 데 기여한 것으로 분석되어 목표치에 도달하기에는 크게 미흡하며, 대부분 국가에서 소득세 징수율이 15%를 훨씬 미치지 못하는 한계가 있으므로 세금 면제에 대한 단속 등이 필요한 상황이다. 157개국의 80%가량은 고용에서 성차별 금지 및 동등한 임금 지급을 강제하는 법이 있으나, 전 세계적으로 노동인구의 38%는 비공식 분야에 종사하고 있고 비표준화된 고용계약으로 권리가 제한되고 있으며, 세계 노동인구의 8%가 비고용 상태로 노동권에서 벗어나 있다. 이 보고서는 불평등 개선을 위해 획기적인 정책적 개선 노력이 필요하나, 최근 산업화된 부유한 국가들에서조차 이러한 정책에 대한 정치적 지지가 점차 줄어들고 있음을 우려하고 있다.

CRI 보고서의 중요한 시사점은 SDGs 목표를 달성하기 위해 정부의 구체적인 정책수단 선택이 중요하며, 그 정책들이 어떤 효과를 낳는지 구체적인 데이터와 함께 모니터링하는 관리체계를 구축하는 것이 필수적이라는 것이다. 박스 1-5는 한국 정부가 구축한 SDGs 관리체계의 사례를 보여준다.

박스 1-5 국가 단위의 SDGs 관리체계 사례

한국 정부는 지속가능발전위원회에서 한국이 이행할 SDGs 세부 목표를 채택하여 각 목표 지표별 담당부처를 명시한 것을 지속가능발전포털에 게시하고 있다.* 지속가능발전법에 따라 한국 정부는 지속가능발전기본계획을 수립하고, 중앙과 지방의 계획 간 조정이 필요할 경우 협의하며, 추진상황을 2년마다 점검하고 평가하고 있다. 2018년도에 한국 정부는 2016년에 수립한 "제3차 국가지속가능발전전략 및 이행계획(2016~2035년)"(K-SDGs)에 대한 점검보고서로 「2018 지속가능 보고서」를 발간했다. 이 보고서는 한국이 선정한 112개 K-SDGs 지표가 정상적으로 추진되고 있으나, 지표를 이행할 과제 선정의 적정성 및 목표치의 합리성, 성과확인지표 관리의 개선 등을 권고하고 있다. 이어, 지표를 이행하기 위한 과제 및 목표치가 달성하기 쉬운 과제로 선정되는 경향이 있으며 성과확인지표도 대체로 투입(input) 위주로 이루어져 있는 점을 주요 개선 요인으로 제시했다. 평가팀은 국가지속가능성 평가를 위해 112개 지표 중 65개 지표를 선정하여 평가했는데, 그중 37개만 OECD와 비교 데이터가 있었으며, 종합 진단 결과 38.5%에 해당하는 25개 지표는 양호하나 61.5%에 해당하는 40개 지표에서는 개선이 필요한 것으로 나타났다. 그중 빈곤 및 불평등과 관련된 빈곤인구비율, 지니계수, 사회복지지출, 노동소득분배율과 고용률 등 사회복지 관련 지표는 이전 대비 개선되는 추세를 보이고 있으나, 지니계수 외에는 OECD 대비 취약한 것으로 나타났다.

* http://ncsd.go.kr/app/sub02/82.do (검색일: 2019.4.23)

자료: 환경부(2018).

한국의 K-SDGs 점검 보고서에서 보여주듯이, 각국은 자국의 정치적 프로세스에 따라 이행과제 및 목표치를 설정하면서 초기에는 전반적으로 다소 이행하기 쉬운 과제 중심으로 선정할 가능성이 높다. 그러나 2018년에 한국에서 최저임금 개선 및 청년수당 등을 두고 사회적 논쟁이 격렬했던 점을 고려하면, 현명한 정책과제 선정과 정치적 타협이 SDGs 체제의 필수적인 프로세스가 될 수밖에 없음을 보여준다. CRI 보고서는 빈곤과 불평등 감소에 핵심적인 몇 가지 정책들을 중심으로 각국의 정책적 개선 노력을 모니터링했으나, 불평등 감소를 위해 전 세계적으로 그간 제안된 정책 수단들은 표 1-2에서 보듯이 매우 다양하다. 다만, 제안된 정책들의 이행 비용이나 혜택, 적정 규모 및 정치적 실현 가능성 등 깊이 있는 논의는 아직까지 이루어지지 못하고 있다. 가령 글로벌 누진자본세 도입은 정치적 타협에 이르는 것이 어려울뿐더러, 그 효과가 양극화 추세를 전환할 정도로 충분한 규모이면서 지속

표 1-2 **불평등 감소를 위한 정책 수단**

정책 영역	정책 수단
세제 개혁	• 더 누진적인 소득세 • 자본 소득에 대한 고세율 적용 • 세대 간 전달을 줄이는 방식의 과세 • 해외에서의 세금회피 방지 조치들 • 글로벌 부유세
세대 간 계층 이동 확대	• 교육에 대한 접근성 개선 • 공교육 질 보편적 개선 • 미취학 아동에 대한 보편 교육 • 고등교육비 통제
저소득층 외부 충격 시 복원 지원	• 주택에서 국민 의료에 이르기까지 광범위하게 사회보험적 차원의 공공정책화 가능 • 영세업자 융자금 접근성 개선 • 채무자에 관대한 파산법 • 기초 최소소득제 • 주식 및 채권 거래 시 기부금 조성
기업 규제	• 특허권 및 독점 계약에 대한 법 개정으로 시장 소득분배 개선 • 독과점 억제 및 금융부문 규제 • 법인세를 CEO 보상 대비 노동자의 소득 중간값 비율과 연계
기업 관리 개혁	• 근로자와 이윤 공유 강화 • 노조 강화 및 최저임금 인상 • 국가적 취업 프로그램 창설 • 기술 프리미엄을 낮추기 위한 숙련 노동력 중심 이민 정책
세계화의 불평등 영향 감소	• 국제적 근로 기준 조정 • 국외 소득 및 기업수익에 과세 • 국제 자본 유동성 규제
정치 영역	• 불평등 유발형 정치자금법 개혁 • 투표율 제고 및 언론보도 민주화

자료: Scheidel(2017: 560)의 내용을 재구성.

적으로 유지되도록 하기 위해서 어떤 이행방안이 필요한지에 대해서는 많은 논의가 필요할 것이다.

한편, SDGs 체제 이행을 위한 도구적 측면에서 '정책의 선택 및 이행'만큼 중요한 이슈는 '성과를 어떻게 측정할 것인가'이다. 세계은행은 '목표를 향한 진전 여부assessing progress toward the goals'를 측정하려면 우선 부족한 부분gaps에 대한 정의가 필요한데, 이를 위해 데이터 역량 강화가 매우 중요하다고 강조한다. 특히 개도국에서 빈곤 및 불평등 감소에 필수적으로 필요한 것은 비교가능한 가구조사 데이터이다. 가구조사 데이터는 조사방법에 따라 결과가 변하기도 하고 비교불가능한 데이터가 되어버리기도 하기 때문에 주의를 기울여야 한다. 예를 들어, 조사기간을 1주일에서 2주일로 늘리면 빈곤인구수가 늘어나기도 하며, 생활비 영향으로 수도capital cities 지역에서 빈곤율이 높아지므로 특정 지역 조사를 기준으로 전체 국가통계로 일반화하면 문제가 있으며, 조사질문의 변경은 데이터를 비교불가능하게 만들어 행정비용을 증가시키지만 충분히 주의가 기울여지지 않는 경우가 많다. 비교가능한 데이터는 원조효과성 제고를 위한 강력한 도구가 될 수 있는데, 미국 국제개발처USAID: United States Agency for International Development의 인구보건조사DHS: Demographic and Health Surveys는 그 좋은 예를 보여준다. DHS는 개도국 간 주요 보건 및 영향에 대한 비교가능한 표준 데이터를 산출하기 때문에, 원조기관들이 데이터에 기반하여 개도국별 재원투입 목표를 정하는 데 긴요하게 사용된다.

유엔은 SDGs 이행에서 데이터의 중요성을 고려해, 개발 데이터 혁명을 위한 유엔 세계데이터포럼The United Nations World Data Forum•을 운영하고 있다. 유엔 경제사회국UN DESA: UN Department of Economic and Social Affairs 통계과Statistics Division는 아프리카 세 곳, 아시아 세 곳 등 6개국에서 시범 사업의 일환으로

• https://unstats.un.org/sdgs/report/2018/data_revolution/ (검색일: 2019.4.24)

개도국 국가통계능력 평가를 실시했는데, 평균적으로 40개의 SDGs 지표 데이터(전체 SDGs 지표의 20%에 해당)가 이용 가능하고, 47개는 글로벌 지표의 데이터 소스를 활용 가능하나, 나머지는 지표 데이터 수집 체계 구축 및 통계 활용 역량 전반에서 국제사회의 지원이 필요한 것으로 나타났다. 현재 국가별 SDGs 지표 활용 여부와 목표치 등의 통계는 지속가능한 개발 솔루션 네트워크SDSN: Sustainable Development Solutions Network의 현황판SDGs dashboard에서 조회가 가능하다.

SDGs 국가통계체계 수립은 효과적인 개발협력을 위해서도 중요하다. 그것을 중심으로 원조기관과 개도국 정부 공동의 '성과기반 관리 및 커뮤니케이션result based management and communication'이 가능하기 때문이다. 경제협력개발기구/개발원조위원회OECD/DAC: Organization for Economic Cooperation and Development / Development Assistance Committee 평가네트워크Evaluation Network가 2019년 4월에 개최한 '성과 커뮤니티 워크숍'에서는 케냐, 미얀마, 에티오피아에서의 'SDGs 프레임워크-개도국 성과 프레임워크-공여국 성과 프레임워크' 간의 연계 상황 조사결과를 바탕으로 참여국들이 공유하고 한계점 및 개선방안을 논의했다. 가장 중요한 도전과제로는 개발협력 성과관리 구조의 통합과 조율, 수많은 이해관계자의 시각차 및 역량, 장단기 성과 연결의 복잡성 등이 꼽혔고, OECD/DAC 평가네트워크 사무국은 그간의 논의를 반영해 '지속가능발전 성과관리 가이드라인Managing for Sustainable Development Results'을 2019년 6월에 발표했다.

2) 원조 비즈니스 혁신

SDGs 달성은 선진국에도 도전이지만 역량이 부족한 개도국은 더 큰 어려움 속에서 과제를 이행해야 한다. 따라서 국제사회의 지원이 긴요하며 이를 지원하는 원조기관 및 단체의 혁신도 필수불가결하다. 원조 비즈니스의 혁신은 원조기관의 정책부터 사업모델, 원조전달방식까지 방대하게 진행되고 있으므로, 여기서는 빈곤 및 불평등과 관련된 주요 혁신 경향만 간단히 살펴보자.

원조기관 및 단체의 정책적 혁신은 공여국의 ODA 거버넌스와 기관 및 단체의 자체역량에 따라 다양하게 추진되고 있는데, 가장 눈에 띄는 사례는 세계은행이다. 세계은행은 기관의 근본적인 전략을 개편했고, 이는 SDGs 실천 방안으로 채택한 두 가지 상위목표overarching goals에 담겼다. 첫째 목표는 2030년까지 개도국 절대빈곤을 3%까지 감소시키는 것이고, 둘째는 각국 소득계층 하위 40%의 평균소득 증가가 국가 평균소득보다 높은 수준으로 이루어지는 '동반 성장shared prosperity'에 기여하겠다는 것이다. 세계은행에서 기관 차원의 전략으로 특정 빈곤감소 타깃을 설정한 것은 처음인데, 기회뿐 아니라 결과적 형평성을 고려하겠다는 의지를 밝힌 것이다. 세계은행은 과거 자료 분석을 통해 한 국가의 평균소득 증가가 전반적으로 빈곤층의 소득과 연동관계에 있는 경향이 있으나, 전반적 성장이 효과적인 빈곤감소로 이어지지 않은 경우나 불평등의 증가로 귀결되는 경우도 있음을 인정했다. 따라서 이제는 성장 그 자체만이 아닌 성장의 형태type of growth가 중요하다는 것이다. 세계은행의 시뮬레이션에 따르면 국가 평균소득보다 하위 소득계층 40%의 소득증가가 2%p만 높아져도 2030년 빈곤감소 목표치 달성을 몇 년 당길 수 있다. 성장과 형평성을 결합한 이 정책은 그동안 성장과 자유시장 기제에 방점을 두던 세계은행의 정책이 근본적으로 변화한 것을 의미하며, 세계은행이 개도국과의 개발협력에서 차지하는 위상을 고려할 때 큰 영향력을 가지는 정책적 개편이라 할 수 있다.

원조 사업모델의 혁신도 다양하게 시도되고 있으며, 특히 빈곤층 자립 및 지원에 대한 사업모델 혁신 사례가 크게 증가해왔다. 협동조합 및 사회적 기업, 소액금융, 적정기술 등의 모델을 활용해, 빈곤층의 기업가 정신 함양부터 빈곤층이 생산한 상품의 유통 개선에 이르기까지 기존에 관심이 부족했던 영역에서 혁신이 시도되고 있다. 이와 더불어 국가 간 불평등 해소를 위해 중요한 중간 소득 국가의 산업화 정책 및 중소기업 육성을 위한 지원 등이 신자유주의 시대라고 불리기 시작한 1980년대 이후 다시 크게 주목을 받고 있다. 이는 'UN 어젠다 2030'의 67항 및 68항이 담고 있는 내용과 맞닿아 있다. 이 조항들은 민간 사업활동, 투자 및 혁신이 포괄적인 경제성장 및 고용 창출의 주요 동인이므로, 지속가능한 개발과제 해결을 위해 기업적인 창의력과 혁신을 활용하도록 촉구하는 한편, 세계가 경제성장과 빈곤감소의 원동력인 무역을 의미 있게 자유화하고 개방적이며 공평하게 만들어야 한다고 제시한다.

민간 사업활동 지원은 여러 가지 성과에도 불구하고, 개도국에서 많은 난관에 직면하고 있다. 개도국 시장제도의 여러 한계 외에도 국민들의 금융독해력 등 비즈니스 역량이 전반적으로 부족한 상황인 한편, 비즈니스에 필요한 자금동원과 위기관리 역량이 개도국 빈곤층은 매우 취약하기 때문이다. 아비지트 배너지Abhijit Banerjee와 에스테르 뒤플로Esther Duflo는 『가난한 사람이 더 합리적이다: MIT 경제학자들이 밝혀낸 빈곤의 비밀』이라는 책에서 개도국 빈곤층이 직면하는 비즈니스에서의 취약성을 다음과 같이 설명한다. 자금동원 측면에서 빈곤층은 영세업의 특성상 채무불이행이 높은 경향이 있으므로 고금리로 소액의 사업자금을 빌릴 수밖에 없는데, 이에 대한 혁신으로 등장한 소액금융은 기존 대부업 대비 금리를 2~4배 낮은 25%의 연이율 수준으로 낮추기는 했으나 금융의 본래 역할을 하는 데는 큰 한계가 있다. 금융이 해야 할 역할은 기업가들이 실험하고 실패할 수 있는 여지를 주는 일인데, 원조단체들이 상환금 회수율 중시 정책을 가지고 있기 때문에, 기업가적 실험정신을 촉진하면서 불가피하게 일정 비율 발생할 수밖에 없는 채무불이행률과 원조단체의 높은 상환금 회수율 목표는 서로 상충된다. 이로 인해, 현재의 소액금융 모델은 일부 극소수의 성공사례를 제외하고는 빈곤층의 현금유동성 위기를 일시적으로 해소해주는 사회안전망 효과가 있는 것으로 평가된다.

빈곤층이 비즈니스 자금을 형성할 수 있는 또 다른 방법은 저축인데, 빈곤층이 일상적으로 겪는 영세사업 위기 및 실패, 가족 치료비, 범죄노출 확률이 높은 지역 거주 등 '빈곤층형 위험'이 크기 때문에 저축은 쉽지 않다. 결정적으로, 이러한 어려움을 극복하고 비즈니스를 잘 유지한다 해도 구멍가게 혹은 작은 옷집 등 영세사업의 총수입은 보잘것없고 빈곤층은 이 단계를 넘어가지 못한다. 사업 수익의 증가폭을 늘리려면 규모가 있는 소매점 및 의류공장 설립 등 중소기업형 활동으로 전환해야 하는데, 이를 위해서는 특별한 기술이 있거나 대규모 선행 투자를 해야 한다. 배너지와 뒤플로는 이런 측면에서 한국 및 중국의 산업화 정책에서 중소기업을 위한 대출보증 제도의 성과를 높게 평가하고, 그 외에 정부가 사회보험 방식을 도입해 빈곤층형 위기 완화를 적극적으로 지원하는 조치가 필요하다고 강조한다. 예를 들어, 가나 정부가 도입한 기상보험은 빈곤층을 포함한 대다수 농민이 가입했는데, 기후상황에 따라 농민에 상당한 보조금을 지급해 빈곤층의 위기 시 복원력을 지원한다.

빈곤층을 위한 비즈니스 지원형 모델 외에 전통적인 다른 영역에서도 원조 사업의 효과성을 제고하기 위한 다양한 분석과 혁신이 진행되고 있다. 대표적으로 보건의료 부문에서 개도국 주민의 의료접근성 향상 노력을 혁신 사례로 꼽을 수 있다. 건강하지 못한 상태는 빈곤의 결과이기도 하지만 원인이기도 하다. 빈곤층은 영양섭취 및 치료 등을 위한 소득이 충분하지 않아 건강하지 않기도 하지만, 가족 구성원이 아프면 치료비로 인해 온 가족이 가난해지기도 한다. 빌&멜린다 게이츠 재단Bill&Melinda Gates Foundation은 이러한 상황을 개선하기 위해 초기에는 의료기술 개발에 집중했다. 그러나 이후 좋은 의료기술이 개발되어도 그 혜택이 개도국의 가장 필요한 사람에게 제대로 도달하지 않는 경우가 많다는 것을 발견하고, '원조 전달'의 중요성을 감안하여 재단을 '발견, 개발, 전달'의 세 개 부서로 개편했다.

빌&멜린다 게이츠 재단의 의뢰로 '원조 전달' 개선을 위해 의료접근성 개선 방안을 방대하게 분석한 로라 프로스트Laura J. Frost와 마이클 라이히Michael

R. Reich는 『의료접근성: 가난한 나라에는 왜 의료 혜택이 전해지지 못할까?』에서 새로운 약이 개도국 수혜자까지 잘 전달되기 위해서는 약품의 선택, 공급, 질, 관리인력 훈련, 법제화, 규제, 재원 등 국가 의약품 정책의 모든 영역을 포괄하는 전달 모델 구축이 필요하다고 강조한다. 보통 의료접근성을 가로막는 가장 큰 장애 요인은 비용 및 특허권으로 인식되었다. 그러나 1990년대 주혈흡충증을 치료하는 프라지콴텔Praziquantel의 특허권이 끝나고 가격이 내렸음에도 불구하고 이것만으로 접근성이 향상되지는 않았다. 프로스트와 라이히는 다른 접근성 장애요인인 취약한 공공 보건의료 체계, 건강에 대한 정치적 책임성의 부재, 보건의료시설의 부패, 국제무역 및 특허 분쟁, 질병과 치료에 대한 문화적 차이, 생산품을 분배, 처방, 전달, 사용하는 데서 발생하는 어려움 등은 상대적으로 무시되었다는 점을 발견했다.

원조 사업은 종종 공급자인 원조기관의 일방적 노력만으로는 성과를 거둘 수 없다는 점을 보여주는데, 예를 들어 빈곤층의 건강과 치료에 대한 인식이 의료접근성을 스스로 제약할 수 있다. 빈곤층은 '치료'가 아닌 '예방'에 쓰는 것을 쓸데없는 돈으로 보는 경향이 있다. 인도의 우다이푸르 빈곤층은 대부분 더 많은 비용이 드는데도 예방보다는 치료를, 정부가 무상으로 제공하는 간호사와 의사의 진료보다는 사설 개업의를 선호한다. 그런데 빈곤층이 영양분을 더 섭취하고 식품을 보다 합리적으로 선택하면 건강 개선이 가능하고 돈이 많이 들지 않을 것이다. 구충제 보급 프로그램을 운영하는 국제아동지원International Child Support이 케냐의 몇몇 학교를 찾아가 학부모에게 자녀가 구충제를 복용할 수 있도록 1, 2센트를 분담해줄 것을 요청하자 거의 모든 학부모가 거절했다. 이 학부모들은 자녀가 교육성과 향상을 통해 평생에 걸쳐 수백 달러의 추가소득을 올릴 기회를 박탈한 셈이다. 이러한 상황은 설사를 막을 수 있는 음용수 정화제의 이용이나, 말라리아 예방에 가장 효과적인 모기장의 사용 등에서도 광범위하게 발견된다(배너지·뒤플로, 2012).

위에서 살펴본 원조정책 및 사업모델에서의 혁신 경향들은 빈곤층 중심의 정책 개편과 함께 수혜자에게 최종 전달되는 전체 프로세스에서 원조기관의 지속적인 혁신 노력이 필요함을 시사한다.

5. 결론

18세기 말 토머스 맬서스Thomas R. Malthus는 『인구론』을 통해 인구는 기하급수적으로 증가하나 식량은 산술급수적으로 증가하므로 인구와 식량 사이의 불균형이 필연적으로 발생할 수밖에 없으며, 여기에서 기근·빈곤·악덕이 발생한다고 했다. 당시 6억 5000만 명 정도의 세계 인구는 2017년에 75억 명을 돌파했다. 그동안 인류는 기술 및 경제적·사회적 혁신을 통해 200년 전에는 상상할 수 없었던 절대빈곤의 현저한 감소와 삶의 질 개선이라는 커다란 성과를 이루어냈다. 이 혁신의 과정에서 지구 구석구석이 이웃으로 연결되었고, 인류 전체가 이제는 지구화된 시스템의 새로운 위기들을 공동으로 대처하고 성과는 나누면서 공존해야 하게 되었다.

약한 성장과 불평등 심화, 다양한 취약성 및 불확실성에 노출되어 있는 오늘날의 상황을 감안할 때, SDGs 체제가 도달하고자 하는 '빈곤이 없는 세계', '누구도 소외되지 않는 세계'라는 비전은 매우 야심 차며 이루기 쉽지 않은 과제이다. 그러나 급속히 증가한 세계 인구가 개선된 삶의 질을 유지하기 위해서는, 전 세계가 공조하여 창의력을 발휘하고, 구조적으로 누적되는 경향이 있는 불평등을 완화하며, 제한된 지구의 자원을 현명하게 이용하는 데 협력할 수밖에 없다. 이를 위해서는 세계시민 의식의 고양, 정부들의 적절한 정책화 노력, 원조 비즈니스의 혁신, 그리고 과거 어느 때보다 현명한 정치적 타협과 양보가 필요할 것이다.

사 례

나미비아의 불평등 개선 노력

나미비아는 2018년도 불평등 해소 실천(CRI) 지표 보고서에서 아프리카 국가들 중에서 최상위이자 전 세계 중소득 국가들 중에서 5위를 차지하는 큰 도약을 보여주었다. 나미비아는 아직까지도 세계에서 가장 불평등한 나라 중 하나이지만, 최근에 나미비아 정부가 불평등 개선을 위해 실천하고 있다는 것을 높은 CRI 지표 점수를 통해서 볼 수 있다. 조지프 스티글리츠(Joseph Stiglitz) 등 여러 학자가 인정하듯이, 나미비아는 1993년 이후로 꾸준하게 불평등을 개선하여 세계에서 가장 불평등한 국가라는 오명을 벗었다. 나미비아 정부는 모든 학생들에게 중등교육을 무료로 제공하는 등 높은 수준의 공공 투자를 하고 있고, 세계에서 가장 진보적인 조세 정책 일부를 도입했으며, 사회보장 분야에서 투자를 늘리고 최저임금 역시 상당히 증가시켰는데, 최근 연구는 나미비아의 조세 정책과 공공 투자 정책이 불평등을 유의미하게 감소시켰음을 보여준다(Oxfam, 2018).

생각할 문 제

1 빈곤의 원인이 될 수 있는 개인적 특성과 사회구조적 요인에 대해 생각해 보고, 해당 원인을 극복할 수 있는 빈곤 탈출 (지원) 방법은 무엇이 있겠는지 논의해 보자.

2 빈곤층이 영세 농업 혹은 영세 비즈니스를 넘어설 수 있도록 그들의 기업가 정신을 촉진하는 방안을 생각해 보자.

3 자신의 전문(전공) 분야에서 원조의 전달(delivery)을 개선할 수 있는 방안은 무엇이 있겠는가?

02

포용적 성장과 고용

1. 개요

경제가 양적으로 성장하는 것은 빈곤감소와 사회적 발전을 위해 매우 중요하다. 그러나 어떠한 방식으로 성장하는가, 즉 성장의 방향과 질도 못지않게 중요하다. 제2차 세계대전 이후 1970년대까지 세계 경제는 호황을 누렸다. 그러나 1980년대에는 생산성 및 고용 증대와 안정적인 경제성장에 있어 한계가 드러났다. 1990년대 이후에는 금융위기와 장기 불황, 불평등 심화와 성별 격차 지속 등 성장의 질 문제가 계속 나타났다. 이에 대해 앤드루 글린Andrew Glyn은 그의 저서인 『고삐 풀린 자본주의Capitalism Unleashed』에서, 시장근본주의가 경제의 효율성을 높여 지속적으로 생산성을 증가시키고 모든 사람들을 더 나은 삶을 누리게 할 수 있다는 예상은 틀렸다고 밝히기도 했다.

특히 2008년 미국발 금융위기 이후, 저성장과 분배 문제는 국제사회에서 주요한 이슈로 제기되었고 기존의 전통적 성장방식을 분배와 삶의 질 개선을 포괄하는 다차원적 성장 모델로 전환해야 한다는 주장이 힘을 얻게 되었다. 이에 대한 다양한 대안이 제안되었고, 포용적 성장론은 그중 하나이다.

포용적 성장inclusive growth을 달성하기 위해서는 여러 측면에서의 노력이 필요하며 그중 고용과 일자리는 핵심적으로 다루어지는 이슈이다. 경제협력개발기구OECD: Organization for Economic Cooperation and Development는 특히 개발도상국(이하 개도국)의 경우 포용적 성장을 달성하기 위해 일자리 창출과 빈곤감소에 집중할 필요가 있다고 강조했다. 이 장에서는 포용적 성장의 정의와 경제성장과 고용과의 관계, 개도국의 고용 관련 주요 이슈와 이를 위한 해결방안을 알아본다.

2. 정의와 흐름

1) 포용적 성장의 등장

경제성장과 빈곤, 불평등 간의 관계에 대한 이론은 변화해왔다. 1950년대부터 1970년대 초기까지의 지배적인 이론은 저소득국가의 불평등은 초기에 심화될 수 있으나 경제가 발전하면 감소하게 되며, 투자만 잘 이루어진다면 빠르게 성장할 수 있다는 것이었다. 하지만 대부분의 저소득국가들이 세계 주요 경제체제에 편입되지 못했고 소득분배의 불평등은 악화되었다. 이에 따라 후발국이 성장하지 못한 이유는 후발국의 잉여가 선진국으로 넘어갔기 때문이라는 주장이 제기되었다.

하지만 이러한 주장과는 반대로 후발국이 경제성장을 달성하기 위해서는 민영화와 무역 자유화 등의 접근이 중요하다는 주장이 제기되었고, 이는 워싱턴 컨센서스Washington Consensus로 이어졌다. 그러나 이후 1990년대 초기에 자유화와 개방 정책을 적극 도입한 국가들의 경제성장 실패를 목격하게 되면서 국제사회는 다시 새로운 대안들을 모색하게 된다.

1990년대부터 2000년대 초반 사이, 기존의 워싱턴 컨센서스는 포스트 워싱턴 컨센서스post-Washington Consensus로 변화하게 되는데, 부정부패 방지와 사회적 안전망, 유연한 노동시장 등의 중요성이 추가되었다(표 2-1 참조). 하지만 불평등과 빈곤감소 문제가 심각해지고 불평등 문제의 해결 없이는 지속가능한 성장이 불가능하다는 문제인식이 대두되면서, 친빈곤층 성장pro-poor growth이 다른 대안 목표로 부상하게 되었고, 이는 2000년 유엔UN: United Nations의 새천년개발목표MDGs: Millennium Development Goals의 지속가능한 성장을 위한 빈곤감소 목표로 이어졌다. 이후 빈곤감소적 성장에 대한 논의는 계속 이어졌고, 2000년대 말에는 세계은행World Bank과 OECD, 국제통화기금IMF: International Monetary Fund 등의 국제기구에서 시장원리와 결합시킨 포용적 성장 개념을 제

표 2-1 **워싱턴 컨센서스에서 포용적 성장으로의 변화**

워싱턴 컨센서스	포스트 워싱턴 컨센서스	포용적 성장
• 지적재산권 보호 • 규제완화, 재정규율 • 세제개혁, 민영화 • 금융/무역 자유화 • 해외직접투자 개방성 • 경쟁력 있는 환율	• 부정부패, 주주의 기업경영감독, 독립적인 중앙은행, 유연한 노동시장, WTO 협약 • 사회적 안전망 • 타깃화된 빈곤감소	• 성장에 대한 정부의 약속 • 좋은 정책 • 고용과 생산성 증가 • 사회적 안전망 • 공공분야 투자 • 노동시장 규제완화

자료: Saad-Filho(2010: 14)에서 재구성.

안했다. 따라서 포용적 성장이라는 용어는 학술용어가 아닌 국제기구에서 제안한 정책제안용어로 출발했다고 볼 수 있다(이우진, 2018: 3).

이후 2016년 G20 정상회의에서 포용적 성장이 화두가 되었으며 재계 대표들이 모여 주로 성장 이슈를 다루는 스위스 다보스 포럼(세계경제포럼WEF: World Economic Forum)에서도 포용적 성장이 주요하게 다루어졌다.• 또한 2030년까지 전 세계가 달성해야 할 목표인 유엔의 지속가능개발목표SDGs: Sustainable Development Goals에서도 17개 목표 중 하나(목표 8번••)로 포용적 성장을 다루고 있다.

2) 포용적 성장의 정의와 주요 내용

포용적 성장은 복잡하고 포괄적이며 다면적인 개념이다. 요약하자면 '성장에 초점을 맞추되 경제성장에 기여할 수 있는 기회가 개인에게 공평하게 주어지며, 그 경제성장의 혜택이 공평하게 분배되어 다시 성장의 동력이 되게 하

• 2017년 다보스 포럼의 인사이트 리포트(Insight Report) 주제는 포용적 성장과 개발(The Inclusive Growth and Development)이다.

•• SDGs 목표 8: 포용적이며 지속가능한 경제성장과 완전하고 생산적인 고용, 그리고 모두를 위한 양질의 일자리 제공(SDG8: Promote sustained, inclusive and sustainable economic growth, full and productive employment and decent work for all).

박스 2-1 **포용적 성장의 방향**

- 경제성장과 사회진보는 동시에 추진되어야 하며 경제성장의 목적은 삶의 질(웰빙) 제고이다.
- 장기적 성장을 위해서는 성장을 통한 이익이 폭넓게 공유될 필요가 있다.
- 기회의 불평등뿐만 아니라 결과의 불평등도 정책에 고려되어야 한다.
- 경제정책이 성장에 미치는 효과뿐만 아니라 소득, 건강, 고용과 다른 부문에 미치는 효과도 모두 고려해야 한다.
- 포용적 성장을 위한 정책형성 과정은 모든 관련자의 입장이 반영되는 포용적 정부정책의 전반을 아우르는 통합적 접근방식(whole-of-government approach)이어야 한다.

자료: 허장(2016: 69)에서 재구성.

는 성장'을 의미한다(OECD, 2014). 이를 위해 구조 개혁과 사회 정책 등의 정부 개입과 (제도적 지원에도 불구하고) 빈곤을 벗어나지 못하는 계층을 위한 사회적 안전망 구축이 필요함을 강조한다.

전통적인 패러다임에 비해 포용적 성장은 성장의 양과 속도뿐만 아니라 질도 중요하게 다루며, 분배와 삶의 질(웰빙)까지도 고려하는 개념이다. 또한 불평등의 완화, 소비 진작 및 분배 개선이 생산과 혁신에 기여할 수 있다고 본다. 따라서 전통적 성장 패러다임에 비해 다면적이며, 측정 방식 역시 국내총생산GDP: Gross Domestic Product 등의 단일 지표가 아닌 다면적 측정이 가능한 틀framework이 필요하다.

포용적 성장에 대한 논의를 이끌었던 OECD, 세계은행, IMF 등의 국제기구들은 구조 개혁과 경제 활성화 노력, 일자리 창출을 기본으로 전반적인 정책을 성장과 분배가 촉진될 수 있도록 개선할 필요가 있다는 인식하에 시장원리에 바탕을 둔 포용적 성장론을 대안으로 제시했다. 임금 격차는 노동시장 개선과 취약계층에 대한 지원을 통해 해결하고, 특히 교육 및 훈련 등의 인적자원에 대한 투자를 통해 개인의 역량을 높이며, 이를 통해 계층 간 교육 격차를 극복할 필요가 있다고 강조했다. 특히 OECD는 2015년 각료이사회에서 포용적 성장이 지향해야 할 구체적 방향을 박스 2-1과 같이 제시했다.

그림 2-1 **성장-고용-빈곤감소와의 관계**

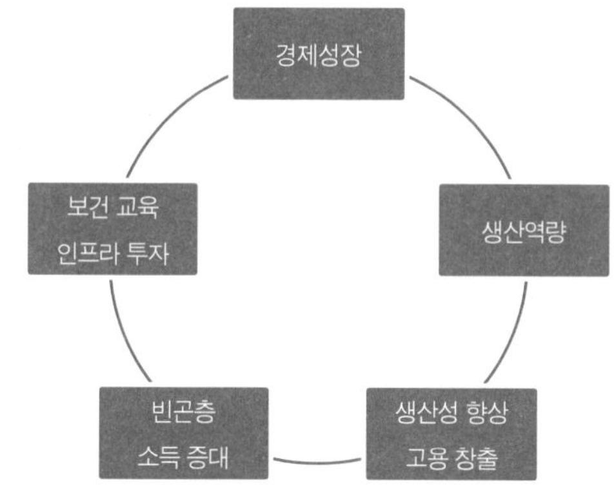

자료: Ernst and Berg(2009: 47).

3) 경제성장과 고용과의 관계

크리스토프 에른스트Christoph Ernst와 재닌 버그Janine Berg에 따르면, 경제성장과 고용, 빈곤감소는 선순환 구조를 가지며, 경제성장을 위해서는 고용 창출은 반드시 필요한 요소이다(Ernst and Berg, 2009). 경제성장을 통한 산출량 증가가 생산성 및 고용을 증가시키고, 이는 빈곤층의 소득을 높이고 보건, 교육 등의 인프라에 투자를 이끌어내며 다시 경제성장에 기여하게 되기 때문이다(그림 2-1 참조).

하지만 양적 고용 증가가 빈곤의 감소로 바로 이어지지는 않는다. 적절한 사회보장 혜택이나 고용안정성이 보장되지 않는다면, 양적 고용 창출이 경제성장으로 이어지는 데 한계가 있기 때문이다. 이때 제도가 중요하며, 제도가 잘 작동해야 고용 증가와 빈곤감소의 선순환 효과가 나타날 수 있다. 개도국의 경우, 전체 노동자의 56%가 고용과 관련된 안전망이 구축되지 않은 취약고용계층이다(한국국제협력단, 2015). 개도국에서는 양적 고용 창출이 경제성장으로 이어지기에는 더욱 한계가 있으며, 사회 정책이나 제도 개입이 필요하다. 그중에서도 사회적 안전망을 갖춘 고용환경을 만드는 작업이 중요하며 비공식 분야 고용, 아동 노동, 고용시장에서의 성별 격차 이슈와 이들 문제를 해결하기 위한 사회 정책이나 제도 개입에 대해 고민해볼 필요가 있다.

국제노동기구ILO: International Labour Organization는 빈곤이 비공식 고용의 원인이자 결과라고 제시하며(ILO, 2018b), 개도국에서의 고용환경 개선에 비공식 분야 고용 문제 해결이 중요하다고 강조했다. 또한 아동 노동은 경제성장의 걸림돌 중 하나이며, 인적자원 개발을 통한 경제성장과 미래 세대에 빈곤을 대물림하지 않아야 한다는 측면에서 중요한 이슈이다. 마지막으로, 고용에서의 성별 격차 감소는 경제성장에의 기여로 이어질 수 있고, 특히 성별 격차가 큰 개도국에서 포용적 성장을 달성해나가기 위해 주요하게 고려되어야 한다.

3. 개발도상국 고용의 주요 이슈

1) 비공식 분야 고용

개도국에서의 고용의 질을 살펴볼 때 중요한 이슈는 비공식 고용informal employment이다. 비공식 고용을 이해하기 위해서는 공식 분야formal sector와 비공식 분야informal sector의 차이를 이해해야 하는데, 두 분야를 비교하면 표 2-2와 같다. 먼저 규모와 특성 측면에서는 공식 분야는 대규모이고 자본집약적인 데 반해 비공식 분야는 소규모이며 노동집약적이다. 또한 공식 분야의 사업체의 경우 주주제도 등을 통해 해당 사업체의 경영을 감독하는 공동 소유 방식이지만 비공식 분야는 가족이나 개인 소유가 대부분이다. 또한 공식 분야에서 일자리를 구할 때에는 학위 혹은 인증받은 기술 여부 등의 자격요건을 요구하므로 상대적으로 진입장벽이 높은 반면 비공식 분야는 공식 인증이 필요 없는 기술을 사용하므로 진입장벽이 상대적으로 낮다. 노동법 등의

표 2-2 **공식 분야와 비공식 분야의 일반적인 특성**

구분	공식 분야	비공식 분야
규모 및 특성	대규모/자본집약적	소규모/노동집약적
사업체의 소유주	공동 소유	가족/개인 소유
진입장벽	높음	낮음
요구되는 자격	인증받은 기술 사용(학위 등)	공식 인증이 필요 없는(가정에서 혹은 수공예 작업 등을 통해 습득한) 기술 사용
사회적 안전망 여부	노동법과 사회안전망이 대부분의 노동자를 보호	노동법과 사회안전망이 소수의 노동자만 보호

자료: Chant(2008: 218)에서 재구성.

사회적 안전망은 공식 분야 일자리에는 갖추어져 있지만 비공식 분야의 일자리에는 잘 갖추어져 있지 않다. 다만 공식 분야와 비공식 분야가 항상 분명히 구분되는 것은 아니며, 그 경계가 애매하여 비공식 분야를 정의하는 것이 어려운 경우도 있다.

OECD(2014)는 비공식 고용을 "합법적인 생산에 종사하면서도 취업과 관련된 법적인 요건을 하나 이상 충족하지 않은 고용"으로 정의한다. 이는 어떠한 경우 경제활동 측면에서는 정상적인 노동에 속하지만 사회제도 측면에서는 비공식적인 일자리가 될 수 있다는 의미이다. 즉, 사회안전망 등이 공식과 비공식 고용을 나누는 중요한 잣대가 된다. 국내의 경우는 통상 최저임금 준수나 사회보험 가입 여부 등이 구분자가 된다.

비공식 고용은 대개 거리판매, 노점상 등의 상거래나 서비스 업종에서 비율이 높다. 또한 제조업 분야에서도 비공식 고용은 일어나는데, 주로 장난감이나 신발, 의류 등의 노동집약적 산업에서 대기업의 하청업체에 고용되는 방식이다. 개도국에서는 비공식 고용 문제가 심각하다. ILO(2018b)에 따르면, 농업을 제외하면 고용 인구의 절반이 비공식 고용 상태에 있고, 그중

93%를 신흥국과 개도국이 차지한다. 지역별 비공식 고용 비율은 아프리카가 가장 높으며(85.8%), 아시아·태평양 지역(68.2%), 아랍 국가(68.6%), 미주 지역(40.0%), 유럽 및 중앙아시아 지역(25.1%) 순이다. 성별에 따른 비공식 고용 비율 역시 차이가 난다. 남성 63%, 여성 58.1%로 남성의 비공식 고용 비율이 높지만, 저소득국가의 경우 여성이 비공식 고용에 더 많이 노출되고 근로환경은 더욱 취약하다.

교육의 수준은 비공식 고용에 영향을 미치는 핵심 요소이다. 전 세계적으로 교육 수준이 높아지면 비공식 고용의 정도가 줄어들게 된다고 알려져 있다. 즉, 교육을 받지 못하거나 초등교육을 받은 근로자는 중등교육과 고등교육을 마친 사람들에 비해 비공식 고용 상태에 있을 확률이 높다. 분야별로 살펴보자면 농업부문은 비공식 고용이 가장 높은 분야로 비공식 고용 중 90% 이상을 차지한다. 따라서 농촌 지역에 살고 있는 사람들은 도시 지역 사람들보다 비공식적 고용 상태에 있는 경우가 많다. 연령대를 기준으로 살펴보면 선진국의 경우 상대적으로 노인층의 비공식 분야 종사 비율이 높으며, 개도국의 경우에는 젊은 층의 종사 비율이 더욱 높다.

2) 아동 노동

5~17세의 약 1억 6800만 명의 인구가 여전히 아동 노동에 종사하고 있는 것으로 추산되며(Pereznieto, 2016), ILO의 통계에 따르면 최근의 빈곤퇴치 감소에도 불구하고 이 비율은 계속 유지되고 있는 상황이다. 지역별로 살펴보면 5~14세 어린이의 경제활동 참여 비율은 사하라 이남 아프리카가 가장 높으며(29%), 아시아 및 태평양 지역(19%), 중남미 지역(16%), 중동 및 북아프리카 지역(15%) 순서이다.

아동 노동의 형태는 다양하다. 아동 노동이 주로 일어나는 분야는 농업, 제조업 등 비공식 분야로 특별한 기술이나 능력을 요구하지 않아 진입장벽이 낮기 때문이다. 특히 개도국의 경우 시골에서 대도시로 이주해온 아동들이 슬럼가와 같은 빈민 지역에 도시빈민으로 살면서 제조업(장난감, 축구공 등의 제조 공장) 혹은 서비스업(식당 등)에 종사하는 경우가 많다. 반면, 시골에 사는 아동들은 농사에 동원되거나 돈을 받고 농장 등에서 일을 하는 경우가 흔하다.

아동 노동의 정의는 다양하지만 핵심적인 내용은 "아동의 신체적·정신적·도덕적 개발에 해로운 영향을 주는가이다"(Lloyd-Evans, 2008). 따라서 아동의 건강 및 개인 개발에 영향을 미치지 않거나 학교 교육에 간섭하지 않는 수준의 일에의 참여는 일반적으로 긍정적인 것으로 고려될 수 있다. 예를 들면, 가정에서 부모님을 돕거나 방과 후 학교 시간 외에 용돈을 벌어들이는 활동 등이다. 반면, 노동의 참여가 학교 교육에 지장을 주거나 학교에 갈 기회를 박탈하는 경우, 혹은 지나치게 길고 힘든 노동인 경우는 아동 노동으로 분류할 수 있다. 노예화, 가족과의 격리, 심각한 위험 및 질병에 노출되는 경우는 최악의 아동 노동 형태에 속한다. 가족 모두가 생존을 위해 매일 싸워야 하는 빈곤 국가에서 아동 노동은 깊이 뿌리내릴 수밖에 없으며, 따라서 아동 노동은 빈곤과 역사, 문화, 전 세계적 불평등에 기인한다. 비공식 고용이 대부분인 아동 노동은 사회적 안전망이 구비되지 않은 안전하지 못한 노동환경인 동시에 교육 등의 기회를 박탈함으로써 경제성장에 부정적인 영향을 준다.

아동 노동 문제를 해결하면 다양한 경로를 통해 포용적 성장에 기여할 수 있다. 먼저 학교 출석률을 높여 인적자원 개발 수준을 높일 수 있다. 인적자원이 개발되면 개인 및 가구 소득의 향상을 기대할 수 있다. 두 번째로는 양성 평등을 달성하는 데 기여할 수 있다. 특히 개도국에서 소녀들은 제대로 교육받지 못하고 가정에서 노동 착취를 당하는 경우가 많으며, 아동 노동이 줄어들면 교육을 통한 발전의 기회를 더 갖게 된다. 마지막으로 아동들의 값싼 노동이 감소하게 되면 성인 임금 상승을 가져올 수 있어 포용적 성장에 긍

표 2-3 **노동 참여 비율과 성별 격차(2018년 기준)**

구분	남성	여성	성별 차
전 세계	75.0%	48.5%	26.5%p
선진국	68.0%	52.4%	15.6%p
개발도상국	81.1%	69.3%	11.8%p

자료: ILO(2018a: 9)에서 재구성.

정적인 기여가 가능하다.

3) 여성의 고용

ILO(2017)는 2025년까지 성별 격차가 25%가량 줄어들면 5조 8000억 달러의 세수 증가를 통해 세계 경제에 도움이 될 것이라고 예상했다. 또한 많은 여성들이 노동 참여를 통해 경제적 이익을 얻기를 원하므로 여성들이 일을 하게 되면 여성들의 행복감을 높일 수 있다. 하지만 고용에서의 성별 격차는 여전하다. 표 2-3에서 확인할 수 있듯이 2018년 전 세계 기준으로 여성의 노동참여율은 약 48.5%이며 남성에 비해 여성이 26.5%p 낮다. 개도국에서도 성별 격차가 존재하며, 다만 선진국이나 전 세계 평균보다는 격차가 낮은 수준이다. 그 이유는 극심한 빈곤으로 인하여 여성의 노동 참여 요구가 높기 때문이다.

개도국 여성들의 노동참여율은 높으나 이들이 일하는 분야는 노동집약적이며 진입장벽이 낮은 비공식 고용 분야인 경우가 많다. 개도국의 비공식 고용에서 여성의 비중은 남성보다 4.6%p 높고, 농업근로자를 포함하면 7.8%p 더 높다(ILO, 2018b). 이는 다른 공식 부문에서 일하는 사람들보다 소득이 낮아 빈곤층에 있을 확률이 높고 사회적 보호를 받을 수 없음을 의미한다. 노동법 및 사회보장 규정, 관련 단체 협약의 범위에서 벗어나 일을 하기 때문이

그림 2-2 **비공식 분야에서의 성별에 따른 차이**

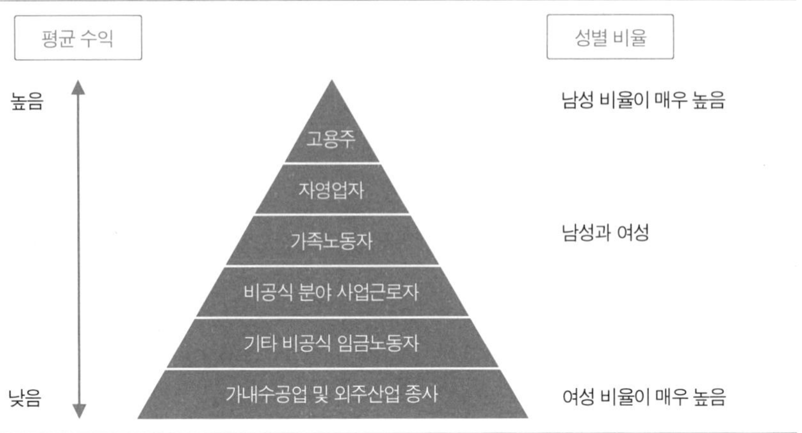

자료: Ernst and Berg(2009: 45)에서 재인용.

다. 더불어, 그림 2-2에서와 같이 비공식 분야 내에서도 여성은 남성보다 가내수공업 및 외주산업 등 수익이 더 낮고 더욱 취약한 그룹에 고용될 확률이 더 높다.

개도국에서는 특히 자영업과 가족노동자family worker를 대표적인 비공식 분야로 분류할 수 있다. 여기서 가족노동자는 가족이나 친척으로서 임금을 받지 않고 해당 사업체에서 일을 하는 근로자를 의미한다. 개도국에서 고용된 여성 인구의 약 42%는 가족노동자이며, 이는 선진국 여성의 가족노동자 비율에 비해 매우 높고 개도국 남성보다도 2배 이상 높은 수치이다(표 2-4 참조). 자영업 및 가족노동자는 공식 노동자에게 보장되는 고용과 관련된 사회적 보호를 받지 못할 위험이 높은데, 선진국에 비해 개도국에서 그 위험은 더 높다. 자영업의 경우 일반적으로 법인으로 등록하지 않으며, 가족노동자의 경우에는 서면 고용 계약을 맺지 않으므로 노동법, 사회보장 규정 및 관련 단체 협약의 범위를 벗어나 있기 때문이다. 게다가 개도국에서의 자영업은 노동시장 기회를 개선하는 디딤돌의 역할을 제대로 하지 못하며, 자영업에 참

표 2-4 **자영업 및 가사노동 참여 비율**

구분	전체 고용 중 자영업 비율			전체 고용 중 가족 노동 비율		
	남	여	성별 차	남	여	성별 차
개발도상국	51.7%	39.4%	-12.3%p	20.2%	42.3%	22.1%p
선진국	10.6%	6.9%	-10.5%p	0.5%	1.6%	1.1%p

자료: ILO(2018a)에서 재구성.

여하는 여성이 노동 참여를 기반으로 자신의 활동을 더욱 확대하고 고용주가 될 확률도 낮은 것이 현실이다.

복잡한 규범체계도 성별 차이의 원인 중 하나이며, 개도국의 경우 특히 종교와 성역할이 큰 영향을 준다. 다른 요인은 가족 구성원 돌봄care 역할이 여성에게만 부여된다는 것인데, 이는 개도국에만 한정된 제약은 아니다. 더불어 출퇴근이 필요한 노동에 종사할 경우 개도국에서는 안전한 교통수단을 확보하기 힘들고, 이 역시 여성들이 노동에 참여하는 데 하나의 제약사항으로 고려할 수 있다.

4. 최근 노력

1) 교육 접근성 확대

비공식 고용 수준에 영향을 미치는 핵심요소는 교육이다. ILO(2018b)에 따르면, 전 세계적으로 교육 수준이 높아지면 고용의 비공식 비율이 감소한다. 중등교육과 고등교육을 마친 사람들은 교육을 받지 못하거나 초등교육만을 받은 근로자들에 비해 비공식적인 취업을 할 가능성이 적으며, 이 현상은 전 세계적, 지역 수준에서 모두 나타난다. 따라서 개도국에서 양질의 일자리를 창출하기 위해 공여국 및 공여기관들이 개도국 개인들에게 적절한 교육과 직업훈련의 기회를 제공하는 것도 매우 중요하다. 교육과 훈련을 통해 저숙련 노동자들의 소득을 증대시키고 직업 숙련도를 향상시킬 수 있기 때문이다. 이는 반드시 청년 대상의 직업훈련을 의미하는 것은 아니며, 교육 불평등 확대를 감소시키는 데에는 중고등학생 이전의 어린 시절에 교육의 기회를 확대하는 것이 더 효과적이라는 연구결과가 있는 만큼(Chetty et al., 2011) 어린 시절의 교육 또한 중요하다.

2) 사회보장 정책 강화

해당 정부의 사회보장과 관련된 정책 이행 역시 중요하다. 이때 고려해야 하는 개념이 '양질의 일자리decent work'와 '완전하고 생산적인 고용full and productive employment'이다. 고용의 질과 관련된 개념이며, 사회적 안전망이 부족한 개도국에서의 정책과 프로그램 이행에서 고려될 필요가 있다. 양질의 일자리는 노동권을 포함하는 개념으로 "생산적이며 공정한 소득을 가져다주는 기회를 수반하며, 안전한 일터뿐만 아니라 노동자와 그의 가족들에게 사회적 보호를 제공하고, 개인의 발전에 도움이 되는 가능성을 제공하는 일자리"를 의미하며, 완전한 고용은 "능력을 갖추고 일하려는 의지가 있고 취업을 희망하는 사람은 모두 고용 가능한 상태"를 의미한다(한국국제협력단, 2015). 이는 사회에 실업자가 한 명도 없다는 의미는 아니며, 누구든 일자리를 찾는 사람들은 어렵지 않게 일자리를 구할 수 있는 상태를 의미한다. 생산적인 고용은 '어떤 수준의 근로를 하는지'를 고려하는 개념이다. 즉, 가구원 중 한 명 이상이 일을 하고 있지만 소득이 일정 수준 이하로 빈곤에서 벗어나기 힘든 계층인 근로 빈곤층working poor이라면 생산적인 고용이라고 볼 수 없다.

OECD(2017)는 질 높은 고용을 달성하기 위해서는 정부가 중요한 역할을 해야 한다고 제시한다. 즉, 사회보장 및 포괄적 정책을 통해 개인의 노동시장 참여를 지원해야 한다는 것이다. 실직 근로자에게 새로운 일자리를 창출하는 정책을 우선시하고 노동시장에서의 성별 격차를 줄이는 정책의 필요성을 강조하고 있다.

3) 아동 노동의 근절

여전히 많은 수의 아동이 강제 노동에 동원되고 있지만, 세계 경제 위기에도 불구하고 2008년 이후 아동 노동 분야에서의 개선 노력은 계속되었고 진전을 이루어냈다고 평가받고 있다(Pereznieto, 2016). 아동 고용과 관련된 ILO 협약의 비준과 이에 대한 각 국가들의 정치적·법적 약속committment 및 이행 등은 이러한 진전을 이끌어내는 데 기여했다. 정부와 근로자, 고용주 단체, 국제기구 및 시민사회 등의 다양한 이해관계자들의 노력도 이를 가능하게 했다.

하지만 여전히 저소득국가의 5~17세 인구 집단 5명 중 1명은 아동 노동을 하고 있으며 문제 해결을 위한 지속적인 노력이 필요하다. 이를 위해서는 효과적인 정책 선택과 이를 위한 입법 체계, 그리고 아동 노동과 관련된 강력한 프로그램이 수반되어야 한다. 먼저 아동의 교육과 관련된 정책이 중요하다. 정책을 통해 보다 많은 가족들이 아이들을 일터 대신 학교로 보내고, 학교 교육의 질을 높일 수 있어야 한다. 실제로 2000년 이후 아동 노동은 감소했는데, 이는 학교 출석 증가와 밀접한 상관관계가 있었다.

두 번째는 빈곤감소를 위한 정책이다. 가계 빈곤과 아동 노동 사이의 상관관계 역시 잘 알려져 있는 사실이다. 전 세계는 MDGs를 통해 빈곤 및 기아를 근절하고자 노력했으며, 2015 MDGs 보고서에 따르면 극빈곤층의 인구는 1990년대 19억 명에서 2015년의 8억 3600만 명으로 절반 이상 감소했다. 가난하고 취약한 가정의 상황을 개선하고 교육에 대한 아동의 권리를 보장하기 위해서는 빈곤퇴치를 위한 국제사회의 공동 노력도 동시에 필요하다.

또한 아동 노동은 다양한 요소가 결합된 결과이므로 교육과 빈곤감소를 위한 정책 이외에도 아동 노동 관행을 문제 삼지 않는 사회적 규범과 낮은 수준의 학부모 교육도 고려되어야 한다. 즉, 아동 노동에 대한 국가 정책은 포괄적이어야 한다. 다분야 접근법이 필요하고 정부 및 관련 기관, 비정부기구 NGO: Non-Governmental Organization, 시민사회 등 다양한 이해관계자들의 노력이 필요하다. 지방 및 국가 기관의 역량 강화뿐 아니라 교육 및 생계 서비스 제공, 시민사회의 아동 노동 관련 정책 지지 및 인식제고 활동 등이 포함된다.

4) 여성의 경제활동 참여 증진

지난 10년간, 여성이 고용 시장에서 직면하는 어려움들을 해결하기 위해서 여러 가지 노력들이 있었다. 특히 여성 비율이 높은 비공식 분야 부문의 공식화와 고용 현장에서의 성차별을 해결하려는 노력들은 주목할 만하다. 하지만 여전히 고용에서의 성별 격차는 크고, 이를 해결하기 위한 지속적인 노력이 필요하다. 남성과 여성의 노동기회 접근성 차이는 포용적인 성장 달성의 주요한 장애물이기 때문이다.

OECD(2017)는 여성들이 경제활동에 더욱 참여하도록 유인하기 위해서는 평생교육, 직업훈련의 기회 보장을 통한 직업 숙련도 제고, 가정생활과 양립 가능한 근로환경, 여성의 노동시장 참여를 제약하는 법적·제도적·심리적 장벽 완화, 빈곤층 및 비공식 부문에서 일하는 여성들을 위한 사회안전망 확대 등을 위한 사회 정책과 프로그램이 필요하다고 제시하고 있다.

더불어, 정책 혹은 프로그램을 수립할 때에는 여성이 직면하는 심리적·문화적·사회적 제약을 이해하고 이를 해결하기 위한 요소가 반영되어야 한다. 원조 공여국 및 공여기관들이 금융접근성 향상, 비즈니스 기술 훈련 프로그램을 개도국 여성을 대상으로 다수 실시하고 있는데, 주로 기술 중심의 역량 강화에만 초점을 맞추는 경우가 많다. 예를 들어 금융접근성 개선 프로그램을 활용하는 과정에서 여성들은 사회적으로 여러 제약에 부딪히게 되며, 여성 소유의 기업인으로 자립하기가 쉽지 않다. 따라서 기술적인 내용의 전달뿐만 아니라, 사회문화적 맥락과 제도 측면에서 여성이 어떻게 금융시장을 더 잘 활용할 수 있을지 고민이 필요하다. 예를 들어 개도국 여성을 대상으로 하는 소액 대출의 경우, 실질적인 성과를 거두기 위해서는 기술 기반 교육 및 인식개선 활동 이외에도 대출 관련 제도적 정비(대출 규모와 기간 등)가 필요하다.

더불어, 개도국에서는 특히 시골에서 농업분야에 종사하는 여성들의 일자리를 사회적 안전망을 갖춘 공식 부문 일자리로 어떻게 전환할 것인가 하는 문제도 풀어야 할 숙제이다. 그뿐 아니라 보다 많은 여성들이 교육과 직업훈련, 창업 프로그램 혜택을 받을 수 있도록 지원이 필요하다. 동시에 자녀 및 노인 돌봄을 사회가 부담해주는 공공정책과 학교와 일터에서 성차별 인식을 해소하기 위한 정책이 필요하다. 마지막으로 여성의 고용에 초점을 맞춘 고용 시장에서의 성별분리 통계수치들을 모니터링하는 작업 역시 중요하다.

5. 결론

포용적 성장은 양적인 경제성장과 그 속도만이 중요한 것이 아니라 성장의 방향과 질 역시 중요하다는 개념이다. 이를 위해서는 성장의 과정에 개인이 참여할 수 있는 기회가 공평하게 주어지도록 하고, 그 성장의 혜택이 다시 공평하게 분배되어 성장의 동력이 되어야 한다고 강조한다. 불평등 해결을 중요하게 다루고 있고, 개인들의 삶의 질까지도 고려한 개념으로 전통적인 성장론보다 훨씬 고려할 내용들이 많다. 따라서 포용적 성장을 이끌어내기 위해서는 사회 정책 등의 정부 차원의 노력도 필요하다.

이 장에서는 비공식 분야 고용 및 아동 노동, 고용에서의 성별 격차와 관련된 이슈를 살펴보았으며 이들 주제가 서로 밀접하게 관련되어 있음을 확인할 수 있었다. 그 원인도 다양하고 복잡하다. 예를 들면, 사회적 규범과 문화 및 교육 격차는 고용시장에서 성별 격차의 원인이 되며, 빈곤은 아동 노동과 높은 비공식 분야 고용 비율과 교육 접근성 제한 등의 원인이자 결과이기도 하다.

따라서 먼저 교육접근성 확대를 위한 정책 및 프로그램이 필요하다. 공식 분야 고용으로의 접근성 제고와 아동 노동 감소, 그리고 여성의 경제활동 증진에 기여할 수 있기 때문이다. 더불어, 성별 격차 없이 누구나 양질의 일자리에 접근할 수 있도록 하고 완전하고 생산적인 고용상태를 만들어내기 위해서는 다양한 주체들의 노력이 필요하다. 국제사회의 정치적·법적 선언과 개도국 정부와 공여국 정부의 관련 정책 이행이 여기에 포함되며, 이러한 노력들을 통해 장기적으로 포용적 성장을 달성해나갈 수 있다.

사 례

이란 북부의 코라산 지역(Khorasan Province)에 살고 있는 20대 중반 여성인 자흐라(Zahra)는 직장을 찾기가 어려웠고, 가족의 생계를 걱정해야만 했다. 심한 사막화로 인해 이 지역에서 농사를 짓기 어려웠고, 살고 있던 지역의 실업률도 높은 상황에서 일자리를 찾기가 어려웠기 때문이다. "아이들과 함께 생계를 유지해야 하는데 일자리를 찾기가 너무 힘듭니다. 저는 여성이라 이런 상황에서도 할 수 있는 일이 없습니다"라고 말하며 자흐라는 고향을 떠날 수밖에 없겠다는 결심을 한다.

이러한 상황에서 이란과 유엔개발계획(UNDP: UN Development Program)은 탄소제거 프로젝트(CSP: Carbon Sequestration Project)를 추진했는데, 사막화 문제뿐만 아니라 여성의 역량강화(empowerment)도 이 프로젝트의 목적이었다. 여성의 역량강화를 통해 커뮤니티의 지속가능한 발전을 이끌어낼 수 있기 때문이다.

취약계층에 속하는 지역의 가구들을 파악하고 최대 20명으로 구성된 그룹을 만든 후에 그룹 구성원들에게 소득 증대 활동을 할 수 있는 종잣돈을 빌려준다. 주민들은 대출을 활용하여 환경친화적 축산업과 토지를 다시 되살릴 수 있는 데 도움을 줄 수 있는 모종 구매·재배·판매 등의 활동을 하게 된다. 프로젝트를 시행한 지 1년쯤 되었을 때 해당 마을 소득은 증가했으며, 가처분 소득이 늘어나면서 마을 사람들이 자신이 속한 환경을 파괴하지 않고 어떻게 보호할 수 있을지 관심을 가지는 효과를 거두었다.

자흐라도 이 프로젝트에 참여했으며 활동에 필요한 훈련을 받았다. "불가능하다고 생각했는데 여성으로서 지역 사회에 기여하고 빈곤의 사이클을 깨기 위해 훈련받을 수 있었다. 이 프로젝트 성공의 핵심 요인은 여성의 협력과 참여다. 진정으로 공동체로서 함께 일하고 있다"라고 말했다.

2011년 시범 사업으로 시작된 이 프로젝트는 2015년 말까지 250개의 마을까지 확대하는 것을 목표로 순차적으로 확대되었다.

자료: UNDP 홈페이지(https://www.undp.org/content/undp/en/home/ourwork/ourstories/increasing-livelihoods-while-caring-for-the-environment-in-iran.html)에서 재구성.

생각할 문 제

1 여성의 경제활동 참여 증진 프로그램은 어떠한 측면에서 포용적 성장에 기여할 수 있을지, 사례에 비추어 생각해 보자.

2 위의 프로그램이 지속가능한 성과를 창출해내기 위해서 직업훈련 등의 기술적인 내용의 전달 외에 여성이 직면하는 심리적·문화적·사회적 제약을 고려해야 한다면 어떤 부분들을 고려할 필요가 있을지 생각해 보자.

열두 개의

키워드로

이해하는

국제개발협력

03

에너지

1. 개요

인류 문명이 태동하고 농경사회와 산업화를 거치며 경제가 발전하는 과정에서 우리가 사용하는 에너지는 여러 형태로 변화해왔다. 석기시대에는 나무를 주 에너지원으로 사용했으며, 농경시대 집단생활을 시작하면서 무분별한 벌목으로 숲이 훼손되고 나무가 고갈되자 이후 인류는 지하자원인 석탄을 사용하기 시작했다. 산업시대에 널리 사용되던 석탄은 런던 스모그 사건 등 환경문제를 계기로 사용에 제약이 생겼으며, 한때 고래 기름이 석탄의 대체연료로 사용되기도 했다. 하지만 무절제한 포경으로 기름 수급에 어려움을 겪게 되자, 인간은 석유정제기술을 개발하며 주 에너지원을 석유로 전환했다.

석유는 에너지 공급이라는 본연의 기능뿐만 아니라 각종 석유화학제품, 자동차 연료, 약품 등의 원재료로 산업 전반에 영향을 미쳤으며, 향후 폭발적인 경제성장의 동력이 되었다. 한때 중동 국가들을 중심으로 석유 개발의 붐이 일었으나, 이후 유가의 급격한 변동과 석유 고갈에 대한 위기의식으로 20세기 중반부터는 새로운 대체 에너지로 원자력이 부상하기도 했다. 하지만 1986년 체르노빌 원전사고, 2011년 후쿠시마 원전사고 등을 계기로 사람들은 원자력에 대한 위험성에 경각심을 갖게 되었다. 이처럼 인류에게 주어진 에너지 자원의 무분별한 사용에 따른 환경문제와 사회문제는 역사적으로 줄곧 반복되어왔다.

최근에는 지구온난화라는 범지구적인 환경문제가 중요한 이슈로 부상했으며, 이를 계기로 지구온난화를 일으키는 온실가스 배출에 대한 경각심과 함께 주요 배출원인 화석연료 제재 필요성에 대해 많은 사람들이 공감대를 형성하게 되었다. 이와 함께 탈화석연료 사용 및 재생에너지 사용을 향한 지속가능한 에너지 체제로의 전환을 위한 실행방안과 목표에 대해 국제적인 합의가 점진적으로 이루어지고 있는 상황이다.

과거 산업발전 과정에서 선진국 주도로 배출한 온실가스로 인해 현재 기후변화에 취약한 개발도상국(이하 개도국)은 집중호우, 홍수, 가뭄, 사막화 등 많은 피해를 입고 있다. 그래서 국제사회는 화석연료 사용에 대한 제재와 함께 개도국의 기후변화 대응 및 재생에너지로의 전환을 위한 공동의 목표를 수립하고 이행하기 위해 노력 중이다.

최근 국제 에너지 정세를 살펴보면 범지구적 에너지 문제 해결을 위한 목표를 향해 전진하는 데 여러 난관들이 놓여 있다. 특히 셰일가스의 개발과 미국의 기후변화협약 탈퇴선언은 지속가능한 에너지 체제로의 전환을 저해하는 주요 사건들로, 앞으로 국제사회가 공동의 에너지전환목표를 이행하는 데 있어 많은 어려움을 예고한다. 하지만 이러한 난관 속에서 태양광, 풍력 등 재생에너지 공급단가의 하락, 파리 협정을 통한 온실가스 감축목표 합의, 격오지에 효율적으로 전력을 공급할 수 있는 분산전원 기술의 개발 등 에너지 불균형을 해소하고 미래 세대를 위한 친환경적이고 지속가능한 에너지 체제로 전환하기 위한 기회요인 또한 존재한다.

이 장에서는 선진국과 개도국 간 전력불균형의 원인과 사회적 영향을 분석하고, 에너지 다소비 및 화석연료 사용으로 발생한 지구온난화 등 현재 개도국이 당면한 여러 사회적·환경적 문제를 해결하기 위해 국제사회에서 계획하고 실행하는 정책들에 어떠한 것들이 있는지 살펴보기로 한다.

2. 주요 국제이슈

1) 전기 공급의 불균형

1882년 토머스 에디슨Thomas Edison에 의해 발전기가 상용화된 이래 전기는 세계 곳곳으로 빠르게 보급되었으며, 산업화를 거쳐 현재는 우리 삶에 없어서는 안 될 필수 요소로 자리 잡게 되었다. 가장 기초적인 문명의 이기인 전기는 우리가 생활 곳곳에서 사회적·경제적 활동을 정상적으로 영위할 수 있도록 다양한 형태로 도움을 준다.

석탄, 석유, 천연가스 등 1차 에너지원*을 가공해 만든 2차 에너지인 전기는 전달이 쉽고 열이나 빛, 동력 등 목적에 따라 다른 에너지 형태로 변환이 용이하다는 장점이 있어, 산업과 가정 등에서 대표적인 에너지원으로 자리매김했다. 특히 현대에 이르러서는 전기차 및 에너지 저장장치ESS: Energy Storage System 등 기술개발로 인해 그동안 휘발유, 디젤 등 화석연료 중심이던 수송 영역에까지 그 활용범위가 빠르게 확대되고 있다. 이러한 기술의 진보와 빠른 변화 속에서 많은 사람이 혜택을 누리며 살고 있다. 하지만 전기가 상용화된 지 한 세기가 훨씬 지난 이 시점에도 지구상 약 10억 인구는 여전히 전기로부터 소외된 채 살아가고 있으며(IEA, 2018), 이는 단순히 전기 제공을 넘어 인간이 누려야 할 기초적인 생활을 영위하는 데도 큰 영향을 미치고 있다.

그림 3-1은 미국 항공우주국NASA: National Aeronautics and Space Adminstration이 한밤중에 찍은 위성사진으로 전 세계 전력 사용의 단면을 쉽게 알 수 있다. 현재 미국, 유럽 등 북반구에 위치한 선진국들은 전력 소비량이 높은 반면, 남아시아와 아프리카의 경우 만성적인 전력부족 현상을 겪고 있다. 쉽게 이해하기 위해, 특정 지역의 전력 소비량을 살펴보면 사하라 이남 아프리카(남아공 제외) 전역에 거주하고 있는 약 8억 인구가 소비하는 전력량과 뉴욕시민 약 2000만 명이 소비하는 전력량이 비슷하다(OECD & IEA, 2010). 이는 국가별 전력 소비편차가 우리가 생각하는 것 이상으로 크다는 점을 시사한다.

산업화 이후 시간이 흐르면서 전기 수혜 인구수가 증가하는 과정에서 도시와 농촌 그리고 국가별로 차이가 발생했으며, 최근 자료를 살펴보면 특히

---

* 석유, 석탄 등 가공하지 않은 에너지원.

그림 3-1 **세계 인공위성 야간사진**

자료: https://www.nasa.gov/topics/earth/earthday/gall_earth_night.html

사하라 이남 아프리카 및 동남아시아의 경우 도시와 농촌 간 전기 접근성에 큰 차이가 벌어진 것을 확인할 수 있다(IEA, 2018). 전기 보급의 수혜대상은 대부분 도시에 거주하는 사람들로 농촌이나 격오지에 거주하는 사람들은 그 혜택에서 소외될 수밖에 없으리라는 점은 당연한 얘기로 들리겠지만, 전기 접근성에 대한 차이는 인구 밀집도 및 지리적인 특성에도 많은 영향을 받게 된다. 공공재의 성격을 지닌 전기에 대해, 대부분의 국가에서 경제성을 이유•로 주로 대도시와 같이 인구밀집지역이나 산업단지를 중심으로 전력공급량을 늘려간 반면, 상대적으로 경제성이 낮은 농촌지역은 높은 송배전비용 부담 등으로 중앙전력망에서 소외될 수밖에 없었다.

그동안 국제기구 및 선진 원조기관들은 전기소외지역의 에너지 접근성을 높이기 위해 전기소외지역을 기반으로 한 전력보급 프로그램을 개발하거나 파트너십을 체결함으로써 현대식 에너지의 보편적 접근을 위해 노력했다.

• 농촌 전력망 연결 추정비용: US$ 2000, 도시 전력망 연결 추정비용: US$ 1200, 미니/오프 그리드 추정비용: US$ 1200(Zomers et al., 2011).

그림 3-2 **전기 미보급 인구수 전망**

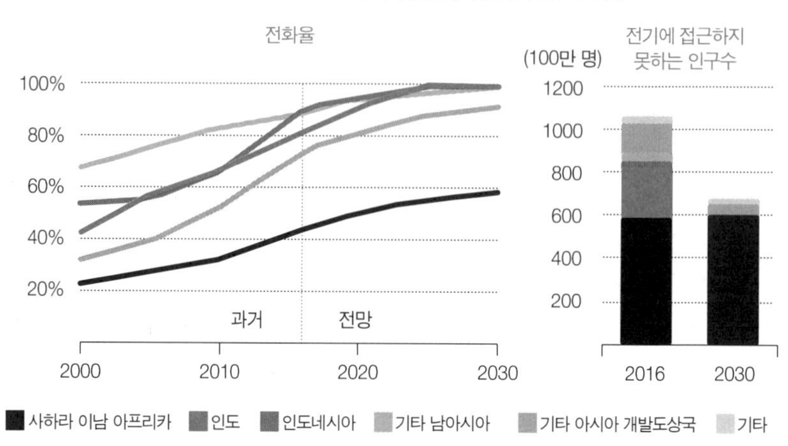

자료: IEA(2017: 86).

이러한 노력의 결과로 실제 개도국 전기 보급률 개선에 상당한 진전을 보였다. 세계은행World Bank에 따르면 대표적인 전기소외지역인 사하라 이남 아프리카의 경우 1990년 26%에 불과한 농촌지역 전기 접근성이 2016년 58%로 두 배 증가했으며, 그 외 다른 개도국에서도 유사한 형태로 큰 폭의 증가를 보였다(World Bank, 2018).

하지만 국제에너지기구IEA: International Energy Agency는 지금과 같이 전기 보급률이 증가한다고 하더라도 전기 보급률이 인구 증가속도를 따라가지 못해 2030년에도 여전히 약 6.7억 명이 전기를 공급받지 못할 것으로 내다보고 있다(IEA, 2017). 특히 한 가지 주목해야 할 부분은 2030년까지 동남아시아 국가를 포함한 대다수의 개도국에서 전력 소외 인구수가 크게 감소될 것으로 전망되지만 그림 3-2에서 볼 수 있듯이 사하라 이남 아프리카 국가의 경우는 전력 미보급 인구가 오히려 늘어난다는 점이다.

그림 3-3 **에너지와 영아사망률, 문맹률, 출산율, 기대수명과의 상관관계**

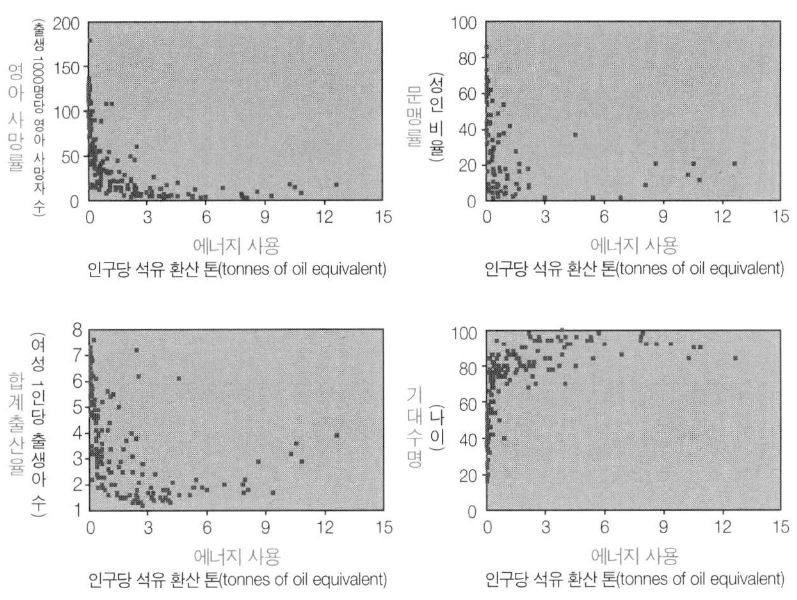

자료: UNDP(2000: 42).

2) 에너지와 인간개발지수(HDI)

경제·사회 인프라가 대체적으로 부족한 개도국의 다수지역에 전기가 제공되는 것은 단순히 현대적인 에너지 제공 측면을 넘어, 농업생산성 향상(ex. 관정개발), 보건(ex. 백신저장고), 교육(ex. 원격학습), 정보통신(ex. 모바일) 등 다양한 개발현안들과 직간접적으로 연계되어 있어 그 파급력이 크다. 그림 3-3은 에너지와 영아사망률, 문해율, 출산율, 기대수명과의 상관관계를 보여주며 에너지 사용이 충분치 않은 경우 영아사망률, 문맹률, 출산율이 상대적으로 높고, 기대수명에도 악영향을 미친다는 점을 확인할 수 있다. 현대식 에너지 소외계층이 많다는 점은 에너지 문제뿐만 아니라 다른 여러 가지 사회적 문제들도 함께 수반하고 있음을 말해준다.

가장 대표적인 현대 에너지인 전기를 놓고 보자면, 일부 개도국은 보건시

그림 3-4 **유엔 인간개발지수(HDI)와 인구당 에너지 소비와의 관계**

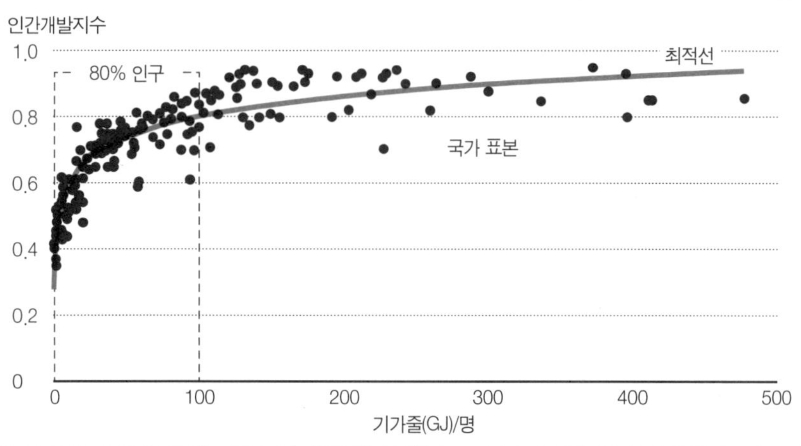

자료: BP(2019: 22).

설 가운데 절반 이하만이 전기를 이용할 수 있다. 또한 사하라 사막 이남 아프리카 초등학교의 경우, 약 35%만이 전기가 공급되고, 남아시아의 경우 48%만이 초등학교의 전기 접근이 가능한 상황(IIASA, 2014)•이다. 컴퓨터 및 정보통신기술ICT: Information & Communication Technology 등을 활용하는 선진화된 다른 교육시설 등과 비교했을 때 이들 지역의 교육여건은 현격히 떨어질 수밖에 없다.

유엔UN: United Nations의 인간개발지수HDI: Human Development Index에서는 인간의 기초적인 삶을 영위하기 위해서는 연간 필요한 에너지 소비량이 인구당 100GJ•• 이상이 되어야 한다고 제시하고 있다.••• 하지만 전 세계 인구의 80%는 HDI에서 제시한 에너지 소비 기준량 이하로 생활하고 있다(그림 3-4 참조).

향후 에너지 소비 여건이 크게 개선되어야 함에도 불구하고, BP 보고서는

• Energy Inequality(IIASA, 2014).

•• 전력량으로 환산 시 27.78kWh로, 60W 선풍기를 463시간 연속 가동하는 수준의 전기량에 해당함.

••• BP Energy Outlook 2019 edition(2019).

2040년이 되더라도 전 세계 3분의 2에 해당하는 인구는 여전히 적정 에너지 소비량을 충족하지 못할 것으로 전망하고 있다(BP, 2019). 향후 적절한 조치가 없다면 결국 많은 사람들이 기초 생활수준을 충분히 영위하지 못하고 살아야 할 것이다.

3) 에너지 소비 증가와 기후변화

1800년과 비교했을 때, 2018년 기준으로 전 세계 인구는 약 7배 증가한 반면 에너지 소비량은 약 42배로 인구수에 비해 크게 늘어났다(그림 3-5 참조). 2017년 기준 1만 3576Mtoe의 전 세계 에너지 소비량 가운데 에너지별 소비 내역을 보면 석유 32%, 석탄 27%, 천연가스 22%, 바이오매스 10%, 전력 9% 순으로 소비했다. 2017년은 에너지 소비증가율이 2.3%로 2016년도 1.1%에 비해 소비가 크게 늘었으며, 이는 중국 및 신흥 개도국의 영향이 큰 것으로 확인된다.

세계 인구가 증가함에 따라 지속적으로 에너지 소비가 증가하는 것은 오랜 시간 지속되어왔고 특별하거나 일시적인 현상은 아니다. 하지만 문제는 에너지 소비량이 인구의 증가세보다 너무 빠른 속도로 증가한다는 점이다.* 영국, 독일 등 일부 선진국에서 1인당 에너지 소비량이 감소하는 현상을 보이지만, 이는 에너지 효율 개선 효과에 따른 것이지 본질적으로 에너지 소비가 줄어든 것은 아니다. 에너지 효율 개선에 따른 효과는 일시적이며 오히려 고효율 에너지 제품 사용으로 에너지 비용이 절감되면 그만큼 에너지 소비를 부추길 수 있는 리바운드 효과Rebound Effect**에 대해 전문가들은 우려를 나타내기도 한다. 개도국 중심으로 지속적인 인구 증가와 선진국 중심의 에

* IEA에 따르면, 인구 증가속도에 비해 에너지 소비량의 증가속도는 2배 빠르다.

** 리바운드 효과(Rebound Effect): 에너지 효율이 증가할 경우 에너지 사용에 대한 부담을 감소시켜 오히려 더 많은 에너지를 사용하게 된다는 경제학 이론(Khazzoom, 1980).

그림 3-5 **에너지원별 에너지 소비증가량(1800~2013년)**

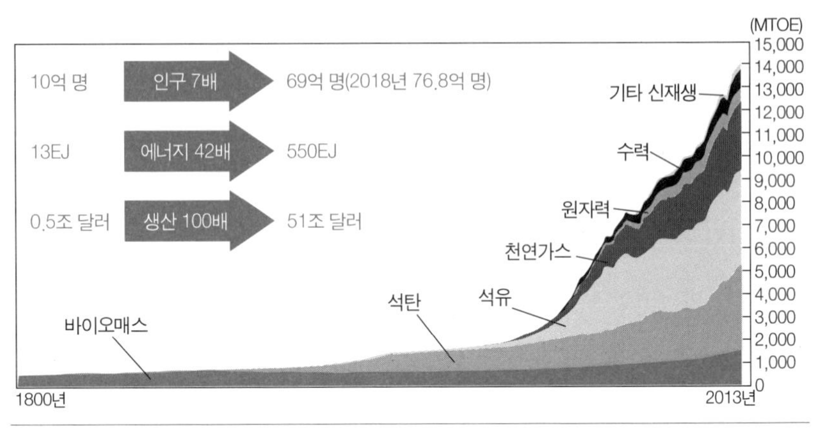

자료: BP(2014).

너지 다소비 행태는 변함없이 지구 곳곳에서 진행 중이다.

최근 지구온난화에 따른 기후변화 이슈가 부상했으며, 지구온난화의 주요 원인은 화석연료 사용으로 인한 온실가스임이 입증되었다. 기후변화에 관한 정부 간 패널IPCC: Intergovernmental Panel on Climate Change은 만약 세계가 지금과 같이 에너지를 소비하고 앞으로 환경문제 해결을 위한 새로운 대안을 찾지 못한다면 최악의 경우 금세기 안에 지구의 온도가 4~5℃ 상승할 것이라고 예측했다(IPCC, 2019). 지구온난화가 세계 경제는 물론 인류의 건강 그리고 지구의 생태시스템까지 위협하고, 그로 인해 식량과 물 부족이 발생하여 인류가 큰 위기를 겪게 될 것이라고 세계는 경고하고 있다. 이런 상황하에 국제사회는 현재의 화석연료 중심의 에너지 소비체제를 친환경으로 전환하고 빠르게 늘어나는 에너지 소비를 억제하기 위한 방안을 마련하기 위해 고심하고 있다.

4) 셰일가스•와 에너지 시장 변화

전 세계 인구와 에너지 사용량의 급격한 증가로 인해 최근까지 인류는 석탄 및 석유 등 화석연료가 고갈될 미래에 대해 걱정했으며, 석유가 고갈되고 이를 대체할 만한 주력 에너지가 등장하지 않을 경우 현 경제시스템에 악영향을 미칠 것을 염려해왔다. 하지만 최근 셰일가스 추출기술의 발전(수압파쇄공법)••으로 인해 셰일가스의 생산원가를 배럴당 40달러까지 낮춤으로써 본격적인 셰일가스 시대가 열리게 되었으며 이는 최근 석탄, 석유 및 천연가스 등 전 세계 에너지 시장에 큰 변화를 가져왔다.

IEA(2017)는 값싼 셰일가스의 대량생산과 공급으로 2035년까지 가스 수요가 50% 이상 상승하고 세계 에너지 소비에서 약 25%의 비중을 차지할 것으로 전망하고 있다. 반면, 석유와 석탄은 2035년에는 차지하는 비중이 각각 27%와 24%로 2010년 대비 점유율이 5%, 4%씩 하락할 것으로 전망한다(신윤성, 2013). 셰일가스가 영향을 미치는 가장 큰 분야는 주로 원자력 발전으로, 재생에너지의 경우 저가의 대규모 셰일가스 공급에도 불구하고 현재 수준의 보조금이 유지될 경우 큰 영향을 받지 않을 것이라고 전망하고 있다. 하지만 최근 재생에너지가 가격 경쟁력을 갖춰나가고 있음에도 불구하고, 재생에너지의 시장 점유율이 기대에 못 미치는 원인으로는 셰일가스가 재생에너지 성장을 지연시키고 있기 때문이라는 의견 또한 제기되고 있다.

최근 미국의 자국 우선주의 에너지 정책에 따라 셰일가스를 포함하여 석유화학산업에 대한 지원이 활성화되고 있으며, 그 결과 우리는 전례 없는 에너지 다소비에 따른 온실가스 배출문제에 또다시 직면하게 되었다. 에너지

• 지구에 매장되어 있는 양은 약 200조 m³로 추정되며, 오바마(Barack Obama) 전 미국 대통령은 향후 100년을 넘게 쓸 수 있는 새로운 형태의 에너지로 소개한 바 있다.

•• 수압파쇄공법: 물, 화학제품, 모래 등을 혼합한 물질을 고압으로 분사해 바위를 파쇄하여 석유와 가스를 분리해내는 공법.

수급은 공급가격이 핵심으로, 저렴한 에너지 가격은 사용자의 에너지 사용량을 늘리고 궁극적으로 온실가스 배출량을 더욱 늘어나게 만들고 있다.

한편, 도널드 트럼프Donald Trump 미 대통령은 기후변화협약 탈퇴를 선언함과 동시에 오바마 정부 시절 추진되었던 친환경에너지 정책을 폐기하겠다고 밝히는 등 그동안 국제사회에서 어렵게 이끌어온 에너지 전환 정책에 반기를 들고 있다. 온실가스 배출 주범국가 중 하나인 미국이 계속해서 화석연료 중심의 에너지 정책을 지지할 경우, 이는 다른 유엔 기후변화협약UNFCCC: UN Framework Convention on Climate Change 회원국에도 영향을 미칠 것이고, 결국에는 2015년 파리 협정에서 어렵게 합의에 도달한 국가별 자발적 온실가스 감축 목표NDC: National Determined Contribution 이행에 장애가 될 것이다.

3. 해결 과제

지속적인 인구 증가와 에너지의 소비 증가 그리고 이로 인해 발생하는 지구 온난화 등 사회·환경에 대한 부작용으로 인해 2012년 반기문 유엔 사무총장은 모두를 위한 지속가능한 에너지SE4ALL: Sustainable Energy for All 이니셔티브를 수립했으며, 해당 이니셔티브는 더 나아가 2030년까지 전 세계가 달성해야 할 목표인 지속가능개발목표SDGs: Sustainable Development Goals의 7번 에너지 목표로까지 이어졌다. 박스 3-1은 SDG 7번 중 주요 목표 세 가지로 개도국뿐 아니라 선진국까지 모두가 노력해야 할 목표에 대해 포괄적인 내용을 담고 있다.

SDG 7번에 포함된 에너지 관련 주요 과제를 살펴보면 다음과 같다.

박스 3-1 **SDG7. 에너지 주요 목표 세 가지**

① 2030년까지 적정 가격의 신뢰할 수 있고 현대적인 에너지 서비스에 대한 보편적 접근을 보장한다.
② 2030년까지 전 세계 재생에너지 비중을 상당히 증대한다.
③ 2030년까지 전 세계 에너지 효율 개선 비율을 두 배로 향상한다.

자료: 한국국제협력단(2015).

1) 전기 접근성 개선

세계은행에 따르면, 2000년에서 2016년까지 전기에 접근 가능한 전 세계 인구는 78%에서 87%까지 증가했지만, 여전히 전체 세계 인구 가운데 약 10억 명은 전기를 이용하지 못하고 있다. 전기 접근성 100% 달성을 그리 어렵지 않은 일이라 생각할 수 있지만, 전기 접근성은 지리적인 환경 및 인구 밀집도에 의해 많은 영향을 받는다. 특히 격오지인 산악 지역이나 섬 지역 그리고 인구밀도가 낮은 마을의 경우 송전선로를 위한 건설비용이 큰 비중을 차지하기 때문에 국가 예산이 부족한 개도국의 경우 격오지 주민들에게까지 전력을 공급하는 것이 쉽지 않은 일이다. 더군다나 이러한 격오지의 경우 경제성이 낮아 민간자본이 들어오기도 쉽지 않은 상황이다.

2014년 기준 전기 미보급 인구가 10억 4000만 명에서 2016년 기준 10억 명으로 낮아진 점은 고무적인 현상으로 볼 수 있지만 2030년 100% 전기 접근성 달성을 위해서는 여전히 변화의 속도가 느리며, 2030년까지 목표를 달성하기 위해서는 현재 약 0.27% 수준의 전기 접근율을 연간 0.83% 수준으로 높이기 위해 많은 노력과 지원이 필요한 상황이다. 특히 현재 전기를 공급받지 못하는 인구 가운데 상당수•가 아프리카 지역에 거주하고 있어, 해당 지역의 전기 보급률 개선을 위해 많은 노력이 요구된다.

• 전기 미보급 인구 가운데 약 60%를 차지하며 6억 명이 이에 해당한다(IEA, 2017).

2) 클린쿠킹(Clean Cooking) 확대

세계보건기구WHO: World Health Organization에 따르면 전 세계 약 30억 인구는 취사 및 난방 등으로 나무땔감, 숯 그리고 가축 배설물 등의 고형연료를 사용한다. 개도국의 여성과 아이들은 고형연료를 채집하는 데 매주 평균 20시간 이상을 소비하며, 고형연료 사용으로 오염된 실내공기로 인해 매년 310만 명이 호흡기 질환 등으로 사망하고 있다. 특히 피해자 대부분이 여성 혹은 5세 미만의 영아로 취약계층의 피해가 더욱 크며, 고형연료 사용으로 가정에서 발생하는 상당량(전체의 약 25%)의 블랙카본은 환경에도 악영향을 미치고 있는 것으로 알려진다.

이로 인해 개도국에서 발생하는 경제적 손실은 매년 약 1230억 달러(한화 약 140조 원)로 추정되며, 현대식 에너지•의 접근성 부족은 사회적 이슈뿐 아니라 경제적으로도 막대한 영향을 미치고 있다. 국제사회는 고형연료의 위험성과 사회적 파급효과에 대한 공통된 인식을 바탕으로 클린쿡스토브 글로벌연맹GACC: Global Alliance for Clean Cookstoves을 창설하고 현대식 에너지 사용과 깨끗한 주방환경으로의 개선을 위해 클린쿡스토브 보급에 힘쓰고 있다(박스 3-2 참고).

하지만 현재 개도국에서 조리 및 난방 시 에너지 사용상황을 살펴보면 아직은 해결의 기미가 보이지 않는다. 2010년을 기준으로 조리 및 난방 시 클린쿠킹을 사용하는 인구가 58%에서 2016년 59%로 상승률이 단지 1%에 그쳤다. 이는 앞서 설명한 전기 접근성과 비교해보아도 상대적으로 상승률이 크게 저조해 앞으로 현대식 에너지 제공을 통한 개도국 주방환경 개선을 위해 많은 노력이 필요하다.

• 나무, 숯, 농업부산물 등 고형연료의 반대로, 조리 및 난방 시 유해연기가 거의 발생하지 않는 2차 에너지인 LPG 및 전기 등을 말한다.

박스 3-2 **클린쿡스토브 글로벌연맹(GACC)**

- GACC(Global Alliance for Clean Cookstoves)는 개발도상국의 열악한 주방환경에서 고형연료 사용으로 인한 화재 연기 등으로 매년 400만 명(2010년 기준) 이상이 사망하는 것에 착안하여, 2010년 9월 클린턴 글로벌 이니셔티브 연차 회의를 통해 미국 국무부와 환경보호국의 지원으로 창립
- 개도국 여성 및 아동의 삶과 건강 그리고 환경 개선을 위해, 2020년까지 개도국 1억 가구에 클린쿡스토브 보급을 목표로 함

자료: 클린쿡스토브 글로벌연맹 공식 홈페이지에서 재구성.

3) 재생에너지 보급률 개선

SDGs에서는 2030년까지 재생에너지 비율의 확대를 목표로 제시하고 있다. SDGs에서 제시하고 있는 목표에 따라, 국제사회는 최종에너지 총소비TFEC: Total Final Energy Consumption에서 재생에너지가 차지하는 비율을 높이기 위해 많은 노력을 기울이고 있다. 하지만 TFEC에서 재생에너지가 차지하는 비율은 2014년 기준 17.3%에 비해 2015년에 17.5%로 소폭 상승하는 데 그쳤으며(ESMAP, 2018),* 특히 2010년에서 2015년 사이 TFEC에서 재생에너지의 연평균 상승률이 0.09%로 낮고 2012년 이후로는 오히려 상승률이 감소 추세에 있다. 이 추세대로라면 2030년 TFEC는 21%로 예상되며, 이는 SE4ALL에서 제시한 목표치**인 36%에 한참 못 미치는 수치이다.

에너지의 최종 소비는 전력, 난방, 수송에서 이루어지고 있으며, 각 영역의 에너지 TEFC에서 부분별 에너지가 소비되는 비중을 살펴보면 수송 48%, 난방 32%, 전력이 20%로 전력이 에너지 최종 소비에서 가장 낮은 비중을 차지하고 있다. 한편, 전력 분야 TFEC에서 재생에너지가 차지하는 비중은 풍력과 태양광 발전을 중심으로 2000년 18.3%에서 2015년 22.8%로 크게 증가했다. 이에 비해 수송과 난방 부분은 각각 같은 기간 내 2.3%, −2.1%로 소폭

* 2010년의 경우 TFEC에서 재생에너지가 차지하는 비율은 16.7%이다.

** SE4ALL에서는 재생에너지 비중을 2010년 대비 2배 확대를 목표로 했으나, SDGs에서는 2배라는 구체적인 목표가 아닌 상당한(substantial)으로 다소 모호한 목표를 제시했다.

박스 3-3 신재생에너지와 재생에너지

신재생에너지는 신에너지와 재생에너지를 합쳐 부르는 용어이며, 기존의 화석연료를 변환시켜 이용하거나 햇빛, 물, 강수, 생물유기체 등을 포함하여 재생이 가능한 에너지로 변환시켜 이용하는 에너지를 지칭한다. 우리나라의 경우 재생에너지로 태양광, 태양열, 바이오매스, 소수력, 해양, 풍력, 지열, 폐기물 등 총 8가지와, 신에너지로 연료전지, 수소에너지, 석탄액화가스화 3가지 등 총 11개 분야를 신재생에너지로 지정했다.

국제적으로는 주로 재생에너지(Renewable energy)라는 용어를 사용하며 태양광, 태양열, 수력, 바이오매스, 풍력 등을 재생에너지로 분류하고 있다.

과거 가장 높은 비중을 차지했던 수력발전의 경우 현대에 들어서 규모에 따라 재생에너지 여부가 결정되기도 하며, 특히 환경영향을 유발할 수 있는 대형 수력발전의 경우 재생에너지로 분류하는 것을 지양하는 추세이다. 우리나라의 경우 「신에너지 및 재생에너지 개발 이용·보급 촉진법」에 의해 수력발전을 재생에너지원으로 분류하고 있으며, 대규모의 수력발전은 국내외적으로 재생에너지 범주에서 제외하고 있다. 국가별로 일부 차이는 있겠지만 국내에서는 재생에너지로서의 수력발전은 소형 수력발전소, 즉 '소수력'을 대상으로 하며, 이는 **시설용량 10MW 이하**의 수력발전으로 정하고 있다. 소수력발전의 경우 대형 수력발전 방식과는 다르게 사회·환경 영향이 무시할 수 있을 정도로 적은 반면 친환경 재생에너지로서 무한한 에너지를 생산할 수 있어, 특히 수자원이 풍부한 개도국의 전력소외지역에 안정적인 전력공급원으로 널리 활용되고 있다.

상승하거나, 난방 부분은 오히려 재생에너지 비중이 줄어들었다.•

전력 부분에서 재생에너지가 차지하는 비중이 다른 영역보다 가장 높다고는 하나 에너지 최종 소비의 20%만을 담당하고 있어, 발전 이외에 수송, 난방 등 다른 영역에까지 재생에너지 사용범위의 확대가 필요한 상황이다.

더불어, 전력 분야에서 재생에너지의 비중이 2015년 한 해 동안 0.4%로 크게 높아졌다는 점은 고무적이기는 하나, 그 내부를 들여다보면 개선해야 할 점이 여전하다. 재생에너지 발전이 전 세계적으로 고르게 증가하기보다는 중국, 독일, 미국 등 주요 국가에 편향된 특징이 있으며, 특히 태양광의 경우는 중국이 2015년 기준으로 전체의 약 50%를 차지하는 등 특정 국가에 집중된 상황이며, 태양광이 아직은 전 세계적으로 보편적인 도입이 시작되지

• 난방 최종 소비에서 재생에너지 비중은 2000년 26.9%에서 2015년 24.8%로 하락했다. 수송의 경우 2010년 0.5%에서 2015년 2.8%로 상승했다.

않았음을 말해준다.

4) 에너지 효율 개선

아프리카 등 저개발 국가는 재래식 고형연료 사용 등으로 인해 전 세계적으로 에너지 집약도가 높은 국가로 분류되고 있다. 에너지 집약도가 낮다는 것은 생산효율이 높다는 것을 의미하며, 에너지 절감뿐만 아니라 생산효율을 높이기 위해서는 에너지 집약도•를 낮춰야만 한다.

SDGs에서는 에너지 효율을 측정하는 지표로 에너지 집약도의 연간 개선 비율(%)을 제시하고 있으며, 2010년 1.3% 대비 2030년까지 2.6%로 2배 개선을 목표로 하고 있다. 2010년과 2016년 사이 에너지 집약도 개선비율은 2.2%에서 2.4%로 소폭 증가했으며 2030년 목표치에 근접해 있는 상황으로 상당한 진전을 이루었다고 볼 수 있다. 특히 에너지 효율이 높아진 결과, 미국, 중국 등 세계 에너지 다소비 6개 국가의 경우 국내총생산GDP: Gross Domestic Product이 성장하는 동안 오히려 과거에 비해 에너지 전체 공급량이 줄어들었다. 영국과 일본의 경우 각각 5%, 4%로 이미 SDGs 목표를 크게 상회하고 있으며, 인도네시아와 같은 일부 개도국도 4%로 에너지 효율을 크게 개선시키고 있다.

에너지 효율은 2010~2015년에 국제사회에서 목표로 하는 수치에 유사하게 도달한 유일한 영역이지만 개선을 위한 추가적인 노력이 여전히 필요하다. 세계은행의 지속가능한 에너지를 위한 규제지표RISE: Regulatory Indicators for Sustainable Energy에서는 대부분의 국가가 에너지 효율 관련 정책을 수립하지 않은 상황이며 특히 대부분 국가들이 재생에너지 정책에만 집중하고 있어 에너지 효율 부분에 더 높은 정책적 우선순위를 부여해야 할 필요가 있음을

• 에너지 집약도(Energy Intensity): 1000달러 생산을 위해 투입되는 에너지량.

말하고 있다. 더불어, IEA는 2030년까지 연평균 2.6%의 에너지 집약도를 달성하기 위해서는 현재 대비 약 3~6배에 달하는 에너지 효율에 대한 투자가 있어야 한다고 주장하고 있다. 세계은행도 2030년까지 재생에너지 및 에너지 효율 분야에 대한 지원을 현재 약 2500억 달러 대비 약 3~6배 늘려야 한다고 주장하는 등 에너지 효율을 개선하기 위한 자구적인 노력이 여전히 필요한 상황이다.

4. 지속가능한 에너지와 기회요소

1) 가격 하락에 따른 재생에너지의 경쟁력 확보

대표 재생에너지원 중 하나인 태양광의 균등화발전비용LCOE: Levelized cost of Electricity•을 살펴보면, 그림 3-6에서 보는 바와 같이 2010년 대비 2016년에 LCOE가 약 69% 하락했다. 주요 원인은 태양광 모듈 가격뿐만 아니라 공급체인에 해당하는 모든 부분에서 가격이 하락하고 있는 데서 찾을 수 있다(그림 3-7 참고). 2025년에는 태양광이 세계 대부분의 장소에서 화력발전소보다 더 저렴한 발전원이 될 것으로 예상되며, 지속적인 가격 하락으로 인해 2009년과 대비할 때 약 5분의 1 가격으로 하락할 것으로 전망된다. 이것은 태양광 발전이 선진국의 원자력 발전보다 더 저렴해진다는 것을 의미한다(IRENA, 2016). IEA는 『세계 에너지 전망World Energy Outlook 2018』에서 2030년까지 태양광 발전에 대한 LCOE가 40% 추가 하락할 것이라고 전망하고 있다.

주요 재생에너지의 LCOE를 자세히 살펴보면 태양광의 경우 2009년 이후 가격이 급격히 하락하여, 2017년 기준 약 1MWh의 전력을 생산하는 데 50달

• LCOE는 초기 투자비와 자본비용, 연료비, 운전유지비, 탄소 가격 등의 직접 비용과 할인율을 고려해 추정한 전력 생산비용으로, 에너지원별 가격비교에 널리 사용하고 있는 지표이다.

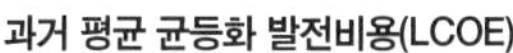

그림 3-6 **에너지원별 균등화발전비용(LCOE) 추이**

과거 평균 균등화 발전비용(LCOE)

2009~2017년

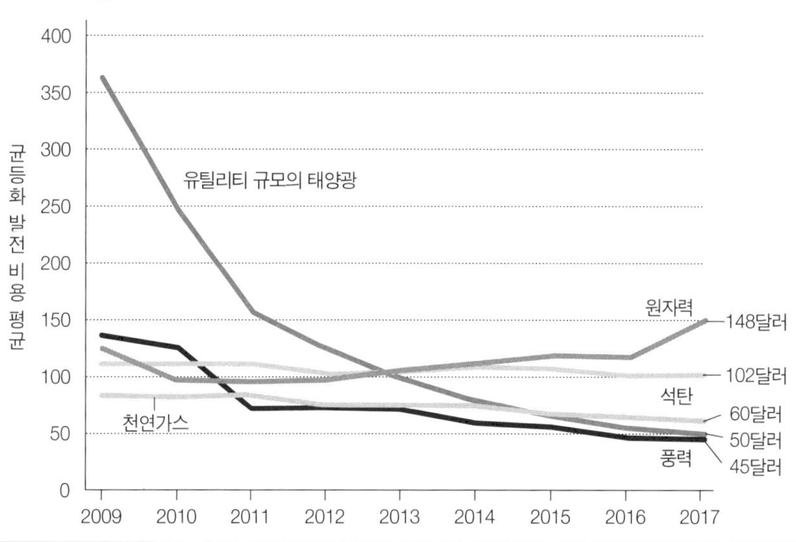

자료: https://insideclimatenews.org/content/chart-renewable-energy-costs-are-falling

그림 3-7 **태양광 공급단가 추이**

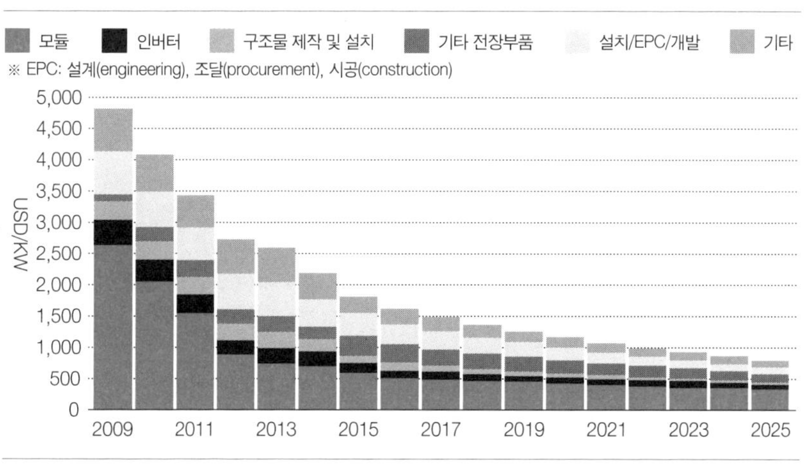

자료: IRENA(2016: 36).

러까지 떨어졌으며, 풍력발전 또한 LCOE가 45달러로 2013년을 기점으로 원자력과 석탄화력에 비해 낮아졌음을 확인할 수 있다.

IEA는 신정책 시나리오New Policies Scenario를 토대로 태양광 발전 LCOE가 2030년이면 2017년보다 40% 더 낮아지면서 1MWh당 70달러 밑으로 내려갈 것으로 전망했으며, 같은 기간 육상 풍력은 5~15%, 해상 풍력은 30% 이상 추가 하락할 것으로 전망하고 있다.

더불어, 2050년까지 전 세계가 100% 재생에너지로의 전환이 가능할 것으로 전망하는 등 많은 연구기관들이 궁극적으로 발전 분야는 100% 재생에너지로 전환이 될 것이라 비교적 낙관적인 전망을 하고 있다. 이러한 기대 속에 최근 독일과 영국의 경우 재생에너지 가격이 지속적으로 하락하여 이미 그리드 패리티grid parity•를 달성했다.

2) 기술의 진보와 새로운 비즈니스 창출

전기 접근성은 지리적인 환경 및 인구밀집에도 많은 영향을 받는다. 특히 격오지인 산악 지역이나 섬 지역 그리고 인구밀도가 낮은 마을의 경우 송전선로를 위한 건설비용이 큰 비중을 차지하기 때문에 개도국과 같이 국가예산이 부족한 국가의 경우 격오지 주민들에게까지 전력을 보급하는 것은 쉽지 않다. 더군다나 이러한 격오지의 경우 경제성이 낮아 민간자본이 들어오기도 쉽지가 않다.

하지만 기술의 발달, 새로운 비즈니스 모델의 발견 그리고 신규 재정 확보 등으로 그동안 경제성이 확보되지 못해 전력보급에서 소외되었던 지역까지 전력을 공급할 수 있는 방법이 생겼다. 특히 태양광, 풍력 등 재생에너지를 활용한 분산형distributed 전원은 전기 접근성이 떨어지는 열악한 지역에 저렴

• 그리드 패리티(grid parity): 재생에너지로부터 전기를 생산하는 데 필요한 발전원가와 화석연료 발전원가가 같아지는 균형점.

한 가격대의 안정적인 에너지를 신속히 공급할 수 있는 해결방안으로 제시되고 있다. 개발도상국가의 약 3000만 인구가 현재 가정용 태양광 시스템SHS: Solar Home System을 통해 전기를 공급받고 있으며, 방글라데시의 경우 전체 인구 가운데 약 9%가 SHS를 통해 전기를 공급받고 있다(ESMAP, 2018).

더불어, 태양광 패널의 효율은 지속적으로 개선되고 있으며, 이는 같은 면적에서 더 많은 양의 에너지 생산이 가능해졌음을 의미한다. 특히 에너지 저장장치 또는 전력중개를 통해 태양광 에너지 발전량의 조절 및 분배가 가능해짐에 따라 전력망이 연결되어 있지 않은 격오지에 전력공급이 용이해졌고, 계통연계에서는 전력중개를 통해 태양광 에너지의 조달 및 분배가 효율적이게 되었다.

분산된 전력망으로 구성된 마이크로그리드microgrid• 기술 또한 그동안 많은 진전이 있었다. 오프그리드off-grid•• 환경하에서 전력의 자급자족을 가능하게끔 하는 이 기술은 송전선로가 설치되기 어려운 격오지에 전력을 효율적으로 공급하는 수단으로 활용될 전망이다. 이는 단순히 전력 소비자와 분산에너지 자원DER: Distributed Energy Resource을 연결하는 것만이 아니라 전력의 품질 및 공급의 안정성까지도 고려할 수 있도록 설계가 가능하다. 그래서 안정적인 전력을 필요로 하는 덴마크 및 독일 등 선진국도 격오지에는 마이크로그리드 기술을 활용한 100% 재생에너지 자립마을을 구축하고 운영 중에 있다.

특히 이러한 기술의 진보를 토대로 독립형 전력시스템은 개도국에 새로운 비즈니스 모델을 창출했으며, 특히 휴대폰 기술을 기반으로 하는 전기료 선

• 마이크로그리드(microgrid): 발전소에서 생산된 전기를 소비자에게 전달하는 일방향 시스템의 기존 전력시스템과 달리, 독립된 분산 전원을 중심으로 국소적인 전력 공급 및 저장 시스템을 갖추어 개인이 전력을 생산하여 저장하거나 소비할 수 있는 형태.

•• 오프그리드(off-grid): 외부에서 전기나 가스 등의 에너지를 제공받지 않고 직접 에너지를 생산해 사용하는 생활방식.

그림 3-8 **전 세계, EU 25개 회원국, 독일의 전력공급량에 상응하는 태양광 패널 설치면적**

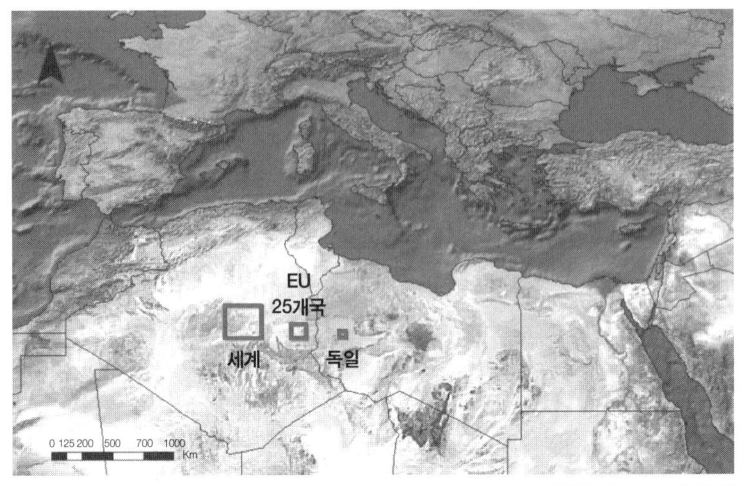

자료: May(2015: 12).

불방식PAYG: Pay-as-you-go•의 사업모델이 폭발적으로 확대되어 개도국 전력보급에 많은 기여를 했다.

3) 재생에너지의 풍부한 잠재량

세계은행의 세계 일조량 지도Global Solar Atlas에서 제공하는 대륙별 일조량을 살펴보면 아프리카 국가들의 일평균 일조량이 236W/m^{2}에서 368W/m^{2}로 분포되어 있으며, 동남아 국가의 경우 일평균 206W/m^2 이상을 보여준다. 이는 우리나라 일평균 일조량(160W/m^2)의 1.3~2.3배 수준이며, 현재 세계에서 태양광 발전소가 가장 많이 설치되어 있는 미국과 중국을 비교해 보아도 일조량이 월등히 높거나 유사한 수준으로 많은 개도국들이 태양광 발전에 유리한 입지를 보유하고 있다.

• 2012년 PAYG 태양광 사업 규모는 300만 달러에 불과했으나 2016년에 2억 2300만 달러 규모로 약 75배 급성장했다.

지구로 입사되는 태양에너지는 전 세계 인구가 필요한 전력을 충분히 공급하고도 남을 정도의 에너지량이다. 독일 브라운슈바이크공과대학Braunschweig University of Technology 연구팀은 사하라 사막에 전 세계 전력수요를 충당할 수 있는 태양광 패널을 설치한다고 가정했을 경우, 그 설치면적을 그림 3-8과 같이 제시하고 있다.

붉은색의 가장 큰 사각형(254km × 254km)이 전 세계 전력수요를 감당할 수 있는 정도의 태양광 패널 설치면적이며, 두 번째(110km × 110km)가 유럽연합EU: European Union 25개 회원국 그리고 가장 작은 면적(45km × 45km)이 독일 전체 전력소비량에 해당하는 면적이다. 그림 3-8은 지구로 입사되는 태양광 면적의 극히 일부분만을 사용하더라도 우리가 현재 사용하고 있는 전력량을 100% 재생에너지로 전환하는 데 충분하다는 점을 보여준다. 그 외 수력 및 풍력 등 기타 재생에너지의 잠재량까지 더한다면 전력뿐만 아니라 난방 및 수송에까지 재생에너지를 사용하는 데 전혀 부족하지 않을 것이다. 이는 이론적으로 재생에너지만으로도 지구 전체의 전력량을 충족시킬 수 있고, 탈화석연료를 통해 향후 지속가능한 에너지 체제로 전환될 수 있음을 의미한다.

4) 친환경 에너지 정책과 신기후체제

전문가들의 예측대로 2025년이면 대다수 국가 및 지역에서 재생에너지의 가격이 화석연료에 비해 낮아질 것으로 전망된다. 최근 국제사회에서 재생에너지에 대한 투자가 증가하고 있으며 특히 개도국을 중심으로 이러한 추세가 두드러지고 있음을 주목할 필요가 있다. 향후 전 세계적으로 재생에너지의 보급 및 확산은 지속될 것으로 예상된다. 또한 세계적으로 화석연료와 원자력 발전에 지원되는 보조금을 단계적으로 줄여나가기로 전 세계 50개국 이상이 합의한 바 있다. 그동안 화석연료에 대한 보조금은 재생에너지에 비해 4배 많았으며(2014년 기준)(≪에너지경제≫, 2015.4.6), 이는 재생에너지가 경쟁력을 갖는 데 장애요소로 여겨져 왔다.

기후변화를 일으키는 지구온난화 문제의 주요 발생원인 중 하나가 화석연료의 무분별한 사용으로 인해 발생한 온실가스 배출임에는 의심의 여지가 없다. 기후변화에 대응하기 위해 화석연료 기반 에너지 다소비체제에서 벗어나야 함은 자명한 사실이나, 화석연료의 의존성을 낮추기 위한 국제적인 노력에 선진국과 개도국 간의 이해가 상충되는 문제점이 있다. 그동안 화석연료 사용으로 지구온난화 등 환경문제를 발생시킨 가해자는 대부분 선진국들이지만, 그 피해를 보는 대부분의 국가들은 그동안 환경문제에 별다른 해를 끼치지 않았던 개도국이다. 특히 농업 기반 경제체제를 보유한 저개발국가 또는 기후변화에 취약한 군소 도서국가들은 기후변화로 인한 더 큰 피해를 입고 있어 이에 대한 지원책 마련에 세계가 고심하고 있다.

2015년 파리 기후협정으로 2020년 이후 신기후변화체제에서 선진국과 개도국 간에 온실가스 감축 및 기후변화 대응을 위한 합의를 이뤘다. 이 합의를 바탕으로, 기후변화 취약국인 저개발국가 및 군소 도서국의 온실가스 감축과 기후변화 적응을 위해 2020년까지 연간 1000억 달러의 기후재원을 조성하기로 약속했으며, 기후기술을 지원하기 위해 국제기구를 설립•하는 등 국제사회는 개도국의 기후변화 대응을 위한 제도를 마련하고 성공적으로 이행하기 위해 노력 중이다.

5. 결론

현대식 에너지로의 전환은 단순히 에너지를 안정적이고 효율적으로 공급한

• UNFCCC 재정메커니즘[녹색기후기금(GCF: Green Climate Fund)], UNFCCC 기술메커니즘[기후기술센터&네트워크(CTCN: Climate Technology Centre & Network)].

다는 것 이상으로 사회경제적으로 여러 혜택을 가져다준다. 또한 전력보급은 농업생산성 향상, 보건, 교육, 정보통신 등 다양한 개발현안들과 직간접적으로 연관되어 있어 사회경제적으로도 파급력이 크다. 특히 현대식 에너지를 활용한 주방환경 개선은 기존 고형연료 사용으로 인해 발생하는 호흡기 질환 감소, 노동시간 단축 등 여성과 아동을 중심으로 한 사회 취약계층에 대한 보건, 인권 및 기초생활여건 개선에 크게 기여하고 있다.

인구 증가에 따른 에너지 소비 증가와 화석에너지 사용에 따른 지구온난화 등 국제적인 사회적·환경적 문제에 대해 앞서 설명한 바 있다. 빠르게 늘어나는 전 세계 인구와 전력수요를 즉각적으로 제어하기 어려운 현 상황에서 에너지 효율 개선을 통한 수요 감소와 재생에너지를 활용한 전력공급 확대가 국제적인 핵심 의제로 거론된다. 이를 바탕으로 국제사회는 기존 화석연료 중심에서 지속가능한 에너지로의 체제전환을 시도하고 있으며, 특히 SDGs, SE4ALL 이니셔티브에서는 재생에너지 보급 확대와 에너지 효율 개선을 위한 구체적인 목표를 제시하고 범국가적인 차원에서 선진국과 개도국 모두의 참여를 유도하고 있다.

그러나 트럼프 행정부가 들어서고 미국 중심의 셰일가스 개발과 에너지 자국 우선 중심의 정책 그리고 에너지 패권을 둘러싼 국가 간 갈등 등으로, 지속가능한 에너지로의 전환이 쉽지만은 않은 상황이다. 파리 협정 이후 국제사회는 개도국 기후변화 대응을 위한 재정과 기술지원을 약속했다. 하지만 미국이 국제사회의 기후변화 관련 재원 지원을 중단함으로써 국제사회가 목표하고 있는, 2020년까지 기후변화 취약국을 위한 연간 1000억 달러의 기후재원 조성에 난항을 겪고 있다. 특히 세계 최대 에너지 소비국 가운데 하나인 미국이 파리 기후협정을 탈퇴하고 친화석연료 에너지 정책을 추구한다는 점은, 다른 회원 국가들의 참여를 지연시키는 동기를 유발한다는 점에서 우려가 크다. 그러나 국제사회는 기후변화 대응과 지속가능한 에너지 체제로의 전환을 위해 규제와 인센티브 정책을 균형 있게 도입하여 추진 중에 있다. 더불어, 미국도 미국 내 청정에너지 활용을 지지하는 다수 국민여론, 그리고 책임 있는 기후정책을 강조하고 있는 국제사회의 요구를 완전히 외면하기는 어려울 것이다.

2015년 말 기준으로 전체 에너지 소비 가운데 재생에너지가 차지하는 비중이 17.5%로 2010년에 비해 0.8% 상승했으나, 최근 성장비율이 점차 둔화되고 있어 재생에너지 보급 확대를 위해 많은 지원이 필요한 상황이다.

하지만 전력 부문의 최종 에너지 소비 가운데 재생에너지가 차지하는 비중이 2015년 기준 22.8%로 전년 대비 0.4% 빠르게 증가했으며, 태양광과 풍력 발전의 시스템 가격의 하락, 분산형 전원의 기술개발 그리고 정부의 정책적인 지원을 통해 개도국은 전력공급방식의 중간단계인 석탄 화력발전을 건너뛰고 곧바로 재생에너지 발전 방식을 도입할 수 있는 기술적·경제적·제도적 여건을 점진적으로 갖춰가고 있다. 또한 그동안 국제사회는 재생에너지 발전 분야와 더불어 에너지 효율 개선에도 상당한 진전을 거두었다.

지속가능한 에너지로의 전환과 관련해 국제사회는 주로 발전 부분에 많은 관심을 갖고 또한 정책지원을 하고 있다. 하지만 발전 분야를 제외한 수송, 난방 부문에서는 화석에너지에 대한 의존도가 여전히 매우 높아, 이에 대해서도 관심을 가질 필요가 있다. 특히 재생에너지에 기반한 수송 부문의 탈탄소화는 아직 심각하게 고려되고 있지 않으며 에너지 정책에서도 우선순위가 높지 않은 상황이다. 최근 에너지 저장장치의 기술개발과 생산비용 감소로 전기자동차의 판매가 크게 늘어났지만 수송 부분에서의 많은 변화를 위해서는 전기자동차를 위한 충분한 인프라 구축이 필요하다.

『에너지 혁명 2030』의 저자인 토니 세바Tony Seba는 기존 에너지 산업의 경쟁력 상실로 인해 2030년이 되면 모든 신규 에너지는 태양광, 풍력 등 재생에너지로 전환되고, 모든 자동차가 전기차 및 자율주행 자동차로 대체될 것이라고 매우 낙관적인 전망을 하고 있다. 현재 셰일가스의 등장으로 석유 가격이 하락하고, 천연가스의 실질가격이 사상 최저 수준으로 하락하는 등 세바의 전망과 다소 일치하지 않는 측면이 있다. 그럼에도 불구하고 지구온난화는 불변의 사실이며, 그 주요 원인은 화석연료 사용으로 인한 온실가스 배출이라는 것은 자명하다. 우리 미래의 생존을 위해 친환경에너지로의 체제전환과 에너지 소비 억제를 위한 노력은 선택이 아닌 필수임을 인지해야 한다.

현재 국제사회는 지속가능한 에너지 체제로의 전환을 위한 목표를 수립하고, 특히 기후변화 취약국인 개도국과 군소 도서국을 중심으로 기후변화에 대응하기 위해 노력 중이다. 앞으로 국제사회에서 합의한 목표와 성과를 달성하는 데 여러 난관이 있겠지만, 에너지가 개도국의 경제·사회 이슈와 직간접적으로 연계되어 있고, 특히 범세계적으로 기후변화에 직접적인 영향을 주는 만큼, 현재 그리고 우리의 미래 세대를 위해서 지속가능한 에너지에 모두가 관심을 기울여야 할 것이다.

사 례

전기자동차

전기자동차는 온실가스를 배출하지 않는 친환경 운송수단으로서 최근 정부정책 및 보조금 지원 등에 힘입어 빠르게 늘어나고 있다. 전기자동차가 그 자체만으로 놓고 본다면 친환경 운송수단이라는 데 이견은 없으나, 전기자동차가 사용하는 2차 에너지인 전기를 생산하기 위해 사용되는 1차 에너지원의 구성에 따라 전기자동차가 친환경일지 아닐지에 대한 판단근거로 작용할 것이다. 전기를 생산하는 1차 에너지원이 석탄화력으로만 구성될 경우 이를 통해 전기를 공급받는 전기자동차가 과연 친환경일까? 더불어, 전기자동차에 필수적인 ESS의 경우 소모품으로 주로 리튬이온배터리를 사용하고 있어, 화학폐기물 발생에 대한 우려도 적지 않은 상황이다. 그럼에도 불구하고 30% 수준의 내연기관에 비해 에너지 효율이 약 65%로 높은 전기자동차의 경우 앞선 문제를 상쇄하고도 남을 높은 효율과 함께 에너지 소비를 절감한다는 측면에서 친환경 운송수단으로 인정하는 의견도 적지 않다.

생각할 문 제

1 전기자동차는 과연 친환경 운송수단인가 토론해 보자.

2 전기자동차와 같이 흔히 친환경제품이라고 얘기하는 제품을 만드는 과정에서 또 다른 환경문제를 야기하는 제품은 어떤 것들이 있는지 생각해 보자.

04

도시화

1. 개요

'도시의 시대'가 도래하고 있다. 고대 문명 시대부터 도시는 존재했지만 전 세계 인구의 절반 이상이 도시 지역에 거주하게 되면서 일부 선진 국가를 중심으로 진행되었던 도시 담론이 개발도상국(이하 개도국)으로도 확대되고 있다. 선진국은 선진국대로 기존 도시의 재생과 고도화를 모색하고 있고, 개도국은 개도국대로 그들에게 주어진 도시문제 해결과 지속가능한 도시화를 달성하고자 노력하고 있다.

지역 간의 교류와 소통이 원활하지 않았던 과거에는 자신들의 관점에서 자신들의 도시문제를 해결하고자 했다면, 정보의 실시간 교류가 가능해진 현대 문명에서는 선진국의 도시문제 해결 경험과 교훈을 다른 국가, 도시와 공유하고 전수하기 위한 활동이 활발히 이루어지고 있다. 개도국 입장에서도 도시문제 해결에 소요되는 시간과 비용 경감을 위해 선진국과의 경험 공유가 활발해지기를 희망하고 있다.

도시화를 먼저 경험했던 국가의 도시 개발 및 관리의 교훈을 개도국과 공유하는 것은 글로컬라이제이션glocalization•이 필요한 전형적인 영역이다. 한 도시에서 성공했던 정책, 계획, 사례가 다른 도시에 적용되었을 때 동일한 성과를 나타낼 것이라고 장담할 수 없다. 그렇기 때문에 겉으로 드러나는 현상에 집중하는 접근이 아닌 본질적이고 종합적인 접근, 성과 또는 수익이 우선이 아닌 인권, 포용, 평화, 회복력resilience, 지속가능성 등 가치를 우선하는 접근이 필요하며, 이러한 관점의 접근은 국제개발협력이라는 틀 속에서 실현 가능할 것이다.

그래서 이 장에서는 개도국의 도시가 가진 잠재력과 내재된 문제점을 규

• 세계화를 의미하는 글로벌라이제이션(globalization)과 지역화를 의미하는 로컬라이제이션(localization)의 합성어로, 지역적인 것의 세계화, 세계적인 것의 지역화가 필요한 경우 사용한다.

명해 보고, 이들을 지원하기 위한 국제사회의 노력을 살펴보고자 한다.

2. 정의와 흐름

1) 도시화의 정의

도시는 인간 스스로의 의지로 만들어낸 인공환경built environment이며, 인간의 삶을 담는 그릇으로 생활을 영위하는 데 필요한 여러 가지 활동을 유지시켜 주는 터전이다. 도시에 대한 정의는 여러 관점에서 접근할 수 있다. 인구·물리적인 관점에서 도시는 다수의 적정 인구가 비교적 좁은 장소에 밀집하여 거주하며, 인구밀도가 비교적 높은 지역으로 정의된다. 사회적·경제적·문화적 관점에서는 1차 산업 비율이 낮고 2, 3차 산업 비율이 높은 비농업적 활동이 주로 일어나며, 다양한 서비스와 재화의 집중이 일어나는 곳이다. 기능적 관점에서 도시는 행정·경제·문화의 중심지 기능을 담당하며 독특한 문화와 새로운 문화가 성숙하는 공간으로 정의된다.

도시화는 인구가 점차 농촌에서 도시로 이주하는 현상을 의미하며, 도시화의 수준을 나타내기 위해 전체 인구 중 도시 지역에 거주하는 인구의 비율인 도시화율을 지표로 사용하고 있다. 전 세계는 20세기 중반 이후 급속하고 지속적인 도시화로 1950년 29.6%였던 도시화율이 2008년 50%, 2015년 54%(도시인구 39억 6000만 명)를 넘어섰고, 향후 2050년에는 70% 이상(도시인구 60억 명)이 될 것으로 예상되고 있다(그림 4-1 참조; UN DESA, 2015).

과거에는 도시화가 산업화를 주도하는 일부 도시와 주변 지역에서 일어나는 제한적인 현상이었지만 최근에는 세계화의 흐름 속에서 소득수준이나 기술혁신 여부에 관계없이 동시 다발적으로 발생하고 있다.

그림 4-1 **세계 도-농 인구변화 추이**

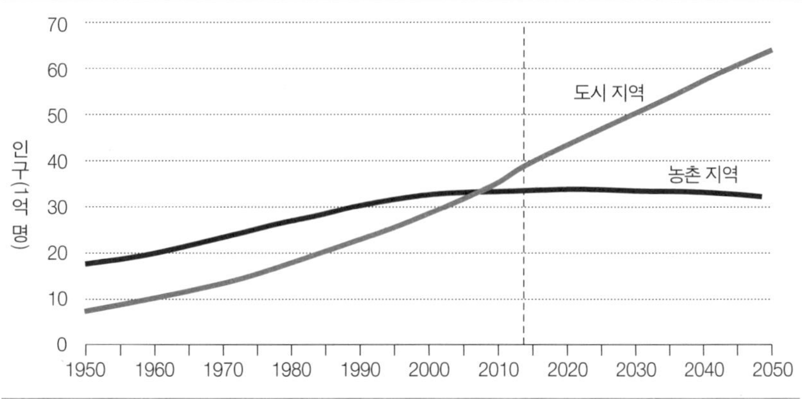

자료: UN DESA(2015: 7).

2) 개도국의 도시화

개도국의 도시화는 선진국에 비해 늦게 시작되었지만 인구가 도시 지역으로 집중하는 속도는 상대적으로 빠르다. 이상적인 도시화는 도시 지역에서 발생한 인구 유입 요인이 존재하고 노동력의 수요를 충족하기 위해 도시 지역으로의 인구 이동이 촉발되는 것이라 할 수 있다. 그러나 개도국에서 발생하는 도시화는 빈곤상태의 탈피를 위해 일자리가 있을 것으로 기대하는 도시 지역으로 인구가 이동하는 경향을 보인다.

개도국의 도시화를 지역별로 살펴보면 동남아시아의 경우는 전반적으로 도시화 수준은 낮지만 상당히 빠르게 진행되고, 도시화가 진행되면서 동시에 경제성장이 수반되고 있는 것으로 나타난다. 또한 동남아시아는 국가별로 경제적·사회적·문화적 차이가 다양하지만, 도시개발 및 계획은 지역적 현실이 적극적으로 고려되지 않은 채 서구의 도시계획 기법을 그대로 적용하여 도시 작동의 효율성과 개발 혜택의 형평성, 환경의 질적 수준 측면에서 많은 문제가 발생하고 있는 것으로 지적되고 있다. 또한 체계적으로 도시개발을 지원할 법제도 기반을 구축한 국가는 인도네시아, 필리핀, 태국, 베트남 등 동남아시아 일부에 국한된다.

중남미의 경우, 선진국과 유사한 수준의 도시화가 진행되었음에도 불구하고, 경제적·사회적 불안정성으로 인해 선진국 수준의 경제성장은 달성하지 못했다. 이는 국가 구성원 모두의 경제성장이 아니라 일부 계층, 지역에 경제성장의 혜택이 편중되었기 때문으로 경제적 불평등과 함께 계층적·공간적 불평등 문제가 발생하고 있다. 중남미 지역은 경제적 기회를 찾아 도시로 이주하는 사람들이 대부분 고용안정성이 낮은 산업에 종사하고 있다. 이러한 이주민들은 도심 지역의 높은 주거비를 감당할 능력이 부족하여 도시 외곽 거주를 선택하며, 도시의 외연적 확산, 기반시설 공급 효율성 저하 등을 초래한다.

아프리카의 많은 도시들은 유럽 식민지 시대에 상업용 작물재배, 자원 개발 및 본국 운송을 목적으로 1970~80년대에 설계, 건설되었고, 1990년대 중반부터 도시화가 빠르게 진행되었으나 도시개발에 대한 장기적 계획이 없이 진행되었다. 도시화의 경제적 기회가 경제성장으로 이어지지 않았고, 산업화 없는 도시화, 무분별한 도시 팽창과 슬럼화, 열악한 도시 기반 인프라가 아프리카 도시가 갖는 도시화의 주요한 특성으로 제시되고 있다(박영호 외, 2016). 2016년 기준으로 아프리카에서 국가 차원의 도시개발정책을 수립한 국가는 16개국, 아프리카 국가의 1/3 수준에 불과한 것으로 조사된다. 도시개발 종합계획이 수립되어 있다 하더라도 실행할 수 있는 정책 담당자의 역량이 부족하고, 수립 시점으로 오랜 시간이 지나 현실에 부합하지 않은 사례가 많다.

개도국의 도시화는 산업성장에 따라 농촌 노동인구가 도시 지역으로 유입된 것이 아니기 때문에 도시 지역의 토지, 주택, 교통, 산업 등 경제 기반을 더욱 취약하게 만들고, 보건, 위생, 치안, 환경 등의 측면에서 다양한 도시문제를 양산한다. 이러한 현상을 가도시화pseudo-urbanization라고 하며, 경제성장 과정에서 일시적으로 발생할 수 있지만 도시의 수용력이 향상되면서 자연스

럽게 개선된다. 그러나 만성적인 현상으로 고착될 경우 막대한 사회적 비용을 발생시키고, 도시문제 해결에 더 많은 비용이 투입되어야 하는 상황을 만들어낸다.

3. 개발도상국 도시화의 문제점

도시화는 경제적·사회적·문화적 성숙의 기회와 함께 위험요소도 초래한다. 인구, 생산 활동이 일부 대도시에 집중되는 인구 과밀과 도시 종주화 현상이 심화되면서 양과 질적인 측면에서 주거 부족, 기초 인프라 시설의 공급 시차가 발생한다. 또한 도심부의 지가 상승으로 인해 도시 주변 지역이 무분별하게 확산하는 비계획적인 도시 확장이 주요 도시문제로 제기된다.

도시 내의 토지는 한정적이고, 동시적 이용이 제한적이므로 양호한 접근성과 생활환경을 두고 지대에 따른 차별적인 이용이 발생한다. 중심지에는 높은 지대를 지불할 수 있는 상업, 업무 등 도심 기능이 배치되고, 도시 외곽으로 갈수록 지대는 낮아지는데 일자리로부터의 거리를 극복할 수단과 비용을 지불할 수 있는 중산층은 교외 지역으로 입지한다. 문제는 통근을 위한 비용을 지불하지 못하는 저소득층은 주거환경으로 적합하지 않더라도 도심과 인접한 지역에 입지하게 되는데, 주거 지역으로 계획되지 않았기 때문에 주택의 질이 낮고, 상하수도·전기·보건·위생 등 기반시설이 부족한 슬럼slum을 형성하게 된다는 것이다. 주거 기능이 부족한 도심 지역에는 야간 공동화 현상이 발생하고, 슬럼 지역은 기본생활, 안전, 환경오염 등의 문제에 취약해진다.

경제적 기회와 사회문화적 다양성을 찾아 도시로 모여든 사람들이 그들이 기대했던 경제적 기회를 찾는다면, 도시 생활에 필요한 교육, 의료, 보건, 위생, 치안, 안전 서비스 공급을 위한 실수요로 작용할 수 있다. 그러나 반대의 경우 이들은 공공서비스 공급의 주체인 정부에 부담으로 작용하게 된다. 비계획적인 도시화, 지속가능하지 않은 도시화가 갖는 또 하나의 문제점은 자원의 소비가 많아져 자원은 고갈되고 폐기물이 늘어나고 이로 인해 다양한 환경오염이 발생한다는 것이다. 재해, 재난에 대한 취약성이 높아지고, 재해, 재난의 피해가 대규모화되며, 대비가 부족할 경우 피해가 비가역적인 양상을 보인다. 도시의 저개발지역인 슬럼에 거주하는 도시빈곤층에게는 과밀 거주 환경, 적정 인프라 및 서비스 부족 등으로 기후변화로 인한 재해 발생 시 상대적으로 더 큰 규모의 인적·물적 손실이 발생한다.

이와 같은 도시화의 문제점을 개도국의 관점에서 하나씩 살펴보면 다음과 같다.

1) 도시 슬럼의 확대

확산되는 도시 슬럼과 비공식적 도시 거주 문제 해결은 최근 20년간 주요 정책과제였다. 농촌에서 도시로의 인구 이동으로 인한 도시 확장은 적절한 주거지를 저렴한 비용으로 공급해야 하는 문제를 야기했다. 정부정책 결정자들은 상당한 규모의 공공주거계획을 수립하여 문제에 대응했지만 늘어난 주거 수요를 감당하는 데 충분한 해결책이 되지 못했다. 주거 공급이 원활히 이루어지지 않자 비공식 거주가 발생하기 시작했고 도시 슬럼으로 확대되었다.

이러한 슬럼 거주자들의 숫자가 중남미, 아프리카, 아시아 등에서 확대되고 있다. 개도국의 도시를 중심으로, 불안정한 법적 지위와 식수 및 위생 등 기본 서비스가 없는 환경에서 거주하는 사람들이 늘어가고 있다. 개도국의 슬럼에서 거주하는 도시 인구 비율은 1990년 46.2%에서 2014년 29.7%로 줄어들었다. 그러나 개도국의 슬럼 거주자의 숫자를 보면 1990년 6억 8900만 명에서 2014년 8억 8000만 명으로 오히려 증가하고 있다(UN-Habitat, 2016b).

2) 부족한 기본 서비스

아시아와 아프리카의 빠르게 성장하는 도시들의 슬럼 문제와 밀접하게 연관되어 있는 것이 적절한 기본 서비스와 인프라 제공이라는 과제이다. 도시가 제공하는 서비스는 기본 서비스인 교통, 식수와 위생, 전기, 의료, 교육뿐만 아니라 보조적 서비스인 거리 청소, 공원 및 공공장소 관리, 가로등 등 공공시설 관리까지 아주 다양하다. 슬럼 거주자가 있는 가난한 도시의 많은 지역들에서 이러한 도시 서비스 공급이 부족해지거나 제공에 제약이 있다면 도시에 거주하는 전체 시민의 생산성을 떨어뜨릴 수 있다. 시민들에게 양질의 삶을 제공하기 위해 필요한 도시역량과 도시가 보여주는 경제적 성과는 기본 서비스와 인프라 제공 수준에 영향을 받기 때문이다.

국가의 경제가 개선되면 식수와 위생, 쓰레기 관리, 교통 및 에너지 등 기본 서비스에 접근 가능한 도시 인구 비율이 늘어나는 경향이 있다. 그러나 이러한 경향은 지역별로 차이가 있다. 예를 들어 아시아 일부, 북아프리카, 남아프리카, 중남미는 경제성장과 함께 도시 식수 제공 상황이 현저히 개선된 반면, 아프리카 사하라 사막 이남 국가, 오세아니아와 남아시아는 이들 지역에 비해 뒤처져 있다. 인구가 급격히 증가하거나 도시 자체가 가난하면 도시들은 기본 서비스 수요 증가에 충분히 대응할 수 없는 것이다.

기본 서비스 제공이라는 도전과제를 해결하기 위한 혁신적인 방법이 많이 시도되고 있지만 국가가 서비스를 제공하는 것이 가장 일반적이며 지배적이다. 정부 당국이 직접 관리하는 노력을 기울이고 있지만 대규모 상수 및 하수 시스템, 전기 공급 계획을 관리하는 인적자원이 부족하여 늘어나는 서비스 수요에 맞게 재원이나 기술이 충분히 활용되지 못하는 실정이다. 이를 해결하기 위해 기본 서비스의 민영화 및 민관협력사업PPP: Public-Private Partnership을 활용하고 있지만 민영화는 기본 서비스 가격의 인상으로 이어지는 경우가 많다. PPP는 상위 중소득국이 적절히 활용할 수 있는 방법이다.

한편, 공공이 제공하는 기본 서비스의 품질은 여전히 낮은 수준이다. 소득이 증가하고 슬럼 개선 정책들이 효과를 발휘하면서 도시 인구 중 슬럼 거주 인구 비율이 줄어들고 있다. 그러나 여전히 도시 최하층 거주민은 식수와 위생, 쓰레기 처리, 공공 교육, 의료 서비스, 교통 시설에 대한 접근에 제한이 있다.

3) 교육과 보건의 불평등

도시의 하위 소득층은 교육, 보건 등 기본 서비스의 접근이 어려워 양질의 경제활동을 위한 기본 역량을 배양하는 데 어려움이 있다. 이는 생계 조건이 개선되지 못하고 더욱 빈곤한 생활을 하게 되는 악순환의 원인이 된다. 도시의 양극화와 불평등이 심화되는 것이다. 유엔 해비타트UN-Habitat: UN Commision on Human Settlements(UN-Habitat, 2016b)에 따르면 개도국 중 아프리카의 도시 소득 불평등이 가장 높고, 중남미도 일반적으로 높은 편이라고 한다. 아시아의 도시 소득 불평등 수준은 두 지역에 비해 나은 편이라고 한다. 불평등이 심화되는 도시들의 공통적인 특징은 울타리, 벽, 기타 건축물 등을 이용한 소득 그룹 간의 경계가 분명하다는 점이다. 이러한 물리적인 경계 이외에도 접근 통제를 위해 기계적·전자적·인적 시스템을 활용하고 있다. 이러한 구역 구분은 범죄 예방과 치안을 위한 것이라고는 하나 도시 불평등을 심화시키고 슬럼 거주자들의 소외감을 키우는 부작용을 낳고 있다.

도시의 부족한 서비스로 인한 개도국의 또 다른 문제는 건강 위협이다. 도시의 전염병 확산은 지속적인 인구 증가로 인프라와 서비스가 수요에 맞게 제공되지 않기 때문에 발생한다. 교통사고 증가, 대기 오염으로 인한 호흡기 질환, 수인성 질병은 모두 부적절하고 불충분하고 열악한 도시 인프라와 관련되어 있다고 볼 수 있다. 예를 들어, 2013년부터 2015년에 서아프리카에 발병한 에볼라 바이러스는 주요 해안도시의 열악한 슬럼가에 치명적인 영향을 주었다. 서아프리카에서 가장 크고 악명 높은 슬럼가인 라이베리아의 웨스트포인트West Point는 인구 7만이 모여 사는 식수 공급 및 위생시설, 쓰레기 처리가 아예 안 되는 지역이다. 이 지역의 에볼라 바이러스 사망자는 집계가 불가능한 수준이었다(UN-Habitat, 2016b).

4) 도시의 기후변화 취약성

도시화와 기후변화는 서로 밀접하게 연관되어 있다. 1950년부터 2005년까지 도시화 진행 정도가 29%에서 49%로 두 배 가까이 확대되는 동안 세계의 이산화탄소 배출은 약 500% 증가했다(UN-Habitat, 2016b). 도시로 인구가 집중되고 경제활동이 활발해지면서 화석연료의 사용이 증가하고 지구온난화의 주범인 이산화탄소 배출이 늘어난 것이다. 결국 도시화가 이산화탄소 배출 증가, 지구온난화 확대, 기후변화 심화로 연결된다.

기후변화로 인해 발생하는 폭우 및 폭염 등의 자연재해는 경제활동, 인구, 인프라가 집중되어 있는 도시에 큰 피해를 준다. 도시 슬럼화 문제가 심각한 개도국의 도시들이 이러한 피해에 더 취약하다고 할 수 있다. 2014년 발생한 재해 중 87%는 기후와 관련되어 있다는 통계가 있다(UN-habitat, 2016b).

도시의 기후변화 취약성은 도시화 형태, 경제 개발, 도시 계획, 재해 대책 등의 요인에 달려 있다. 더 상세하게는 성별, 나이, 인종, 소득, 거주지 등의 요인이 개인 및 그룹의 기후변화 취약성에 영향을 준다. 저소득그룹의 경우는 자연재해의 위험에 노출되어 있는 지역으로 밀려나 거주하는 경우가 많고, 개도국의 임시 거주지의 40%가 슬럼 및 비공식 거주지와 같은 홍수, 산사태 및 기타 자연재해의 위협이 큰 지역에 위치해 있다.

한편, 도시의 기후변화 대응 역량은 정부 역량과 관련되어 있다. 그리고 정부 역량은 제도적·기술적·경제적·정치적 환경에 의해 제약을 받을 수 있다. 개도국은 이러한 환경적 제약이 크며 재원도 충분치 않아 기후변화 대응을 위한 투자에 소극적일 수 있다. 특히 실업, 불충분한 인프라 제공, 높은 빈곤율 문제 등 풀어야 할 다른 우선순위의 과제가 있다면 기후변화 대응은 더욱 후순위로 밀릴 수 있다.

5) 치안과 안전 문제

개도국의 도시화가 가지고 있는 또 다른 문제는 치안과 안전이다. 도시는 경제, 사회, 정치 활동이 집중된 지역으로 테러집단의 주요 공격 목표가 되고 있다. 테러 성공 시 높은 가시성과 영향을 기대할 수 있기 때문이다. 인명 피해부터 인프라 및 건물 파괴까지 도시에서 테러가 미치는 영향은 막대하다고 할 수 있다. 2013년 케냐 웨스트게이트 쇼핑몰Westgate shopping mall에서 발생한 테러는 67명의 희생자를 낳았고, 2015년 케냐대학교의 가리사Garissa 캠퍼스에서 발생한 테러에서는 147명의 희생자가 발생했다. 1975년 이후 케냐에서 일어난 35번의 테러 공격 중 26번의 공격이 도시에서 발생했다. 물론 도시의 테러 위협 증가는 개도국만의 문제는 아니다. 그러나 테러 이후 사고 수습 및 도시 재건 측면에서 보면 개도국의 역량은 선진국에 비해 매우 부족하며, 도시가 정상적인 수준으로 회복되는 데는 상대적으로 긴 시간이 필요하다. 그뿐 아니라 개도국의 테러 문제는 원조 사업 수행에 직접적인 영향을 줄 수 있다. 테러 위협으로 인해 원조 사업이 위축되거나 개발을 위해 조성된 재원이 테러 위협 해결 목적으로 전용되는 등 개도국의 발전을 저해하는 결과로 귀결될 수 있다. 한편, 테러 위협은 필연적으로 도시 내 군대 주둔 및 치안활동 강화로 이어지는데 이러한 무력 배치는 도시에서 일어나는 집회 및 시위를 진압하는 데 악용되기도 한다. 이로 인해 개도국에서 일어나는 다양한 시민사회 운동들이 제약을 받을 수 있다.

4. 지속가능한 도시화를 위한 노력

1) 국제사회의 도시개발 논의 지속

도시개발의 궁극적 목적은 도시 내에서 발생하는 활동을 능률적이고 안전하게 하며, 문화·위생·보건 등 환경 목표를 충족할 수 있는 필요 공간을 평면적·입체적으로 계획하여 누구에게나 편리하고 건강한 생활을 영위하게 하는 것이다. 도시개발 목적에 부합하는 도시화를 위해 다양한 기관에서 도시에 대한 지향점을 제시하고 있는데, 국제적인 영향력을 고려하면 유엔UN: United Nations의 지속가능개발목표SDGs: Sustainable Development Goals와 UN-Habitat의 신도시의제New Urban Agenda를 참고할 수 있다.

SDGs의 11번째 목표는 '포용적이고inclusive 안전하며safe 복원력 있고resilience 지속가능한sustainable 도시와 거주지 조성'이다. 이는 도시를 개별적인 단일 분야sector나 이슈로 접근했던 기존 새천년개발목표MDGs: Millennium Development Goals의 접근에서 벗어나, 다양한 분야의 문제를 해결하기 위한 중재자 또는 조정자의 역할로 접근한다는 것으로 볼 수 있다. SDGs는 MDGs에 비해서 사회적·경제적·환경적 측면의 균형 있는 발전을 고려하며 목표 간 연계성integrated and indivisible을 강조하고 있다. SDGs의 17개 목표를 11번째 목표인 도시를 중심으로 보면, 1차적으로 깨끗한 물과 위생(6번), 깨끗한 에너지(7번), 지속가능한 인프라(9번), 기후행동(13번)과 연계된다. 이들 목표는 양질의 도시화가 이루어지기 위한 필요조건으로 이해 가능하다. 그림 4-2에 제시된 나머지 목표는 필요조건이 갖춰졌을 때 얻을 수 있는 효과로서 빈곤 종식, 굶주림 종결, 건강과 웰빙, 양질의 교육, 성평등, 좋은 일자리와 경제성장, 불평등 감소, 평화와 파트너십 등이 있다.

UN-Habitat 총회는 20년을 주기로 개최되는데 2차 총회가 열린 1996년에는 주거권을 핵심 가치로 제시했고, 2016년 3차 총회에서는 도시권, 모두를

그림 4-2 **SDG11을 중심으로 한 목표 간 연계성**

위한 도시를 핵심 가치로 제시했다. 또한 도시를 단순한 정주공간이 아닌 지속가능한 발전을 위한 경제적·사회적·환경적 현안의 해결책이자 새로운 동력으로 인식하고, 도시화 과정에서 발생하는 문제에 대한 해법과 SDGs 달성을 위한 실천방안으로 10가지 정책의제를 제시했다.

표 4-1에서 보는 바와 같이 10대 정책의제는 포용성과 지속가능성을 실현하기 위해 도시정책과 계획 수립, 급속한 도시화와 경제성장 과정에서 소외되기 쉬운 취약계층에 대한 고려가 필요함을 강조했고, 모두에게 평등한 공간과 장소를 갖춘 포용도시를 지향한다. 취약계층을 포함하여 모두가 적절한 주거에서 당당하게 살 수 있는 도시, 공공 공간이 제대로 역할을 해서 다양성이 존중되고 공간정의가 살아 있는 도시, 모든 시민이 공평하게 도시 인

표 4-1 **해비타트 III 10대 정책의제**

구분	주요 내용
도시에 대한 권리와 모든 사람들을 위한 도시 (Right to the City and Cities for all)	• 도시가 제공하는 주택, 교통, 보건위생, 환경, 안전, 사회복지, 문화, 경제적 기회 등 각종 서비스의 혜택을 받을 수 있는 권리 • 도시자원 배분의 공간적 공정성 확보, 도시 구성원들에게 정치적 참여기제 제공, 그들의 사회적·경제적·문화적 다양성 존중
사회문화적 도시 체제 (Socio-Cultural Urban Framework)	• 모든 도시민을 사회적·문화적으로 포용하고, 지속가능하고 회복력 높은 발전을 고양하는 사회적 형태와 문화적 자산 개발 • 사람과 장소가 중심이 되는 인간다운 또는 인도적인 도시 지향
국가 도시정책 (National Urban Policies)	• 도시계획이 지방정부의 정책적 우선순위에서 밀리지 않도록 지원하며, 지방정부의 계획능력 강화 • 도시와 농촌 간 이분법적 접근방식에서 벗어나 도시에서 근교지역, 농촌에 이르는 연계(Urban-Rural Linkage) 전략 수립
도시 거버넌스, 역량, 제도발전 (Urban Governance, Capacity and Institutional Development)	• 다양한 이해관계자의 참여로 구성되는 거버넌스에 빈곤층을 포함한 모든 사회적 약자가 참여 가능한 참여문화의 창달 강조 • 토지주택시장을 효과적으로 규제할 수 있는 법과 제도, 비공식 정착지나 관행적인 토지제도의 도시계획을 통한 공식화
지방 재정 및 조세체계 (Municipal Financing and Local Fiscal System)	• 지방정부의 공공재 공급에 따른 세입과 세출 간의 불균형을 해소하기 위한 다양한 재원조달방식 도입 • 공공 투자에 의해 상승한 지가분의 일부를 공공이 회수하는 '토지가치에 기반을 둔 재원조달(Land-based Financing)'의 필요성 제기
도시공간전략 (Urban Spatial Strategies)	• 도시 및 공간계획·설계, 도시 토지, 도시-농촌 연계, 공공 공간 등 공간적·물리적 차원의 도시계획 문제로 대두 • 도시공간전략의 우선순위는 지속가능한 도시 형태를 만드는 데 있으며, 압축적이고 연결성이 높은 도시공간구조를 지향해야 함
도시경제개발전략 (Urban Economic Development Strategies)	• 기업 비즈니스 환경 개선, 인적자본 투자, 기술개발 등 소프트웨어 분야에서부터 대중교통 중심의 압축적 도시개발을 통한 사람, 상품, 서비스, 아이디어의 연결성 강화 등 하드웨어 전략 제시
도시 생태와 회복력 (Urban Ecology and Resilience)	• 압축도시 등의 형태로 효과적으로 도시가 계획, 관리되면 환경부하를 저감시키는 등 지속가능성과 회복력 증진에 기여 가능

도시 서비스와 기술 (Urban Services and Technology)	• 기본적으로 인권의 차원에서 모든 도시민이 기초적인 생활서비스와 이동성을 제공하는 기반시설의 혜택을 향유해야 함 • 기술 진보의 혜택이 사회적 약자를 비롯한 모든 계층에게 균등하게 돌아가야 함
주택정책 (Housing Policies)	• 주택으로서 거주성을 갖기 위해 토지 권리관계 확보, 기초서비스 제공, 적정 면적의 위생적이고 구조적으로 안전한 건물 등의 조건 충족 • 저소득층 주거입지가 일자리에 근접하고 대중교통 접근성을 갖추어 실제 주거문제를 해결할 수 있도록 토지 이용, 기반시설, 교통, 환경 등과 통합적으로 접근해야 할 필요가 있음

자료: UN-Habitat(2016a) 요약.

프라 서비스를 받을 수 있는 도시가 포용도시의 핵심이다.

이러한 논의를 바탕으로 한 국제사회의 지속가능한 도시화를 위한 노력을 주제별로 살펴보면 다음과 같다.

2) 포용적 도시 구축

포용적 도시는 모든 사람이 재산, 성별, 연령, 인종, 종교에 상관없이 도시가 제공해야 할 기회들에 생산적이고 긍정적으로 참여할 수 있는 권한을 가지고 있는 장소를 의미한다(임현묵 외, 2017). UN-Habitat에서 제시한 신도시 의제의 핵심인 "도시에 대한 권리, 모두를 위한 도시"가 포용적 도시를 나타내는 것이다.

도시는 주택, 교통, 보건, 환경, 안전, 복지, 문화, 일자리 등이 집중되는 '공간'이기 때문에 입지에 따른 지대rent가 발생한다. 다양한 서비스가 집중되는 도심과 양호한 생활환경을 보유한 지역은 지대가 높게 형성되므로 지대를 지불할 수 있는 재화를 보유한 일부 시민들이 서비스를 향유하게 된다.

기존 논의에서는 소득을 기준으로 저소득층의 도시 서비스 향유를 강조했던 것에 비해 SDGs에서는 성별, 연령, 인종, 종교 등으로 포용의 범위가 확장되었다.

국제기구에서도 포용적 도시 만들기를 위해 다양한 노력을 기울이고 있다. 도시 빈곤감소 및 포용력 개선, 지역 인프라 서비스 개선, 적정 주거 및 토지 제공, 도시 관리, 재정, 거버넌스, 도시환경 개선을 위한 기술지원 사업들이 진행되고 있다. 인프라 서비스, 주택 임차, 근린 생활환경 등 다양한 차원의 생활여건을 개선하는 사업들도 추진되고 있다. 장기적으로는 비계획적인 도시 확장 감소, 거주성, 회복력, 생산성 향상을 통한 도시 공간 및 도시 구조의 개선을 지원하고 있다.

그 과정에서 도시 성장의 혜택이 특정 그룹에 집중되지 않고 고르게 분배되며, 결과의 공평함이 아닌 계획 단계에서의 공평한 참여적 접근이 될 수 있도록 하고 있다. 빈곤 계층 주거환경 개선을 위한 기술협력 및 자생적 슬럼 개선을 지원하고, 도시 지역 위생환경 개선을 위한 하수, 폐기물 처리시설 개선도 지원하고 있다.

일례로 독일은 시민 중심의 인프라스트럭처 및 주택 서비스 접근성 개선, 지역 경제 및 고용 촉진을 위한 중소기업 지원, 지역 소득 향상, 사회적으로 포용적이고 안전한 도시를 조성하기 위한 슬럼 개선 및 폭력 방지, 현대적 도시개발과 조화를 이룰 수 있는 역사문화유산 및 구도심 개발 촉진 등의 사업을 지원한다. 구체적으로 토지 및 주택에 대한 법적 접근성 확보, 참여적 계획을 권장하고 있으며, 도시 공공 공간과 공공건물을 안전 확보라는 관점에서 접근하고 있는 점이 특징적이다.

3) 도시 회복력 향상

회복력은 안전한 도시를 만들기 위한 노력으로 이해될 수 있다. 회복력 자체는 공학적·생태학적·사회학적 관점에서 다양하게 정의될 수 있지만, 도시에서의 회복력이란 주로 기후변화로 인한 재해에 대해서 도시와 커뮤니티가 대응하고, 단기간의 영향으로부터 빠르게 정상 상태로 돌아가는 능력이라고 볼 수 있다.

회복력은 그 개념이 복잡하기 때문에 이를 구성하는 지표를 살펴봄으로써 주요 내용을 파악할 수 있다. 도시의 회복력 측정에 있어 대표적인 국외 지표 연구는 사회환경전환기구ISET: Institute for Social and Environmental Transition의 도시 기후 회복력 프레임워크에 근거한 지표 연구이다(김동현 외, 2015). 이 지표 연구에 근거하면 도시의 회복력 향상을 위해 중요하게 관리되어야 하는 부문은 물공급, 홍수 예방 및 배수, 공공 보건, 관광, 고체폐기물/쓰레기 관리, 생태계 관리, 농업, 어업, 재정착 및 주거 10개 부문이다.

회복력 있는 도시 조성을 위한 노력은 도시 사회의 취약성에 대한 위험 수준 파악 및 평가, 취약계층 피해 저감 및 예방을 위한 도시설계, 지역주민과의 협력을 통한 재난 대응체계 강화, 재난 조기경보 시스템 구축 및 구조팀 역량강화, 위급상황 대응 및 재해 복구 체계 수립 등으로 요약할 수 있다.

베트남의 해안 지역은 기후변화의 영향으로 폭풍 해일, 홍수에 취약함을 노출하고 있는데, 유엔개발계획UNDP: UN Development Program은 녹색기후기금을 활용하여 베트남 해안 지역 커뮤니티의 회복력 개선 프로젝트를 수행하고 있다. 이 사업에서는 재해에 안전한 지역에 홍수 대비 디자인을 적용한 주택 4000가구를 공급하고, 폭풍 해일의 영향을 저감하기 위해 4000헥타르 규모의 맹그로브 숲을 조성하며, 기후변화 및 재해 관련 정보를 공유하기 위해 해안 지역 28개 성province의 정보 공유 시스템을 구축한다.

4) 인프라 투자를 위한 금융 접근성 제고

글로벌 컨설팅 기업인 매킨지McKinsey는 2030년까지 글로벌 인프라 투자 수요는 총 57조 달러 규모에 이르고, 수요 대부분은 개도국에서 발생할 것으로 예측했다(McKinsey, 2013). 아시아개발은행ADB: Asian Development Bank은 아시아

45개 국가가 연간 5% 성장률을 기록할 시 2030년까지 총 22.6조 달러, 연간 1.5조 달러의 인프라 투자가 필요하고, 기후변화 대응을 위한 인프라 수요를 고려하면 총 26조, 연간 1.7조 달러의 투자가 필요할 것으로 전망했다(ADB, 2017). 아무리 좋은 계획, 정책이 수립되었다 하더라도 실행되지 않으면 캐비닛 플랜에 불과하다. 국제개발협력 분야에서도 양질의 계획이 실행될 수 있도록 금융 접근성을 개선하려는 노력을 기울이고 있다.

개도국의 증가하는 인프라 투자 수요에 비해서 공적개발원조ODA: Official Development Assistance 규모가 부족한 상황에서 민간 기업의 참여는 필수적인 요소로 인식되고 있다. 각국 정부, 다자개발은행, 국제금융기구 등은 민간 부문과의 협력을 위하여 ODA의 촉매적 역할을 강조한 공동 사업 기획, PPP 등 개발재원을 확대하고자 다양하고 혁신적인 이니셔티브를 시도하고 있다.

ADB의 도시개발 전략 2020은 인프라 공급을 위한 새로운 조달방식 개발의 필요성을 강조하고 있으며, 이를 위해 다른 개발협력 파트너 기관과 민간 부문이 참여하는 PPP 사업방식이 모든 사업에서 고려되어야 한다고 강조하고 있다. ADB는 도시금융파트너십UFPF: Urban Financing Partnership Facility을 도입하여 자본 지출 또는 운영비 지출operational expenditure을 통해 수익성을 개선하거나 차관, 보증 등의 다양한 수단으로 재정을 지원하고 있다. 재원 지원의 효과성을 높이기 위해 반드시 금융 운영, 유지관리 관련 관료, 실무자의 역량 강화 프로그램을 실시한다. 또한 통합적 도시계획을 도입하여 경제적·사회적·환경적 관점에서 우선 실행 사업을 도출하고, 이에 따라 지역별·분야별 투자 계획을 수립하여 ADB뿐만 아니라 제3의 재원투입이 가능한 구조를 구축한다.

박스 4-1에 제시된 영국의 '경제개발을 위한 인프라스트럭처 및 도시ICED: Infrastructure and Cities for Economic Development' 프로그램 또한 개도국의 도시문제 해결에 있어서 금융 접근성을 개선하려는 목적으로 진행되고 있다.

박스 4-1 **경제개발을 위한 인프라스트럭처 및 도시(ICED) 프로그램**

- 지속가능하고 포용적인 경제성장을 위한 엔진으로서 인프라스트럭처 및 도시개발 투자를 위한 포트폴리오 형성
- 현황 연구-프로그램 범위 설정-프로그램 설계-실행-평가의 단계로 운영하며, 환경권리부여(Enabling Environment), 회복력, 포용 등을 고려
- 초기 단계 참여 및 프로그램 범위 설정 방식
  - 우선 지원 분야의 잠재적 프로그램에 대한 포용적 성장 진단 자문 및 분석
  - 진행 중인 프로그램 개발 또는 참여의 후속연계를 위한 국가 지원 협정(Country Support Agreement) 개발 및 프로그램의 잠재적인 초기 구상 및 범위 설정
  - 도시 및 인프라스트럭처 개입과 관련된 공여국 및 다자기구 등 이해관계자 참여 및 분석을 통한 DFID(Departmemt for International Development)의 우선 지원 분야 및 비교우위 설정
  - 사업 범위 연구, 프로그램 설계, 사업 사례 개발 등을 통해 기술지원을 위한 사업 지원 범위 개발
- 프로그램 설계
  - 도시 및 인프라스트럭처 우선 분야에 대한 프로그램 설계 및 사업 개발 지원
  - 프로그램 옵션 비용편익분석 지원
- 실행
  - 도시 및 인프라스트럭처 프로그램 실행 사전 설계 및 과업지시서(TOR: Terms of reference) 개발
  - 국가별 사무소와의 협력을 통해 기존 도시 및 인프라스트럭처 프로그램 기술지원

5) 스마트시티 구축

개도국의 도시화 속도는 이전 선진국이 겪었던 속도를 능가한다. 따라서 변화의 범위와 양상이 선진국의 도시화 경험에 비해 다양하고 동시 다발적이며 복합적이다. 농경 기술의 발달이 최초의 도시, 문명을 만들어냈고, 제조업 기술의 발달을 의미하는 산업혁명이 발생한 영국에서 근대적 도시계획이 태동했던 것처럼 현재는 정보통신기술ICT: Information & Communication Technology이 새로운 도시생활 환경에 접목되려고 한다.

산업의 고도화와 함께 ICT의 발전이 혁신적으로 발달한 현대에는 소득의 높낮이에 관계없이 ICT가 전 세계적으로 널리 통용되고 있다. 도시에서의 생활양식에 많은 변화가 일어났고, 도시문제 해결에 있어서도 선진국이 적용했던 전통적 방식을 현시점에서 개도국에 그대로 적용하는 것이 효율적인가에 대한 의문이 제기되고 있다.

기술이 발달한 선진국의 입장에서는 기술이전의 대상을 확대한다는 측면에서, 개도국의 입장에서는 선진국과 같은 도시생활을 영위하는 데 보다 효율적일 수 있다는 점에서 스마트시티Smart City가 주목받고 있다. 스마트시티는 "스마트"라는 다양하게 해석이 가능한 용어를 사용하기 때문에 국가별·분야별·주체별 수요와 추진방향에 따라 다양하게 정의된다. 스마트시티 개념이 등장한 초기에는 개념을 정의, 합의하기 위해 노력을 했지만, 최근에는 개별 도시가 갖는 문제를 해결하기 위한 효율적인 수단, 플랫폼으로서의 개념으로 인식되고 있으며, ICT와 친환경 기술을 접목한 도시개발을 의미하는 것으로 받아들여지고 있다.

2000년대 초반 ICT 적용을 위한 물리적 기반시설 구축을 중심으로 추진했던 유시티U City, 스마트시티 개발이 일반 시민이 일상생활에서 체감할 수 있는 서비스와 삶의 질 향상으로 이어지지 않았다는 자성과 함께 2010년대에 들어서는 시민의 안전, 인권, 공공 공간 등 사람 중심의 스마트시티가 되어야 한다는 방향으로 전개되고 있다.

상대적으로 도시화율이 높지 않은 개도국에서는 스마트시티를 국가 경제 성장과 투자 유치를 위한 수단으로서 정책적으로 추진하고 있다. 도시화율이 높으나 불평등이 심한 중남미 국가들은 도시 기본 서비스의 접근성 향상을 위해 스마트시티 개발을 추진한다(김나연, 2018).

중국은 국무원 산하 주택도시농촌건설부에서 스마트시티 개발정책을 담당하고 있으며, 2013년 제12차 5개년 규획 기간(2011~2015년) 동안 320개 스마트시티 사업에 약 5000억 위안(약 85조 원) 이상을 투자했다. 제13차 5개년 규획(2016~2020년)에서는 신형 도시화 전략의 세부 정책으로서 스마트시티 사업을 추진할 것을 발표했고, 2020년까지 약 5000억 위안(약 85조 원)을 투자할 계획이다.

인도는 급속한 도시화 진행과 도시문제 해결을 위해 스마트시티 개발을 추진하고 있다. 2014년 모디Narendra Modi 총리는 국정 우선과제 중의 하나로 2022년까지 100개 스마트시티 구축을 목표로 하는 "스마트시티 미션"을 발표했다. 2020년까지 총 72억 달러 규모의 예산이 투입될 예정이며, 기존 도시의 개선retrofitting, 재개발redevelopment, 신도시개발greenfield 및 스마트 솔루션을 적용한 범도시 스마트화pan-city가 주요 전략이다.

중남미는 도시화율이 80%가 넘었으나 사회적 불평등이 심각한 상태로 스마트시티 기술 적용을 통한 도시문제 해결을 효율적이며 필수적인 것으로 인식하고 있다. 스마트시티 개발 과정에서 포용inclusion, 생산성productivity, 회복력resilience, 디지털 격차 해소digitalization를 추구하는 것이 특징적이다.

5. 결론

도시가 차지하는 면적은 전 세계 육지의 3%에 불과하지만, 세계 인구의 54%가 거주하고 있으며, 전 세계 GDP의 80%를 생산하고, 온실가스의 70%를 배출하고 있다. 도시가 한 국가 안에서 생산과 소비의 중심적인 역할을 수행하는 것은 선진국의 도시에만 국한되지 않는다. 소득이 낮은 국가에서도 인구의 10~20%가 모인 도시 지역에서 GDP의 55~60% 이상을 창출하고 있다.

한편, 도시화는 개인의 선택이 모여 나타나는 집합적 사회현상이다. 근대 도시에서 인구 및 산업의 집적은 생산의 총량을 증가시키는 데 크게 기여했지만 자본의 집중은 계층 간 불균형과 갈등을 촉발하기도 했다. 현대 도시에서는 기후변화, 환경 등 취약계층의 범위가 더욱 확대되었다.

개도국의 관점에서 보았을 때 도시화가 경제성장을 이끄는 결정 요인인지에 대해서는 합의된 이론이 존재하지 않는다. 그러나 경제성장을 이룬 개도국의 경우 도시화율의 상승이 선행하고 있다는 것이 통계적으로 관찰되고 있다. 국가 소득그룹별 도시화율의 변화 추이를 보면 소득이 높은 국가일수록 도시화율이 높고 소득이 낮을수록 도시화율이 낮으며, 모든 그룹에서 점진적으로 도시화율이 상승하고 있는 것을 알 수 있다.

개도국에서의 도시화는 장기적 전략에 따라 필수 인프라 공급이 적기에 이루어지면 재화나 서비스의 집중을 통한 경제성장을 도모할 수 있지만, 도시화 과정에서 인구 과밀, 비계획적 도시 확장, 경제 격차 확대 및 형평성의 악화 등에 적절히 대응하지 못하면 경제성장을 가로막는 저해 요인으로 작용할 가능성을 내포하고 있다. 도시 인구의 집중을 뒷받침할 수 있는 경제구조의 전환이 미흡하거나 도로, 전력, 상하수도 위생시설 등 기반시설의 공급이 원활하지 않은 경우 도시 기능을 발휘하지 못해 빈곤의 집중화를 야기하기도 한다. 도시의 부양능력을 벗어난 인구 집중과 이로 인한 기반시설 부족, 비공식 정착지 확대, 비위생적 생활환경 및 환경오염 유발 등은 도시의 지속가능한 성장을 막는 장애물로 작용한다. 개도국의 도시화율은 현재 30~40%에서 70~80% 수준으로 높아지는 과정에 있으며, 도시개발에 대한 전략적 접근을 통해 기반시설의 원활한 공급과 경제구조 전환을 달성하기 위해 정책의 전환을 꾀하고 있다.

개도국에서의 도시정책은 도로, 상하수도 등 공공재를 공급하여 도시를 일하기 좋은 곳으로 만드는 것과 도시화를 억제하는 것에 목표를 두고 있다. 대부분의 경우 이미 도시는 농촌에서 이주한 인구로 붐비고 있기 때문에 인구의 이동을 억제함으로써 도시문제의 심화를 차단하고 정부 입장에서 공공재 공급의 부담을 경감하려 한다.

그러나 도시가 갖는 기본적인 속성, 즉 생산요소의 집적화, 규모의 경제, 거래비용 및 생산비용 절감, 기술 및 아이디어 혁신, 생산성 향상은 도시정책 결정자, 시민 모두가 놓치기 어려운 기회 요소로서, 도시화를 억제하기보다는 지속가능하고 취약계층을 포괄하는 도시화를 지원하는 방향으로 도시정책을 전환하는 것이 필요하다.

사 례

르완다의 체계적인 국토계획 및 도시화 추진 사례

르완다는 19세기 말 이후 독일과 벨기에의 식민지 지배를 경험했고 1994년 제노사이드가 발발하는 등 국가적으로 큰 위기를 겪었다. 제노사이드 이후 헌법에 타인에 대한 차별 금지를 국민의 의무로 규정하고, 의사결정기관 내 최소 30%의 여성 할당을 규정하는 등 사회통합과 발전을 위해 제도적 보완을 지속적으로 추진했다.

르완다는 최저개발 국가 그룹에 속해 있지만 사회발전과 도시화 추진에서는 아프리카 다른 국가의 도시들에서 참고할 만한 사례가 되고 있다. 국제사회는 르완다의 정부효과성, 법치, 규제, 투명성 등과 관련한 거버넌스에 대해 여타 아프리카 국가들보다 높은 수준이라고 평가하고 있으며, 절대빈곤 및 기아 퇴치 목표를 제외한 보편적 초등교육의 달성, 성평등과 여성 능력 고양, 영유아사망률 감소, 모자보건 향상 등 MDGs의 목표를 달성한 것으로 평가되고 있다.

소득수준 자체는 여전히 빈곤한 상태를 벗어나지 못하고 있지만, 여러 평가에서 경제 개선 효과와 향후 전망은 밝은 것으로 나타나고 있다. 빈곤선 이하 인구 비율이 2005/2006년 56.9%에서 2014/2015년 39.1%까지 감소했고(한국국제협력단, 2018), 1인당 소득수준은 2014년 기준 695.7달러 수준으로, 2006년 336.9달러에 비해 8년 동안 2배로 개선되었다(예상한 외, 2015). 최근 5년간 연평균 7%대의 경제 성장세를 나타내고 있으며, 2017년에는 세계은행의 기업환경평가에서 아프리카 국가 중 2위(전체 41위/190개국)를 기록할 정도로 사업 환경도 좋은 편으로 평가받고 있다.

르완다의 개발정책은 2000년에 수립된 장기 전략인 “Vision 2020”에 근간을 두고, 7개년 정부 프로그램(7YGP: Seven-Year Government Program)과 경제개발 및 빈곤감소전략(EDPRS: Economic Development and Poverty Reduction Strategy)으로 구체화된다.

Vision 2020은 국가 통합 및 종합적 성장을 추진하기 위한 국가 최상위 전략으로서 2020년까지 연평균 경제성장률 11.5%, 1인당 GDP 1250달러, 빈곤선 인구 비율 20% 감소 등을 목표로 한다. 단기적으로는 거시경제 안정화와 원조 의존비율 감소를 위한 부의 창출을 추진하고, 중기적으로는 농업기반경제에서 지식기반경제로의 전환을 추진하며, 장기적으로 생산적인 중산층 양성 및 기업가 육성 추진을 주요 내용으로 한다.

7YGP는 2010년부터 2017년을 계획 기간으로 수립되었으며, 굿거버넌스, 사법, 경제, 사회복지 4개 분야에 대해 정부에서 추진해야 할 과제를 정리한 계획이다. 경제 분야에서 르완다 정부는 생산 및 성과 증대를 바탕으로 지속가능한 경제발전을 도모하

고 외부 원조에 대한 의존성을 감소시키기 위해 농업 및 축산 자원, 무역/제조업/관광업, 사회기반시설, 주거지 향상, 민간부문/협동조합, 투자 개발, 토지/산림/환경/천연자원, 정보통신기술 관련 프로그램 및 목표를 수립하고 이행했다.

EDPRS는 1단계로 2008년부터 2012년까지 추진되어 목표 달성률 85%, 정책 실행률 96%의 높은 성과를 이룬 것으로 나타난다. 2단계는 2013년부터 2018년을 계획기간으로 추진되었으며, 경제 전환, 농촌개발, 청년 및 생산성, 책임성 있는 거버넌스의 4개 분야로 구성된다. 도시화는 경제 전환의 일환으로 추진되었으며, 도시화 촉진 및 2선 도시(Secondary City) 개발 촉진을 통한 르완다 경제구조 전환이 추진되었다.

르완다의 수도인 키갈리(Kigali)는 중앙정부의 국가개발 전략이 구체화되는 핵심지역으로 2040년을 목표로 지속가능한 도시화 계획을 수립하고 있다. ① 경제적으로 활력이 있는 도시, ② 녹색교통도시, ③ 적정주거를 갖춘 도시, ④ 자연 및 생물다양성이 있는 도시, ⑤ 유일한 지역 특성을 갖춘 도시, ⑥ 지속가능한 자원 관리가 가능한 도시를 목표로 하고 있으며, 장기적인 도시화 계획을 수립하고 있다.

생각할 문제

1 2000년대 중반 이후, 한국형 신도시 수출이라는 용어를 사용한 적이 있었는데, "한국형"이라는 것이 존재할 수 있는가, 한국형 정책을 개도국에 적용할 때에는 어떤 점을 고려해야 할 것인가?

2 1960년대 이후 경제개발 5개년 계획과 함께 추진된 국토종합개발은 도시화를 촉진하고 경제성장을 이루는 토대가 되었다. 우리의 도시화는 포용적이었고 지속가능했는가, 그리고 앞으로도 지속가능할 것인가?

3 개도국에서는 한국에서 경험한 도시화 모델을 바람직한 것으로 보고 있다. 그들이 선망하는 도시에 살고 있는 우리, 그들에게 전하고 싶은 우리 도시의 장점은 무엇인가? 그리고 이것만은 재현되지 않아야 한다면 무엇이 있을까?

4 개도국의 시민은 어떤 방식으로 자신들의 도시 만들기에 참여할 수 있을까?

05

지속가능한
생산·소비·폐기

1. 개요

산업화로 인해 대량 생산 및 소비가 가능해지면서 사람들의 생활이 편리하고 윤택해졌지만 이로 인해 인류는 반드시 해결해야 할 큰 문제 두 가지를 마주하게 되었다. 한정된 자원을 지속가능하지 않은 방식으로 생산, 소비, 폐기함으로 인하여 자원 고갈과 환경오염의 문제에 직면한 것이다. 그리고 이 문제들은 현 세대뿐만 아니라 미래 세대의 번영도 위협하고 있다. 현재 우리는 지구 생태계의 재생속도보다 1.7배 빠르게 천연자원을 소비하고 있다. 화석연료뿐만 아니라 삼림 파괴, 종 다양성 상실, 물 부족 등 천연자원 고갈 문제는 인구가 늘고 소비가 증가하면서 상황이 더욱 악화되고 있다. 일각에서는 세계 인구가 현재 미국인처럼 살 경우 소비 수준을 유지하기 위해서 지구가 5개 필요한 상황이라고 한다. 또한 화석연료 사용으로 발생하는 미세먼지와 쓰고 버린 플라스틱이 자외선, 바람 또는 파도의 풍화작용에 의해 미세플라스틱이 되어 우리의 건강을 위협하고 있다. 유명 체인 커피전문점의 플라스틱 빨대 퇴출 선언은 환경오염 상황의 심각성을 말해준다고 볼 수 있다.

한편, 자원 고갈과 폐기물로 인한 환경오염의 원인 제공자는 주로 선진국이라고 할 수 있다. 소비를 위해 사용되는 원자재량을 나타내는 물질발자국material footprint을 지역별로 살펴보면, 2017년 기준으로 아시아 태평양의 물질발자국이 1인당 11.4톤, 북아메리카가 30톤, 유럽이 20.6톤, 그리고 나머지 지역이 모두 1인당 10톤 이하로 고소득국가의 자원사용량이 저소득국가의 10배이다(UNEP, 2017). 값싼 노동력을 찾아 아시아 국가로 이전된 생산 기지에서 생산된 재화들의 소비처가 대부분 선진국임을 생각해보면 당연한 수치라고 할 수 있다. 그뿐 아니라 생활폐기물municipal solid waste 배출 주체를 소득수준으로 나눠보면 고소득국이 34%, 상위 중소득국이 32%이고, 산업폐기물의 경우에도 소득수준이 높을수록 더 많이 배출되는 것으로 나타나고 있다

(World Bank, 2018). 이러한 선진국의 과오로 인한 피해는 전 인류가 받고 있으며, 특히 개발도상국(이하 개도국)의 빈곤층은 더 큰 어려움에 직면해 있다.

국제사회는 이러한 자원 고갈과 폐기물로 인한 환경오염을 해결하기 위해 다양한 노력을 기울이고 있다. 그리고 최근 해결책으로 자원 투입, 생산, 소비, 폐기로 이어지는 선형적 경제linear economy를 버리고 지속가능한 소비와 생산SCP: Sustainable Consumption and Production을 해야 한다는 주장이 제기되고 있다. 이 장에서는 지속가능하지 않은 생산소비의 문제점을 개도국의 입장에서 살펴보고 이를 해결하기 위한 국제사회의 노력들을 소개하고자 한다. 마지막으로 이러한 노력의 한계와 과제를 제시하며 마무리하고자 한다.

2. 지속불가능한 생산·소비·폐기

1) 천연자원의 고갈

천연자원은 크게 재생가능한 자원과 재생불가능한 자원으로 나눌 수 있다. 재생가능한 자원은 소비를 한 후에도 고갈되지 않고 다시 사용할 수 있는 자원으로 태양광, 물, 토양, 농림수산자원 등이 여기에 속한다. 재생불가능한 자원은 소비를 한 후에는 재생할 수 없고 고갈되는 자원으로 화석연료, 금속 미네랄, 비금속 미네랄 등이 있다. 산업혁명 이후 인구의 증가, 산업의 발달, 생활수준의 다변화 등으로 인하여 자원 소비가 급증하면서 재생불가능한 자원의 고갈 문제가 중요한 논쟁이 되고 있다. 1800년대 약 10억 명이던 세계 인구는 2000년 이후 약 70억 명으로 7배 이상 증가했다. 이러한 추세라면 2100년에는 100억 명이 넘어설 것으로 예측된다. 많은 인구를 감당할 만큼 먹을거리, 물, 지하자원을 확보할 수 있을까? 토머스 맬서스Thomas Malthus와 파울 에를리히Paul R. Ehrlich는 각각의 저서인 『인구론』과 『인구폭탄』을 통해

박스 5-1 에를리히와 사이먼의 내기

1980년 10월, 생물학자인 파울 에를리히(Paul R. Ehrlich)와 경제학자인 줄리언 사이먼(Julian Simon)은 산업에 중요한 구리, 니켈, 주석, 크롬, 텅스텐의 가격이 10년 뒤 어떻게 변할지를 놓고 내기를 제안한다. 당연히 에를리히는 자원이 줄어들고 인류의 소비는 늘어나기 때문에 자원의 가격이 높아진다고 선택했고, 사이먼은 이들의 가격이 내릴 것으로 예상했다. 이 내기의 상금은 패자가 승자에게 광물의 가격변동 차액만큼을 지급하는 조건이었다. 10년 뒤인 1990년 10월 광물 가격이 50% 이상 하락하면서, 내기의 결과로 에를리히가 사이먼에게 576.07달러를 지급하게 되었다.

자료: ≪한국경제신문≫, 2014.12.5.

급격한 인구 증가로 인하여 전 세계가 식량 및 에너지의 위기를 맞이할 것이라고 예측했다. 그러나 박스 5-1의 에를리히와 사이먼의 내기 결과에서 보듯이 100년이 지난 우리는 오히려 더 풍족한 생활을 누리고 있다. 자원 채굴 기술의 향상, 생산량의 변화, 대체 에너지 기술의 개발 등으로 인하여 생산성이 좋아져 개인이 누릴 수 있는 재화와 서비스의 총량이 증가했기 때문이다.

그러나 유엔환경계획UNEP: United Nations Environment Plan(UNEP, 2015b)에 따르면 천연자원(생물자원, 석탄, 광물, 미네랄, 물)에 대한 전 세계의 수요가 1950년 100억 톤 이하에서 2010년 700억 톤 이상으로 크게 늘어났다고 한다. 그리고 1년에 1인당 필요한 자원의 양이 25~30톤임을 감안하고 2050년에 도달할 전 세계 인구가 90억이라고 했을 때 필요로 하는 자원의 양이 약 2250~2700억 톤(2010년의 3~4배 수준)이라고 한다.

재생불가능한 자원은 무한하지 않다. 표 5-1은 대표적인 재생불가능한 자원인 화석연료의 가채연수를 보여준다. 가채연수란 현재까지 확인된 매장량을 기준으로 앞으로 채굴할 수 있는 기간을 의미한다. 2017년 기준으로, 석유의 가채연수는 50.2년, 가스는 52.6년, 석탄은 134년이다.

석유 고갈이 석유 생산 진영의 의도적인 생산 제한의 결과를 반영한 것일 수 있다는 의견도 있다. 그러나 현재 채굴 기술로 경제성 있게 채취할 수 있는 석유는 점점 줄어들고 있다. 새로운 유정 발굴과 채굴 비용이 2000년 이

표 5-1 화석연료의 가채연수

구분	2014년	2015년	2016년	2017년
석유	52.5	50.7	50.6	50.2
가스	54.1	52.8	52.5	52.6
석탄	110	114	153	134

자료: BP(2015, 2016, 2017, 2018).

후 매년 15%씩 상승하고 있다는 통계가 이를 뒷받침한다. 이를 두고 지질학자인 콜린 캠벨Colin J. Campbell과 장 라에레르Jean H. Laherrère는 "값싼 석유의 종말The End of Cheap Oil"이라고 표현하기도 했다. 석유를 추출하는 데 드는 비용이 터무니없이 비싸진다면 이는 곧 석유의 종말과 별반 다를 것이 없다.

일각에서는 유한한 자원의 양이 경제성 있는 대체에너지 개발이 이루어질 때까지는 충분하다고 한다. 그리고 현재의 기술발전 속도를 고려할 때 석유가 고갈되기 전에 석유보다 경제성이 높은 대체자원이 개발될 수 있다고 낙관한다. 그러나 많은 경우에 이들 재생에너지는 특정 분야에서의 에너지원은 될 수 있지만 화석연료를 대체할 만한 수준이라 보기 어렵다. 오일샌드oil sand 등 비전통적 석유 생산은 그 자체로 천연가스나 물 등 다른 자원들의 소비를 증가시키기도 한다. 결국, 공급의 불균형이 빈번하게 나타날 것이고 이는 곧 빈번한 가격변동으로 투자 위축과 경기침체를 가져올 수 있다. 이는 경제적 형편에 맞는 적절한 가격의 자원을 공급받지 못하는 국가들에는 더 큰 문제가 된다.

지금도 많은 개도국의 빈곤층들은 인간다운 삶을 영위하기 위해 필요한 재화나 서비스에 접근하는 것이 제한된 환경에서 살고 있다. 그런데 자원 부족으로 인한 생산 감소 상황이 닥치게 되면 이들이 소비할 수 있는 재화나 서비스는 더 줄어들게 된다. 대체자원 마련이나 생산성 향상을 위한 기술력도

그림 5-1 **소득수준그룹별/자본종류별 소득비율**

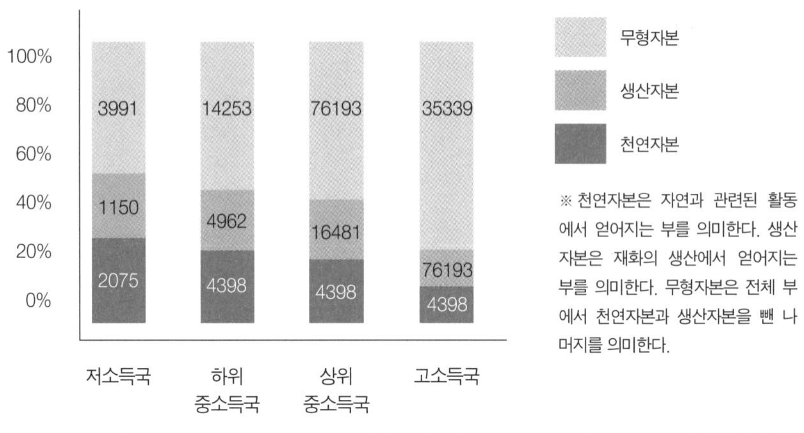

자료: UNEP(2015b: 35)에서 재인용.

부족한 개도국에 자원 고갈은 치명적이라고 할 수 있다. 그뿐 아니라 그림 5-1에서 보는 바와 같이 소득수준이 낮은 국가일수록 천연자본으로부터 얻는 소득이 전체 소득에서 차지하는 비율이 높다. 자원 고갈로 천연자본으로부터 소득을 얻을 수 없게 된다면 빈곤층들은 생활 기반을 잃어버리는 것과 같은 것이다. 국내총생산GDP: Gross Domestic Product의 대부분을 천연자원 수출에 의존하는 국가라면 소득원이 사라지는 것이므로 상황이 더 심각하다고 할 수 있다.

2) 생산시설 이전과 개도국의 SCP 전환 어려움

선진국의 기업들은 생산비용을 줄이고자 값싼 노동력을 찾아 중국을 포함한 개도국에 생산시설을 구축하여 많은 생산활동을 이들 국가로 이전했다. 그러나 값싼 노동력만이 생산시설 이전의 유일한 이유는 아니다. 이들 기업들은 비용 상승으로 이어지는 자국의 환경규제를 피해, 규제가 없거나 낮은 개도국에 생산기지를 건설한 것이다. 그리고 유해한 폐기물을 그대로 배출하고 있다. 섬유, 화학, 금속, 기계 등 공해를 유발하는 오래된 제조설비들이 개도국의 발전이라는 명목으로 이주했다. 유해한 산업은 개도국의 과다한 자원과 에너지 소비를 불러일으키고 환경문제나 직업병의 원인이 되기도 했다. 그 결과, 개도국이 최근 증가하는 온실가스 배출 및 오염의 원산지가 되어가고 있다.

1980년대 말 말레이시아의 주석 생산지인 이포 시Ipoh City 인근 작은 마을에서 어린이 백혈병과 소아암 환자가 비정상적으로 늘어났다. 주민들은 일본의 미쓰비시 화학Mitsubishi Chemical Corporation이 세운 공장의 폐기물을 의심했고, 조사결과 인근 다른 지역보다 방사능 배출이 700배가 넘는다는 것을 확인했다. 이 회사는 TV나 카세트 부품에 이용되는 희토rare earth element를 정제해 수출하는 회사로 일본 자국에서의 원자로 규제가 엄격해지자 말레이시아에 진출한 것이다. 1984년 미국의 다국적 농약 회사인 유니언카바이드사Union Carbide Corporation가 인도 중부의 보팔Bhopal에 건설한 농약 공장 사건도 대표적인 사례라고 할 수 있다. 가스 누출사고가 발생해 2만 5000여 명 이상이 목숨을 잃고 15만 명 이상이 질병에 시달렸다. 그리고 이 사건으로 오염된 지하수는 십수 년이 지난 이후에도 여전히 방치되어 있다고 보고되었다.

그러나 유해한 폐기물을 발생시키는 생산시설이라도 개도국에는 소득을 창출하고 고용을 책임지며 경제성장의 기반이 된다. 경제성장과 빈곤퇴치가 가장 중요한 문제인 개도국에 지속가능하지 않은 생산 패턴을 버리고 당장 SCP로 전환하는 것은 쉬운 일이 아니다. 이들 국가들은 환경오염을 수반한 산업화를 통해 이미 충분한 성장을 이룬 선진국이 SCP 도입으로 아직 성장 중에 있는 개도국에 생산에 대한 제약과 소비에 대한 절약을 강요한다고 주장한다. 그래서 경제성장과 빈곤퇴치를 먼저 달성해야 하는 개도국들은 SCP 도입에 대해 상대적으로 소극적인 태도를 보이고 있다. 물론 지금까지 대부분의 환경오염은 이미 산업화를 겪은 선진국들이 초래했다. 그러나 그 사실이 개도국이 앞으로 만들 오염에 정당성을 부여할 수 있는 것은 아니다. 경제성장이 환경오염으로 인한 생존 위협에 앞서는 목적이 될 수는 없다는 공감대 형성이 필요한 시점이다.

3) 폐기물로 인한 환경오염의 심화

자원을 투입하고 재화를 생산하는 과정에서 발생하는 산업폐기물, 소비 후 발생하는 생활폐기물 등 생산과 소비 활동에는 필연적으로 폐기물 발생이 수반된다. 그리고 이러한 폐기물들이 적절하게 처리되지 않았을 때는 환경오염을 일으키는 주원인이 된다. 일부 경제학자는 산업화와 경제개발이 이루어지는 기간 동안 환경오염이 증가하지만, 일정 수준의 성장을 달성하고 나면 오염이 개선된다고 주장해왔다. 이 주장을 뒷받침하는 것이 진 그로스먼Gene Grossman과 앨런 크루거Alan Krueger가 발견한 역 U자형의 환경 쿠즈네츠 곡선EKC: Environmental Kuznets Curve이다. 그러나 이후 더 심화된 연구와 현재 상황은 이 주장이 틀릴 수도 있음을 보여주고 있다.

한편, 세계은행World Bank에 따르면 2016년 전 세계에서 약 20억 톤의 생활폐기물이 배출되었고 현재의 경제활동을 그대로 유지할 경우 이 양이 2050년에는 34억 톤에 이를 것이라는 전망이다(World Bank, 2018). 여기에는 생활폐기물 외 산업폐기물, 농업폐기물, 건축폐기물, 위해폐기물, 의료폐기물, 전자폐기물 등이 포함되어 있지 않다. 인당 하루 배출량이 생활폐기물의 18배에 이르는 산업폐기물까지 감안한다면 실로 엄청난 양이 될 것이다. 이러한 폐기물들은 토양, 해양, 대기 등 환경오염의 주범이 되고 있고 결국 인류의 생존을 위협하고 있다.

자원 고갈과 마찬가지로 이러한 폐기물로 인한 피해도 개도국이 더 많이 받고 있다. 재원 및 역량 부족으로 인하여 개도국 자체 폐기물 배출 관리가 미흡할 뿐만 아니라 폐기물 교역으로 선진국의 폐기물이 개도국으로 배출되

박스 5-2 유해 폐기물 불법 배출 사건

프로보코알라(Probo Koala) 호의 독극물 폐기 항해일지를 살펴보면 선진국에서 개도국으로의 폐기물 이동이 어떤 방식으로 처리되는지를 알 수 있다. 이 사건은 2006년 8월 19일 아프리카 서부 해안에 있는 코트디부아르 수도 아비장(Abidjan) 인근에 550톤의 유해 폐기물이 쏟아진 사건이다. 이 폐기물은 드럼통을 씻는 데 사용된 폐수이다. 이 엄청난 양의 유해물질은 2006년 6월 스페인에서 출발하여 7월 2일에 네덜란드 암스테르담에 도착할 예정이었다. 그러나 네덜란드 당국은 이 폐기물의 유독성을 이유로 특수 처리를 요구했다. 결국, 코트디부아르의 아비장에 있는 폐기물 회사 '토미(Tommy)'와 처리 계약을 맺었고, 이 회사는 폐기물을 그대로 매립한다. 유해 폐기물을 수출하려는 국가는 사전에 수입국으로부터 허락을 받아야 하지만 코트디부아르에 버려진 폐기물은 정부의 허가를 받지 않은 불법 쓰레기이다. 여기서 방출된 유독성 물질로 어린이 2명을 포함해 10명이 희생되었고 8만여 명의 주민들이 병원으로 향해야 했다.

자료: ≪한겨레≫, 2006.11.8.

고 있기 때문이다. 선진국의 재활용 폐기물을 개도국의 생산 투입요소로 사용하기 위한 교역이지만 개도국의 느슨한 규제 및 관리를 악용하여 유해 폐기물 배출 통로로 활용되고 있다. 그림 5-2의 지도는 전 세계의 불법 폐기물 배출 경로인데 폐기물 원산지는 주로 선진국, 폐기물 도착지는 주로 개도국임을 정확히 보여주고 있다. 지구환경 보호를 위하여 1989년 3월에 스위스 바젤Basel에서 유해 폐기물의 국가 간 이동을 금지하는 국제 협약이 채택되었음에도 법망을 피해 중국, 인도, 아프리카에 수출되는 폐기물은 박스 5-2에서 보는 바와 같이 제3세계의 심각한 환경문제를 초래하고 있다.

유해 폐기물 중 하나인 전자폐기물은 대부분이 선진국에서 배출되는데 기증과 부품 생산이라는 명목으로 개도국에 수출되고 있다. 한편, UNEP(2015c)는 매년 4000만 톤 이상의 전자제품의 90% 이상이 개도국으로 불법 거래되거나 버려지고 있다고 발표했다. 그 결과 중고 휴대전화, 컴퓨터, TV 등 전자장비 부품들이 개도국에 쌓이고 있다. 흔히 전자폐기물 매립장은 전자광산이라고도 불린다. 같은 자원이라도 석유나 석탄 등은 사용하고 나면 사라져 버리지만, 금속은 사용한 뒤에도 그대로 남아 있어서 컴퓨터나 TV 등 가전제

그림 5-2 **전 세계 불법 폐기물 이동 경로**

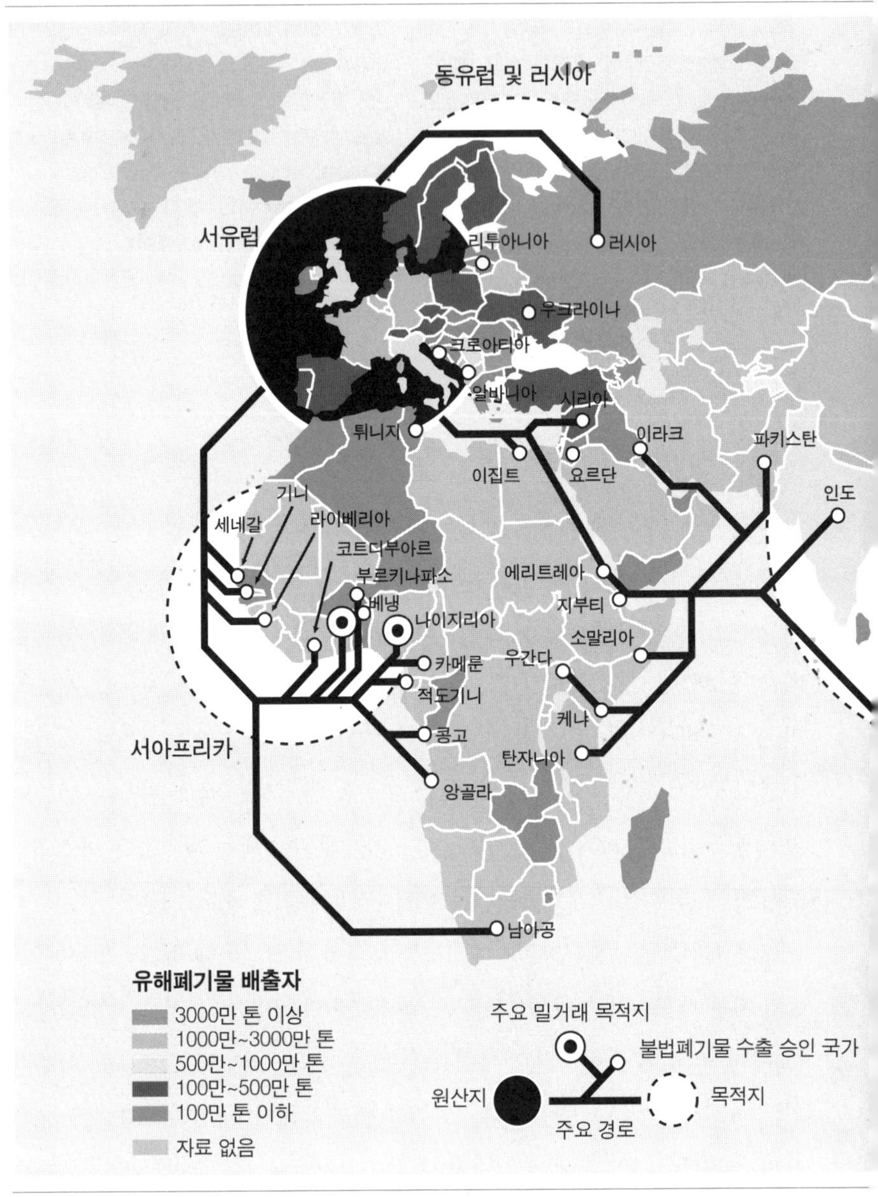

자료: UENP(2015c: 54).

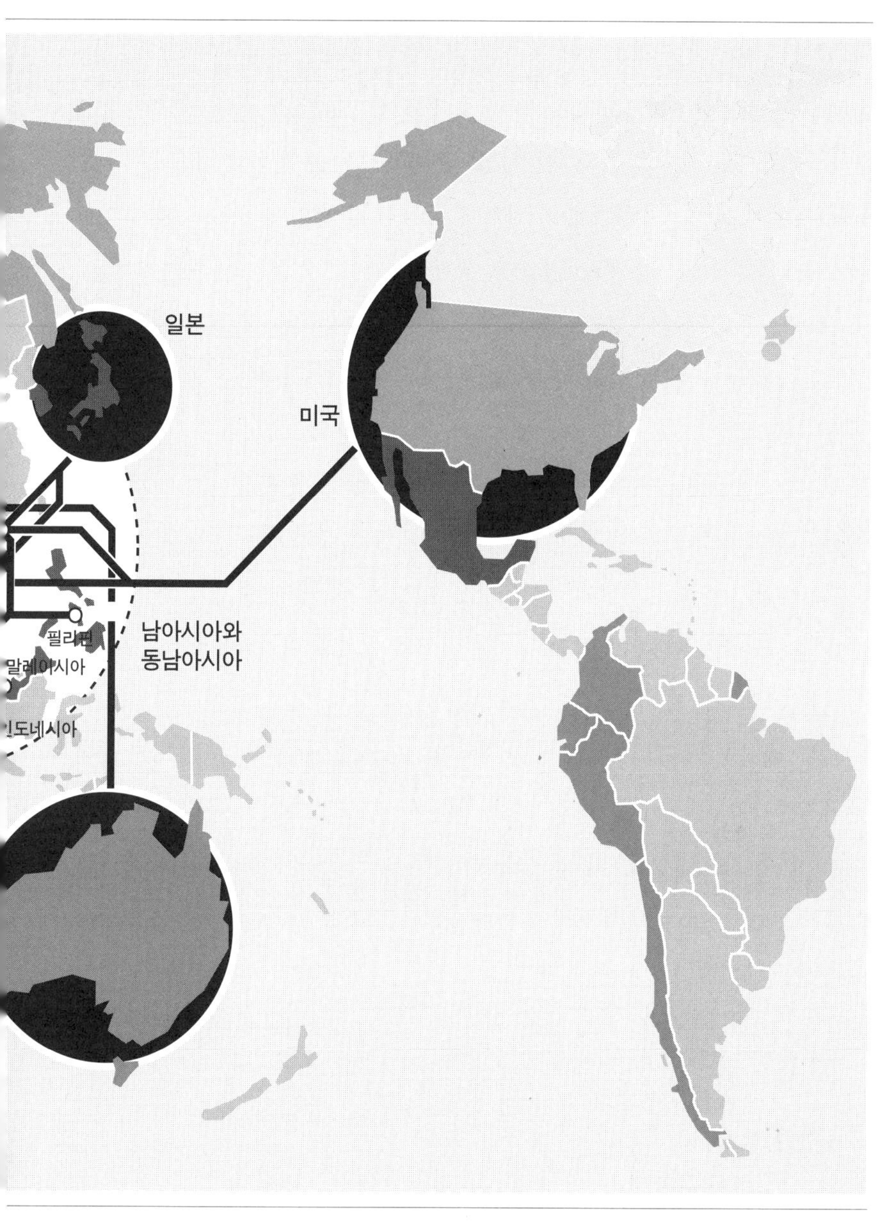
일본
미국
남아시아와
동남아시아
필리핀
말레이시아

품 속의 회로기판에 있는 광물을 회수하여 다시 사용할 수 있기 때문이다. 희귀한 금속이 더 귀해지면서 전자폐기물 관리 시장은 점점 커지고 있으나 문제는 돈이 되는 성분은 보호 장비도 안전에 관한 규정도 없이 단순한 작업을 통해 회수된다는 데 있다. 폐기물을 분해하는 과정에서 납, 카드뮴, 수은 등에 의한 유독성 가스중독증의 위험이 끊이지 않으며, 강물이 오염되고 지역에서 생산되는 곡식, 계란, 닭고기, 생선 등에서도 오염이 심각하다. 한 예로 2008년 세네갈에서 고농도 납 중독으로 어린이 18명이 숨지는 사건이 발생했다. 폐배터리에서 납을 추출하는 과정에서 비소와 황산과 같은 유해물질이 유출되었기 때문이다.

폐기물의 또 다른 문제는 쓰레기가 한데 섞여 쌓여 있고 그 주변에 주민들이 거주하고 있다는 점이다. UNEP(2015a)는 상위 50개의 폐기물 처리장 주변에 거주하고 있는 인구수가 약 6400만 명으로 프랑스 전체 인구와 비슷한 수준이라고 발표했다. 이 중 200만 명 이상은 폐기물 처리장으로부터 10km 이내에 거주하고 있어 위험으로부터 쉽게 노출되어 있다고 경고했다. 실제 2017년 에티오피아의 수도 아디스아바바Addis Ababa 외곽에 있는 쓰레기 산이 무너지면서 인근 30채의 주택을 덮쳐 48명이 숨지고 수십 명이 실종된 사건이 있었다. 2000년 7월 필리핀 수도 마닐라 인근 케손시Quezon City의 파야타스Payatas에서는 쓰레기 매립장이 무너지면서 300여 명이 숨지고 800여 명의 이재민이 발생했다.

3. 해결 노력

1) 지속가능한 소비와 생산 정책 도입 확대

앞 절에 언급된 문제들의 근본적인 원인은 한정된 자원을 가진 인류가 지속가능하지 않은 생산소비를 하고 있기 때문이다. 1992년 브라질 유엔환경개발회의UNCED: United Nations Conference on Environment & Development에서 환경 악화의 주요 원인으로 생산과 소비의 패턴이 지적되면서 생태적 효율성, 자원이용 효율성, 폐기물 배출의 최소화 등이 더욱 주목받기 시작했다. 이때 새로운 환경 패러다임인 SCP가 핵심적인 키워드로 자리 잡았고, 성장과 환경의 문제를 동시에 해결하기 위한 기술적이고 분석적인 접근이 주목받기 시작했다. 최근 폐기물을 재활용해 쓰레기와 천연자원의 소비를 줄이고 오염을 최소화하자는 순환경제circular economy가 떠오르고 있다. 기존의 경제가 '생산 → 유통 → 분리 및 배출 → 수거 → 폐기'의 선형적 경제였다면, 순환경제는 생산단계인 제품의 설계에서부터 재활용을 고려하는 패러다임이다. 즉, 상품 생산 과정에서 신재생에너지를 사용하고 과정 자체를 개선해 다 쓰고 남은 재화 및 폐기물을 생산의 투입요소로 재사용해 폐기물을 최소화해야 한다는 것이다.

순환경제는 결국 SCP와 같은 개념이라고 볼 수 있다. SCP란 생산과정에서 천연자원 및 유해물질 사용을 최소화하고, 상품과 서비스 수명주기 동안 폐기물 배출과 오염을 최소화하여 다음 세대의 수요를 위협하지 않으면서 현 세대의 기본 욕구 충족과 양질의 삶을 위해 상품과 서비스를 소비하는 것이다. 이 개념은 2002년 지속가능발전 정상회의WSSD: World Summit for Sustainable Development의 요하네스버그 선언The Johannesburg Declaration에서 빈곤퇴치 및 천연자원 관리와 함께 지속가능한 개발의 필수 요건이자 목표로 구분되었다. 2012년에 브라질 유엔지속가능발전회의UNCSD: United Nations Conference on Sustainable Development에서 SCP에 관한 10년 이행 계획10YFP: 10 Year Framework of Programmes이 주요 의제로 채택되었고, 2015년 유엔 총회에서 지속가능개발목표SDGs: Sustainable Development Goals 12번째 목표로 SCP가 채택되었다.

10YFP는 선진국 및 개도국에서 SCP로의 전환을 가속화하기 위한 국제협

력강화 글로벌 프레임워크라고 할 수 있다. UNEP가 사무국을 맡아 각 국가의 10YFP 수립을 지원하고 있다. 10YFP의 주요 목표는 자원 효율화에 기여하고 환경 파괴와 자원 사용으로부터 경제적 성장을 분리하는 동시에 적절한 직업과 경제적 기회를 창출하고 빈곤퇴치와 공동 번영에 기여하는 것이다. 이를 위해 10YFP는 역량강화, 지속가능한 발전 정책 및 전략에서 SCP의 주류화, 개도국을 위한 재정 및 기술 지원에 대한 접근 촉진, 모든 이해관계자가 상호지식을 공유할 수 있도록 SCP에 대한 정보 및 지식 플랫폼 역할을 수행한다.

10YFP는 SCP로의 전환을 위한 ① 공공조달sustainable public procurement, ② 소비자 정보consumer information, ③ 관광sustainable tourism including eco-tourism, ④ 생활양식과 교육sustainable lifestyles and education, ⑤ 건물과 건축sustainable buildings and construction, ⑥ 식량시스템sustainable food systems 등 여섯 가지 부문에서의 이행을 담고 있다. 각 영역별 선정 배경과 이행 내용은 표 5-2를 참고하도록 한다.

현재까지 71개국과 유럽연합이 SCP로의 전환을 지원하는 거시 정책, 규제, 자발적 또는 경제적 수단을 문서화했다. 또한 총 109개국이 SCP와 관련된 국가 정책과 이니셔티브를 가지고 있는 것으로 나타났다. 그러나 실행과 효과에 있어서 구체적이고 가시적인 변화를 촉진하기 위한 정책 이행 및 적용은 제한적이다. 그리고 SCP로의 통합적인 접근법은 정부 간에 강력한 조정을 필요로 하나, 앞서 언급한 71개국 중 단지 26개국만이 국가 조정 메커니즘을 통해 정보를 공유하고 있다. 그리고 이들 중 단지 일부의 메커니즘만이 정부 부처 간 정책 실행을 조정할 권한을 가지고 있다. SCP로의 전환을 탁상공론이 아닌 행동으로 옮길 수 있도록 강력한 조정 권한을 가진 범부처 차원의 메커니즘 확대에 힘을 쏟아야 할 것으로 보인다.

표 5-2 **10YFP 이행 영역 및 내용**

구분	배경	내용
공공조달	OECD 국가의 경우 공공 지출이 GDP의 12%, 개도국의 경우 30%로 상당한 구매력을 가지고 있어 파급력이 상당함	공공기관이 물품, 서비스, 용역 등을 구매함에 있어 온실가스 배출 저감, 자원효율성 개선, 재활용 지원을 고려한 구매결정과정을 거침으로써 환경에 주는 부정적인 영향을 줄여 경제와 사회에 모두 혜택이 되도록 함
소비자 정보	지속가능한 제품과 서비스에 대한 수요 증가에 비해 소비자가 충분한 정보를 바탕으로 구매결정을 하지 못함. 그 이유는 투명하고 정확한 정보 부족과 표시 및 기준의 불충분한 공유로 제품과 서비스 구매 시 정보 비교가 복잡하기 때문임	제품 수명주기 접근법을 바탕으로 접근 가능하고 신뢰할 수 있고 검증 가능한 정보를 소비자에게 제공하고 소비자의 행동을 변화시켜 지속가능한 제품 쪽으로 소비자의 선택을 유도. 이를 바탕으로 기업과 정부의 행동 변화도 유도
관광	관광은 중요 경제 분야로, 사회적 편익을 생산해냄. 전 세계 수출의 6%, GDP의 10%를 차지하고 11개 중 1개가 관광 분야 직업임	생물다양성 보존, 생태시스템 보존, 문화유산 보호, 빈곤감소, 지속가능한 생계 개선, 기후변화 적응 등 자원의 효율적 사용과 저탄소 관광 계획을 바탕으로 한 관광 개발 및 관광활동 유도
생활양식과 교육	2050년 전 세계 인구가 96억에 이를 때까지 지금과 동일한 생산소비 패턴을 유지한다면 삶을 유지하는 데 3개의 지구가 필요할 정도로 심각한 상황에 직면할 것임	자원 효율성, 생물다양성 보존, 기후변화 완화 및 적응, 빈곤감소, 사회적 웰빙과 같은 글로벌 도전과제 해결에 기여하는 지속가능한 생활양식 확산 및 교육
건물과 건축	건물과 건축 분야는 전 세계 에너지의 40% 사용. 에너지 사용으로 인한 온실가스 배출의 30%, 물 사용의 12%, 폐기물 배출의 40%를 차지. 중소기업(SMEs: Small and Medium Enterprises) 포함 노동력의 10%를 고용하고 있음	지속가능한 건물에 대한 상호이해 제고 및 해당 건물의 건축, 유지, 사용에 필요한 지식, 재원, 인센티브 확인을 통해 건강한 거주 및 일터 공간 확보. 에너지, 물, 토지의 사용에 있어 환경제한 고려. 기후변화 대응, 지역 공동체의 사회경제 개발에 기여
식량 시스템	전 세계 인구의 약 8억 명이 기아 상황, 약 20억 명이 영양부족, 세계 식량생산의 30%가 폐기됨. 식량 시스템은 기후변화, 토양 악화, 생물다양성 감소와 상호 연관되어 있으며 한정된 천연자원에 의존함	식량 시스템에 SCP 도입 필요성 인식제고. 지속가능한 식량 시스템을 위한 환경 조성. 식량 시스템에 SCP 주류화를 위한 도구, 정보, 지식 활용 및 접근성 향상. 분야별 SCP 이행을 확대하기 위해 식량 시스템 이해관계자 간의 협력 강화

자료: One Planet Network(http://www.oneplanetnetwork.org) 내용을 바탕으로 재구성.

2) 개도국 SCP로의 전환 지원

경제성장과 빈곤퇴치를 우선으로 생각하는 개도국에서는 SCP로의 전환이 쉬운 일이 아니다. 그 이유는 지금까지 경제성장을 이끌어온 지속가능하지 않은 생산·소비가 소득 창출, 고용 제공 등의 역할을 하고 있기 때문이다. SCP로의 전환을 촉진하기 위한 정책 및 제도, 기술 등이 부재한 상황에서 경제구조를 SCP로 전환하는 것은 개도국의 현실에 부합하지 않는 성급한 결정일 수 있다. 따라서 개도국의 SCP 전환은 단계적으로 진행되어야 하며, 우선은 이들 국가 내에 SCP로의 전환이 가능한 경제적·정책적·사회적 환경이 조성될 수 있도록 해야 한다. 한편, 개도국의 SCP로의 전환을 지원하기 위해 국제기구에서는 SCP 지원 프로그램을 운영 중에 있다. UNEP는 아프리카, 아시아, 라틴아메리카 및 지중해 지역의 국가들이 SCP 국가행동계획을 개발하거나 SCP를 기존 국가개발계획이나 전략에 통합하도록 지원했다. 2018년 현재 이들 지역의 45개국이 국가행동계획 또는 SCP를 고려한 유사한 포괄 정책을 가지고 있다. 지중해 지역에서는 유럽연합EU: European Union이 지원한 SwitchMed 프로그램을 통해 8개 국가가 SCP 수립 지원을 받았다. 이 프로그램을 통해 국가 차원의 조정 메커니즘이 수립되었고 환경부 또는 산업부가 국가 차원의 프로그램 이행을 담당했다. 프로그램은 각 국가의 필요에 맞게 조금씩 수정 적용되었고 포괄적이며 다양한 국가 이해관계자 그룹이 참여했다. 한편, SCP 정책과 도구의 전체 범위를 동시에 구현하기가 어렵다는 점을 고려하여 프로젝트에 참여한 국가들은 SCP 국가행동계획이 빈곤 완화, 환경 지속가능성 및 녹색경제 발전에 기여할 수 있도록 적용 우선순위 분야를 일부만 선정했다.

3) RECP를 위한 기술개발

앞서 언급한 SCP와 순환경제는 자원효율성과 청정생산RECP: Resource Efficiency

그림 5-3 **RECP 개념도**

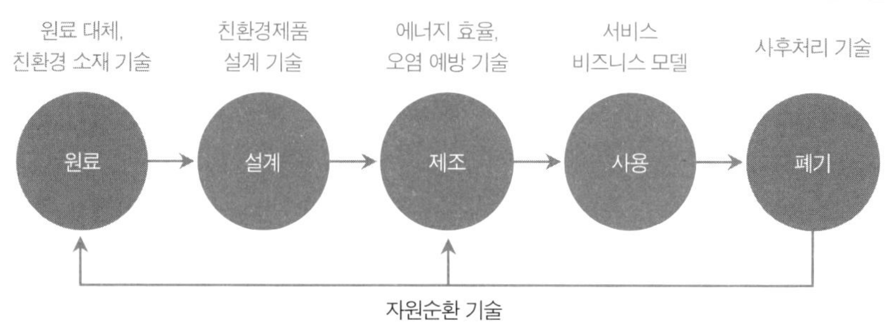

자료: 산업통상자원부(2018: 5).

and Cleaner Production을 통해서 달성된다고 볼 수 있다. RECP는 자원효율성 제고 및 인간과 환경에 대한 위험 감소를 위해 공정, 제품 및 서비스에 환경 예방 전략 및 총 생산성 개선 기술을 지속적으로 적용하는 것이라고 정의할 수 있다. 청정생산, 경제효율성, 폐기물 최소화, 오염 방지 및 독성물질 사용 감소 모두가 RECP에 포함된다. 그림 5-3은 RECP의 개념도로 천연자원의 사용 효율을 개선하여 폐기물, 오염수 및 대기 배출량을 줄이고 폐기물을 자원으로 순환하는 선순환주기를 만드는 것이다.

한편, RECP를 위한 다양한 기술개발이 진행되고 있다. 공정설계 단계에서는 부산물 또는 폐기물 발생이 없는 생산공정기술, 원료, 부산물, 용수, 부원료 등을 공정 내에서 재자원화하는 기술 등이 개발되고 있다. 공정 개선을 위해서는 기존 공정보다 생산효율이 높은 공정, 또는 저에너지를 사용하는 공정기술, 기존 공정보다 부산물 및 폐기물 발생이 적은 공정기술, 단위공정 감소를 통한 전체 공정 단축 기술, 장치 효율 증대에 의한 부산물 감소 기술 등이 개발되고 있다. 공정 및 생산관리 단계에서는 조업조건 개선 기술, 공정 자동화에 의한 최적화 기술, 원부재료 관리를 위한 기술, 부산물 재활용 증대를 위한 라인 분리 기술 등이 개발되고 있다. 원부재료 대체 측면에서는 사용된 유해물질을 제거 또는 대체하거나 고순도 원료를 사용하고 있다.

제품 측면에서는 설계기법을 이용하거나 제품의 재질을 단일화하여 재활용이 용이한 제품을 개발하거나 불필요한 포장을 제거하는 기술 등이 개발되고 있다. 제품 제조 측면에서는 분해성 제품, 장수명 제품, 자연계에 존재하는 재료·공정·구조 등을 모방하여 에너지 효율을 극대화시키거나 환경오염이 없도록 설계한 생태 모사 제품 같은 자원효율 제고 제품, 환경성 개선 제품 등이 개발되고 있다. 그뿐 아니라 물류 측면에서 자원 절약, 재사용, 재활용을 촉진하기 위한 환경친화적인 물류시스템 설계, 자원의 순환 효율을 극대화하기 위한 부품 및 제품의 수명주기 예측시스템 구축, 역물류관리 효율 제고 및 활성화를 위한 포장 용기 표준화가 시도되고 있다. 재제조, 물질 재활용, 재이용, 소각처리 같은 에너지 회수 기술들도 개발되고 있다.

이러한 RECP 기술혁신이 개도국에서도 일어날 수 있도록 지원하기 위해 UNEP는 유엔 산업개발기구UNIDO: UN Industrial Development Organization와 함께 RECP 프로그램을 통해 1990년대부터 RECP 주류화를 지원해오고 있다. 주 내용은 국가청정생산센터National Cleaner Production Center 및 기타 유사기관을 통해 개도국의 역량 구축을 지원하는 것이다. 보다 효율적인 자원 및 녹색 경제를 위해 40개 국가의 55개 RECP 네트워크 회원과, 민간 부문(특히 중소기업), 국가 정책결정자 및 기타 이해관계자가 이 프로그램을 통해 활동하고 있다. 이 프로그램은 역량 확대 및 구축을 위한 네트워크를 강화하고, 자원효율성, 폐기물 및 배출 방지, 안전하고 책임감 있는 생산을 장려하며, 정책 주류화 및 기업 금융, 환경적으로 건전한 기술을 적용 및 채택하고, 지속가능한 제품 개발을 지원하기 위한 혁신을 모색하는 데 활동의 초점을 맞추고 있다.

개도국의 RECP 기술혁신 사례를 몇 가지 들어보면 스리랑카의 한 호텔에서는 쓰레기 분리수거, 식기 세척기와 세탁기의 최대 용량 사용, 싱크대에

음식물 거름망 사용 등을 청소 노동자들에게 교육시켜 쓰레기 및 오수 배출의 상당한 감소 효과를 가져왔다. 인도에서는 살충제 성분을 사염화탄소CTC: Carbon tetrachloride에서 톨루엔Toluene으로 대체하고 살충제 사용량을 줄이며, 오존층을 파괴하는 CTC 사용을 자제하고, 비용 절감 방법을 도입하여 일터에서 마주하는 건강 위협을 최소화했다. 베트남의 한 회사에서는 쇠를 자르고 갈 때 사용한 용수를 모으는 탱크를 만들어 탱크에 가라앉은 쇳가루를 분리하여 재사용하고 용수 또한 걸러 다시 사용하는 자원순환방법을 공정에 도입했다.

4) 국제 협약을 통한 폐기물 관리

나일론이나 폴리염화비닐PVC: Poly vinyl chloride 같은 플라스틱 폐기물, 농업, 광업 등 산업체에서 대거 발생하는 유해 폐기물, 이 외에도 가정에서 생산되는 생활폐기물 처리 문제가 국내외로 드러나기 시작했다. 이러한 폐기물들은 환경에 유해하지 않은 방법으로 처리되어야 하나 자국에서 처리하는 것보다 개도국에서 처리할 때 비용이 절감되는 경우가 많다.

국제사회는 폐기물 이동에 관한 다양한 조약을 통해 폐기물의 이동을 엄격하게 통제·관리해왔다. 바젤 협약The Basel Convention on the Control of Transboundary Movements of Hazardous Wastes and their Disposal•이라 불리는 유해 폐기물의 국가 간 이동 및 그 처리 통제에 관한 협약(1989), 국제원자력기구IAEA: International Atomic Energy Agency의 핵폐기물 국가 간 이동에 관한 실행지침(1990),•• 선박으로부터의 오염 방지를 위한 국제 협약(1978),••• 그리고 일명 런던덤핑협약London

• 1989년 3월 스위스 바젤에서 채택됨.

•• IAEA Code of Practice on the International Transboundary Movement of Radioactive Waste.

••• Protocol of 1978 Relating to the International Transboundary Convention for the Prevention of Pollution from Ships(약칭 MARPOL, 73/78 협약).

박스 5-3 바젤 협약의 시초가 된 사건

1976년 7월 10일 이탈리아 북부 세베소(Seveso) 지역에 위치한 제약회사 공장에서 다량의 염소와 다이옥신(TCDD: tetrachloro dibenzo-p-dioxin)이 방출되는 사건이 발생한다. 이 공장은 스위스 제약 회사인 로쉐(Roche)의 자회사인 ICMSA(Industrie Chemiche Meda Societa, Anonima)의 현지 공장으로 의료용 비누를 만들기 위해 트리클로로페놀(Trichlorophenol)을 생산하고 있었다. 약 15분간 누출사고가 있었고, 누출된 화학물질 중에는 염소가스와 다이옥신이 함유되어 있었다. 누출에 의한 가스는 세베소를 비롯하여 인근 5km 이내의 11개 마을로 퍼져갔다. 이로 인하여 임산부 400여 명 중 50여 명이 유산했고, 187명의 아동이 염소가스로 인한 피부병이 확인되었다. 또한 1800헥타르의 토양이 오염된 것으로 조사되었다. 1983년 그린피스(Green Peace)가 세베소 사건 때 사라진 폐기물 41배럴을 프랑스의 한 마을에서 발견하면서 폐기물의 국가 간 이동 문제가 국제적인 문제로 떠오르기 시작했다.

자료: ≪환경경찰 뉴스≫, 2019. 5. 24.

Convention이라 불리는 해양 오염 방지를 위한 협약(1972)* 등이 대표적인 사례라 할 수 있다.

바젤 협약은 유해 폐기물의 교역 최소화 및 수출입국 간의 협조체계 구축으로 유해 폐기물로 인한 환경오염을 방지할 것을 규정한다는 전문을 비롯한 국가 간 이동 통제 대상 폐기물에 관한 조항, 협약국의 일반적 의무사항 및 이동 절차 등의 내용을 담은 본문 29조 및 9개의 부속서로 구성되었다. 동 협약은 당사국이 비당사국에 대하여 폐기물을 상품으로서 수출하거나 수입하는 것을 금지하고 있다. 그리고 제4조는 폐기물이 환경적으로 건전한 방식으로 관리되지 않으면 수입국과 수출국의 국가 간 이동을 막을 의무를 서술하고 있다.

바젤 협약 이후 유해 폐기물의 운반, 저장, 재활용의 적절한 관리 방안에 대한 논의가 활발하게 이루어지고 있지만, 문제는 통제 대상에서 제외된 폐기물의 심각성이 커지고 있다는 점이다. 바젤 협약은 폐기물의 유해한 정도에 따라 폐기물의 종류를 크게 세 가지로 분류하는데, 유해하지 않은 녹색 폐

* Convention on the Prevention of Marine Pollution by Dumping of Wastes and Other Matters.

기물Green, 1개 이상의 유해성을 가졌으나 재활용이 용이한 황색 폐기물 Amber, 1개 이상의 유해성을 가지고 있고 엄격한 통제가 요구되는 적색 폐기물Red로 구분된다. 녹색 폐기물은 유해성이 없고 국가 간 이동 중 위험 정도가 무시해도 될 정도인 폐기물로 귀금속 및 금속 합금과 그 폐기물, 철강 스크랩 및 그 폐기물, 금속함유 폐기물, 종이, 고형 플라스틱, 섬유 폐기물, 농산물 폐기물 등이다. 녹색 폐기물 중에서도 최근 가장 큰 논란이 되는 폐기물은 고형 플라스틱 폐기물이다. 플라스틱은 소각이나 매립으로 인해 국제적인 대기 오염 문제 및 미세플라스틱의 주요 원인이 되고 있으며 상당수의 개도국은 예방할 겨를도 없이 플라스틱 폐기물 수입의 부담을 떠안고 있다.

또 다른 문제는 국제환경규제가 주로 선진국, 특히 EU에 의해서 주도되며, 규제 자체가 선진국에 유리하게 전개되어나가는 특징이다. 바젤 협약에서 지정하는 유해 폐기물은 폐기물 처리기술의 발전과 산업 형태의 변화로 인하여 영구적인 것이 아니다. 선진국이 유해 폐기물의 대체물질을 개발한 후 기존에 사용되어온 유해물질을 규제하기도 한다. 한 예로, 1990년 중반 EU는 염료생산기업의 신제품 개발 시기에 맞추어 유해 아민, 알레르기 염료 등을 유해물질로 규정했다(Choe, 2007). 이러한 환경규제조치는 환경 기준을 충족시키지 못하는 개도국 기업들에게는 보이지 않는 기술적 무역장벽으로 작용할 수 있다.

4. 결론

지금까지 인류는 유용한 자원을 채취해 가공하고 쓰임이 다하면 폐기하며 환경파괴에 대한 사회적 비용을 고려하지 않는 선형 경제를 유지해왔다. 이러한 지속가능하지 않은 생산·소비·폐기 패턴은 자원 고갈과 환경오염 문제를 불러왔고 이 책임은 선진국에 더 크게 있다. 이로 인한 피해는 전 인류가 받고 있으며, 현 세대뿐만 아니라 미래 세대의 생존도 위협하고 있다. 그리고 이 위협은 기본적인 서비스에 대한 접근조차 어려운 개도국의 빈곤층에게 더욱 크게 작용하고 있다. 천연자원에 대한 의존도가 높은 이들에게 자원 고갈은 곧 소득의 원천이 사라지는 것과 같은 의미이기 때문이다. 또한 다국적기업의 생산시설 이전으로 인한 개도국 내 폐기물 배출, 선진국 폐기물의 개도국으로의 이동 등으로 환경오염은 빈곤층의 생명도 위협하고 있다.

자원 고갈과 환경오염을 근본적으로 해결할 수 있는 방법은 선형경제를 순환경제로 전환하는 것이다. 제품의 생산과정에서 재생에너지를 사용하는 등 오염물질 배출을 줄이고 제품 자체도 분해가 용이하도록 설계하여 다 쓰고 남은 제품을 재사용하도록 하며, 폐기물은 재활용하여 낭비를 최소화하는 경제구조를 만들어야 한다. 선진국에서는 순환경제로의 전환을 위해 폐기물 예방, 자원효율화, 3R Reduce, Reuse and Recycle, 천연자원 사용 저감 등 자원순환과 관련한 다양한 정책들을 도입하고 있다. 그러나 경제성장과 빈곤퇴치가 최우선의 목표인 개도국은 지금까지 지속가능하지 않은 생산 및 소비 패턴이 경제구조를 뒷받침하고 있었기 때문에 순환경제로의 전환을 바로 도입하는 것이 쉽지 않다. 따라서 국제사회는 개도국의 이러한 사정을 고려하여 SCP로의 단계적인 전환을 지원하도록 해야 한다. 또한 이들 국가에서 많은 환경문제를 일으키고 있는 다국적기업의 생산시설 및 폐기물 이동에 대한 엄격한 조치를 통해 SCP로의 전환이 실질적으로 이행될 수 있는 환경을 조성해야 할 것이다.

사 례

폐기물 에너지화

일각에서는 폐기물 에너지화(WTE: Waste to Energy) 개념을 언급하며 개도국에 처리 공장을 세우고 폐기물 처리 산업을 발전시키면 상당량의 폐기물을 없애고 환경과 소득, 일자리 문제를 해결할 수 있다고 주장한다. 실제로 최근 고형폐기물을 이용한 전기 생산 산업이 매립지를 중심으로 확대되고 있다. EC 공동연구센터(Joint Research Centre)는 아프리카에서 배출된 고형폐기물 발전량이 2025년경 122.2TWh에 달할 것으로 보고 있다. 이는 아프리카 전역 전기요구량의 20%인 4000만 가정이 사용할 수 있는 규모이다. 그러나 다음 그림에서 보는 바와 같이 대부분의 폐기물 처리시설은 선진국에 위치해 있고 폐기물들은 개도국에 쌓여 있다. 개도국의 폐기물 처리시설은 작고 기본적인 수준이며 비공식적인 곳이 대부분으로 산업 발달을 기대하기 어렵다. 게다가 공해처리 기술이 있더라도 개도국에서 그 기술을 기준에 맞게 반드시 활용하리라는 보장이 없다. 지구적 차원에서의 자원 재활용이라는 순기능이 가난한 나라에서는 심각한 환경오염과 건강피해라는 역기능이 될 수 있다.

폐기물 사이트와 폐기물 전처리시설 분포

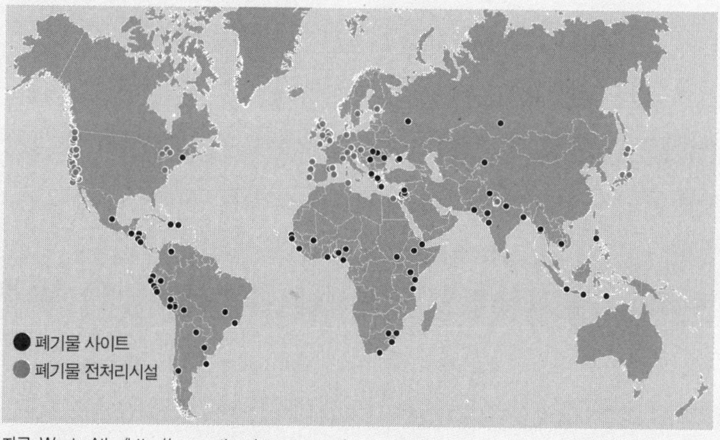

자료: Waste Atlas(http://www.atlas.d-waste.com/)

생각할 문제

1 개도국을 대상으로 한 폐기물의 에너지화 사업의 실효성이 있다고 생각하는가? 이러한 사업이 가능하려면 어떠한 준비가 선행되어야 하는가?

2 개도국에 폐기물 처리시설을 세우고 사업을 진행하여 실제로 성공한 사례가 있는지 확인해 보자.

3 최근 필리핀에서 발생한 한국의 쓰레기를 담은 컨테이너 불법 수출 사건에서 보듯이 재활용 자원의 수출입 제도를 악용하여 쓰레기를 해외로 불법 배출하는 사례가 늘어가고 있다. 이를 방지하기 위한 방법은 무엇이 있을까?

06

성평등과 인권

1. 개요

모든 인간이 지니는 타고난 권리로서 인권은 보편성, 인간의 고유한 존엄성과 평등한 가치, 그리고 이를 보장하고 보호하기 위한 국가의 의무와 책임 등을 핵심적 특성으로 하고 있다. 인권의 보편성 개념은 인간에게 '인종, 피부색, 성, 언어, 종교, 정치적 견해, 출신 민족, 사회적 신분, 재산의 많고 적음, 출생 및 그 밖의 지위'와 상관없이 평등한 권리와 자유의 보장을 주장한 세계인권선언의 기초가 되었다. 그리고 세계인권선언은 인권이 시민적·정치적·경제적·사회적·문화적 권리 등의 다양한 분야로 확대되는 계기가 되었다(유엔 인권최고대표사무소, 2014).

개발협력에서 인권은 빈곤퇴치라는 목표와 함께 해왔다. 즉, 인간이 인간으로서 기본적으로 갖춰야 할 것이 무엇인가라는 질문에 대한 답으로 빈곤감소라는 개발협력의 목표가 세워진 것이다. 초기에 빈곤은 기본적인 생존을 영위하기 어려운 낮은 소득수준과 같은 특정한 수준의 부wealth를 갖추고 있는지에 초점이 맞춰져 있었다. 이는 개발협력에서 빈곤퇴치를 '경제적 성장'으로만 연관 짓는 것과 같은 맥락이다. 그러나 빈곤을 경제적 측면에만 한정할 경우 인권이 가진 보편적인 권리의 측면을 포괄하는 데 한계가 있고, 낮은 소득에서 벗어나지 못하게 하는 구조적인 요인들을 다루지도 못하는 문제가 발생하게 된다.• 이와 관련하여, 마사 누스바움Martha Nussbaum은 발전

• 이러한 고민들은 이후 시민·정치적 권리협약[The International Covenant on Civil and Political Rights (ICCPR, 1966)] 및 경제적·사회적·문화적 권리에 관한 협약[International Covenant on Economic, Social and Cultural Rights(ICESCR, 1966)], 여성차별철폐협약[Convention of the Elimination of All Forms of Discrimination Against Women(CEDAW, 1979)]으로 확대되었다. 이 외에도 1965년 인종차별철폐협약(CERD: Convention on the Elimination of All forms of Racial Discrimination), 1986년 UN개발권선언(UN Declaration on the Right to Development), 1987년 고문 방지 협약(CAT: Convention against Torture and Other Cruel, Inhuman or Degrading Treatment or Punishment); 1989년 아동권리협약(CRC: Convention on the Rights of the Child), 2003년 이주노동자협약(CPRMW: International Covenant on the

경제학을 비판하며, 대표적 경제지표인 국내총생산GDP: Gross Domestic Product의 증가는 국가 단위의 부의 총량의 증가를 의미하지만 부의 분배라는 평등의 보장을 위한 기제가 마련되지 않을 경우 개인에게 미치는 영향은 미미하다고 주장한 바 있다(누스바움, 2015). 소득이 증대해도 본질적으로 빈곤이 해소되지 못하는 상황이 이어지게 되는 것이다.

성불평등은 이러한 모순을 드러내는 가장 대표적인 이슈라고 할 수 있다. 우선 성불평등은 고소득 사회와 저소득 사회에서 모두 보편적으로 일어나는 현상이라는 점에서 경제적 빈곤의 범위만으로 포괄할 수 없다. 또한 성불평등을 야기하는 본질적 요인인 권력관계의 불균형은 자원 분배 구조에 영향을 미치고, 성별 간 관계(젠더관계)가 존재하는 모든 곳에서의 불평등과 차별, 빈곤을 지속시킨다. 젠더관계 내에서의 약자(대개는 여성)는 그 목적을 위한 도구로서 인식되기 때문에, 인간 자체의 존엄성을 보장받을 수 있는 권리로부터 소외된다.

이 장에서는 인권 담론이 제시하고 있는 논의와 성평등 측면에서 다양한 함의들에 대해 다루어볼 것이다. 우선 빈곤, 역량, 소외, 인권기반접근 등 인권에 관한 국제사회의 논의에 대해 살펴보고, 젠더기반폭력, 보건의료, 교육 등 부문에서의 성불평등의 다양한 양상에 대해서 검토할 것이다. 개발협력의 맥락에서 이러한 양상들이 담고 있는 함의와 대응 노력들을 살펴보고, 현실에서 마주하는 한계들에 대해 간략히 논의할 것이다.

Protection of the Rights of All Migrant Workers and Members of their Families), 2006년 장애인권리협약(CRPD: Convention on the Rights of Persons with Disabilities) 등에도 영향을 끼쳤다.

2. 인권, 빈곤 그리고 성불평등

1) 인권의 개념과 인권기반접근

인권 확보와 빈곤 해소를 연계하기 위해서는 빈곤 개념을 확대해서 이해할 필요가 있다. 아마티아 센Amartya Sen과 누스바움은 소득 중심의 빈곤 논의가 가진 한계를 극복하기 위해 빈곤 해소에 부의 측면을 넘어선 역량의 개념을 도입한 바 있다. 이들에 따르면 기본적으로 빈곤에서 벗어나는 것은 일정한 소득수준을 얻는 것에서 벗어나 양질의 삶 또는 건강함well-ness을 추구할 수 있는 것까지 포함된다. 특히 센은 이러한 관점에서 빈곤을 '수용할 수 있는 최소 수준에 이르기 위해 필요한 기본적인 역량의 부족' 혹은 '역량의 박탈'로 이해하고 개인뿐 아니라 사회구조적인 요인의 중요성을 강조했다. 그에 따르면, 이러한 역량의 부족으로 기본적인 자유를 실현하지 못하고 기본적인 인간의 존엄성이 확보되지 못하는 상태가 빈곤이 된다. 이와 유사한 맥락에서, 2001년 경제협력개발기구/개발원조위원회OECD/DAC: Organization for Economic Cooperation and Development/Development Assistance Committee는 빈곤상태를 다음의 다섯 가지 역량의 결여로 제시한 바 있다. △필요한 소비와 자본 보유를 가능케 하는 수입 보장이란 의미에서 경제적 역량, △보건의료 서비스, 영양, 안전한 식수, 교육 등 기본적인 생활 보장 측면에서 인간적 역량, △정치·정책에 있어 의사결정 참여 측면에서 정치적 역량, △사회 일원으로서 사회적 지위 인정 보장 여건 측면에서 사회문화적 역량, △식량, 질병, 재해, 범죄, 전쟁 등의 취약성으로부터 자신을 보호할 수 있는 여건 측면에서 보호 역량으로 정리할 수 있다.

역량 부족이라는 포괄적인 인권 개념은 사회의 다양한 측면에서 문제에 대응할 것을 요구한다. 기본적으로 이 개념은 부의 분배, 의료나 교육 서비스에 대한 접근, 정치적 참여 등의 수평적인 측면에서 다양한 불평등을 해소

표 6-1 **욕구기반접근과 인권기반접근의 비교**

구분	욕구기반접근	인권기반접근
빈곤퇴치와 개발에 대한 이해	빈곤계층의 기본적 욕구 충족	빈곤계층의 권리 실현
개발협력에 대한 이해	빈곤층의 기본적 욕구 충족을 위한 사회적 책임 중시	빈곤계층의 개인과 집단의 권리, 국가 등 의무부담자의 책무
빈곤한 사람의 위치	개발의 혜택을 받아야 할 수혜 대상으로 빈곤을 인식	권리보유자 또는 권리주체로서 개발의 주체이자 자력화의 주체
개발의 강조점	투입과 결과에 집중 문제의 직접적 원인에 초점	과정과 결과에 더 집중 문제의 구조적 원인에 초점
개발의 궁극적 목표	문제의 직접적 원인에 집중(필요 충족이 문제 해결)	문제의 근본적·구조적 원인을 규명하고 이를 교정 (공정하고 평등한 구조의 창출)

자료: 한국인권재단(2016: 33~39)에서 재정리.

할 것을 주문한다. 이와 더불어 불평등을 발생·지속시키는 수직적인 구조에 대해서도 고려할 것을 요구한다. 공적·사적 영역 등 다양한 층위에서 불합리한 의사결정을 하는 개인의 행태뿐만 아니라, 이를 묵인하거나 비호하는 사회관습이나 규범과 같은 비형식적인 제도들도 고려해야 할 요소에 포함된다. 이 제도들로 인해 발생·유지·강화되는 비대칭적인 권력과 폭력 관계들은 개인 및 집단에 수많은 장애들을 만들어내기 때문이다. 그리고 여기에서 '개발정책과 프로그램을 수립할 때 주된 목표로서 인권의 충족'을 제시하는 인권기반접근human rights-based approach의 필요성이 대두되었다(유엔 인권최고대표사무소, 2014).

국제사회는 △참여participation, △비차별non-discrimination, △임파워먼트empowerment, △인권기준과의 연계linkages to human rights standards를 인권기반접근의 주요 원칙들로 설명하고 있다.* 참여의 의미는 개발협력 프로그램에서 개인,

집단 등 인권을 보장받아야 하는 권리보유자의 참여가 지속적으로 보장되어야 한다는 것이다. 그리고 공정한 참여는 법제도, 규범 등을 통해 권리보유자의 사회 서비스와 기본적인 권리에서의 비차별로 이어져야 한다. 이러한 참여와 비차별을 위한 법제도와 규범의 기준은 다양한 국제적 인권 기준이 제시하는 원칙을 바탕으로 해야 한다. 인권기반접근과 기존의 욕구기반접근의 차이는 표 6-1에 제시한 바와 같다.

2) 소외와 취약성

포괄적인 빈곤 개념에서 가장 중요한 이슈는 바로 소외marginalization와 취약성vulnerability이다. 인간은 자원과 기회, 권력, 정보 등에 대한 접근에서 소외될 경우 기본적인 권리를 향유하지 못하는 취약한 상태인 빈곤에 놓이게 된다. 그리고 힘과 물질적·비물질적 자원의 불평등 상태로 인해 상대적인 약자들은 자력으로 취약상태를 벗어나기 힘든 여건에 놓이기 쉽다. 소득수준의 차이가 이러한 소외와 취약성의 중요한 원인 중 하나이지만, 성별/젠더, 장애, 인종(유색인종), 나이(아동, 노인), 종족(소수민족), 종교, 교육수준(학력, 학벌), 언어 등 다른 다양한 사회적 요인들도 영향을 끼친다. 지속가능개발목표SDGs: Sustainable development goals를 비롯해 인권과 관련된 각종 규범들이 평등 달성을 주요 고려사항으로 두고 있는 이유도 바로 이것이다.

앞서 언급한 여성, 아동, 노인, 장애인, 소수민족이나 종족, 인종, 성소수자 등은 기존의 주류적 사회구조 내에서 소외되기 쉬운 집단들이다. 경제적 합리성의 측면에서만 본다면, 육아를 포함한 가사노동이 여성의 의무로서만 받아들여지는 성고정관념gender stereotype이 유지되는 사회구조 내에서 여성들의 생산성은 절대적인 시간을 재생산이 아닌 '생산'에만 집중하는 남성에 비해

• 여기에 투명성(transparency), 인간존엄성(human dignity), 법치(rule of law)를 합쳐 PANTHER 원칙이 제시되기도 하나, 투명성은 책무성, 인간존엄성은 참여, 법치는 인권 기준과의 연계와 유사한 내용을 담고 있다.

떨어질 수밖에 없다. 아동이나 노인은 청장년 인구에 비해 생산성이 떨어질 수밖에 없다. 장애인은 비장애인 중심의 교육과정과 업무환경 내에서 똑같은 효율성을 발휘하기 어렵다. 소수민족이나 종족 역시, 주류 집단 중심의 질서에 맞추어진 사회구조에서 벗어나 있어 개발이데올로기 실행의 효율성을 높이는 데 장애로 인식될 수 있다.

이것은 경제적 합리성이라는 관점에서 도구적 인간으로서의 효용만을 고려하고, 인간의 보편적이고 기본적인 권리로서 인권이라는 관점은 배제된 결과라고 할 수 있다. 하지만 임신과 출산은 인간 사회가 지속되는 데 필요불가결한 요소이며 여성에게만 가능한 부분이다. 태어나고 성장하고 늙는 일련의 보편적인 인간의 생애주기를 고려한다면, 아동이 되고 노인이 되는 것은 하나의 사회에서 매우 보편적인 현상이다. 장애 역시 인간의 생애주기를 이루는 하나의 요소로서 이들에 대한 소외는 인권의 보편성에 반한다.

여기서 중요한 것은 이러한 취약상태를 조장하는 여건을 단순히 개인 단위의 악의나 무능의 산물로 치부할 수 없다는 점이다. 물론 개인 간의 능력차는 존재하고, 악덕 기업주와 노동자, 노예상인과 흑인노예, 성폭력 가해자와 피해자 등 개인 수준의 관계를 통해서 발생하는 문제를 우리는 일상에서 종종 목격한다. 하지만 기존에 존재해오던 불평등 상태에 대해 특별히 인식하지 않고, 각 개인이 자신의 이익을 위해 행동하게 되면 불평등은 고착화된다. 이런 상황은 개인의 의도나 노력과 별개로 나타날 수 있으며, 따라서 보다 구조적인 차원의 개선이 필요하다.

3) 성불평등과 빈곤의 여성화

성불평등은 인간의 기본 범위 중 가장 분명하고 광범위한 성별을 기준으로 나타나는 불평등의 현상이다. 세계인권선언에서 제시하는 부, 인종, 언어, 종교, 장애, 연령 등 다양한 요소들은 성별과 중첩적으로 연계가 가능하다. 그래서 국제사회는 성평등을 모든 분야에 걸쳐 있는 범분야cross-cutting 이슈의 대표적인 분야로 인식하고 있으며, 'SDGs의 달성은 성평등의 달성 없이 불가능하다'라는 점을 천명하고 있다.

인권과 빈곤, 성평등으로 이어지는 개념의 연장선상에서, 빈곤의 여성화feminization of poverty 개념은 이들 간의 관계를 가장 적절하게 설명하고 있다. 정의상 빈곤의 여성화는 여성 혹은 여성 가구주의 빈곤 발생이 더 많고, 여성의 빈곤 정도가 더욱 심하며, 그 빈곤의 증가율 역시 여성 쪽이 더 높은 현상을 일컫는다(Wennerholm, 2002). 여기에는 남성보다 부족한 인적·물적자원과 막대한 돌봄가사노동책임이 여성의 노동시장 진입과 지속적인 생존을 방해하여, 결과적으로 남성에 대한 경제적 의존을 높이게 되는 악순환 구조가 함축되어 있다(허라금·강선미 외, 2010). 심층에는 다양한 지점에서의 여성 취약점이 존재하고, 이로 인해 상대적으로 남성보다 여성이 더 많은 빈곤위험에 노출되어 있다는 함의가 담겨 있다. 실제로 유엔여성기구UN Women의 최근 보고서에 따르면, 전 세계적으로 여전히 남성 100명당 여성 122명의 전 세계 극빈인구 성별비율을 보이고 있다. 또한 여성들은 남성 급여의 77%만 받고 있고, 전 세계 2/3가량의 국가에서는 남성들보다 더 많은 여성들이 식량 불안정 상태에 놓여 있다(UN Women, 2018).

3. 성불평등의 다양한 양상

성불평등의 핵심은 젠더에 기반한 권력관계에 있다. 이는 성불평등이 단순히 소득 불평등과 같은 문제만으로는 설명되기 어렵고, 여성과 남성 간, 성별 간의 기본적인 불평등한 권력관계에 기인하고 있음을 의미한다. 이로 인해 특정 성별에 속한 개인의 역량—이를테면, 선택할 수 있는—과 자유가 제한되며, 각종 자원에 대한 접근의 불평등, 빈곤의 여성화와 같은 현상이 나타난다. 그래서 여성의 경제적 임파워먼트를 위해 여성이 주 수혜자인 소액대출 프로그램을 운영한다 해도, 가구 내의 의사결정권이나 재산권에 관한 남편과 부인 간의 권력관계가 평등해지지 않으면 여성에게 주어진 대출자금은 당초의 목적대로 활용될 수 없다(카림, 2015). 또한 의료 인프라가 부족한 개발도상국(이하 개도국)에 의료시설을 구축하거나 의료인력을 양성하여 의료서비스 접근성을 높인다 해도, 가구 내 의사결정권이나 재정권이 남성에게만 있다면, 여성은 구축된 의료시설에 접근할 수 없고 적절한 산전 후 검사를 받을 수 없으며 모성사망비의 개선은 기대하기 어렵다(Nam, 2018).

1) 젠더기반폭력과 법률제도

젠더기반폭력gender-based violence이란 "한 개인의 의지에 반해 범해진 모든 종류의 해로운 행위로, 남성과 여성 간의 사회적인 차이들에 기반하고 있다. 여기에는 신체적·성적·정신적 해악이나 고통을 가하는 행위, 그러한 행위를 하겠다는 위협, 강제, 그리고 여타 자유의 박탈 등이 포함된다"(UN IASC, 2015). 여성대상폭력violence against women은 사전적으로는 여성을 대상으로 한 젠더기반폭력으로 통상 이 둘은 자주 혼용된다. 이 폭력의 피해자 대부분이 여성이라는 사실 때문이다. 그러나 여성과 남성이라는 개인 간의 관계에 초점을 맞추기보다는, 성별에 기반한 권력관계와 이를 지지·강화하는 사회적 구조가 폭력의 본질이라는 점을 강조하기 위해 이 둘을 구분하는 것으로 보인다.

그림 6-1은 개도국의 젠더기반폭력에서 가장 많이 발생하는 유형 중 하나인 가까운 파트너에 의한 폭력intimate partner violence에 관한 상황을 보여주고 있다. 조사 대상 국가들에서 여성이 피해자인 경우는 대략 최고 50% 초반(적도 기니)에서부터 최저 5% 초반(코모로스)으로 나타나는 반면에, 여성이 가해자인 경우는 최고 20% 초반(적도 기니)에서 약 1%(코트디부아르) 등으로 나타나

그림 6-1 **2005~2013년 사이 평생 가까운 지인에 의한 폭력의 가해자 혹은 피해자 경험을 한 여성의 비율**

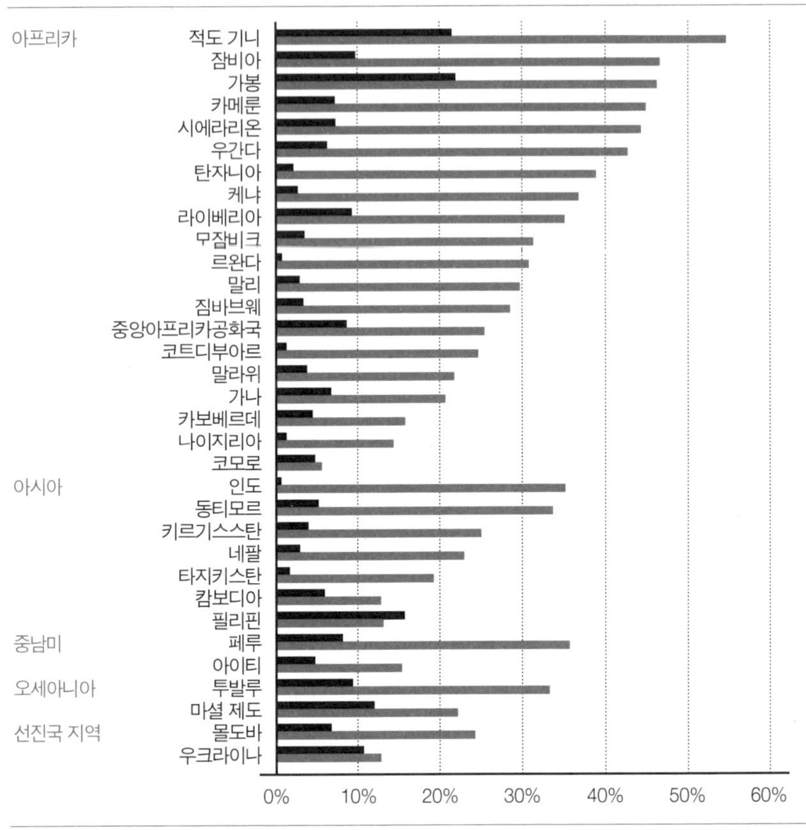

자료: UN DESA(2015: 154).

고 있음을 알 수 있다. 한편, 국제기구의 보고서들은 15~49세의 여성 중 최근 12개월 동안 가까운 파트너에 의해 신체적/성적 폭력을 경험한 비율이 19%에 이르는 것으로 파악하고 있다. 지역별로 편차가 있지만 가장 심각한 지역은 40%에 육박하는 오세아니아 지역(호주와 뉴질랜드 제외)이고, 중남미(21.0%), 사하라 이남 아프리카(22.3%), 중앙·남아시아(23.1%) 등이 국제적인 평균을 상회한다. 이는 유럽과 북유럽(6.1%), 동·동남아시아(7.8), 북아프리카·서아

그림 6-2 **1990~2010년간 지역별 재산권과 상속권 관련 성평등 보장 법제 마련 비율**

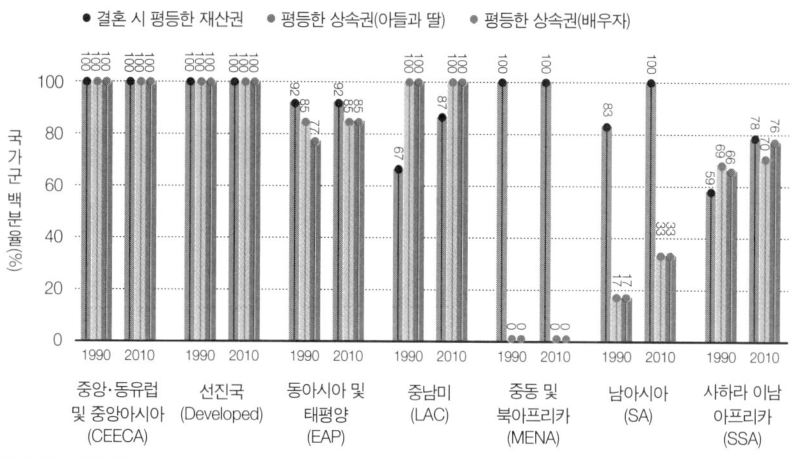

자료: UN Women(2015: 31).

시아(12.4%)와 대비되는 수치이다(UN Women, 2018).

이러한 현황들은 두 가지로 해석이 가능하다. 하나는 젠더기반폭력은 국가의 소득수준에 상관없이 보편적으로 발생하고 있는 현상이라는 점이다. 이는 소득수준과는 다른 불평등 지점으로서 성불평등의 특수성에 대해서 고려할 필요가 있음을 의미한다. 다른 하나는 그럼에도 불구하고 지역에 따라 상당 수준의 편차가 존재한다는 점이다. 앞서 언급한 것처럼, 젠더기반폭력이 가장 높은 지역과 낮은 지역 간의 차이는 6배 이상이다.

이러한 지역 간 차이가 발생하는 원인을 단정하기는 어렵지만, 폭력을 묵인 혹은 지지하는 사회의 법제와 관습 등 공식적·비공식적 규범 상황과 밀접하게 관련된 것으로 보인다. 이러한 맥락에서 여성이 독립된 경제적 역량을 갖추고 있는지 여부를 살펴볼 필요가 있다. 이는 남성에 대한 여성의 의존성과 폭력에 대한 취약한 위치를 지속시키는 데 가장 기본적인 조건이기 때문이다. 상속권과 재산권의 성평등 보장 여부를 보여주는 그림 6-2는 젠더기반

그림 6-3 **국가별 여성의 권리 보장을 위한 법제 여부, 국가 수**

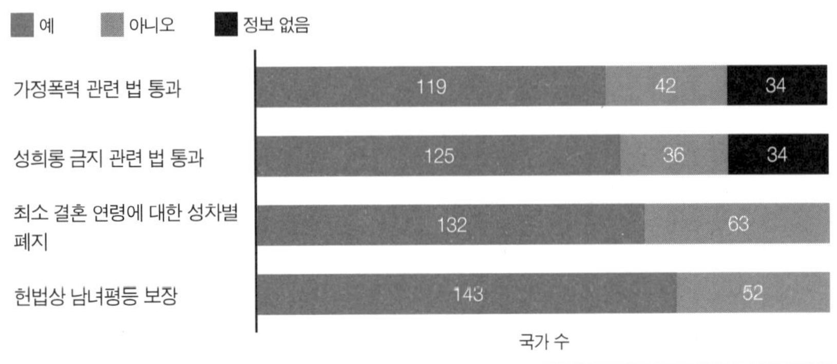

자료: UN Women(2015: 29).

폭력으로부터 여성의 지위를 보장하는 법제 여건과 폭력발생 간의 상관관계에 대한 이러한 추론을 뒷받침한다. 유럽 지역을 포함하여 고소득국가군의 경우 재산권 및 상속권과 관련하여 성평등을 보장하고 있는 법제를 모두 갖추고 있는 반면에, 소득수준이 낮은 남아시아SA: Southern Asia와 사하라 이남 아프리카SSA: Sub-Saharan Africa의 경우는 법제를 갖추고 있는 비율이 확연히 떨어진다. 성불평등 측면에서 가장 취약한 지역 중 하나로 알려져 있는 이슬람 문화권의 중동·북아프리카 지역MENA: Middle East and North Africa의 경우, 1990~2010년 사이 법제 마련이 전무한 상태이다.

또한 그림 6-3에서 보듯이, 가정폭력에 관한 법률을 통과시킨 국가는 전체 195개 국가 중 119개국이지만, 42개 국가는 여전히 법제를 갖추고 있지 않으며, 해당 정보가 파악되지 않는 국가를 포함할 경우 그 수는 76개국으로 38.9%에 이른다. 이는 전 세계의 10개 국가 중 4개국은 가정폭력이 발생했을 때 이를 처벌할 법제가 갖춰져 있지 않음을 의미한다. 성희롱에 대한 처벌 법안 역시 70개국에서 범죄로 인정받지 못하고 있으며, 최소 결혼 가능 연령을 법제화하고 있는 국가의 경우도 67.5%에 불과하여 10개국 중 3개국

박스 6-1 **방글라데시 성폭력 사례**

최근 방글라데시에서는 누스라트 자한 라피(Nusrat Jahan Rafi)라는 여고생이 학교 내에서 불에 타 숨지는 사건이 발생했다. 19세 소녀인 라피는 학교의 교장 선생으로부터 지속적으로 성추행을 당해, 가족과 상의 후 고소를 진행했다. 방글라데시의 문화적 맥락에서 이러한 대응은 매우 이례적인 것으로 경찰을 포함한 지역사회의 공격 대상이 되었다. 신고를 받은 경찰은 라피의 얼굴이 담긴 사진과 증언을 지역 언론에 흘림으로써, 이로 인해 라피는 지역사회로부터 학대와 위협을 받게 되었다. 그러던 중 라피는 2019년 4월 6일 마지막 시험을 보기 위해 자신의 학교에 등교한 날에 동료 여학생의 이끌림에 의해 학교 옥상에 가게 되었고, 그곳에서 복면을 쓴 일단의 사람들에 둘러싸여 교장에 대한 고소를 취하하라는 위협을 받게 되었다. 라피가 이를 거부하자 이들은 그녀의 몸에 기름을 붙고 불을 붙였다. 이러한 상황은 심지어 라피가 화상으로 죽기 전 증언을 함으로써 밝혀지게 되었다.

방글라데시는 2005년까지 성평등에 대해 적대적인 법제를 유지한 국가 중 하나이지만, 가정폭력(2010), 염산공격(2002) 등을 범죄로 규정하는 법제를 마련한 바 있고, 교육기관 및 직장 등을 포함한 사적·공적 공간에서의 성희롱 역시 범죄행위로 규정되고 있다. 하지만 경찰의 부적절한 대처, 남성 지도자의 성희롱에 관대한 지역사회 관습과 지역사회 구성원들의 행태는 이러한 법제의 예방 능력을 무력화시켰다.

자료: *The Guardian*, 2019. 4. 18.

이상은 법적으로 아동 강제 결혼을 막을 수 있는 장치를 갖추고 있지 않다(UN Women, 2015). 한편, 공식적인 제도가 존재하더라도 경찰과 같은 관료의 젠더기반폭력에 대한 이해나 성평등에 대한 인식이 부재할 경우 피해자/생존자가 해당 이슈로부터 보호받거나 대응하는 데는 더욱 많은 한계가 존재한다.

개도국의 경우 젠더기반폭력은 지역사회의 관습이나 문화적 요인과 연계되어 더욱 다양하고 은밀한 형태로 존재하고 있으며 공식적인 법·제도의 통제에서 벗어나 있는 경우가 많다. 박스 6-1의 방글라데시 사례가 그 단면을 보여준다고 할 수 있다. 이 외에도 여성성기절단/훼손FGM: Female Genital Mutilation, 조혼early/forced marriage, 인신매매trafficking, 명예살인honor killing, 차우파디Chaupadi•

• 월경 중인 여성을 부정하다고 보고 굴이나 축사, 혹은 기타 격리된 장소에 있게 하는 네팔의 풍습으로, 격리 생활을 하는 여성들은 야생동물의 습격이나 남성들의 성폭력 위협에 노출되며, 대부분 불결한 환경이라 위생적인 면에서도 취약상태에 놓이게 된다.

그림 6-4 **지역별 2003~2016년 사이 20~24세 여성 중 15~18세 사이에 결혼 혹은 사실혼 관계에 놓인 여성의 비율**

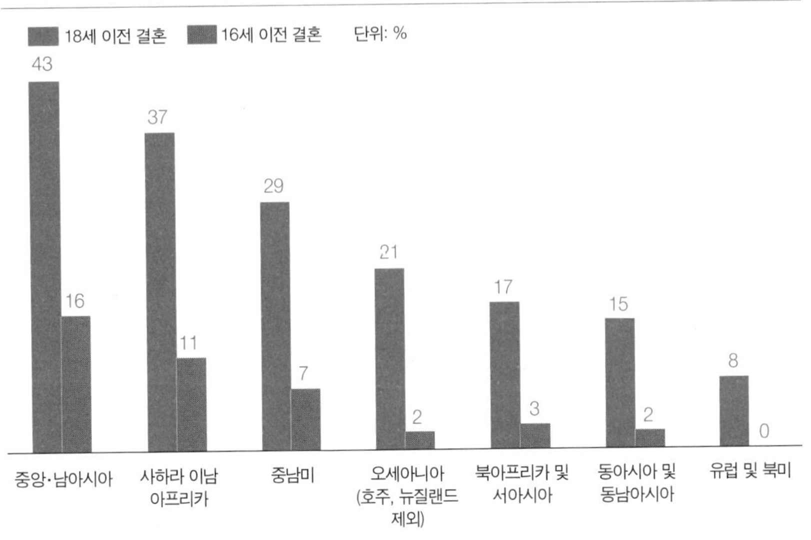

자료: UN Women(2018: 91).

등은 개도국에서 법제로 금지되어 있으나 현지의 문화관습의 영향력이 더 강력하게 작동하여 발생·지속되는 대표적인 폭력의 형태들이다.

그림 6-4는 인구조사의 대상에 포함되어 상대적으로 데이터 확보가 용이한 조혼에 대한 지역별 상황을 보여주고 있다. 국제적 통계에 따르면, 2017년 기준 전 세계적으로 약 7억 5000만 명의 여성과 소녀가 18세 이전에 결혼 상태에 놓이는데, 이는 매년 1500만 명의 소녀들이 18세 이전에 강제적 결혼을 하는 수치를 포함한 것이다. 특히 중앙아시아와 남아시아의 경우 43%의 여성들은 18세 이전, 16%는 15세 이전에 결혼 상태에 놓이고, 사하라 이남 아프리카의 경우 그 비율이 각각 37%, 11%에 이른다. 이는 유럽과 북미 지역의 8%, 0%와 극명하게 대비되는 수치이고, 앞서 재산권 및 상속권 관련 법적 권한 보장 측면에서 최저 수준을 기록한 중동·북아프리카 지역의 17%, 3%보다도 훨씬 높은 수준이다.

2) 젠더기반폭력과 보건의료

보건의료 분야에서 가장 중요한 주제 중 하나는 성·재생산* 건강/보건sexual and reproductive health이다. 간단하게 볼 때, 성 보건에는 성병, 후천성면역결핍증후군 / 인간면역결핍 바이러스AIDS/HIV: Acquired Immune Deficiency Syndrome / Human Immunodeficiency Virus, 피임 등이 포함되고, 재생산 건강에는 임신과 출산, 모자보건 이슈가 포함된다. 이 둘은 명확히 구분되는 부분도 있지만, 많은 부분에서 서로 밀접하게 얽혀 있다. 성·재생산 보건에 있어서 여성의 권리가 중시되어야 하는 이유는 섹스, 임신, 출산에 이르는 (그리고 심지어는 육아까지 포함되는) 일련의 과정들에서 여성이 받는 영향이 남성에 비해 절대적이기 때문이다. 하지만 이에 대한 여성의 결정은 복잡한 사회적 관계망과 이에 관련된 (대체로는 자신들에 불리한) 형식적·비형식적 제도들에 크게 영향을 받는다.

성·재생산 보건에서 10만 명의 출산 시 사망한 산모의 비율을 의미하는 모성사망비율maternal mortality ratio은 여성의 전반적인 건강상태와 보건서비스 접근 수준을 보여준다는 점에서 가장 중요한 지표 중 하나이다. 모성사망은 여전히 전 세계 여성의 사망원인 중 2위를 차지할 정도로 매우 중요한 사안이다. 특히 새천년개발목표MDGs: Millennium development goals 시기를 거치면서 전 세계 모성사망비는 약 37% 정도 감소한 것으로 나타나고 있지만, 사하라 이남 아프리카 지역의 경우는 2013년 기준으로 10만 명당 510명으로 여전히 매우 높은 수준이다(UN DESA, 2015).** 이러한 지역적 차이가 발생하는 가장 큰 원인은 물론 출산의료시설 부족, 훈련된 전문의료인력의 부족, 산전·후 검사의 부족 등 기본적인 의료접근성의 차이에 있다고 할 수 있다. 그러나 좀 더 심층적으로 이해하기 위해서는 여성의 생애주기에 걸친 젠더기반폭력과 그로 인한 여성들의 재생산권 제한을 살펴보아야 한다.

---

* 주로 의료계 측에서는 임신·출산 등 생식 기능에 초점을 맞춰 성·생식 보건으로 칭하기도 한다.

** 참고로 2017년 기준 한국의 모성사망비는 10만 명당 11명이다.

그림 6-5 **여성 건강 생애주기에 따른 젠더기반폭력의 영향**

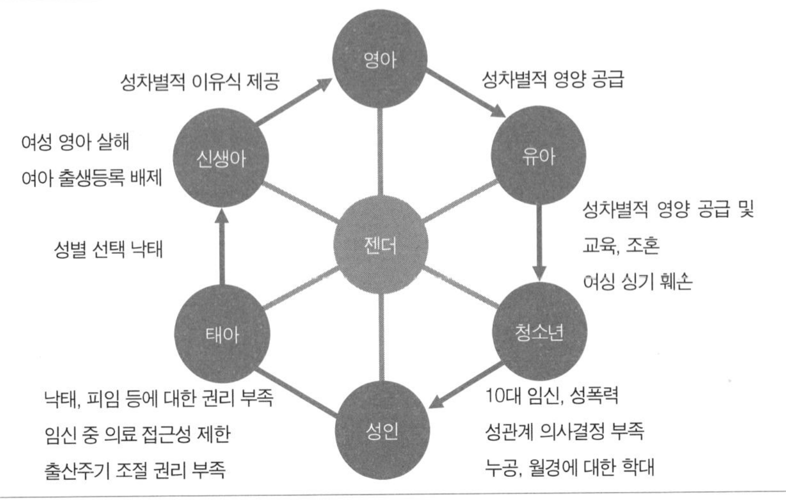

그림 6-5의 개념도에서 보듯이, 개도국의 여성들은 생애전환기에 걸쳐 자신의 건강(혹은 경우에 따라서는 생명)을 적절히 담보할 수 없는 다양한 폭력과 해로운 관습에 노출되어 있다.

우선, 중소득국 이상의 경우, 초음파 검사와 같은 의료 인프라 개선과 함께 소득개선으로 의료비 지출을 감당할 수 있게 되어 태아단계에서 성별선택낙태sex-selective abortion(혹은 남아선호)가 빈번히 발생한다. 여성 태아가 무사히 세상에 나오더라도 남아를 선호하는 가구에서 여성영아살해female infanticide라는 심대한 생명의 위협을 받는다. 또한 중국처럼 1가구 1자녀 정책을 시행하게 되면, 여아라는 이유로 별도의 시간과 비용이 드는 공식적인 출생신고에서 배제되어 통계에서 사라져 버리기도 한다(비슨달, 2013). 출생신고 배제는 이후 여성의 생애주기에서 사회 서비스의 보호망이나 공식적인 경제활동에서 배제되는 상황을 야기할 가능성이 높다. 이러한 위험으로부터 '생존'한다 하더라도 영아시기로부터 여아들은 영양공급의 우선순위에서 후위로 밀려 영

박스 6-2 페루의 낙태금지법과 여성의 성생식 자결권 제한

페루에서는 몇 년 전 13세 여성 청소년이 강간으로 인해 임신을 했으나 낙태 금지법으로 인해 자살 시도를 하다 다쳐 영구적인 장애를 얻는 상황이 발생했다(재생산권 측면). 또한 우생학적 관점에서 빈곤층과 소수민족에 대한 인구통제 캠페인의 일환으로 여성에 대한 강제불임이 이루어지기도 했다.
이러한 상황들은 재생산과 관련하여 여성에게만 특정하게 요구되는 역할 및 그에 대한 지원 이슈와 결정권리가 누구에게 주어져 있느냐는 문제 사이에 간극이 존재하고 있음을 보여준다. 재생산 권리는 여성과 남성이라는 개인 간에만 존재하는 것이 아니라, 국가에 의해서 더 강력하게 점유되고 있다. 법제와 정책의 개선 혹은 마련이라는 측면에서, 국가의 의무담지자로서의 역할이 강조될 수밖에 없는 이유도 여기에 있다.

자료: Fredman and Goldblatt(2015).

양부족의 위험에 놓인다. 이는 성장기 여성청소년의 경우에 출산과 밀접한 관계가 있는 골반 발달을 저해하여 이후 난산, 산과적 누공 등으로 이어진다(도열, 2010). 영유아를 벗어나도 이러한 위험 노출은 심화되는데, 청소년기에 접어들게 되면서 여성성기절단/훼손이나 조혼의 관습에 맞닥뜨린다. 청소년기 이후부터는 성관계나 피임에 대한 결정권 부족, 임신 중 의료서비스 접근 부족, 출산주기 조절birth spacing에 대한 결정권 부족에 따른 다산 등의 위험에 노출된다(Fikree and Pasha, 2004).

이러한 문제들은 성·재생산 보건서비스 제공을 위한 의료시설이나 의약품, 혹은 의료인력과 같은 물적·인적 인프라의 강화만으로는 해결될 수 없는 정치사회적인 이슈들이다. 한편, 문제의 근본적인 해결책을 찾지 못하면 보건의료 목표 달성에 제약이 있을 수밖에 없다. 박스 6-2의 사례에서 보여주는 페루 등 중남미의 가톨릭 사회는 '어떠한 경우에도 낙태를 금지'하는 법제를 갖고 있는데, 여기에는 강간에 의한 임신도 예외가 아니어서 해당 여성의 빈곤화나 자살 등 2차적인 피해를 낳기도 한다.

3) 성불평등과 교육

MDGs를 거치면서 초등교육 접근성에 있어서의 성평등은 상당한 수준으로

그림 6-6 **소득수준에 따른 지역별 교육 접근성 성평등 확보 비율**

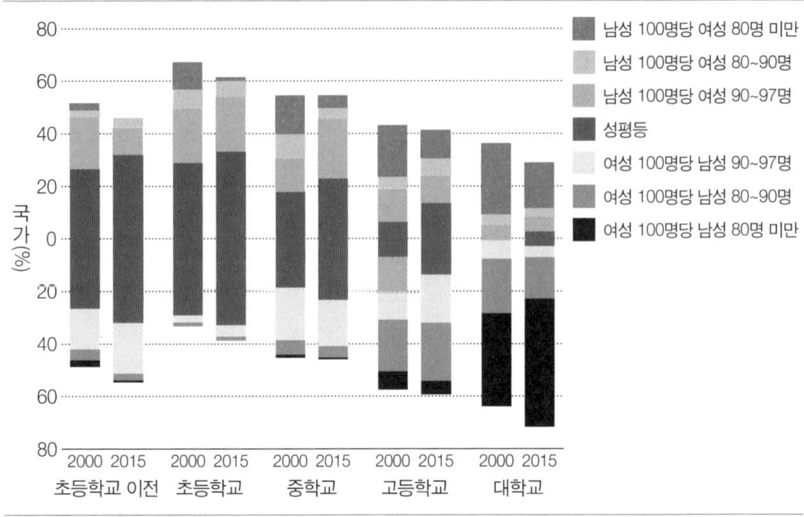

자료: UNESCO(2018: 13).

개선된 것으로 평가되고 있다. 특히 기존의 교육 여건이 열악한 저소득국, 중소득국 국가들의 경우 상당한 수준의 향상이 이루어졌다고 평가받고 있다. 하지만 세부적인 지표 상황을 살펴보면 교육에서의 성불평등은 여전히 존재하고 있으며, 국가 간 소득수준에 따른 차이, 상급학교로의 진학에서의 격차, 성별에 따라 특정 과목에 편중되는 등 다양한 분야에서의 격차가 상존하고 있다. 유엔교육과학문화기구UNESCO: UN Educational, Scientific and Cultural Organization 「세계 교육 모니터링 보고서Global Education Monitoring Report」에 따르면, 2017년 현재 기준으로 볼 때도 저소득국가군에서의 초등교육 입학률상 성평등이 확보된 비율은 60개 국가 중 29%에 불과한 반면에, 고소득국가의 경우 83%에 이르고 있다(그림 6-6 참조). 이 결과, 기초적인 읽기와 쓰기 등 초등교육으로부터 소외된 여아 비율이 남아 비율에 비해 여전히 약 1.5배 높다(UN Women, 2018).

개도국과 고소득국가의 남녀 간 교육 접근성 차이를 보여주는 또 다른 중

그림 6-7 **1990~2012년간 지역 및 성별에 따른 초등교육 학교 밖 아이의 수**

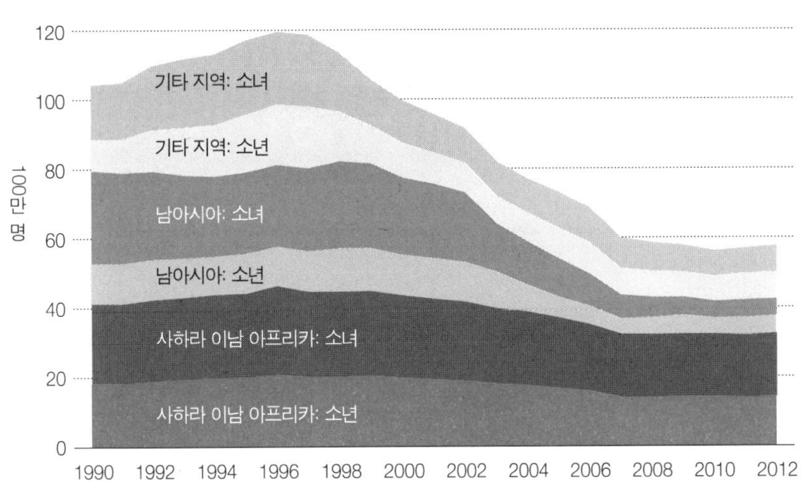

자료: UN DESA(2015: 66).

요한 지표 중 하나는 학교 밖 아동에 대한 현황이다. 이 지표에서 가장 열악한 지역은 사하라 이남 아프리카인데, 그림 6-7에서 보듯이, 1990~2012년의 기간 동안 해당 지역의 학교 밖 아동의 수는 거의 변화가 없는 상황이다. 특히 여아의 경우 2000만 명 수준에서 지속적으로 유지되고 있는데, 이는 다른 성평등 취약 개도국 지역인 서아시아가 큰 폭으로 줄어든 것과도 크게 대비되는 수준이다.

빈곤의 악순환 고리에서 벗어나는 데 교육은 핵심적인 요소이다. 적절한 교육 접근성을 획득하지 못할 경우에 빈곤 상황을 벗어날 가능성이 낮기 때문이다. 젠더 불평등과 폭력에 기인한 취약성은 여성들의 교육 접근성 확보에도 영향을 끼치는데, 사회적 안전망이 미비한 국가에서 그 영향은 더 크게 나타난다. 적절한 교육, 특히 초중등교육을 받지 못한 여성들에게 생애주기상에서 연쇄적으로 나타나는 빈곤의 악순환 고리를 정리해보면 그림 6-8과 같다.

그림 6-8 **교육 접근 제한과 여성 빈곤 악순환 사슬**

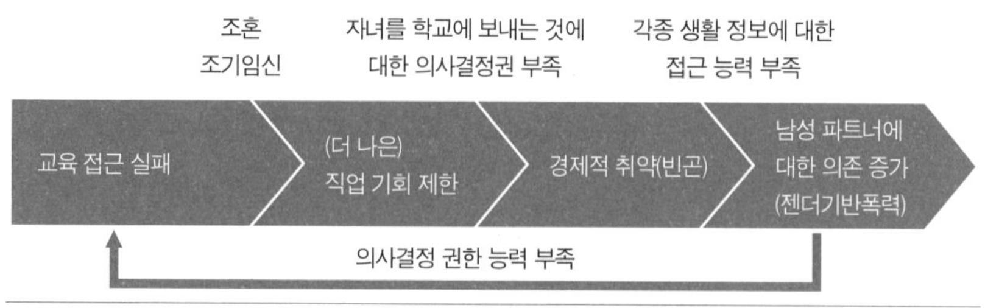

우선, 초중등교육 수준의 접근에 실패한 여아 내지 여성청소년의 경우, 가사노동 등에 투입되다가 조혼 및 조기임신 출산으로 이어지기 쉽다. 조혼 및 조기임신은 건강상의 문제뿐 아니라 교육 접근성의 상실을 야기한다. 정상적인 교육기회에서의 단절로 인해 무급의 가사노동에 투입되며, 조기 강제결혼이나 조기임신에 노출된다. 그리고 이러한 상황은 중고등교육에 대한 접근을 차단하여, 이후의 취업 등 경제적 활동에 대한 장애로 작동하게 된다. UNESCO의 2018년 「세계 교육 모니터링 보고서」에 따르면, 저소득국가군의 경우 초등교육에서의 성평등 비율은 29%에 불과하며, 중등학교의 경우 그 비율은 16%로 더욱 낮아진다. 또한 국제노동기구ILO: International Labour Organization의 보고서에 따르면 여성의 시간 연계 저취업률에 있어 아프리카 국가(약 27%)와 아시아 태평양 지역의 개도국 군(약 22%)에서 최고치를 보였으며, 두 지역 모두 여성과 남성 사이에 약 10% 내외의 저취업률 격차가 있었다(그림 6-9 참조).

교육 단계상 초등교육을 받지 못하는 것은 기본적인 문해능력의 결핍으로 이어지기 쉽다. 그리고 기본적으로 글을 읽지 못하는 여성은 상급학교 진학은 물론 의료 등 기타 사회복지서비스에 대한 정보 접근에 제한을 받게 되고, 노동시장에서 낮은 경쟁력을 갖게 된다. 노동시장과의 연관성이 보다 높은

그림 6-9 **87개국의 총 취업률 중 시간 연계 저취업률**

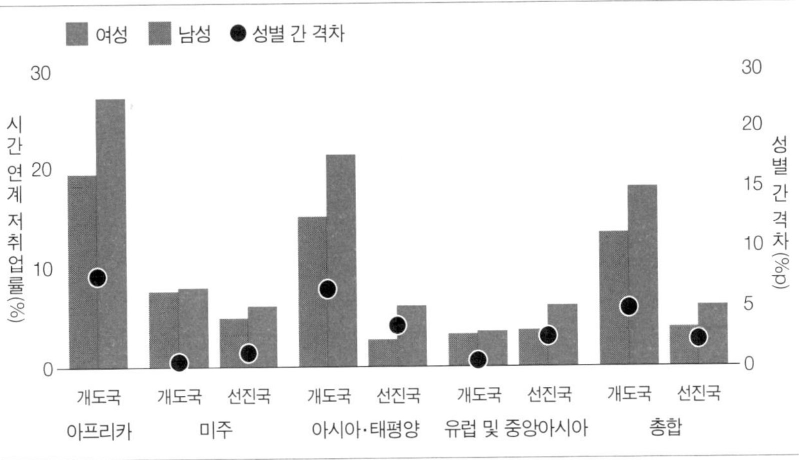

자료: ILO(2016: 18).

중고등교육에 대한 접근 부족은 공식 노동formal labour과 같은 양질의 일자리 decent job로의 진출을 제한하고, 경제적 빈곤상태를 야기할 가능성을 높인다.

이러한 빈곤상태는 가족 단위에서 볼 때, 가장인 남성에 대한 의존도와 가까운 파트너에 의한 폭력에 대한 취약성을 높이게 된다. 경제적 역량을 갖추지 못한 여성은 파트너의 폭력이 발생해도 스스로 생계를 유지할 수 없기 때문에 이러한 관계를 청산하기가 매우 어렵다. 결국 여성은 가족 내에서 많은 시간과 노동을 투입하고 있음에도 그 역할에 부합하는 결정권을 갖지 못하게 된다. 결국 자신의 노동을 통해 얻은 소득을 포함하여 가구 내에서의 자원 배분, 상속권, 자신과 자녀의 교육, 결혼 등에서 여성들은 의사결정권의 제한을 받게 된다.

4. 성평등과 인권 증진을 위한 노력들

1) 성평등 달성에 대한 관점과 접근의 변화•

개발을 통한 성평등 달성을 위한 국제사회의 노력을 살펴보기 위해서는 개발과 성평등, 여성과 관련된 논의의 변화들을 이해할 필요가 있다. 이는 순차적으로 개발 속의 여성WID: Women In Development, 여성과 개발WAD: Women And Development, 젠더와 개발GAD: Gender And Development이라는 용어로 축약할 수 있다. 이에 따라 개발 분야에서 성평등에 대한 관점과 접근은 대상으로서 여성에서, 여성의 참여, 권력관계로서의 젠더의 대응이라는 주요한 관점상의 변화를 겪어왔다. WID에서 GAD로 그리고 성주류화gender mainstreaming로의 변화는 또한 성평등을 바라보는 주요한 문제의식의 심화를 보여주고 있기도 하다. WID가 여성에 대한 불이익disadvantage을 보상할 필요에 대한 인식이라면, WAD에서 GAD로의 이동 과정은 이러한 불이익과 더불어 그러한 상황을 만들어낸 사회구조의 근본적 변화를 요구한다. 성별에 따른 차별과 불평등을 야기하는 개인과 집단의 문화와 행태, 폭력관계, 이를 묵인·지지하는 법·제도와 규범, 그리고 전반적인 의사결정 과정에 대한 소외집단의 참여 확보라는 보다 광범위하고 근본적인 권력관계의 변화를 함축하고 있기 때문이다. 그리고 이것은 앞서 기술한 바 있는 인권기반접근의 주요 원칙들인 참여, 비차별, 임파워먼트 등과 밀접한 연관성을 갖고 있다. 결국 성평등은 단순히 기존의 제도에 대한 부분적인 개선이나 여성의 수를 늘리는 데 머무르는 것이 아닌 것이다. 이에 국제사회는 개발협력의 전 단계에 성평등 요소를 포함시켜, 가치의 생산과 분배에서 남성과 여성이 동등한 참여와 수혜를 받고, 불평등이 영속화되지 않도록 하기 위한 전략, 즉 성주류화로의 확대를 필요로

• 이 부분은 KOICA ODA 교육원(2016)의 해당 부분에 대한 기술을 참조하여 정리했다.

표 6-2 **WID, WAD, GAD의 차이**

구분	개념	한계
WID	기존의 개도국 경제개발과정에서 여성의 소외를 주요 문제의식으로 설정했으며, 이로 인해 발생하는 여성과 남성 간의 격차는 기존의 구조 내에서의 적절한 개선조치로 해결이 가능하다는 입장 (해결책: 여성에 대한 쿼터)	개발과 여성 간의 관계를 수단적인 것에 한정하며, 애초에 기회로의 접근에 이르는 과정에서 존재하는 성불평등 구조에 대해서 간과
WAD	근본적으로 개발과정에 대한 여성의 평등한 참여를 제한해온 가부장적 헤게모니와 같은 사회구조 변화에 초점 (해결책:여성이 주 수혜자인 개발프로그램)	권력구조의 변화 없이 기존의 정책이나 제도의 불평등한 요소의 개선으로 성평등의 달성이 가능하다는 전제에 기반
GAD	여성과 남성 간의 불평등한 권력관계, 즉 젠더 권력관계가 가진 문제와 해결에 초점. 모든 개발협력의 활동들에 있어 성별에 따른 불평등을 제거하여 여성이 동등한 참여 기회를 갖게 되는 것을 성평등 상태의 궁극적인 모습으로 인식	기존의 가부장제를 토대로 한 사회구조의 근본적인 변화를 의미하는 것으로 정책과 사회규범 등의 변화를 위한 장기적인 노력 수반 필요

자료: KOICA ODA 교육원(2016: 399~477) 바탕으로 재구성.

하게 된다.

1995년 제4차 세계여성대회의 주요 결과물인 북경행동강령Beijing Platform for Action의 논의와 이를 통해 처음 채택된 성주류화 전략은 이후 성평등을 위한 개발협력 국제규범에서 기본적인 지침이 되었다. 우선, 북경행동강령은 성평등 달성을 위해 12개의 전략목표와 행동을 제시했는데, 여기에는 △여성과 빈곤, △여성의 교육과 훈련, △여성과 건강/보건, △여성대상폭력, △여성과 무력분쟁, △여성과 경제, △권력과 의사결정에 있어 여성, △여성진보를 위한 제도적 메커니즘, △여성의 인권, △여성과 미디어, △여성과 환경, △여아the girl child 등이 포함된다. 그리고 이를 위한 국가·지역·국제 수준에서의 제도적·재정적 구조에 대한 의견이 담겨 있다[The 4th World Conference on Women(WCW), Beijing Declaration and Platform for Action(1995)].

북경행동강령의 목표는 이후 MDGs에서 본격적인 개발협력의 어젠다로 제시되었다. 개발협력의 총 8개 목표 중 3번에 성평등과 여성 임파워먼트가 빈곤, 교육, 보건, 기후환경 등 다른 이슈들과 함께 주요한 개발목표로 포함된 것이다. 물론 MDG 3번은 세부 목표를 초중등교육에서의 성불균형 해소에 한정하여, 성불평등이 기반하고 있는 다양한 양상과 권력 분배 구조에 대응하는 데는 한계가 있었다. 그럼에도 여성의 임파워먼트와 성평등 달성이 (그것도 여성의 역량을 키우는 데 핵심적인 열쇠 중 하나인 교육이) 국제사회에서 어젠다로 제시되고 가시적인 목표치로 제시되었다는 점은 충분히 고무적인 개선이라고 할 수 있다.

한편, 이러한 MDGs에서의 한계는 15년 후 SDGs로 이어지면서 상당한 발전을 이루게 되었다. 5번 목표로서의 성평등과 여성 및 소녀의 임파워먼트는 세부 목표상으로도 그 범위가 크게 확대되었다. 첫째로, SDG 5번 목표에는 성평등을 위한 역량의 기본적 전제조건으로서 경제적 임파워먼트(무급가사돌봄노동의 가치 인정, 경제적 자원에 대한 권리 확보)를 포함함으로써, 경제적 가치의 분배 차원에서의 수혜자로서뿐 아니라 생산과 의사결정에서의 주체적 역할에 대한 고려를 포함했다. 둘째로, 여성의 사회적 지위 향상을 담고 있는데, 이를 위해 의사결정 과정에서의 여성의 참여와 리더십의 완전하고 효과적인 실현이 포함되었다. 셋째로, 성평등을 통한 여성의 존엄과 기본적인 권리의 측면에서, 젠더를 기반으로 한 모든 형태의 폭력과 유해한 관습의 철폐, 사회의 재생산에 필수적이지만 동시에 여성에 특정적인 성격이 강한 성·재생산 건강과 재생산에 대한 결정권 등을 담고 있다.

2) 자원 분배의 불균형 해소를 통한 서비스 개선

실질적인 성평등 달성을 위한 행동 요소 중 가장 기본적인 것의 하나는 자원 분배에서의 불평등 해소이다. 여기에는 물질적인 불이익/소외disadvantage• 뿐 아니라 사회적 불이익에 대한 대응이 모두 포함된다. 대응 방식은 기본적으로 불이익 해소의 방향은 높은 수준을 낮추는 것leveling down이 아니라 낮은 수준을 높이는 것leveling up에 맞춰져야 한다는 것이다. 이론적으로 볼 때 평등은 양측 혹은 각 구성원 간의 동등한 상태를 의미할 수 있는데, 이는 성불평등처럼 불균형 상태에서 기존에 우위에 있던 측의 이익advantage을 제거하는 것으로도 가능하다. 하지만 이것은 차별적인 불이익을 제거하는 것이 아니라 모두를 차별하는 방식으로서 적절한 개선의 방향이라고 할 수 없다. 즉, 기존에 발생한 불평등과 차별을 해소하기 위해 불평등으로부터 피해를 받는 측에 대해 일시적으로 우대 조치를 취하여 인위적으로 평등한 상태를 추구해야 하는 것이다(Fredman and Goldblatt, 2015).

(1) 정치적 권리 불평등 해소로서 여성의 대표성 확대 노력

불이익 해소와 관련된 대표적 방식 중 하나는 WID에서 제시되었던 적극적 조치이다. 대표적인 예 중 하나는 여성 국회의원의 확보를 위한 적극적 조치로서, 이는 국가적 차원에서의 최상위 의사결정자 집단의 수적 구성에서 성평등 수준을 가늠하기 위해 MDGs에서부터 SDGs에 이르기까지 지속적으로 제시되어온 지표이다. 적극적 조치를 적용하는 가장 중요한 이유는 여성의 직접적 참여를 제고하는 데 있어, 법제도나 사회규범의 실질적 성평등을 선결조건으로 하기에는 장벽이 너무 많기 때문이다. 이를테면, 전 세계 유권자의 인구구조가 대략적으로 50 : 50이지만, 실제로 정치활동에서의 대의 수준을 나타내는 지표인 여성의 국회 의석 점유율에서 전 세계 평균은 24.3%에 불과하다. 그리고 여기에서 사하라 이남 아프리카(23.9%), 아시아(19.9%), 중동·북아프리카(19.0%), 태평양(16.3%)은 세계 평균에 미치지 못하고 있다(UN Women & Inter-Parliamentary Union, 2019).

• 'the disadvantaged group'이 '소외집단'으로도 번역된다는 점을 고려할 때, 'disadvantage'는 '소외'를 의미하는 것으로도 볼 수 있으나, 여기서는 편의상 '불이익'과 '소외'를 혼용한다.

표 6-3 **세계 및 지역별 여성 의석 수**

	단원제 혹은 하원	상원	양원 합산
세계 평균	24.3%	24.1%	24.3%
지역별 평균*			
북유럽	42.5%	-	-
미주	30.6%	31.3%	30.7%
유럽(북유럽 국가 포함)	28.6%	28.0%	28.5%
유럽(북유럽 국가 제외)	27.2%	28.0%	27.4%
사하라 이남 아프리카	23.9%	22.2%	23.7%
아시아	19.9%	17.4%	19.6%
중동 및 북아프리카	19.0%	12.5%	18.1%
태평양 지역	16.3%	36.0%	18.4%

* 지역은 단원제 혹은 하원에서의 여성 의원 비율에 따라 내림차순으로 분류함.
자료: UN Women & Inter-Parliamentary Union(2019).

지역구에서 선출된 여성의원이 인구 성비에 비해 지나치게 낮은 이유는 직업 정치인으로서 여성에 대한 낮은 인식과 공적 공간에서의 활동을 저해하는 여성들의 재생산 노동 부담 때문이다. 또한 상당한 재원을 수반하는 지역구 의원 선거 구조하에서 여성들의 경제적 능력이 상대적으로 낮기 때문이다(UN Women, 2018). 이러한 구조 내에서 '자연스러운' 방식의 선출에만 의존할 경우 여성의 성평등한 대의정치 참여는 요원할 수밖에 없으며, 남성 지배적인 거버넌스 구조에 대한 변혁은 불가능하다. 적은 수의 여성의원은 '정치인=남성'이라는 유권자들의 고정관념을 고착화시킬 것이며, 여성의 재생산 노동 부담에 따른 고충을 개선하기 위한 법제 마련은 더뎌지고, 고소득 직종·안정된 직업에 대한 성차는 해소되지 못해 여성의 경제적 열위는 지속될 것이다.

(2) 개발협력사업에서의 자원 분배 불균형 해소 활동

주 수혜자를 여성으로 삼은 개발협력사업도 본질적으로 적극적 조치와 유사한 지향점을 갖고 있다고 볼 수 있다. 이를테면, 여성 농업인 역량강화사업, 여성 공무원 정책 역량강화사업 등은 여성들이 적거나 혹은 여성 의사결정자가 적은 특정 분야에서의 여성들의 진출 참여 확대를 위해, 특정 성별만을 대상으로 교육기회를 제공하는 것이다. 방글라데시 그라민 은행으로 유명해졌고 근래에는 개도국의 여성 빈곤층 대상 소득 증대 프로그램에 자주 포함되는 마이크로 크레디트 프로그램 역시 이와 비슷한 맥락이라고 할 수 있다. 더불어, 개도국에서 여성의 교육 접근성을 높이기 위한 일환으로 여학교를 짓거나 학교 밖 여성청소년 대상의 학업복귀 프로그램을 지원하는 것, 여성청소년 대상으로 비전통적 여성 진출 분야의 기술훈련원을 설립하는 것 등도 이 범주에 포함될 수 있다.

(3) 성·재생산 건강 프로그램

최근의 국제적 흐름은 어떤 프로그램이 단순히 여성을 대상으로 한다고 하여 성평등을 다루고 있다고 여기지 않는다(OECD, 2016). 한편, 성·재생산 건강 프로그램은 기본적으로 여성에게만 가능한 임신 및 출산 등의 이슈를 다루고 있어 여성을 대상으로 하고 있지만 적극적 조치와는 다른 맥락을 갖고 있다. 성·재생산 건강 프로그램은 기존의 모자보건 분야에서 중점을 둔 의료적 측면보다 확대된 접근을 필요로 한다. 기존에 중시되던 인적·물적 인프라의 확충 이외에 성관계, 피임, 임신, 출산, 낙태 등과 관련하여 성 보건이나 재생산 건강 측면에서 여성의 자기결정권의 확보를 강조하고 있다. 그리고 건강 서비스 접근성 제고와 권리 부여라는 측면에서 남성 및 지역공동체의 참여를 강화하기 위한 인식제고 프로그램, 더 나아가 해당 국가의 보건정책 내 성평등 요소의 포함을 필요로 하고 있다.*

(4) 젠더기반폭력 대응 프로그램

젠더기반폭력에 대한 대응 프로그램은 앞서 기술했듯이 상당수의 피해자가 여성이라는 측면에서 여성대상폭력 대응 프로그램의 성격을 갖고 있다. 여성대상폭력과 관련하여 여전히 많은 수의 개도국들은 관련 기본 통계를 확보하지 못하고 있으며, 법제를 갖추고 있지 못하거나, 비공식 규범들의 영향력에 가로막혀 효과적인 기능을 발휘하지 못하고 있다. 그런 면에서 젠더기반폭력에 대한 프로그램은 관련 법제 및 정책 수립과 의사결정자 및 실무인력에 대한 인식제고 프로그램, 관련 서비스 전달체계 강화와 여성대상폭력과 관련한 데이터의 확보 등에 우선순위를 두고 있다(EU & UN, 2017).

젠더기반폭력의 대응과 관련하여 가장 대표적인 서비스 제공 형태의 프로그램은 원스톱 위기 대응센터One-stop Crisis Center의 구축이다. 이 센터는 성폭력·가정폭력 생존자/피해자에 대한 지원을 기본적인 기능으로 하고 예방을 위한 확대 프로그램을 운영하고 있다. 기본적으로 생존자/피해자에 대한 △의료, △심리상담, △수사, △법무(재판) 부분에 대한 지원을 일원화된 시스템으로 제공하는 형태이다. 하지만 이러한 일원화된 시스템은 이와 관련된 포괄적 법제와 정책(한국의 경우, 성폭력특별법과 이에 따른 연계 시스템)을 전제로 해야 한다. 또한 다루는 이슈의 특성상 24시간 운영이 가능한 수준의 의료 및 법의학 관련 인프라, 심리상담, 수사, 법조 분야에서의 인적자원 및 상호 협력 시스템, 장기 쉼터 지원을 위한 시민단체 네트워크 등을 갖추고 있어야 한다. 그래서 개도국에 이러한 것들을 완벽히 적용하는 데는 한계가 있다. 관련 인프라가 미비한 개도국들의 경우, 기본적인 쉼터와 상담을 제공하는 형태(라오스 여성대상폭력 대응센터), 업무 시간 내 의료서비스 지원과 자활 지원에 집중하는 형태(엘살바도르 씨우다드 무헤르Ciudad Mujer), 콜센터, 피해자

• 관련 사례는 이 장의 "사례: 여성 산과적 누공" 부분을 참조.

보호, 심리 및 법률 지원에 집중하는 형태(페루 여성응급센터)로 기능을 축소하여 운영하고 있다.

3) 여성 임파워먼트를 통한 주체의 강화

단순히 외부로부터 주어지는 필요에 대한 보완만으로는 성불평등을 야기하는 구조적 제약들에 적절히 대응할 수 없다. 또한 구조적 제한들의 영향을 받는 개인의 행태 역시 구조적 변화와 함께 연동되어야만 지속적인 성평등을 향한 동력이 유지될 수 있다. 이런 맥락에서 성평등에서 수혜자로서의 여성과 주체로서의 여성의 연관성을 짚어볼 필요가 있다. 수혜자로서의 여성만을 성평등의 중심에 둘 경우, 여성의 소외는 결핍된 무엇이 주어지기만 하면 해소되는 것으로 간주될 수밖에 없다. 이는 다분히 결과 중심적이고 욕구중시적인 관점이기 때문에 인권의 확보나 성평등의 확보로 보기에 충분치 않다. 여성들은 남성 중심의 사회구조 내에서 적절한 자원의 접근(예를 들어 의료서비스, 교육기회, 자본 등 생산자원 등)의 수혜자로서 배제되고 있을 뿐만 아니라, 각종 의사결정의 참여 과정에서 배제됨으로써 주체의 역할로부터도 소외되기 때문이다. 이러한 주체로서의 소외는 가치의 생산 과정에서 자신의 수요에 부합하는 서비스를 만들어내지 못하게 하고, 더불어 가치의 분배과정에서 서비스 자체에 대한 접근으로부터도 차단되는 결과를 낳게 한다. 주체로서의 소외가 수혜자로서의 소외를 야기하고 이러한 순환은 반복적으로 상호 작용한다.

이러한 개인과 구조의 관점에서 성평등 상태를 논의하는 데 있어 핵심적인 개념이 임파워먼트empowerment이다. 여성 임파워먼트란 여성이 자신의 삶에 대한 권력과 통제를 갖고 전략적인 선택을 할 수 있는 능력을 획득하는 과정을 의미한다. 한편, 유럽 성평등 연구소EIGE: European Institute of Gender Equality는 여성의 임파워먼트를 표 6-4의 다섯 가지 요소로 정리하고 있다. 또한 임파

표 6-4 **여성 임파워먼트의 다섯 가지 요소**

1	**여성의 자기 가치 인식** women's sense of self-worth
2	**선택권을 갖고 선택을 결정할 수 있는 권리** their right to have and determine choices
3	**기회와 자원에 접근할 수 있는 권리** their right to have access to opportunities and resources
4	**가족 안과 밖 모두에서 자신의 삶을 통제할 수 있는 권력을 가질 수 있는 권리** their right to have power to control their own lives, both within and outside the home
5	**국내적·국제적으로 더욱 정의로운 사회경제적 질서를 창조하기 위한 사회변화의 방향에 영향을 미칠 수 있는 능력** their ability to influence the direction of social change to create a more just social and economic order, nationally and internationally.

자료: https://eige.europa.eu/thesaurus/terms/1102

워먼트의 확보를 위한 도구들로서 교육훈련, 인식제고, 선택의 확대, 자원에 대한 접근과 통제의 증가, 성차별과 성불평등을 강화하고 지속하는 구조들의 변화transform를 위한 행동들을 제시하고 있다.

실제 개발협력 분야에서 가장 많이 활용되고 있는 도구는 교육훈련 및 인식제고라고 할 수 있다. 개발협력사업 현장에서 (역량강화라는 용어로 자주 쓰이는) 임파워먼트와 교육훈련이 유사한 개념으로 자주 혼용되곤 하는데, 대개 교육훈련이나 캠페인과 같은 집단 대상 인식제고 활동에서 임파워먼트가 실제 활동 요소로 구체화되기 때문이다. 임파워먼트 사업 요소에서 가장 우선적으로 고려되는 대상은 공무원이나 고위공직자이다. 이들이 우선순위에 있는 이유는 정치적 거버넌스상 의사결정자이기 때문이며, 국가의 정책과 법제 마련 등에 있어 가장 큰 영향력을 미치고 있기 때문이다. 더불어, 국가중앙집권적인 정치 거버넌스의 특성을 갖고 있는 개도국의 여건을 고려할 때, 중앙정부, 지방정부와의 협업을 통하지 않으면 풀뿌리 단위로의 접근에는 상당한 제약이 존재하기 때문이다. 다음으로 우선순위를 갖는 대상은 비공식적 규범 및 제도에 막대한 영향력을 미치는 지역사회의 리더군이다. 이 외에도 임파워먼트 측면에서 간과할 수 없는 부분은 풀뿌리 시민사회의 강화이다. 개도국의 지역 여성단체 같은 성평등을 위한 정책 애드보커시advocacy와 사회적 차원에서의 인식제고를 수행하는 행위자들이 여기에 속한다(Arutyunova et al., 2013).

한편, 유엔여성기구 훈련센터UNWTC: UN Women Training Center는 대상을 구분하는 교육에서 더 나아가 성평등을 위한 교육훈련을 △인식제고awareness raising, △지식강화knowledge enhancement, △기술훈련skill training, △태도·행태·관습 변화change attitudes, behavior & practices, △사회변혁social transformation 등의 다섯 가지 유형으로 제시하고 있다. 각각의 유형들은 단계적으로 점점 고급 역량을 필요로 하기는 하지만 단선적이라기보다는 일종의 순환적 관계로 이해되어야 한다. 이를테면, 성불평등의 본질인 권력관계에 대한 기본적인 인식과 이에 대한 핵심적 개념들에 대해 이해가 없으면 다른 개인이나 기관의 변화 도모나 사회적 변혁에 한계가 존재한다. 또한 기관이나 사회적 변화가 인식제고 및 지식강화 과정에 함께 수반되어야만 구성원들에 대한 성평등 인식 확산은 더 효과적으로 이루어질 수 있으며, 관련 지식에 대한 수용 능력도 행동 변화로 이어질 수 있다(UNWTC, 2016).

5. 결론

성평등은 대표적인 범분야 이슈로 불린다. 이는 여성의 임파워먼트 혹은 성평등이라는 주제가 여성정책 제도의 수립이나 정책 역량의 증진과 같이 독자적인 이슈로서 갖는 가치 이외에 다른 분야들과 밀접한 연관성을 갖고 있기 때문이다. 그래서 개발협력을 통한 성평등 달성 추진에 있어 이러한 연관성을 고려해야 한다.

그러나 현실적으로 두 가지 큰 장애물이 존재한다. 하나는 젠더에 관한 데이터의 부족이다. SDGs에서 제시된 총 232개의 지표 중에 여성과 소녀를 목표로 한 지표는 성평등 목표인 SDG5에 속한 12개를 포함해 54개로 26%에 불과하며, 현재 변화를 추적하기 위해 필요한 데이터 중 활용 가능한 것은 17%에 불과하다(UN Women, 2018). 성과지표 및 이에 기반한 성과프레임워크는 개발협력을 통한 성평등의 달성 추진이 증거에 기반해 이루어질 수 있는지, 활동의 결과들이 성평등이라는 목표에 근접하고 있는 것인지, 그리고 더 근본적으로는 성평등이란 무엇을 의미하는 것인지에 대해 중요한 기준을 제공한다. 하지만 이와 관련해 가용한 데이터와 지표의 부족은 증거와 기준을 통해 성평등 달성 여부나 그것을 위한 활동의 정당성을 확보하는 데 장애가 된다. 이러한 한계는 범분야 이슈인 성평등이 성·재생산 보건이나 젠더기반폭력과 같은 직접적인 관련성을 갖는 이슈들뿐만 아니라, 간접적인 관련성을 갖는 이슈들에서 역시 달성되어야 한다는 점에서 상황을 더 어렵게 하고 있다.

지표와 성과프레임워크의 타당성은 다양한 분야들의 프로그램 현장에서 취합되는 투입과 산출, 성과 간의 확인 과정을 통해서 확보될 수 있다. 그러나 여기에 두 번째 문제가 존재한다. 이러한 다양한 분야들에서의 적용과 취합은 1차적으로 성평등에 대한 인식이 낮거나 혹은 그것에 대한 이해와 적용을 위한 기술적 역량이 낮은 이들과의 협업을 전제한다. 이것은 때로는 성평등 운동에 적대적인 혹은 무지한 사람들의 동의와 협력을 얻어내는 실무적으로 상당한 시간과 노력이 소요되는 일임을 의미한다. 더군다나 이들을 설득할 객관적인 데이터나 축적된 경험들이 충분치 않은 상황에서는 그 장벽은 더욱 높을 수밖에 없다.

이러한 난관들에도 불구하고, 지난 10년간 비록 매우 느린 속도이기는 하지만 우리가 살고 있는 이 세계는 전체적으로 봤을 때 성평등을 향한 진전의 방향으로 나아가고 있다(WEF, 2017). 1995년 북경행동강령을 통해 제시된 어젠다 중 상당수는 이후 국제사회와 여성계의 부단한 노력을 통해 MDGs와 SDGs를 거치며 주요한 국제적 의제로 반영되어왔다. 또한 2017년 일부 여성 개인들의 용기에서 촉발된 #MeToo 운동은 전 세계적 범위에서 젠더기반 폭력의 만연함에 대한 문제의식을 확산시켰다. 이러한 시대적 요구에 부응하여 유엔UN: United Nations과 유럽연합EU: European Union은 2017년 5억 유로 규모의 젠더기반폭력 대응 이니셔티브인 스포트라이트 이니셔티브The Spotlight Initiative를 출범시켰다. 또한 여전히 23% 수준에 불과하지만 전 세계의 여성 국회의원 의석점유율은 2000년보다 10% 상승했다(UN Women, 2018). 젠더에 관한 통계, 특히 개도국의 젠더 데이터 확보는 여전히 매우 불충분한 상태이지만, UN Women 등에서 국제사회의 성평등 데이터 확보 노력 등 개선을 향한 구체적인 움직임이 시작되었다.• 또한 개발협력에서 성평등과 여성 임파워먼트에 투입되는 전 세계 재원이 2010년 2200억 달러에서 2016년 3700억 달러로 지속적으로 증가하고 있다. 국제적인 관심의 증가가 실질적인 움직임으로 이어질 수 있는 토대가 만들어지고 있다고 볼 수 있다. 이러한 변화는 비록 결말로서는 여전히 매우 불충분하지만, 또 하나의 중요한 시작으로서는 충분히 가치 있는 것이다.

• SDGs에는 성평등에 관련된 직접적인 타깃을 제시하는 지표가 54개 배정되어 있다. 이러한 지표들의 추적을 위해 UN Women은 Making Every Woman and Girl Count 캠페인을, 유엔인구기금(UNFPA: United Nations Population Fund)은 여성대상폭력 관련 KnowVAWData 캠페인을 진행 중이다.

여성 산과적 누공

산과적 누공은 출산 시 문제 등으로 인하여 생식기 주변 혹은 자궁 등의 주변에 구멍(누공)이 발생하여 소변 및 체액 등이 외부로 흘러나오는 증상이다. 여성 누공은 산부인과 의료 인프라가 취약한 개도국에서 많이 발생하지만, 상대적으로 임신출산과 직접적으로 관련된 모자보건 이슈나 여성성기절단/훼손과 같은 이슈들에 비해서 잘 알려져 있지 않기도 하다. 하지만 국제적 보고에 따르면 2014~2016년 동안 전 세계의 42개국에서 3만 4000여 건의 수술이 이뤄졌다는 보고가 있고, 매년 대략 5만~10만 건 정도로 1000건의 출산당 1~2건이 발생하는 것으로 알려져 있다. 특히 사하라 이남 아프리카의 경우 200만 건 정도의 누공 사례가 존재하는 것으로 파악되는 증상이다.

본질적으로 여성 누공 증상 자체는 매우 의료적인 이슈이다. 의료적으로 인과관계가 매우 뚜렷하기 때문에, 이에 대한 수술적 조치를 취했을 때 그 문제가 해소될 가능성이 매우 높다. 그럼에도 불구하고 이러한 의료적 이슈가 사회적 이슈로 변질되는 것이 여성 누공의 특징적 지점이라고 할 수 있다. 누공 증상을 겪게 되면 신체적인 고통 이외에도 체액이 지속적으로 분비되는 데 따르는 악취와 불결함이 생기는데, 이는 증상 환자 자체의 자존감 상실과 우울증과 같은 심리적 증상을 동반한다. 더불어, 가족을 포함한 지역사회 공동체에서 배척되거나 추방되기도 하는데, 이로 인해 해당 여성은 남성 가구주나 파트너에 대한 기존의 경제적 의존 관계를 상실하게 되어 곧바로 빈곤취약 상태에 떨어지게 된다.

산과적 누공이 발생하는 가장 직접적인 원인은 난산이라고 알려져 있다. 하지만 난산이 산과적 누공으로 확대되는 데는 제왕절개 등 적절한 의료적 조치를 받을 수 없었거나, 출산 중 발생한 상처에 출산 후 조치를 적절히 받지 못하는 상황들이 결합되어 있다. 여기에는 국가·지역의 의료 인프라 부족도 영향을 미치지만, 의료서비스를 받는 데 필요한 제반 경비를 쓸 수 있는 경제적 능력이나 결정권이 여성들에게 있지 못한 경우, 이동의 자유 등 여러 가지 신체적 자유를 제한하는 폭력 등의 문화관습적 요인들도 영향을 미친다. 일례로, 출산 이전 성장기 여성청소년에 대한 영양 공급이 부족해 골반이 충분히 성장하지 못하는 상황에는 가구 내에서 남성 쪽에 영양공급의 우선순위를 두는 문화와 연관된다. 또한 조혼은 신체 발달이 충분히 이루어지지 않은 상태에서 임신과 출산을 하게 하여 누공과 같은 부작용을 초래하기 쉽다. 개도국에서 조혼의 경우, 경제적 빈곤에 대한 대응 차원에서 상대적으로 노동력 측면에서 떨어진다고 판단되는 여아를 이른 나이에 결혼시키는 가구 차원에서의 결정에 따른 것이다. 이는 의료적 이슈가 아니라 사회경제문화적 요인이다. 개도국에서 빈번히 시행되는 여성성기절단/훼손 관습 역시 누공의 발생에 직간접적인 영향을 미친다. 여성성기훼손은 강도에 따라 크게 3단계로 나뉘는데, 가장 심각한 음문봉합(infibulation)의 경우에는 음핵, 소음순과 대음순의 일부를 제거한 후 소변과 생리혈이 나올 조그만 구멍만 남긴 채 음문의 양쪽을 봉합한다. 이렇게 봉합된 부위는 출산 전에 풀었다 출산 후 다시 묶기도 하고, 남편과의 성관계를 통해 뚫어지게 한다. 어떤 방법이든 여성의 신체에 상당한 위험을 초래하고 엄청난 고통을 수반한다(도열, 2010).

일단 누공 증상을 겪게 되면 여성들은 가족을 포함한 공동체의 배척을 받으며 직간접적인 폭력의 대상이 되는 것이 다반사이다. 이들의 누공 증상은 의료적으로 치료가 가능한 증상이 아니라 사회적으로 배제되어야 하는 '터부'로 받아들여진다. 여기에는 누공 증상으로 인한 악취 등 물질적인 이슈가 배제의 이유가 되기도 하지만, 증상을 의료적 이슈가 아닌 '신의 저주'로 인식하는 등의 비물질적인 이유가 작동하기도 한다. 이러한 일종의 낙인(stigma) 효과는 해당 여성을 하루아침에 가족이나 공동체의 구성원에서 경계해야 하는 이방인/타자로 만든다. 이는 취약하나마 존재하던 구성원으로서 받을 수 있는 모든 보호망에서 이들을 배제시키고, 그 결과 더욱 심각한 빈곤취약상태에 놓이게 한다. 이러한 빈곤상태가 해소되지 않을 경우, 자원과 의사결정권 등에 있어 취약한 여성은 의료 및 교육, 노동 등 적절한 사회 서비스에 접근할 기회가 차단되고, 이는 단기적으로 누공 증상의 재발, 혹은 지역사회의 '여성'이라는 집단 자체의 누공 발생을 막을 수 없게 된다. 여성 누공이라는 증상이 단순히 수술과 같은 의료적 측면에서의 접근만으로는 완전히 대응되고 예방이 될 수 없는 것도 바로 이러한 이유 때문이다.

생각할 문제

1 기본적인 사회경제적 인프라, 사회안전망이 취약한 개도국에서 성불평등의 양상은 다양하게 나타난다. 본문에서 다룬 젠더기반폭력, 성·재생산 건강 및 권리, 교육 외에도 어떠한 이슈들이 있을까?

2 다양한 양상의 불평등을 해소하여 성평등을 달성하기 위해서는 남성과 같은 지배계급의 변화가 필수적이다. 특히 공식적인 법제보다 관습과 같은 사회규범들이 강력한 개도국에서 이들의 변화와 참여를 유도하기 위한 개발협력 프로그램은 어떤 것이 있을까?

3 성불평등 혹은 젠더 이슈는 남녀 간의 문제가 아니라 권력관계의 문제가 본질이라고 한다. 성평등을 남녀 간의 개인 관계에 국한하지 않고 보다 심층적으로 접근하기 위해 인식되어야 할 사회구조는 우리의 일상에서 어떤 것들이 있을까?

열 두 개의

키 워 드 로

이 해 하 는

국 제 개 발 협 력

07

평화와 민주주의

1. 개요

오늘날 국제사회는 다양한 개발 위기 및 도전과제에 직면해 있다. 분쟁은 기존의 국가 간 전쟁inter-state wars을 넘어 오늘날 다양한 형태로서의 국가 내 전쟁intra-state wars으로 발생하고 있으며, 만연한 분쟁 발발은 글로벌 평화를 위협하는 동시에 각 구성원들의 안전하고 평화로운 삶을 추구할 수 있는 기회를 앗아감으로써 다양한 개발 위기를 유발하고 있다.

더욱이 분쟁이 만연해짐에 따라, 분쟁 악화 방지를 위한 전후post-conflict 대응에 투입되는 자금 규모가 증대할수록 원조 규모는 감소하는 추세를 보인다. 또한 분쟁 상황에 놓인 국가들 자체가 갖는 높은 리스크와 낮은 사업성으로 인해 이들 국가에 대한 공적개발원조ODA: Official Development Assistance 비중 또한 지속적으로 하락하고 있는 추세이다. 따라서 개발효과성을 강화하고 평화로운 사회peaceful societies를 실현하기 위해 효율적 재원 활용이 중요한 문제로 대두되기 시작했다. 또한 갈등 원인을 해결하고 충돌을 사전에 예방함으로써 각 구성원들이 일상으로서의 평화를 보장받을 수 있도록 하는 것이 중요하다는 인식이 점차 확산되었다. 특히 인간안보를 중심에 둔 평화의 제도화 및 구조화가 이루어져야 하며, 기존의 개발 방식을 벗어나 각 활동 분야들 간의 상호 연계성에 초점을 맞춘 통합적 접근방식이 필요함을 강조하고 있다. 이러한 포괄적 차원에서의 평화 논의가 오늘날 국제사회에서는 '평화지속화sustaining peace'라는 개념으로 논의되고 있다.

평화지속화는 지속가능개발목표SDGs: Sustainable Development Goals와의 긴밀한 연계를 통해 보다 구체화되어가고 있다. SDGs를 제시하고 있는 '2030 지속가능개발의제2030 Agenda for Sustainable Development'(이하 2030 개발의제)에서 평화 이슈는 '평화로운 사회' 구축이라는 이름으로 "그 누구도 소외되지 않도록leaving no one behind" 해야 한다는 기본 정신에 따라 SDGs의 성공적 달성을 위해 이행해야 할 5대 핵심원칙5P: 5 Principles 중의 하나로서 강조되고 있으며, SDGs의 이행에 있어 개발의 대상goal이 되는 동시에 다른 목표 달성을 용이하게 하는 수단enabler으로서의 양면적인 성격을 모두 가지고 있는 포괄적인 개념이라고 할 수 있다.

따라서 이 장에서는 개발 차원에서 평화를 어떻게 이해하고 실현해나갈 수 있을지에 대해 다각적으로 살펴본다. 이를 위해 먼저 국제개발협력 분야에서 다양한 활동주체들 간에 공유되고 추구하고 있는 평화의 개념 및 기본 목표가 무엇인지를 살펴봄으로써 '평화지속화sustaining peace' 개념에 대한 이해를 도모한다. 글로벌 차원 및 국내 차원의 평화 위기 상황을 확인하고, 평화지속화를 위한 논의 및 노력을 들여다본다. 이를 위해 먼저 국제사회의 평화지속화 논의 및 접근 노력 현황을 살펴보고, 개발 차원에서 평화 실현과 민주주의 강화의 상호 연관성을 함께 살펴본다. 마지막으로 평화를 위한 다양한 개발 차원의 접근방식 및 이행 노력이 실제 수원국 내에서는 어떠한 사업방식으로 이루어질 수 있는지를 구체적으로 확인한다.

2. 평화와 개발 논의

1) 인간안보와 평화

평화란 무엇이며 평화를 추구하기 위한 대상, 그리고 평화를 이루기 위한 방법이 무엇인지에 대해 이해하기 위해서 반드시 필요한 핵심개념이 바로 '안보security'이다. 더욱이 국제개발협력의 모든 활동의 대상 및 목표가 국가가 아닌 바로 개개인으로 이루어진 '사람'들의 안전하고 행복한, 인간다운 삶의 지속적 보장에 있다는 점에서 개발협력이 바라보는 평화는 '인간안보human security'에 초점을 맞추고 있다고 할 수 있다. 이러한 개발협력의 기본 정신은 인간안보 개념을 최초로 제안한 유엔개발계획UNDP: UN Development Programme「인간개발보고서 1994Human Development Report 1994」에서도 잘 드러난다. 또한 '2030 개발의제'에서도 SDGs의 성공적 달성을 위해 이행해야 할 5P 중 하나로서 사람people을 강조하고 있다.

그렇다면 인간안보란 무엇일까. 인간안보 개념은 냉전 시기가 종료된 이후 국제사회의 안보환경이 크게 변화하면서 기존의 국가 중심 안보 개념이 수직적·수평적으로 확대되어감에 따라 등장했다. 안보 문제를 유발하는 주체가 다양해짐에 따라 이를 해결할 수 있는 행위자 또한 민족국가 범위를 넘어 국제기구, 지역정부, NGO, 언론, 기업 등 수직적으로 확대되고, 안보 대상 또한 기존의 군사적 안보에서 벗어나 정치적·경제적·사회적·생태적 안보 개념으로 그 영역이 수평적 확대를 보이고 있다(Smith, 2002; 양승함·배종윤, 2003). 이로 인해 안보 개념 자체가 단순히 한 분야에 국한되는 것이 아니라 인간의 삶과 관련한 모든 분야에 걸쳐 연관되어 있다고 할 수 있다.

UNDP가 발간한「인간개발보고서 1994」에서 인간안보는 사람들이 스스로의 선택권을 안전하고 자유롭게 행사하며, 이러한 선택권이 앞으로도 사라지지 않고 유지할 수 있을 것이라 확신할 수 있는 것을 의미한다. 인간안보란 기아나 질병, 가혹행위 등 사회적 구조로 인한 만성적 위협으로부터의 보호, 그리고 가정과 직장, 사회 등 일상에서의 생활양식이 갑자기 파괴되는 것으로부터의 보호를 보장받을 때 이루어질 수 있다. 이를 위해 인간안보를 보장하기 위한 7대 구성요소로 경제, 식량, 건강, 환경, 개인안전, 공동체, 정치적 안보를 보장받을 권리를 제시하고 있다(UNDP, 1994). 즉, 인간의 일상생활에서 위협이 될 수 있는 요소들이 안보의 대상이 된다고 할 수 있다.

안보의 개념 및 내용이 변화해도 안보의 기본은 시민의 자유와 평등 보장이며, 이를 위해서는 질서의 확보를 통한 평화로운 일상의 보장이 필요하다. 따라서 개인이 혼란과 갈등으로 인한 무질서와 테러의 위협으로부터 자유로

우며, 내일에 대한 희망을 품을 수 있고 미래에 대해 예측 가능한 상태가 바로 안보의 목적이 실현된 상태이며, 이는 곧 '평화' 그 자체라고 할 수 있다.

하지만 국민의 평화와 안보를 위한 국가안보에서 그 평화의 목적인 국민의 자유를 제한 및 규제하고 평화를 위한 수단으로서 전쟁과 폭력을 이용하는 상황이 발생하고 있다(박의경, 2014).

이러한 상황에서 국가를 구성하는 개개인들의 일상에서의 불평등이 증가하고 스스로의 삶을 안전하게 설계해나갈 수 없다면 안보란 어떠한 의미를 갖는지, 진정한 평화가 무엇인지에 대한 의구심이 발생할 수밖에 없다. 평화는 인간안보의 강화를 통해 개개인의 신체적 안전과 행복한 삶을 위한 사회적 조건을 지속가능하게 보장받을 수 있다는 신뢰가 유지되는 상태라고 할 수 있다. 따라서 안보는 평화 실현의 주요한 방법이며, 개인안보는 이러한 안보의 핵심 가치라고 할 수 있다. 개인의 자유의지를 실현하고, 개인에게 가해지는 일련의 정신적·물리적 구속으로부터 해방되고(Booth, 2007; 박인휘, 2010), 이러한 신체적 안전과 개인의 안보가 지속적으로 보장될 때 진정한 의미의 평화 또한 실현될 수 있는 것이다.

2) 개발협력에서의 평화 개념: 적극적 평화를 통한 평화지속화

평화라는 개념은 평화를 바라보는 각 개인들의 입장 및 생각에 따라 그 내용이 매우 다양해질 수 있다. 평화의 주요한 논의 흐름에서 하나로 합의를 완전히 이루지는 않았으나, 평화를 바라보는 시각에 대해 일반적으로 공감을 얻는 개념은 존재하며, 소극적 평화negative peace와 적극적 평화positive peace 개념이 바로 그것이다. 현재 개발협력분야에서는 소극적 평화에서 벗어나 적극적 평화, 나아가 평화지속화에 대한 논의가 이루어지고 있으며, 이러한 평화 개념을 어떻게 일상으로 접목시킬지에 대한 논의 또한 적극적으로 이루어지고 있다.

박스 7-1 **'소극적 평화'와 '적극적 평화' 개념 정의**

평화를 창조하는 것은 폭력을 줄이는 것(치료)과 폭력을 피하는 것(예방)과 분명히 관련이 있다. 폭력은 해치거나 다치게 하는 것을 뜻한다. 생명은 몸과 마음에 가해지는 폭력을 겪을 수 있는데, 이는 각각 육체적 폭력과 정신적 폭력을 가리킨다. 그러나 생명은 몸과 마음에 찾아오는 기쁨인 축복을 경험할 수도 있다. 일부에서는 그러한 경험에 대해 '적극적 평화'라는 용어를 사용할 수 있을 것이다.

자료: 갈퉁(2000).

이러한 평화 개념은 평화학의 주요 학자인 요한 갈퉁Johan Galtung이 2000년 『평화적 수단에 의한 평화』에서 최초로 소개한 개념으로, 이후 국제정치 및 평화안보 분야 등에서도 활발하게 논의되고 있다.

갈퉁(2000)은 폭력이란 사람을 해치거나 다치게 하는 것으로 정의하면서 폭력의 종류를 구분하는 동시에, 이러한 폭력을 어떻게 해결해나갈지에 따라 창조해야 할 평화를 소극적 평화와 적극적 평화로 구분하고 있다. 소극적 평화란 이러한 폭력을 줄이는 것(치료)을 말하고 적극적 평화란 폭력을 피하는 것(예방)으로 설명한다. 즉, 소극적 평화란 전쟁, 테러, 폭력 등과 같이 폭력이 동반되는 무력분쟁을 종식시키거나 줄이고자 하는 치료 및 대응 차원의 개념으로, 인간이 물리적 분쟁에 노출되지 않는 것을 의미한다. 반면, 적극적 평화란 잘못된 사회제도 및 관심, 불평등한 경제, 나쁜 정치와 법률, 환경파괴와 오염, 난개발 등과 같이 현재에는 드러나지 않았으나 폭력을 유발할 수 있는 구조적 불평등 및 잠재적 요소들 자체를 해소함으로써 인간의 행복과 번영이 지속적으로 보장받는 상태를 의미한다.

이러한 점에서 갈퉁이 제시한 적극적 평화 개념은 UNDP가 「인간개발보고서 1994」에서 소개한 인간안보 개념과 직접적으로 연관된다고 할 수 있다. 적극적 평화 및 인간안보 개념은 진정한 평화를 구축하기 위해서는 단순히 전쟁 및 테러와 같이 물질적 폭력의 종식에 그치는 것이 아니라 인간이 스스로 인간답게 살아갈 수 있기 위한 다양한 조건들을 보장하고 잠재적 분쟁

가능성을 예방할 때만이 가능하다는 데 기반하고 있기 때문이다.

이러한 평화로운 사회 구축의 중요성은 국제개발협력 분야에서도 오랜 시간 동안 강조되어왔다. '2030 개발의제'에서도 SDGs의 성공적 달성을 위해 이행해야 할 5P 중의 하나로 평화peace를 강조하고 있다. 또한 새천년개발목표MDGs: Millennium Development Goals 패러다임 내에서 평화 의제에 대한 고려가 부족함에 따라 분쟁의 만연화로 전 세계 인간안보 및 지속가능한 발전이 위협받게 되었다는 반성에 기반해 SDGs 패러다임 내에서는 평화로운 사회 구축 및 실현에 대한 목표를 총 17개 목표 중 16번째 목표*로 설정해놓고 있다.

이러한 SDGs 패러다임 내 평화로운 사회 구축을 위한 목표 설정과 함께 국제사회는 유엔UN: United Nations을 중심으로 한 기존의 국제사회 분쟁 해결을 위한 '평화구축peacebuilding'이라는 전통적 개념에서 '평화지속화'라는 확장된 개념을 다루고 있다. 평화지속화란 기존의 국제사회 분쟁 해결을 위한 군사평화 관점에서의 전통적 개념인 '평화구축'에서 인간안보를 보다 중심으로 한 적극적 평화 개념까지 포괄하여 평화를 지속가능하도록 추구하고자 하는 개념인 것이다.

동 개념은 평화구축 관련 논의를 주도하고 있는 평화구축위원회PBC: Peacebuilding Commission에서 창설 10주년인 2015년 공식 제안하여 UN에서 채택된 평화 개념으로, 분쟁의 예방, 발생, 지속, 악화, 재발, 전후 재건에 이르기까지 분쟁의 모든 단계에 걸쳐 모든 계층과 분야에 대한 고려를 바탕으로 중장기적 차원에서 보다 포용적이고 지속가능한 평화를 실현하는 것을 목표로 한다(UNSG, 2018).

* SDG16: 지속가능발전을 위한 평화롭고 포용적인 사회 구축, 모두를 위한 사법 접근성 제공, 모든 수준에서의 효과적이고 책무성 있는 포용적인 제도 구축(Promote peaceful and inclusive societies for sustainable development, provide access to justice for all and build effective, accountable and inclusive institutions at all levels)(UNGA, 2015).

박스 7-2 **UN '평화지속화' 개념 정의**

평화지속화란 사회 전반의 공통 비전을 세우는 과정으로, 모든 계층과 분야의 필요를 고려하여 분쟁의 예방, 발생, 지속, 악화, 재발, 전후 재건에 이르기까지 분쟁의 모든 단계에 걸쳐 유엔의 적극적 관여를 추구하는 개념을 말한다. 동 개념에는 적대 행위 종식, 국가적 화해 보장, 회복과 재건, 개발 지원 등의 활동이 일괄 포함된다.

자료: UNGA(2016).

즉, UN을 비롯한 국제사회가 추구하고자 하는 평화 개념은 단순히 분쟁 중단 및 종식 등 군사적 차원에서의 안보 강화라는 소극적 평화뿐만 아니라 분쟁과 관련한 잠재적 갈등 요인 및 구조적 불평등을 해소해나감으로써 근원적 분쟁 요인을 해소하고 인간안보를 강화하는 적극적 평화를 모두 아우르는 포괄적 개념이라고 할 수 있다.

3. 평화 위협으로 인한 개발 위기

1) 분쟁 만연화로 인한 글로벌 평화 위협

장기간 지속되는 무력분쟁protracted violent conflict은 대규모 이주mass displacement 및 강제이주forced displacement 사태로 이어져 대규모 난민을 발생시킨다. 난민과 이재민 발생은 인근지역 및 난민수용국host country, 나아가 국제사회 전체의 불안정성 증대를 초래할 수 있다. 통계 수치로 보면, 2016년도에 전 세계적으로 폭력 및 분쟁 발발 및 이로 인한 인권침해로 인해 강제이주를 경험한 인구수는 총 6560만 명에 이르며, 이 중 61%인 약 4030만 인구가 자신의 고향을 떠나 국내 타 지역으로 이동한 국내이재민IDPs: Internally Displaced Persons이다. 또한 당시 전체 강제 이주자 중 2530만 명이 타국으로 이동했으나, 그중 약 34%인 2250만 명만이 난민refugee 지위를 보장받았고, 나머지 280만 명은 비호신청자asylum seekers 상황에 놓여 있다(UNOCHA, 2017; 김수진, 2018).

분쟁으로 인한 만연한 평화 위협은 개발에도 영향을 미친다. 평화 및 안보 이슈는 과거 냉전 종식 이후 식민국가 재건 및 제3세계 건설 등 전후 재건 과정에서 효과적인 국가건설 방안으로서 개발과 연계되어 논의가 이루어지기 시작했다. 하지만 국제 개발 차원에서 평화안보가 본격적으로 논의되기 시작한 것은 2001년 미국에서 발발한 9·11 테러 이후이다. 동 사건을 계기로 국제사회에서는 기존의 안보 및 평화에 대한 전통적 개념에서 벗어나 안보security 문제를 어떠한 방법으로 강화해나갈 수 있을지에 대해 새롭게 논의하기 시작했다(Alava, 2010; 김수진, 2018).

아울러, 기존에 원조 효과성이 비교적 잘 드러나는 모범 수원국 중심으로 원조가 이루어지고 분쟁이 만연한 위기 상황에 놓인 국가들에는 원조의 투입량 대비 실제 원조 효과가 저조함에 따라 원조 기피 현상이 두드러지게 되었다. 이로 인해 분쟁에 취약한 국가일수록 더욱 빈곤 및 불안정 문제가 해결되기 힘든 악순환에 놓이기 쉽다는 인식이 점차 확산되기 시작했으며, '분쟁 취약국conflict fragile states'에 대한 개념과 취약국 내 '국가건설statebuilding'의 필요성에 대한 논의 또한 함께 강화되면서 평화 및 안보와 개발 간의 연계성에 대한 논의도 보다 본격화되기 시작했다(Alava, 2010). 이 과정에서 '개발' 차원에서도 분쟁 위기 상황에 놓인 국가들 내에 존재하는 분쟁 유발 요소들을 사전에 예방하고 재발을 방지하기 위해 중장기적 차원에서 다각적 지원 노력을 해오고 있다.

2) 분쟁으로 인한 국내 개발 위기

국내 차원에서의 분쟁은 주로 경제적 불만이나 정치권 박탈 등을 목적으로 하는 아래에서 위로의 수직적 투쟁, 가령 정부에 대한 반란군의 폭동이나 쿠데타 등의 형태로 나타날 뿐만 아니라, 각 집단들 간의 상이한 인종, 종교, 지역 등에 대한 차별로 인한 수평적 차원의 폭력 충돌 등 그 형태가 다양하게 나타난다. 특히 분쟁이 빈번한 상황일수록, 갈등집단들 간에 서로가 상대방의 선제공격 가능성 및 배신에 대한 불안감을 가지게 되고, 이로 인해 계속해서 군비 증강을 하고자 하는 안보 딜레마 상황에 놓이게 됨에 따라 안보 위협이 지속적으로 높아지게 된다(김수진·이승철, 2017). 따라서 이러한 상호 간의 불신과 안보 위협에 대한 해소장치가 적절히 마련되지 않음에 따라 국내 평화 또한 지속적으로 위협받고 있는 실정이다.

더욱이 분쟁이 심각한 국가일수록, 빈곤이나 경제적 불평등, 종교 갈등, 인종차별, 민주주의 결여 등과 같이 분쟁을 유발하는 구조적 요소들로 인해 해당 정치제도가 불안정하게 작동되고, 이로 인해 사회 전체가 불안정한 상황에 놓이기 쉬우며, 이는 다시 폭력적 충돌 및 전쟁과 같은 무력 상황에서 더욱 악화되는 순환적 구조에 놓이게 된다(김수진·이승철, 2017). 이러한 분쟁 악순환 구조가 끊어지지 않을 경우 해당 국가 차원에서도 안정적이고 지속가능한 개발을 추구해나가기 어려워질 수밖에 없다. 그렇다면 평화로운 사회 구축을 통해 구성원 모두가 인간다운 삶을 영위하고 발전적인 미래를 꿈꾸도록 하기 위해서는 어떠한 요소들이 해결되어야 할까? 다양한 요소들 중 대표적인 해결과제는 다음과 같다.

우선, 분쟁에 취약한 상황에서는 소외 집단과 엘리트 집단 간에 나타나는 경제적 불평등 문제가 심각하며, 소외 집단들의 사회적·경제적 활동 참여 기회 또한 상당히 제한되어 있다. 특히 이러한 상황에서 주목해야 하는 소외계층이 바로 소년병 출신의 청년들과 소수종교계층, 실향민 및 귀국자 등 난민들이다. 먼저, 일반적으로 14~18세에 해당하는 소년병들의 경우, 전쟁으로 인해 가족 및 사회, 경제 구조가 붕괴됨으로써 소득창출을 위한 안정적인 경제활동이 어려우며, 제대로 된 교육기회를 보장받는 것 또한 매우 부족한 실정이다. 이러한 상황에 놓인 소년병들은 스스로의 생계를 유지하기 위해 다양한 정부군뿐만 아니라 반군 및 무장단체 등 다양한 군인력에 자발적으로 참여하거나 동원되고 있다. 또한 무력충돌로 인해 자국을 떠났다 다시 돌아온 귀국인 또는 고향을 떠나 타 지역으로 이동한 국내 실향민 또한 주요한 취약계층에 놓여 있으며, 인종 간, 종교 간 분쟁이 발생하는 곳에서는 소수종교계층도 마찬가지로 매우 불안정한 사회적·경제적 구조 속에 놓일 수밖에 없다. 이로 인해 분쟁 취약 상황에서의 소외계층들은 불안정한 구조적 상황 속에서 스스로의 인권 또한 제대로 보장받지 못하고 있는 실정이다.

아울러, 거버넌스가 취약하고 국가제도가 미비한 상황일수록 집단 간의 갈등 및 분쟁 상황이 발생할 때, 공정한 법률에 따라 해결하거나 범죄자를 처벌하는 일이 어려운 것이 사실이다. 또한 이러한 취약한 거버넌스 상황에서는 언론 또한 독립적인 주체로서 공정한 취재 및 보도활동을 하는 데 커다란 제약을 받을 수밖에 없으며, 시민단체들의 감시활동 또한 정부의 감시 아래 활발하게 이루어지기 어렵다. 특히 이러한 상황에서 미디어는 특정 집단을 비호하거나 비방하는 식의 편향적 방송수단으로 악용됨으로써 분쟁을 조장하거나 보다 악화시키는 요소가 되기도 한다.

분쟁에 취약한 상황일수록 젠더기반폭력 또한 보다 심각해진다. 분쟁 기간 동안 군부대 내에서 군인에 의해 발생하는 성폭력 및 강제 낙태 등의 비인도적 범죄율은 높다. 특히 경제난으로 인해 성인여성뿐만 아니라 여아들 또한 스스로 군입대를 신청하는 상황이 증가함에 따라 이러한 위험은 더욱 가중되고 있다. 이 과정에서 여성들은 군대 내 성폭력 및 강간을 비롯한 다양한 형태의 폭력에 취약한 상태에 놓이게 되며 강제 낙태를 강요받기도 한다. 아울러, 이후 가정 공동체로 돌아간 이후에도 '불순한 여자'로 낙인이 찍혀 사회경제적으로 재통합되는 데 많은 어려움이 있는 실정이나, 이에 대한 국가 법제도의 보호장치는 제대로 마련되어 있지 않은 경우가 많다(김수진·이승철, 2017). 특히 분쟁 상황에서는 경찰 및 군대와 같은 치안 인력 또한 구성원의 안전을 위한 역할보다는 도리어 또 다른 무력갈등 및 젠더기반폭력을 일으키는 등 사회 불안정을 야기하는 주범이 되는 경우가 많다는 점에서 여성들은 다양한 젠더폭력 위험에 노출되어 있다고 할 수 있다.

4. 평화구축을 위한 개발 노력

1) 평화지속화 실현을 위한 글로벌 개발 논의 및 접근방식

앞서 소개한 바와 같이 평화지속화 개념은 전 세계적으로 평화구축 관련 논의를 주도하고 있는 PBC가 2015년 공식 제안하여 UN에서 채택되었으며, '2030 개발의제' 수립의 기반으로 작용함으로써 '평화로운 사회, 정의로운 사회, 포용적인 사회 구축'을 목표로 하는 SDG16 구성에 큰 영향을 미쳤다.

아울러, UN 내에서 평화지속화 논의는 분쟁 예방 활동과 함께 전 세계 평화구축을 위한 UN 최우선 과제로 설정되었다. 이에 따라 2018년 4월 평화구축과 평화지속화에 관한 UN 고위급회담HLPF: High Level Meeting on Peacebuilding and Sustaining Peace에서도 이러한 UN의 의지를 재확인하며 평화구축과 평화지속화에 대한 UN 활동 강화 방안에 대해 논의한 바 있다. 이를 통해 UN의 평화와 개발 연계 활동은 분쟁 예방 및 평화지속화 활동을 중심으로 이루어지고 있다(김수진, 2018).

이러한 평화지속화 논의와 함께 동 개념을 SDGs 프레임워크와 연계하여 실제에 어떻게 접목시킬 것인지에 대한 논의 또한 다양하게 이루어져 오고 있다. 평화와 인간안보, 개발 간의 연계성을 기반으로 한 포괄적 평화 개념인 평화지속화를 실현하기 위해서는 평화 이슈를 단순히 SDG16 차원에서의 단독 목표로서만 접근하는 것은 한계가 있으며, SDGs를 구성하는 기타 다른 목표들과 연계하여 고려해야 한다는 논의로 확장됨에 따라 SDG16의 주

그림 7-1 **SDG16+ 로드맵 내 '평화' 관련 SDGs 목표 및 세부목표 분류도**

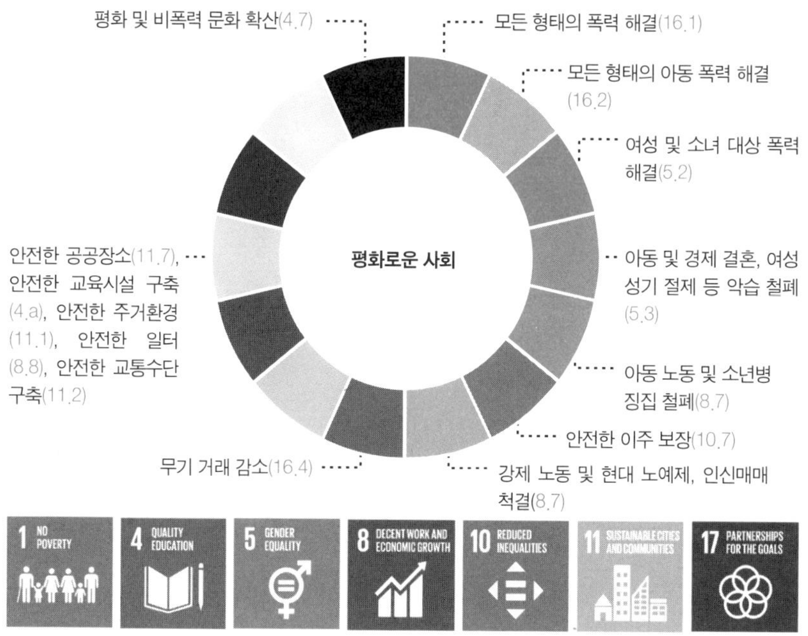

자료: Pathfinders(2017).

류화SDG16 mainstreaming 방안의 필요성이 제기되었다. 이를 통해 '평화' 이슈 또한 SDGs 달성을 위한 하나의 목표이자 수단으로 보아야 한다는 'SDG16+ 로드맵'이 2017년 Pathfinders(패스파인더스)Pathfinders for Peaceful, Just and Inclusive Societies에 의해 수립되었다.

Pathfinders란 SDG16의 주제인 평화로운 사회, 정의로운 사회, 포용적인 사회 구현을 통해 SDGs를 성공적으로 달성하기 위해 다양한 파트너들이 모인 하나의 통합적 이행 이니셔티브이다(Pathfinders, 2017).* SDG16+란 '평

* Pathfinders 이니셔티브는 스위스, 브라질, 시에라리온 대표부가 공동주도하고 뉴욕대학교 국제협력센터와 협력하여 2016년 설립되었으며, 우리나라, 캐나다, 네덜란드, 카타르, 스웨덴, 영국, 튀니지 등 30개 국가와 UNDP, UN Women 등 UN 주요 기구, 16+forum, OGP(Open Government Partnership) 등 다양한 주

화로운 사회,' '정의로운 사회,' '포용적인 사회'를 각각 실현하기 위해서는 SDG16의 12개 세부목표targets의 이행만으로는 불충분하며, 이를 위해서는 동 주제와 직접적인 연관성을 갖는 SDGs 내 7개 다른 목표와 하위 24개 세부목표•와 함께 종합적으로 고려해야 한다는 개념이다. 이에 동 로드맵에서는 '두려움과 폭력으로부터 자유로운, 평화롭고 정의로우며 포용적인 사회 구축'이라는 목표의 달성을 위해 SDGs 내 총 8개 목표 및 34개 세부목표를 설정하고 이를 어떠한 전략과 방식으로 운영할 수 있을지에 대해 방향을 보여주고 있다.

평화로운 사회 구축과 관련해 동 로드맵에서는 SDG16뿐만 아니라 SDG4(교육), SDG5(성평등), SDG8(일자리), SDG10(불평등), SDG11(도시)을 평화로운 사회 구축을 위해 주요한 이슈로 고려한다. 또한 SDG16의 평화 이슈 자체가 폭력적 분쟁 해결을 통한 평화구축 범위를 국가 간 분쟁이 아닌 커뮤니티 또는 국가 내에서 발생하는 폭력 및 분쟁 문제를 대상으로 한다는 점에서, 동 SDG16+ 또한 국내 차원의 폭력 문제 해결에 좀 더 초점을 맞추고 있다. 아울러, 평화 이슈를 그 자체를 목적으로 보기보다는 양질의 거버넌스를 구축하기 위한 하나의 이슈로서 바라보고 있다(김수진, 2018).

또한 UN과 세계은행World Bank은 2018년 초에 분쟁 예방을 통한 평화지속화 실현의 중요성을 강조한 공동연구보고서 「Pathways for Peace: Inclusive approaches to prevent violent conflict」를 발간했다. 동 보고서에서는 폭력적 분쟁 예방의 시급성을 인정하고, 이를 해결하기 위한 다양한 주체 간의 포용적 접근법을 강조한다. 특히 개발, 안보, 정치, 인권 등 다양한 분야 간 활

체가 참여하는 다자간 협력체이다.

• SDG16+에 해당하는 총 8개 목표는 SDG1(빈곤), SDG4(교육), SDG5(성평등), SDG8(일자리), SDG10(불평등), SDG11(도시), SDG16(평화, 정의, 포용), SDG17(파트너십)이며, 각 목표별 세부목표는 Pathfinders(2017)에서 확인할 수 있다.

동의 제약사항을 해결하고 국가 정책 및 전략을 수립할 수 있도록 상호 유기적 협력의 중요성을 강조한다. 아울러, 인도적 지원과 개발, 평화 활동가들 간의 연계성HDP nexus 또는 triple nexus: Humanitarian-Development-Peace nexus을 강화한 포용적 접근방식 확대를 주문하고 있다(UN·World Bank, 2018). 또한 보다 포괄적인 차원에서 국내외의 폭력적인 분쟁들을 고려함으로써 평화 이슈를 거버넌스 및 법치 등 주요 이슈들과 동등한 준위에서 바라본다(김수진, 2018).

이와 더불어, 국제적 차원에서의 항구적 평화를 보장하는 동시에 SDGs를 성공적으로 달성하기 위한 노력의 일환으로서 '군축disarmament' 의제가 논의되고 있다. 2018년 5월 UN 사무총장 안토니오 구테레스António Guterres는 「공동의 미래에 대한 보장: 군축의제Securing Our Common Future: An Agenda for Disarmament」 보고서에서 전 세계 군비 축소를 통해 분쟁을 예방하고 발발 가능성 자체를 종식시킨다는 차원에서 군축은 국제평화안보 유지 및 인간안보 실현 등을 위해 21세기에 반드시 논의되어야 한다고 강조한 바 있다. 특히 군축과 개발, 즉 SDGs와의 연관성에 있어 동 보고서에서는 군비 통제 및 평화안보 강화를 위해 개발과 군축이 어떻게 연계될 수 있는지를 보여준다(UNSG, 2015). 군축의제는 불법무기거래 감소를 다루는 SDG16 외에도 9개의 다른 목표들*과도 높은 연관성을 가짐에 따라, 포괄적이고 장기적인 차원에서 군축과 개발 간의 연관성에 주목하고 평화안보를 위한 인류 공동의 파트너십과 협력이 중요함을 강조한다.

이렇듯 국제사회에서는 더 이상 분쟁 중단 및 종식이라는 소극적 대응에 머무르지 않고 구성원 간 분쟁 및 갈등을 조장하는 사회구조적 불평등 및 잠

---

* 군축의제에 대한 사무총장 보고서에서는 '2030 개발의제' 내 군축 및 군비 규제와 관련하여 SDG16과 함께 SDG3(보건), SDG4(교육), SDG5(젠더), SDG8(일자리), SDG10(불평등), SDG11(도시), SDG14(해양생태계), SDG15(육지생태계), SDG17(파트너십)이 특히 연관성을 가지고 있음을 소개한다. 이에 대한 자세한 사항은 UNSG(2015)에서 확인할 수 있다.

재적 요소 자체를 차단하는 예방적 차원의 평화를 추구하고 있다. 아울러, 이러한 포괄적 차원의 평화 개념은 우리가 달성하고자 하는 SDGs의 이행에 있어 개발의 대상이 되는 동시에 다른 목표 달성을 용이하게 하는 수단으로서의 양면적인 성격을 모두 가지고 있다.

2) 적극적 평화와 민주주의 간의 관계

앞서 살펴본 바와 같이 오늘날 전 세계적으로 분쟁을 비롯한 취약성 문제가 지속적으로 악화되어감에 따라 모든 일반 개발활동에서뿐만 아니라 전후 재건 과정에도 '평화지속화' 개념을 범이슈적 차원에서 반영하는 것이 필요하다는 목소리가 확대되어오고 있다. 아울러, SDG16에서도 민주적 거버넌스와 평화구축 관련 세부목표들을 하나의 목표 아래 함께 설정함으로써, '평화로운 사회' 구축과 '효과적이고 책임감 있는, 포용적인 제도effective, accountable, and inclusive institutions'를 구축하는 것은 각각 분리되어 이루어질 수 없으며, 상호 긴밀한 연관성을 가지고 있음을 다시 한 번 확인하고 있다.

즉, 분쟁 및 폭력으로 인한 위협을 해소하고 이에 대한 회복력을 강화하기 위해서는 단순히 평화구축 활동만이 아니라 분쟁 예방, 나아가 민주적 거버넌스 구축 활동까지 종합적으로 이루어져야 한다. 특히 인권, 법치, 신뢰할 수 있는 제도가 통합적으로 잘 구축될 경우, 이는 사회구성원 간의 결속력을 강화시켜 분쟁 발생을 예방하는 기반으로 작용한다. 한편, 평화구축을 위해 구성원 간 결속력 강화 및 상호 중재 역량을 강화해나가는 작업 또한 지속적 평화를 실현하는 중요한 기반으로 작용한다(UNDP, 2016).

민주적 거버넌스의 발전은 분쟁 예방을 통한 포괄적 평화를 추구하는 '평화지속화' 개념과 연관성을 갖는다. 국제사회에서 인간안보에 초점을 맞춘 '적극적 평화', 나아가 '평화지속화' 개념의 실현을 위한 가장 핵심적인 요소는 민주주의 강화와 함께 평화문화의 확산이라고 할 수 있다(박인휘, 2010).

또한 이를 위해서는 평화제도 구축 및 평화시민 교육을 통한 시민사회 역할 강화, 그리고 평화문화 구축 간의 상호 유기적인 작용 및 발전이 중요하다. 진정한 의미의 '평화지속화'가 실현되기 위해서는 일상에서의 평화가 이루어져야 하며, 이를 위해서는 개인의 자유와 평등을 기반으로 한 민주주의 체제가 필요하기 때문이다. 더욱이 민주주의와 평화는 상호 영향을 주고받는 상생 구조에 놓여 있다는 점에서, 이러한 구조적 관계를 더욱더 강화하고 확산시키기 위해서는 다양한 계층이 참여한 시민사회의 역할 강화를 통한 평화문화 확산, 그리고 평화의 제도화가 특히 중요하다고 할 수 있다.

먼저, 평화문화의 확산은 사회 내 갈등해결방식의 평화적 전환을 위한 주요한 기반이 된다. 폭력적 문화가 용인되는 사회에서는 폭력적 해결방식이 갈등해결방식이지만, 평화적 문화가 존재하는 사회에서는 갈등의 평화로운 해결이 가능하기 때문이다. 따라서 평화 논의 이전에 사회 전반에 평화적 문화 형성의 기반을 조성하는 것이 필요하며, 이를 위해 개인의 자유와 평등을 추구하는 민주주의 체제의 발전과 성숙한 시민사회의 적극적인 참여가 필요하다.

또한 평화로운 민주주의 체제가 발전하고 동시에 이러한 체제 속에서 일상에서의 평화가 보장되는 선순환 구조를 체계화하기 위해서는 평화의 제도화가 반드시 필요하다. 민주적 사회 내에서 평화의 제도화가 효과적으로 이루어지기 위해서는 '2030 개발의제'에서 강조한 "그 누구도 소외되지 않도록" 해야 한다는 개발 기본원칙을 존중하고 SDG16에서의 '포용적 사회inclusive society 구축'을 실현하는 방향으로 나아가야 한다. 즉, 민주적·평화지향적 제도화는 반드시 포용적 형태로 이루어져야 하며, 이를 위해서는 제도와 모든 사회 그룹 간의 관계에 주목할 필요가 있고, 이 과정에서 가장 취약하고 소외된 계층에 대해 특히 관심을 갖는 것이 필요하다(UNDP, 2016). 아울러, 사회 자체의 회복력을 강화하기 위해 정부와 시민사회의 소외계층 권리 강화에 대한 높은 관심 및 적극적 대응의지가 필수적이다. 포용적 제도화를 실현하기 위해서는 시민사회와 함께 정부의 강력한 의지 또한 매우 중요하다.

결론적으로 '사람'을 중심에 둔 인권을 존중하는 민주주의 사회에서 민주시민이 평화적 시민으로서 평화적 문화를 형성하고, 평화로운 갈등해결방식이 평화의 제도화와 함께 사회 깊숙이 받아들여질 때만이 진정한 평화지속화도 가능하다고 할 수 있다. 또한 이렇게 일상에서의 안전하고 평화로운 삶이 보장될 때만이 민주주의 또한 지속적으로 성숙해져 갈 수 있는 상생 구조가 만들어질 것이다.

3) 국내적 차원에서의 평화 실현을 위한 개발적 접근

분쟁으로 인한 위기를 해소하기 위해 가장 중요한 것은 분쟁 및 갈등의 원인을 해결함으로써 충돌을 예방하는 것이다. 이를 위해서는 정부와 국민 개개인의 권한과 자원의 사용방식을 변화시켜야 한다. 또한 세계 민주주의를 강화하여 군사적 충돌을 피하고 전 지구적 차원에서의 인간개발에 더욱 초점을 맞추는 것이 필요하다(UNDP, 2000).

분쟁 예방 및 인간 중심의 민주주의 강화를 통한 평화지속화 실현을 위해 ODA를 비롯한 개발협력은 다양한 활동을 수행한다. 우선, 분쟁 발발 후 재건 과정의 국가에서 복구 지원활동을 하는 한편, 분쟁 발발 위험이 높은 국가에서 잠재적인 분쟁 발발 위험요소를 제거해나감으로써 분쟁을 예방하는 활동이 이루어진다. 한편, 평화 구축 및 강화 활동은 소극적 평화 차원에서의 지원을 넘어, 교육, 보건, 인권, 젠더 등 다양한 사회이슈뿐만 아니라 정치경제적 차원 등 다양한 이슈들과도 연계된다. 따라서 평화 지원과 개발 지원의 경계를 구분하는 것은 쉬운 작업이 아니다. 수원국 내 평화를 위한 다양한 개발협력 이슈는 다음과 같다.

부패 방지, 불법금융·무기거래 감소 및 군축

부패 청산 및 방지, 불법자금 및 무기거래의 감소, 도난자산 복구 및 반환 관련 활동은 특히나 국제적 협력이 요구되는 부분이다. 하지만 유엔 반부패협약UNCAC: UN Convention against Corruption에 따라 부패 청산 및 국제 조세회피, 돈세탁 방지, 마약문제 처벌, 국제 소형무기거래 감소 등의 노력이 전 지구적 차원에서 효과적으로 이루어지기 위해서는 국가 차원의 법제도적 기반 마련 및 이행 노력 또한 반드시 이루어져야 한다(Pathfinders, 2017). 따라서 국내적 차원에서 필요한 법제도 기반이 마련되도록 지원하고 수원국이 국제사회의 관련 협의사항 및 협약을 제대로 이행하기 위한 협력을 강화하는 일이 요구된다.

특히 무기거래 감소와 연관하여, 군축활동 또한 함께 이루어져야 한다. 군축이란, 전투부대가 소지한 소형 무기, 탄약, 폭발물, 중경량 무기 등을 수집 및 문서화하여 관리하고 통제함으로써 처분disposal하는 것을 말한다(김수진·이승철, 2017). 이에 국내 무기관리운영프로그램 구축 지원을 통한 안전한 무기 관리 및 보유현황 파악, 지뢰 제거 메커니즘 구축을 통한 지뢰 제거 사업이 평화구축을 위한 주요한 활동으로서 이루어질 필요가 있다.

지역사회 복원력 강화 및 사회 재통합 기반 마련

각 갈등집단들 간의 군비증강arms buildup을 해소하고 분쟁을 예방하기 위해서는 군축, 군대해산, 재통합DDR: Disarmament, Demobilization, Reintegration이 필수적이다(김수진·이승철, 2017). 이에 앞서 소개한 군축활동과 함께 군대해산, 그리고 퇴역군인 및 소년병들의 사회재통합은 분쟁의 고리를 끊고 평화로운 사회를 만드는 데 중요하다.

군대해산demobilization이란 분쟁을 유발하던 무장세력이 군대조직 및 인력 모두를 해산함으로써 '군인combatant' 모두를 일반 '시민civilian'으로 복귀시키는 과정을 말한다. 예를 들어, 개별 퇴역군인들의 신상 재등록을 위한 절차를 진행하거나, 군주둔지나 캠프부지, 배치장소 등에 주둔하고 있던 군인력을 일체 소집하여 자신들이 소지하고 있는 무기를 포기하도록 하기 위해 무기와 현금을 교환하는 식의 유인책을 제공하는 활동 등이 해당한다. 또한 퇴역군인 본인과 가족들의 식량, 의복, 주거, 의료서비스, 교육 및 직업 훈련, 고용 등과 같은 당장 필요한 기본 니즈를 충족할 수 있도록 물자를 지원하거나, 퇴역군인들이 본 거주지역으로 복귀하도록 지원하는 과정 일체가 군대해산을 위한 활동이라고 할 수 있다(Knight, 2008).

또한 분쟁 상황에서 소년병들이 생계문제로 인해 전쟁인력에 동원되지 않고 사회경제로 재통합reintegration될 수 있도록 하는 것이 중요하다. 이를 위해서는 소년병 출신 청년들이 직업훈련 및 역량강화 기회를 제공받음으로써 새로운 일자리를 얻거나 소득창출원을 마련하도록 하거나 이들이 학교로 돌아가 안정적으로 수업을 듣고 학교급식을 받을 수 있도록 교육, 보건영양 지원활동을 실시하는 것이 필요하다. 아울러, 분쟁 상황에서 고려해야 할 또 다른 주요 소외계층인 귀국자 및 실향민, 즉 난민들이 정착 지역에서 안전하게 해당 사회경제 시스템에 재통합될 수 있도록 하는 것 또한 중요하다.

이와 함께 천연자원이 풍부한 국가일수록 이러한 천연자원을 평화롭게 관리하고 운영할 수 있는 구조적 기반이 마련되지 않는다면 천연자원을 둘러싼 분쟁 및 갈등이 발생할 가능성이 높다(USIP, 2007). 따라서 갈등집단 간에 천연자원에 대한 관리 및 보호를 위한 공동메커니즘을 마련하고, 상호 신뢰를 구축해나갈 수 있도록 지원함으로써 자원으로 인한 분쟁 발생 가능성을 낮춰나가는 것이 중요하다. 또한 이와 함께 천연자원 이외에 새로운 소득창출원을 마련함으로써 사회구성원들이 더욱 안정적으로 사회경제 시스템에 통합될 수 있도록 하는 지원활동이 필요하다.

여성, 아동, 취약계층의 인권 강화를 통한 폭력 예방

여성 및 아동 폭력 방지를 위한 효과적인 방안 마련 및 현대 노예제도, 인신매매, 아동 노동 문제 해결을 위한 이해 증진 및 지원은 폭력 예방을 위한 주요한 부분 중의 하나이다. 따라서 분쟁에 의한 이주민, 여성, 소녀, 장애인 등 폭력에 취약한 계층의 안전을 위한 국가 전략 및 법제도 기반을 마련할 수 있도록 지원을 강화하는 한편, 현지 시민사회와의 협력을 통해 동 문제 해결을 위한 대국민 인지제고 교육 및 캠페인을 강화하는 것이 필요하다. 또한 여성 및 청년, 소외계층을 폭력 예방을 위한 적극적인 활동 주체로 인식하고 이들의 역량강화 및 분쟁위기 해소를 위한 사회적 참여 확대를 도모하는 것이 중요하다는 점에서, 이들의 인권 보장 및 참여 확대를 위한 법제도를 개선하고 국가인권 메커니즘을 강화하는 일 등이 필요하다. 따라서 공여기관들은 이러한 관련 법제도 및 메커니즘 구축을 위한 지원과 함께 인권 강화를 위한 수원국 내 세계시민교육 및 평화교육 실시, 현지 시민사회와의 협력을 통한 지원활동을 실시함으로써 분쟁 예방을 도모할 수 있다.

아울러, 모든 국민이 국가를 구성하는 하나의 국민으로서 법적 지위를 보장받고 인권을 보장받도록 하기 위해 수원국 내에서 보편적 출생신고제도와 신원 확인 및 관리 시스템을 구축하고 지속적인 운영역량 강화사업을 펼치는 것 또한 주요한 개발 분야 중의 하나라고 할 수 있다.

분쟁 예방 및 전환기 정의 실현을 위한 사법 역량 강화

상호 불신 및 고충을 해소할 수 있도록 분쟁 및 고충 해결 메커니즘을 마련함으로써 폭력의 위험을 줄이고 사법 및 치안 제도의 접근성 및 대응력을 향상시키는 활동을 할 수 있다. 폭력 예방 및 신뢰와 정당성 구축, 책무성accountability 강화 등을 위한 사법 및 보안제도 역량 강화, 분쟁 해결 메커니즘 구축, 배상 및 고충 해결 메커니즘에 대한 접근권 강화 지원, 토지 및 천연자원 등과 관련한 사유권 강화를 위한 제도적 기반 마련, 분쟁 희생자 및 인권 침해 피해자들에 대한 진실, 정의, 배상, 재발방지 보장 등을 위한 과거사 정리 및 재발 방지를 위한 제도적 기반 마련 등의 지원활동이 이루어져야 한다.

특히 분쟁 및 전쟁 종식을 통해 전환기 평화transitional peace를 추구하는 단계의 국가들의 경우 과거사 정리와 화해를 위한 국내 논의를 진행하고 전환기 정의를 실현하기 위한 제도 마련이 반드시 필요하다. 아울러, 사법기관을 비롯한 분쟁해결기관의 인적·물적 역량 강화, 경찰·군대와 같은 치안역량 강화, 언론기관 및 시민사회의 독립성 강화 지원활동 또한 사후 분쟁 재발을 방지하기 위해 반드시 이루어져야 한다.

분쟁 조기경보체제 마련 및 리스크 관리 역량 강화

분쟁을 예방하고 평화롭고 안전한 사회를 구축하기 위해서는 다양한 분쟁 유발 요소들이 실제 발생할 소지가 있는지에 대해 지속적으로 모니터링을 실시하고, 이와 함께 선제공격 가능성에 대한 조기경보체계를 마련하는 것이 중요하다. 따라서 시민사회단체 및 언론기관의 지속적인 감시감독 및 모니터링 역할이 중요하며, 특히 이들이 분쟁이 발생하기 전에 조기경보를 알려주는 역할을 담당함으로써 국내외 평화군 인력을 바탕으로 적절한 대응을 할 수 있도록 해야 한다(김수진·이승철, 2017).

아울러, 분쟁 예방을 위한 조기 대응을 신속하게 하기 위해서는 발생 가능한 리스크에 대한 인식 및 이에 대한 대응 역량을 강화해나가는 것 또한 필요하다. 이를 위해서는 불만이나 권력, 천연자원, 종교 및 인종 등의 요소로 인해 분쟁이 발생할 가능성이 높은 지역의 분쟁 리스크를 사전에 파악하고, 이에 대한 적절한 조치 방안을 사전에 마련함으로써 분쟁 발발을 방지할 수 있도록 관리하는 것이 필요하다(UN·World Bank, 2018).

5. 결론

앞서 살펴본 바와 같이 오늘날 국제사회는 단순히 분쟁 중단 및 종식 등 군사적 차원에서의 안보 강화라는 소극적 평화를 넘어 분쟁과 관련한 잠재적 갈등 요인 및 구조적 불평등을 해소해 나감으로써 근원적 분쟁 요인을 해소하고 인간안보를 강화하는 적극적 평화를 모두 아우르는 포괄적 개념으로서의 평화지속화를 추구하고 있다. 또한 분쟁 예방에 초점을 맞춘 평화지속화 논의를 SDGs 프레임워크와 연계하여 실제 어떻게 접목시킬 것인지에 대한 다양한 논의 또한 이루어져 오고 있다. 그 대표적인 노력이 바로 SDG16의 주류화를 강조한 Pathfinders의 SDG16+ 로드맵, 폭력적 분쟁 예방 및 이를 위한 포용적 접근법을 강조한 UN과 세계은행 공동의 「Pathways for Peace」 연구보고서, 그리고 마지막으로 국제적 차원에서의 항구적 평화를 보장하고 SDGs를 성공적으로 달성하기 위한 노력의 일환으로서 SDGs 체제 내에서 개발과 군축 의제의 연계방안을 논의한 것이다.

아울러, SDG16에서도 민주적 거버넌스와 평화구축 관련 세부목표들을 하나의 목표 아래 함께 설정한 것에서 알 수 있듯이, '평화로운 사회' 구축과 '효과적이고 책임감 있는 포용적인 제도effective, accountable, and inclusive institutions'를 구축하는 것은 각각이 분리되어 이루어질 수 없으며, 상호 긴밀한 연관성을 갖는다. 따라서 분쟁 및 폭력으로 인한 위협을 해소하고 이에 대한 회복력을 강화하기 위해서는 단순히 평화구축 활동만이 이루어질 것이 아니라 분쟁 예방, 나아가 민주적 거버넌스 구축 활동까지 종합적으로 이루어짐으로써 국내 민주주의 발전과 평화지속화가 상호 선순환 관계를 구축하도록 하는 것이 필요할 것이다.

더욱이 국제사회에서의 지난 역사를 바라보면, 극심한 전쟁 및 갈등을 경험한 국가일수록 과거를 청산하고 민주주의를 건설하고자 할 때 그 어려움은 더욱 크다. 하지만 깊은 상처를 치유하고 억압적 제도를 길들이며, 갈등으로 탄생한 폭력적 태도를 변화시키고 합의의 문화를 창출하는 것은 민주화 과정에 매우 중요하다는 점에서, 분쟁국가에서 벗어나 평화롭고 민주적인 사회를 구축할 수 있도록 국제사회의 지속적인 노력이 필요하다고 할 수 있다.

전쟁의 부재가 곧 평화를 의미하는 것은 아니다(박인휘, 2010). 또한 전쟁의 부재는 일시적인 평화일 수도 있으며, 이는 지속적인 평화를 보장해주지도 않는다. 따라서 국가안보 차원에서의 전쟁의 종식을 의미하는 소극적 평화를 넘어, 전쟁을 유발할 수 있는 근원적인 원인들을 제거하고 인간안보에 기반한 평화 체제가 제도화를 통해 구조적으로 안착될 수 있도록 하는 것이 중요하다.

또한 전쟁의 부재상태가 아니라 인간다운 삶이 가능한 정의로운 사회가 진정한 의미의 평화라는 평화에 대한 적극적 개념의 발달은 일상적 삶을 중요시하는 일상의 민주주의 진행과 그 궤를 같이하고 있다. 따라서 평화적 시민의 형성과 발전이 자유와 평등 개념을 갖춘 민주주의 사회를 구축하기 위한 기반이며, 이것이 가능할 때 지속가능한 평화가 실현 가능할 것이다. 평화는 어떤 경우라도 평화적 수단으로 달성되어야 한다.

사 례

미얀마를 통해 본 평화와 민주주의

미얀마는 아웅산 수 치(Aung San Suu Kyi) 여사를 통해 54년간의 군부통치에 종지부를 찍고 2016년 문민정부를 출범함으로써 민주주의 발전에 대한 기대를 증대시켰다. 하지만 과거 식민지 경험을 거치면서 버마 족과 소수 종족들 간의 갈등이 오랜 기간 고착화되어 옴으로써 인종갈등은 미얀마 내 평화문화를 저해하는 주요한 요소로 작용했으며, 로힝야(Rohingya) 탄압 사태 또한 이를 잘 보여주는 사례라고 할 수 있다.

미얀마 라카인(Rakhine) 주에 사는 무슬림 소수민족 로힝야 족 72만여 명은 2017년 8월 미얀마 정부군의 반군 토벌 작전이 시작된 뒤 이웃 방글라데시로 피신했다. 로힝야 족은 미얀마 국경을 넘어 방글라데시 콕스 바자르(Cox's Bazar)의 쿠투팔롱(Kutupalong) 지역에 방글라데시 정부의 지원을 통해 임시 난민촌을 형성했으며, 이 콕스 바자르 난민촌은 세계에서 가장 큰 난민촌으로 십만 명이 넘는 난민들이 이곳에 거주하고 있다.

미얀마와 방글라데시는 2017년 말 로힝야 족 난민의 본국 송환에 합의하고 2018년 초부터 송환을 시작하려 했지만, 로힝야 난민들이 신변 안전을 요구하면서 중단됨에 따라 임시시설로 설치된 방글라데시 난민촌이 아예 영구시설로 고착되는 것 아니냐는 관측도 고개를 들고 있다.

이에 방글라데시 정부는 최대 로힝야 난민촌인 쿠투팔롱 난민촌 주변에 19km의 도로를 건설하고, 조명을 설치하고, 의료시설을 확충했으며, 우기를 대비한 배수시설도 정비하는 등 난민촌 시설 보수를 실시했다. 또한 각 구호단체들은 난민 어린이 대상 기초학습센터 건립 및 영어와 미얀마어 강습, 의료서비스 제공 등 다양한 구호활동을 실시하고 있다. 방글라데시 정부는 로힝야 난민이 난민촌 밖에서 일하는 것을 금지하고 있지만, 난민들은 캠프 내에서 일자리를 찾거나 주변 바다에서 고기잡이를 하는 등 일정 정도의 경제활동을 통해 생계를 유지하고 있다.

하지만 로힝야 난민의 방글라데시 거주 기간이 지속되고 영구화되어 갈수록 방글라데시 주민들의 반응은 부정적으로 나타나고 있다. 로힝야 난민의 대규모 유입으로 인해 현지 식량 부족 현상이 발생하고 물가 상승 및 임금 감소 현상이 발생하고 있기 때문이다. 이로 인해 2018년 2월, 미얀마와 인접한 우키아(Ukhia) 지역에서는 로힝야 난민 유입에 반대하는 방글라데시 주민들의 시위가 발생하기도 했다.

생각할 문제

1 미얀마의 평화문화 구축을 통한 일상에서의 평화, 즉 적극적 평화를 실현하기 위한 민주주의의 현 역할과 앞으로의 역할을 어떻게 생각하는가?

2 로힝야 족의 유입으로 난민촌 주변에 거주하는 방글라데시 주민들과의 새로운 인종갈등이 유발되고 있다. 난민촌에 집중된 인도적 지원과 개발 지원이 도리어 주변 지역에게는 상대적 빈곤감을 주는 요소가 되지는 않았을까? 또한 로힝야 족의 본국 송환이 어려워질 경우 로힝야 족이 방글라데시 내에서 새롭게 정착을 해야 하는 상황이 발생하는바, 로힝야 족의 효과적인 사회적 재통합을 통해 주변 지역과 조화롭게 발전하여 모두를 위한 평화로운 사회를 구축해나갈 수 있도록 하기 위해 개발협력 차원에서는 어떠한 노력을 해야 할 것인가?

3 평화문화와 민주주의, 일상으로서의 평화 간의 관계는 어떻게 이해해야 할 것인가?

08

취약국과 이주

1. 개요

이주는 인류가 탄생했을 때부터 계속되어온 자연스러운 현상이며, 20세기 들어 교통, 통신의 발달로 세계화가 확산되면서 국가 간 이동은 더욱 활발해졌다. 2017년 기준 전 세계 이주자 수는 약 2억 5800만 명으로 전 세계 인구의 3.4%에 이른다(IOM, 2018).

이주는 기술 전수 및 비즈니스 교류, 노동기회 창출, 송금remittance, 문화 교류, 인구 이동 등을 통해 개발과 성장에 긍정적으로 기여해왔다. 그러나 최근에는 이주가 국제갈등의 주요 대상이 되었다. 리비아 및 시리아 내전의 결과로 발생한 유럽으로의 대규모 난민 이동 사태가 그 예이다. 2015~2018년간 160여만 명의 이주자가 유럽에 도착했는데(UNHCR, 2019), 유럽의 이주자 수용국 내에서 인도주의적 관점에서 이들을 보호하려는 측과 범죄, 테러 등 안보와 치안 관점에서 입국을 반대하는 측 간의 갈등이 발생했다. 이주로 인한 갈등은 유럽의 문제만은 아니다. 2018년에는 캐러밴caravan이라고 불린 중미 이주자들이 미국으로 입국하려고 했으며 미국은 국경을 봉쇄하여 이들과 충돌을 빚었다. 우리나라도 2018년 500여 명의 예멘 난민이 제주도로 입국 및 난민신청을 해서 이들의 수용 여부를 두고 사회적 갈등이 발생했다.

국경을 넘는 이주만이 아니라 국내 이주도 문제가 되고 있다. 분쟁, 폭력, 재난 등 이유로 거주지를 떠난 사람들이 2017년 말 기준으로 전 세계에 약 6000만 명이다(IOM, 2018). 이들 중 대부분이 분쟁을 이유로 이주를 선택한 이재민들로 기본적 생존을 유지하기 힘든 위기에 처해 있어 국제사회의 지원이 시급한 상황이다.

이주 문제가 국제화되면서 한편에서는 이주 문제의 원인인 취약국 문제가 수면 위로 떠올랐다. 2017년 기준으로 경제적 목적 등에 따른 자발적 이주자를 제외했을 때, 국제이주자 중 68%가 내전, 테러, 범죄, 빈곤, 인종 및 종교적 이유 등에 따른 탄압으로 취약국으로 분류된 시리아, 아프가니스탄, 남수단, 미얀마, 소말리아 출신이다(UNHCR, 2018). 중미 캐러밴들 대부분이 조직범죄, 위험, 경제적 결핍을 겪고 있는 과테말라, 온두라스, 엘살바도르 출신이며, 예멘은 2019년 미국의 비정부 연구기관인 평화기금Fund for Peace이 선정한 취약성 1위 국가이다(Fund for Peace, 2019). 이렇듯 취약국과 이주는 긴밀한 관계를 갖는다. 따라서 이 장에서는 이주와 취약국의 정의와 이주의 원인을 확인하고, 취약국의 개발문제와 그 해결 노력을 소개한다.

2. 이주

1) 이주의 정의

이주migration는 국경을 넘어 타국으로 혹은 특정 국가 내에서 사람이나 집단이 이동하는 것으로 그 기간과 구성, 원인에 상관없이 모든 형태의 인구 이동을 포괄하는 개념이다(국제이주기구, 2011).

이주는 개인적인 이유나 경제, 학업, 노동 등을 이유로 선택한 자발적 이주voluntary migration와 자연적 혹은 인위적 원인으로 생명과 삶의 위협을 포함한 강제적 요소의 영향을 받은 비자발적 이주involuntary migration로 구분된다. 비자발적 이주는 다른 말로 강제이주forced migration로도 불리며, 난민refugees 및 비호신청자asylum seeker, 국내이재민IDPs: internally displaced persons, 국외이재민externally displaced persons, 인신매매human trafficking 피해자 등이 포함된다(국제이주기구, 2011).

난민은 「1951년 난민 지위에 관한 협약The 1951 Convention relating to the Status of Refugees」 및 「1967년 난민 지위에 관한 의정서The 1967 Protocol relating to the Status

박스 8-1 비자발적 이주의 종류

- **난민**: 인종, 종교, 국적, 특정 사회집단의 구성원 신분 또는 정치적 의견을 이유로 박해를 받을 우려가 있다는 합리적인 근거가 있는 공포로 인하여 자신의 국적국 밖에 있는 자로서, 국적국의 보호를 받을 수 없거나 또는 그러한 공포로 인하여 국적국의 보호를 받는 것을 원하지 아니하는 자.
- **비호신청자**: 박해와 심각한 위해로부터 자신의 본국 외의 국가에서 안전을 구하는 자로서 국제법과 피난국의 법규에 의거하여 난민지위 인정신청을 하고 그 결과를 기다리고 있는 사람.
- **국내이재민**: 무력충돌, 일반화된 폭력, 인권유린, 자연재해 및 인간에 의한 재해 등으로 자신의 고향 혹은 상주지로부터 도주하거나 떠나도록 강요받은 사람들 혹은 집단들로, 국제적으로 승인된 국경은 넘지 않음.
- **국외이재민**: 박해, 보편화된 폭력, 무력충돌 또는 다른 인재들로 인해 자기 나라를 도망 나온 사람들. 이들은 종종 집단적으로 피난을 가며, 때때로 '사실상의 난민(de facto refugees)'으로 불림.
- **인신매매 피해자**: 인신매매를 당한 모든 자연인. 인신매매란 착취를 목적으로, 협박이나 무력의 사용 혹은 다른 형태의 강제, 유괴, 사기, 기만, 권력의 남용, 취약한 지위의 이용, 타인에 대해 통제력을 가진 사람의 동의를 얻기 위한 대가나 이익의 제공 혹은 수락행위를 통해 사람들을 모집, 운송, 이전, 은닉, 혹은 인수하는 것을 말함. 인신매매는 한 국가의 국경 내에서 일어날 수 있으며, 초국경적인 성격을 지닐 수도 있음.

자료: IOM(2011).

of Refugees」를 통해 "인종, 종교, 국적, 특정 사회집단의 구성원 신분 또는 정치적 의견을 이유로 박해를 받을 우려가 있다는 합리적인 근거가 있는 공포로 인하여 자신의 국적국 밖에 있는 자로서, 국적국의 보호를 받을 수 없거나, 또는 그러한 공포로 인하여 국적국의 보호를 받는 것을 원하지 아니하는 자"(국제이주기구, 2011)로 정의된다. 난민은 국제협약에 의해 비호국으로부터 보호를 받을 수 있고, 국적국으로 강제송환 되지 않을 권리를 가진다. 이재민은 내전, 무력충돌, 일반화된 폭력, 인권유린, 자연재해 및 인재 등 이유로 인한 두려움과 위험으로 이주를 선택한 경우로 국적국 내 다른 지역으로 이주한 국내이재민과 다른 국가로 이주한 국외이재민으로 구분된다(국제이주기구, 2011).

난민은 정치적 이유로 인해 개인에게 부과되는 폭력과 처벌을 피해 발생한 것으로 이주를 선택할 수밖에 없는 불가피성을 국제적으로 인정받기 때문에 국제사회의 보호를 받을 수 있다. 반면, 이재민은 정치뿐 아니라 경제사회적 위험으로부터 이주를 선택한 것으로, 대부분 가족 또는 커뮤니티 단위로 대규모 이동형태를 보인다. 또한 이주가 자발적인 판단의 결과인지 그렇지 않으면 이주할 수밖에 없는 환경에 처해 생존을 위해 이주를 선택하게 된 것인지 그 불가피성에 논란이 있어 국제사회의 보호를 받을 수 없는 경우가 대부분이다.

2) 강제이주 문제

이주가 국제갈등의 요소가 된 이유는 강제이주자 수가 급증하고 이로 인해 이주자 수용국의 재정적·사회적 부담이 늘어나면서 이주자 거부 현상이 일어났기 때문이다. 2017년 말 기준으로 강제이주자 수는 약 6900만 명에 이르며, 이는 1997년 대비 약 2배에 이르는 숫자이다(IOM, 2018). 특히 난민의 지위를 인정받지 못한 이재민의 비중이 증가했는데 이재민 보호에 대한 국제적 기준이 부재하여 이재민이 생존의 위협을 겪는 상황이 빈번해졌고, 이러한 사실이 뉴스 등을 통해 전 세계에 확산되면서 국제적 논쟁이 발생했다. 난민의 경우 이미 국제적으로 확립된 절차와 체계가 있어 입국과 재정착에 대한 논쟁이 적다. 그러나 이재민의 경우 적절한 보호를 받지 못해 이주 과정에서 인신매매, 범죄, 착취 등 위험의 피해대상이 되기 쉽다. 또한 이재민의 경우 난민과 다르게 이주가 불가피하지 않고 경제적 목적인 경우가 많으므로 국제사회의 보호 대상이 아니라는 시각이 확산되면서 입국을 거부당하기도 한다. 실제로 유럽 및 호주 등 이재민 입국이 많았던 국가들에서 이재민이 더 이상 들어오지 못하도록 국경을 통제하거나 선박 등 이동을 막고 있기도 하다. 2018년 예멘 난민들이 상대적으로 입국이 쉬운 우리나라를 선택한 것도 이와 같은 상황 때문이다.

설사 무사히 도착했다 하더라도 이후 상황도 문제이다. 대부분 이재민은 자신의 신분을 증명할 여권 및 비자 등 입국에 필요한 서류를 가지고 있지 않아 정상적인 입국 절차를 밟기 어려워 강제 수용되는 경우가 많다. 또한 난민과 다르게 재정착할 수 있는 경제사회적 보호를 받지 못해 생계수단을 찾지 못하고 자립할 수 없는 취약한 상황에 처해 있게 된다. 최근에는 이재민 문제가 세대를 걸쳐 이어지는 것으로 나타난다. 가족단위 이재민이 늘어나면서 미성년 이재민의 수가 증가함에도 교육, 보건의료 등 발달에 필요한 필수 서비스 접근 권리를 보장받지 못해 올바르게 성장할 수 있는 기회를 영구적으로 상실하는 경우가 발생하고 있기 때문이다.

강제이주 규모가 증가하는 상황에서 국제사회는 더 이상 이 현상을 피할 수 없다. 강제이주 이슈를 이해하고 답을 찾기 위해서는 먼저 강제이주의 원인이 되는 취약국에 대한 이해가 필요하다. 따라서 다음 절에서는 취약국의 정의, 원인, 문제점을 차례로 알아본다. 취약국과 강제이주 관계를 이해했을 때 강제이주 문제 해결 방향을 논의해볼 수 있다.

3. 취약국

1) 정의

취약국fragile states이 국제사회의 주요 이슈임에도 불구하고 취약국에 대한 합의된 정의 및 취약국 목록은 없으며 각국 및 기관들은 자체 기준에 따라 취약국 리스트를 작성하여 활용하고 있다. 가장 폭넓게 인정되고 있는 정의는 국가 기능이 제대로 수행되지 못하여 사회구성원의 필요와 요구를 충족하지 못하는 상태에 있는 국가이다(OECD, 2011). 구체적으로는 국가성statehood을 구성하는 권위, 역량, 정당성이 결핍된 국가로, 국가와 사회구성원이 상호 기대를 충족하지 못해 국가를 유지시키는 기본인 사회계약social compact이 약해진 국가를 말한다(Stewart and Brown, 2010, Grävingholt et al., 2012). 이러한

박스 8-2 **주요 기관 및 국가의 취약국 정의**

- **세계은행**: 2006년부터 매년 취약국 리스트를 발표하고 있음. 국가 정책 및 기관평가(CPIA) 3.2점 이하이며, UN 및 지역기구 평화유지 또는 평화구축 미션이 진행된 국가를 취약국으로 정의(World Bank, 2011).
- **OECD**: 정치적 의지가 없고 역량이 부족해서 기본 서비스를 제공하지 못하는 국가로 정의하고 (OECD, 2011), 매년 취약국 보고서를 발간함. 2015년부터 취약국을 대신하여 취약성(state of fragility)이라는 개념을 도입함. 취약성은 국가가 직면할 수 있는 다양한 위험요소와 이에 대한 국가의 대응역량이 부족한 상태를 의미하며, OECD는 취약성을 경제, 환경, 정치, 사회, 안보 분야로 세분화해서 분석함(OECD, 2015).
- **Fund for Peace**: 분쟁 요인과 분쟁 발생 위험도를 모니터링해서 국가실패를 예방하려는 목적으로 경제, 정치, 사회통합, 범분야별 'Fragile State Index'를 통해 상황을 진단하고 점수화해서 국가별 취약순서를 발표(Fund for Peace, 2019).
- **미국**: 실패 중이거나 실패한 국가 및 회복국가를 포괄하는 개념으로 사용하고 있으며, 사회구성원에 대한 안전과 기본 서비스를 제공할 수 있는 역량 또는 의지가 부족한 국가로 정당성이 위협받는 국가로 정의(USAID, 2005).
- **영국**: 외부 및 사회적 스트레스로 무력분쟁 위험이 높고, 분쟁을 평화롭게 해소할 수 있는 역량이 결핍된 국가 및 이러한 국가의 이웃국가로 불안정한 상태에 빠질 위험이 높은 국가를 취약국으로 정의하고, 높은 취약성, 온건한 취약성, 낮은 취약성, 높은 취약성 국가 인접국 및 지역으로 구분(DFID, 2016).

자료: World Bank(2011); OECD(2011, 2015); Fund for Peace(2019); USAID(2005); DFID(2016).

상태의 국가는 내·외부적 위기가 닥쳤을 때 이를 극복하지 못하고 실패상태에 빠질 위험이 높다.

(1) 권위의 결핍

취약국은 국가 내 무력폭력의 사용을 통제하고 법과 질서를 유지하며 사회구성원을 부당한 폭력과 위협으로부터 보호할 수 있는 권위authority가 부족하여 분쟁 위험이 높다. 따라서 분쟁은 취약국과 일반적인 저개발국가를 구분하는 가장 두드러진 특징으로 볼 수 있다. 대부분 취약국은 분쟁을 경험한다. 취약성이 극심한 국가 중에 절반이 분쟁의 영향을 받은 것으로 나타난다(OECD, 2018). 분쟁은 치안 유지에 대한 국가의 권위를 쇠퇴시키고, 국가 내 무력사용 통제를 어렵게 해 조직범죄, 불법 무기 유통 등 폭력을 확산시킨다.

국가가 안전보장 및 질서유지가 어려워짐에 따라 종교단체, 지역사회 등 국가를 대체하는 조직들이 대두되고, 이는 결과적으로 국가의 권위를 더욱 약화시키는 악순환으로 이어진다.

(2) 역량 부족

역량capacity은 교육, 보건, 식수 및 위생, 교통 및 에너지, 생계수단 등 국가가 사회구성원에게 제공해야 하는 기본 서비스 공급에 필요한 전문성, 행정력 및 필요한 재원을 확보하고 집행하는 능력을 포함한다. 취약국은 국가 역량이 결핍되어 빈곤, 실업, 경제적 불평등을 겪으며, 자연재해, 전염병 창궐, 식량 부족, 난민 발생 등의 위기발생 시 효과적으로 대응하지 못한다. 취약국 사회구성원은 국가에 대한 불만이 높아지고 세금 등 국가에 대한 의무를 이행하지 않게 되며, 그 결과 취약국가의 역량이 더욱 취약해지는 악순환이 발생한다. 역량 결핍은 취약국 여부를 판단할 때 가장 혼란스러운 부분이기도 하다. 최빈국 또는 저소득국가도 취약국과 같이 기본 서비스를 제공할 재원 및 행정역량이 부족하기 때문이다. 취약국과 취약국이 아닌 국가 간의 차이는 인종, 종교, 사회계층, 지역 등을 기준으로 한 차별과 불평등의 유무이다(Stewart and Brown, 2010). 취약국이 아닌 국가들은 비록 역량이 부족하더라도 사회의 불평등을 해소하고 포용적인 발전을 이루고자 노력하기 때문에 사회구성원들로부터 신뢰를 받으며 국가와 사회구성원 간에 안정적인 관계를 유지할 수 있다. 반대로 취약국은 차별과 불평등이 만연하여 사회가 분열되고 정부에 대한 불만이 높다.

(3) 정당성 결여

정당성legitimacy은 국가의 통치에 대한 사회구성원의 수용 여부를 나타낸다. 취약국은 사회구성원과 합의된 방식을 통해 정권을 창출하고 권력을 이양하기보다는 무력을 사용하거나 부정 선거를 통해 권력을 유지하여 국가 정당성이 약하다. 정당성이 약한 국가는 통치 권한을 유지하기 위해 반대 세력을 강압하거나 언론과 시민사회의 활동을 통제한다. 정당성은 국가의 책무성과 관련이 깊은데 사회구성원의 필요에 대해 국가가 효과적이며 투명하고 포용적인 태도로 적극 대응하려 했는지 여부로 결정된다. 취약국은 사회구성원의 필요를 충족하기보다 특정 엘리트 집단이 국가 서비스를 독점하는 등 부정부패가 만연해 국가에 대한 사회구성원의 불신이 깊다.

특징적인 것은 사회구성원마다 정당성은 다르게 인식되기도 한다는 것이다. 권력에 가까운 집단은 정당성을 높게 평가하고, 반대의 경우 국가의 정당성을 인정하지 않아 분열이 발생한다(Grävingholt et al., 2012, Collier et al., 2018). 일부 취약국 통치자들은 권력 유지 및 강화를 위해 이러한 분열상황을 악용하면서 국가를 더욱 취약하게 만들기도 한다.

2) 생성 원인

국가가 권위, 역량, 정당성을 잃게 되는 원인은 다양하다. 각각의 원인이 개별적으로 작용하기보다는 여러 가지 이유가 복합적으로 작용해서 취약국이 되는 것으로 보는 것이 더 적절하다.

(1) 역사적 배경

취약국은 대부분 자생적으로 오랜 역사에 걸쳐 국가라는 제도를 발전시킨 경험이 없는 경우가 많다(Rotberg, 2004; OECD, 2011). 대부분의 취약국은 원주민의 구성과는 무관하게 강대국들에 의해 국경이 그어져 종교, 인종 등 경쟁적 구조를 가진 사회 그룹이 하나의 국가 내에 포함되면서 갈등이 불가피해진 경우가 다수이다. 식민지 독립과 함께 외부로부터 국가라는 개념이 도입된 경우가 많아, 국가의 역할, 국가와 시민 간의 관계 등 국가 개념에 대한 이해 및 국가 역할에 대한 사회적 공감대가 부재하다. 또한 국가 전체를 조직적으로 운영할 경험과 역량이 부족하여 사회구성원의 필요와 기대에 제대로 부응하지 못한다.

(2) 세습적 정치 형태

취약국은 국가 권력 교체 과정이 사회구성원의 지지를 얻기 위한 치열한 경쟁 과정이 아닌 세습을 통하는 경우가 많아 국가가 사회구성원 전반의 이익을 대변하기 위해 노력하기보다 특정 그룹의 지지를 얻는 데 집중하는 경향을 보인다(Rotberg, 2004; OECD, 2011). 이로 인해 부정부패, 취약한 거버넌스, 국가 자원의 개인적 착취, 국가 전체보다 특정 이익집단을 위한 정책의 수립, 불공평한 사법 적용, 인권 탄압, 차별 및 억압 등 문제가 발생하기 쉽고 국가 전반의 실패로 이어질 가능성이 높다.

(3) 사회적 차별과 불평등

사회구성원 간 관계도 취약국 형성에 영향을 미친다(Kaplan, 2014). 취약국은 인종, 종교, 사회계층 등에 따라 분열된 사회구조를 보이는 경우가 많다. 분열이 심각한 사회는 국가로서 공동의 목적 달성을 위한 협력이 어려우며 희소한 자원을 두고 서로 경쟁하는 태도를 보인다. 이 경우 국가가 사회통합을 지향하고 포용적인 태도여야만 분열을 극복하고 안정국가가 될 수 있는데 취약국은 이러한 역량을 갖추지 못한 국가인 경우가 다수이다. 이러한 사회는 국가가 내외부적 위기에 직면할 때 갈등과 분쟁으로 빠질 위험이 높다.

(4) 지리적 위치 및 주변국 영향

주변국 불안정이 국가 취약화에 영향을 미칠 가능성이 높다. 주변국 분쟁은 경제적 손실을 가져오기도 하며, 무기 밀반입, 범죄조직 확산, 테러단체 활동, 주변국으로부터 강제이주민의 대거 유입, 마약 불법유통 등 위험을 발생시킨다. 예를 들어 요르단의 경우, 시리아 내전으로 대규모의 강제이주민이 유입되면서 자국의 경제 및 사회적 수용능력이 한계에 도달해 2011년부터 취약성이 악화되고 있는 것으로 나타난다(Fund for Peace, 2019). 최근 특징 중 하나는 취약국 분쟁에 국제사회의 이해관계가 얽히면서 "내전의 국제화 internationalization of civil war"(OECD, 2018)로 취약국 분쟁이 장기화되는 점이다. 시리아 및 예멘 내전이 대표적인 사례이며, 2016년 기준으로 전 세계적으로 내전의 약 40%가 국제화internationalised된 것으로 나타났다(OECD, 2018). 주변국 및 지역 패권국들이 취약국 내전을 경쟁의 장으로 활용하면서 내전에 무기, 자금, 군사력을 계속 지원함에 따라 내전의 동력이 지속된다. 또한 패권국들의 복잡한 이해관계로 유엔UN: United Nations 등 국제기구를 통한 평화협상을 결렬시키며 취약국 상황을 계속 악화시킨다.

3) 개발과제

역사적 배경, 정치형태, 사회적 불평등, 지정학적 요소 등 다양한 원인으로 인해 국가의 역량, 정당성, 권위가 훼손되며 국가 취약성이 악화된다. 국가의 취약성은 분쟁과 폭력 증대, 빈곤 악화, 기후변화 등 개발과제에 대한 대응력을 약화시켜 취약국 내에서의 삶을 유지하기 어렵게 만들고 결과적으로 생존을 위한 이주를 선택하게 한다. 이들 개발과제는 복합적으로 작용하여 취약국 상황을 더욱 악화시키는 악순환의 경향을 보인다.

(1) 분쟁과 무력폭력

분쟁은 취약국과 가장 밀접하게 연관된 이슈이다(World Bank, 2011; OECD, 2011). 분쟁은 막대한 경제 손실과 빈곤으로 이어지며, 인프라, 국가조직, 세금 등 국가 운영체계를 무너뜨린다. 분쟁으로 인해 국가는 제대로 된 기능을 수행할 수 없어 사회구성원의 불만과 결핍이 높아지고 이는 또 다른 분쟁 발생의 악순환에 빠지게 한다. 문제는 분쟁으로 인한 사회 균열은 회복하는 데 오랜 시간이 소요된다는 점이다. 균열 요소는 사회 내에 잠재되어 있다가 경기침체, 정권교체, 재난 등 위기 상황 발생 시 갈등으로 다시 표출되는데, 취약국은 이러한 위기 상황을 극복할 역량이 부족하여 사회 균열을 해결하지 못하고 반복적으로 분쟁에 빠진다.

(2) 빈곤

취약국은 경제성장을 추진할 역량과 사회적 기반이 부족하여 빈곤 국가인 경우가 대부분이다. 국가 재정과 행정 역량 부족으로 교육, 보건, 식수 위생 및 기초 인프라 등 국가 기본 서비스 제공에 한계를 겪고, 경제성장에 필요한 인적자원 및 인프라 개발에 투자할 수 없어 만성적인 빈곤에 빠진다. 국제적으로 봤을 때 빈곤이 취약국에 집중되는 현상을 보이며, 2030년에는 전 세계 최빈곤층 85%가 취약국 출신일 것이라는 전망이 있다(ODI, 2018). 하지만 모든 빈곤국이 취약국은 아니다. 빈곤으로 국가 역량은 부족하더라도 사회구성원의 요구에 부응하려는 정치적 의지, 포용적인 정책 및 정치체계, 발달된 시민사회 등이 있을 경우 경제적 결핍에도 불구하고 국가에 대한 사회구성원의 신뢰도는 향상하고 국가 안정성은 강화된다(Carment and Samy, 2017). 한편, 경제성장에도 불구하고 취약국인 경우도 있다. 2018년 38개 취약상황 중 30개가 중소득국에서 발생했다(OECD, 2018). 경제성장의 과실이 특정 집단에 집중되어 사회구성원 간 경제적 격차가 커지고, 성장이 사회구성원 전반의 삶의 질 개선에 기여하지 못할 경우 또는 국가지도자들이 국가 자원을 사적 목적에 사용하거나 정권 유지를 위한 정책을 우선시할 경우, 국가에 대한 사회구성원의 불신은 높아지고 취약국이 될 가능성도 높아진다.

(3) 자연재해 및 기후변화

대규모 자연재해는 선진국에서도 회복이 쉽지 않은 피해를 남기지만 이미 역량이 부족한 취약국에서 자연재해는 국가 전반을 무너뜨릴 수 있는 위험 요소가 된다. 예를 들어 아이티의 경우, 2010년 발생한 지진피해 복구를 아직까지 감당하지 못하고 있다. 기후변화는 자연재해를 악화시켜 식량생산성 감소와 식량 가격 상승을 초래한다. 농업인구가 전체 인구의 80%인 아프리카의 경우 기후변화 피해는 가뭄, 영양실조, 빈곤 등 만성적인 인도적 위기 상황을 발생시켜 국가취약화로 직결된다(OECD, 2018). 남수단, 사헬Sahel 지역은 심각한 가뭄피해로 수자원 및 식량을 두고 갈등이 발생하여 분쟁으로 이어지기도 한다. 한편, 기후변화는 해수면 상승으로 투발루, 피지, 키리바시 등 남태평양 섬나라들의 생존을 직접적으로 위협하기도 한다.

(4) 강제이주

취약국은 대규모 강제이주를 발생시키는 원인이 된다. 최근의 대표적 사례는 시리아로, 장기간 지속되는 내전으로 2017년 말 기준 약 630만 명의 난민이 발생했는데 전 세계 강제이주자 수가 약 6900만 명이므로 약 10명 중 1명은 시리아 난민이다(UNHCR, 2018). 그 외 콜롬비아, 콩고민주공화국, 아프가니스탄, 남수단, 이라크, 소말리아, 수단 등의 취약국이 대표적인 강제이주 발생국가이다(UNHCR, 2018). 게다가 강제이주자 대부분이 주변국에 장기 체류하면서 이미 취약한 주변국의 정치적·경제적·사회적·안보적 불안정을 야기하고 결과적으로 주변국까지 취약하게 만든다.

4. 취약국과 강제이주

1) 국가 취약성과 강제이주

취약국은 국가가 기본 기능을 할 역량 혹은 의지가 부재하여 사회구성원이 분쟁, 경제수단 상실, 자연재해, 기후변화 등 위협으로부터 보호받지 못한다. 따라서 취약국 강제이주는 정치적 목적뿐 아니라 생계수단 상실, 기후변화로 인한 생존 위협 등 이유가 복합적으로 작용한 결과이며, 취약상황이 계속되어 삶이 개선될 것이라는 기대감을 상실했을 때 결정적으로 이주를 선택하는 것으로 조사되었다(Hoeffler, 2013). 실제로 강제이주 발생 상황을 볼 때 장기화된 분쟁과 불안정(시리아, 리비아, 아프가니스탄 등), 취약한 정부 및 무질서(소말리아, 콩고민주공화국 등), 극심한 빈곤 및 경제적 결핍(사하라 이남 아프리카 등) 등을 피해 이주를 선택한 경우가 다수이다(Martin-Shields, 2017). 그럼에도 불구하고 국제사회는 정치적 이유에 의한 박해만을 보호의 대상 선정 이유로 인정하고 있어 취약국 출신 강제이주자는 보호를 받지 못하고 각종 범죄의 대상이 되는 위험상황에 노출되어 있다.

2) 국가 취약성 지속과 강제이주 장기화

제2차 세계대전 이후 전례가 없는 수준으로 강제이주가 늘고 있지만 취약국 문제가 지속되면서 자발적 귀환, 현지 통합 또는 재정착 등의 영구적 해결 durable solution이 어려워지고 문제가 장기화 및 만성화되고 있다. 2015년 기준으로 10년 이상 난민 상태인 경우가 40%가 넘으며, 30년 이상인 경우도 약 20% 정도로 강제이주가 장기화되고 있다(ODI, 2016). 본국으로의 자발적 귀환을 결정하기 위해서는 이주를 결정하게 된 원인의 해결과 귀환 후 지속가능한 삶을 유지할 수 있다는 신뢰가 있어야 하는데, 본국이 취약국 상태를 벗어나기 전에는 귀환을 선택하기 어렵다. 귀환 이후에도 어려움은 있다. 이주로 인해 신분증 및 토지 등 사유재산에 대한 각종 행정기록이 상실된 경우가 다수이며, 취약국 정부는 귀환과정을 관리할 역량이 부족하여 귀환 및 재정착과정에서 분쟁과 혼란이 야기될 가능성이 높다. 현지 통합이나 제3국에서의 정착도 어렵다. 취약국 출신 강제이주민의 경우 난민지위 확보에 필요한 박해 근거를 제시하기 어려워 시설에 억류되거나 본국으로 송환될 위험이 높다. 또한 교육, 의료 등 기본 서비스에 대한 접근의 제약, 취업 등 생계유지 수단의 부족은 취약국 출신 강제이주민의 삶을 더욱 취약하게 만든다.

취약국 국내이재민의 경우 상황은 더욱 심각하다. 취약국은 이주를 발생시킨 원인을 해결하고 이재민을 보호하려는 의지와 역량이 부재하여 이재상태 해결을 위한 지원을 기대하기 어렵다. 또한 대규모 국내이재민이 발생할 경우 해당 지역의 열악한 상황이 더욱 악화됨으로써 사회 분절화, 사회구성원 간 갈등 심화 및 새로운 분쟁이 발생할 가능성이 높다. 결과적으로 강제이주는 취약국의 상태를 더욱 악화시키는 불안 요소로 작용하면서 취약상태를 장기화시키며, 이로 인해 신규 국내이재민이 추가 발생하는 악순환이 이어진다.

3) 강제이주 장기화와 주변국 취약화 및 지역안보 위협

강제이주자는 대부분 장거리 이동 수단이 없어 생활환경이 비슷한 주변국으로 이동한다. 그러나 이들 수용국도 이미 취약한 국가이거나 대규모 강제이주를 수용할 수 있는 역량이 부족한 국가들인 경우가 다수이다. 2017년 기준으로 약 85%의 난민이 요르단(시리아, 팔레스타인 난민), 터키(시리아 난민), 레바논(시리아 난민) 등 개발도상국 및 최빈국에 머물면서 수용국에 재정 부담, 물가상승, 실업률, 주거문제, 범죄 확산 등 어려움을 발생시켰다(UNHCR, 2018). 게다가 팔레스타인, 아프가니스탄 및 최근의 시리아 사태처럼 본국에서 벌어지고 있는 무력분쟁 상황이 개선되기 전에는 귀환이 어려우므로 수용국의 부담은 장기화될 수밖에 없다. 이는 결국 수용국과 강제이주민 간 갈등을 유발하고 강제이주자에 대한 배척의 인식이 확산되어 강제이주자 차별, 박해, 범죄 대상화 등으로 이어지며, 수용국의 사회 불안정을 야기하는 취약 요소가 된다.

5. 다양한 해결 노력

앞서 설명한 대로 국가 취약화 및 강제이주 이슈는 긴밀한 관계가 있다. 따라서 강제이주나 취약국 이슈를 개별적으로 접근할 경우 단기적 현상 대응만 가능하고 지속가능한 해결책이 되지 못한다. 취약성 개선을 통해 강제이주 발생 원인을 해결하고 강제이주 복귀 및 재정착 지원을 통해 악순환 구조를 벗어나도록 통합적인 관점에서 접근하는 것이 필요하다.

1) 취약국 문제 해결

취약국 문제 해결을 위해 강조되는 개념이 복원력resilience이다(Metre, 2016). 복원력은 위기를 예측하고 위기발생 시 피해를 최소화하며 위기발생 후 신속하게 원래 상태로 돌아갈 수 있는 능력을 의미한다. 원래 자연재해 재난대응 논의에서 주로 사용되던 개념으로, 재난 복구 시 재난 대응체계를 강화하여 재난 위험을 경감하자는 내용이다. 취약국 논의에서 복원력은 국가가 직면하는 위기의 종류가 다양해지고 언제 어떠한 위기에 영향을 받을지 알 수 없는 데다 국가마다 가진 대응역량에 따라 피해가 달라지므로 위기 상황에 대한 국가의 대응역량 강화를 통해 국가가 취약해지는 것을 예방할 수 있다는 관점이다. 여기서 대응역량은 국가의 기본 기능 수행 역량의 회복과 사회 구성원 간 통합social cohesion을 포함한다.

(1) 국가 기능 회복

앞서 설명한 대로 취약국은 국가가 기본 기능을 제대로 수행할 수 없거나 수행할 의지가 없어 국가와 사회구성원 간 신뢰관계가 무너지고 정당성이 약화된 상태를 의미한다. 그러므로 국가가 기본 기능을 충실히 수행하여 국가와 사회구성원 간에 탄탄하고 공고한 관계가 구축되어 국가 정당성이 강화되었을 때 취약국 상태를 극복할 수 있다. 따라서 효과적으로 기능하는 국가체계를 구축하는 것이 필요하다. 국가가 제대로 된 기능을 수행할 때, 사회구성원은 국가의 통치를 지지하고 세금 등 국가에 대한 의무를 자발적으로 이행하게 되어 국가가 기본 기능을 수행할 수 있는 역량을 강화하는 선순환이 가능해진다. 또한 사회구성원이 사회 내 갈등을 무력수단이 아닌 방식을 통해 해결할 수 있다고 믿게 되어 지속가능한 평화가 가능해진다.

중요한 점은 국가의 기본 기능이 사회구성원의 기대와 필요를 충족하는 방식으로 제공되어야 한다는 점이다. 국가가 기본 기능을 제공하고 있더라도 사회구성원의 기대에 부합하는 수준이 되지 못하면, 국가에 대한 불만이 쌓이고 국가의 정당성은 약화된다(OECD, 2011). 이를 위해 취약국은 사회구성원들의 의견을 수렴하려는 태도를 보이고, 지속적으로 개선에 대한 의지를 표현하고, 투명하고 공정한 방식으로 개혁의 절차를 진행해야 하며, 이를 공개적으로 계속해서 알려야 한다(Collier et al., 2018). 취약국은 이미 국가와 사회구성원 간의 불신이 높기 때문에 과정의 정당성이 지켜지지 않는다면 분쟁으로 이어질 가능성이 높다.

취약국 개선이 성공하기 위해서는 단기간에 혁신적 변화가 이뤄질 것으로 기대하기보다 단계적으로 진행하는 전략이 필요하다(Collier et al., 2018). 국가 기능을 회복하고 사회구성원으로부터 신뢰를 얻는 일은 단기간에 가능하지 않다. 일시적으로 국가 기능이 회복되더라도 근본적으로 국가작동 규범과 기준의 변화가 없다면 원래 상태로 돌아올 가능성이 높기 때문이다. 성공적 변화를 위해서는 단기적으로는 달성 가능한 목표를 정하고 성공을 반복적으로 보여줌으로써 신뢰를 회복해나가면서 변화가 필요한 장기적 과제를 위한 기반을 다져야 한다.

다음으로는 경제성장을 위한 노력이 이어져야 한다(OECD, 2011; Collier et al., 2018). 이를 위해서는 분쟁과 범죄가 해결되어야 하고, 경제활동이 안정적으로 이뤄질 수 있도록 관련 법과 정책이 수립되어야 하며, 인적자원 및 인프라 개발을 위한 투자가 있어야 한다. 이러한 변화 과정을 겪으면서 사회구성원은 국가에 대한 신뢰를 회복하고 생계수단이 회복됨으로써 이주할 필요가 없어지게 될 것이다.

(2) 사회통합

취약국은 무력분쟁 및 폭력 등으로 사회구성원 간 갈등의 골이 깊다. 이러한 분절적 사회는 상호불신이 높아 조그마한 위기에도 갈등이 폭발할 수 있어 위험하다. 분열된 사회를 통합시키고 하나의 국가로서 인식을 공유하고 공동의 목표를 위한 공감대를 형성하려면 장기간의 노력이 필요하다. 분열은 국가 시스템과 사회구성원의 인식 속에 오랜 기간 내재되어 있던 특권, 차별, 소외 등의 결과이므로, 사회 전반의 제도, 규범, 인식이 바뀌지 않으면 그것이 해소되기 어렵기 때문이다. 취약국은 지속적으로 공정성, 투명성, 형평성을 강조하는 변화를 보여주어야 한다. 그리고 지속적인 교육과 캠페인, 공공부문에서의 통합 정책 등을 통해 통합된 국가로서 인식을 확산시키는 노력을 기울여야 한다(Collier et al., 2018). 이 과정에서 무엇보다 중요한 것은 통합된 국가로서 인식이 외부로부터 주입된 개념이어서는 안 된다는 점이다. 취약국 내부로부터 발전된 개념을 채택해서 적용해야만 지속가능한 변화가 가능하다(Kaplan, 2014).

(3) 국제사회 취약국 지원 체계

평화구축 및 국가건설 목표

평화구축 및 국가건설 목표PSGs: Peacebuilding and Statebuilding Goals는 취약국과 국제사회가 함께 수립한 취약국 개선을 위한 구체적인 목표체계이다. 2008년 제3차 아크라 원조효과성에 관한 고위급회의에서는 g7+•라는 취약국 그룹 중심으로 평화구축 및 국가건설을 위한 국제사회의 다양한 이해관계자가 참여하는 국제대화International Dialogue on Peacebuilding and Statebuilding가 제안되었다. 그 이후 2010년 동티모르 딜리에서 개최된 1차 국제대화에서 딜리 선언Dili Declaration: A New Vision for Peacebuilding and Statebuilding이 채택되었다. 여기에서 취약국 문제 해결은 취약국이 중심이 되어야 하며, 취약국 국가개발을 위해서는 취약국 문제의 근본적인 해결이 필요하다는 데 공감대가 형성되었다. 또한 PSGs 7개 목표가 확정되었으며, 취약국 국가개발을 위해 PSGs가 가장 우선적으로 추진되어야 한다는 데 합의했다.

2011년 라이베리아 몬로비아에서 개최된 2차 국제대화에서는 몬로비아 로드맵Monrovia Roadmap on Peacebuilding and Statebuilding을 통해 PSGs 7개 목표를 5개로 정리하고, 같은 해 우리나라 부산에서 개최된 제4차 원조효과성에 관한 고위급회의에서 이를 공식 승인했다.

PSGs는 국가와 사회구성원 간 신뢰관계를 구축하는 데 필요한 국가 기본 기능을 정치(포용적인 정치체계 및 분쟁 해결 촉진), 안보(안보 확립 및 강화), 정의(불공정 해소 및 사법 접근성 증진), 경제적 토대(일자리 창출 및 생활환경 개선), 조세 수입 및 서비스(국가의 조세 수입 관리 및 책임 있고 공정한 서비스 전달 역량 구

• g7+는 2008년 가나에서 개최된 제3차 원조효과성에 관한 고위급회담에서 취약국들의 자발적 모임으로 처음 시작되었다. 현재는 20개국이 회원국으로 속해 있으며, 분쟁 취약국들의 상호 학습과 지원 플랫폼의 역할을 수행하고 있다.

축)의 5개 범주로 구분한 것으로, 각 범주별 목표와 달성 정도를 측정할 수 있는 지표를 정의하고 있다. PSGs가 합의됨으로써 취약국 상황을 더욱 체계적으로 진단하고 지원 우선순위를 결정할 수 있게 되었으며, 성과를 객관적으로 모니터링 및 평가할 수 있게 되었다. PSGs는 국제사회 개발목표인 지속가능개발목표SDGs: Sustainable Development Goals와 별도로 추진되는 것은 아니며, PSGs 달성을 통해 지속가능한 개발을 위한 기본 환경이 구축되고, SDGs 목표 달성에도 기여할 수 있도록 되어 있다.

분쟁 및 취약국 지원에 관한 뉴딜

경제협력개발기구OECD: Organization for Economic Cooperation and Development는 1990년대 후반부터 '분쟁단계에 따른 취약국 지원 가이드라인'(1997) 및 '분쟁방지를 위한 개발협력 가이드라인'(2001) 등 취약국 지원에 대한 가이드라인을 수립해왔다. 하지만 새천년개발목표MDGs: Millennium Development Goals 체계에서 취약국의 MDGs 달성이 저조하자 원조 성과를 제고하기 위해서는 새로운 접근이 필요하다는 인식이 확산되었다. 2005년 제2차 파리 원조효과 고위급회의 결과에 따라 2007년 '취약국가와 취약상황에 대한 국제사회의 모범적인 개입원칙'이 수립되었다. 그리고 2008년 제3차 아크라 원조효과 고위급회의에서는 PSGs 달성을 위한 새로운 접근법인 '분쟁 및 취약국 지원에 관한 뉴딜New Deal: A New Deal for engagement in fragile states'이 제안되었으며, 2011년 제4차 부산 원조효과 고위급회의에서 이 뉴딜을 국제사회의 취약국 지원 원칙으로 채택했다.

뉴딜은 취약국 지원 실행전략FOCUS과 취약국 지원에 대한 국제사회 협력태도TRUST를 규정하고 있다. 효과적인 취약국 지원을 위해서는 먼저 취약성을 평가하고Fragility assessment, 평가 결과를 바탕으로 하나의 비전과 하나의 계획One vision and one plan을 수립한 뒤, 계획의 실행을 위해 취약국을 포함한 국

그림 8-1 **PSGs와 뉴딜**

자료: 이현(2014).

제사회 모든 이해관계자가 이행협약Compact을 체결하도록 했다. 지원 성과 제고를 위해 이행과정을 PSGs 기반으로 모니터링하고Use, 취약국의 PSGs 이행을 촉진하기 위해 취약국 정부와 사회구성원 모두가 참여하는 정치적 대화와 리더십을 지원Support Political Dialogue & Leadership하도록 했다.

FOCUS에서 핵심은 과거에는 국제사회가 지원전략을 수립하고 취약국은 지원을 받는 수동적 입장에 있었다면, 취약국이 PSGs 이행을 위한 계획을 수립하고 실행을 주도하도록 한 것이다. 이를 통해 외부로부터 주입된 해결책이 아닌 취약국에 맞는 방법을 적용하여 지속가능성을 높일 수 있게 되었다. 또한 국제사회가 개별적으로 취약국과 협력을 시도하면서 발생한 중복 및 분절의 비효율성을 극복하고, 통합적이며 조화로운 지원을 강조하고 있다. 그리고 국가와 사회구성원 모두가 참여하는 정치 대화를 강조함으로써 국가 정책 수립 과정에 사회구성원의 기대와 필요를 포괄적으로 반영할 수 있도록 했으며, 사회구성원들로부터 지지와 합의를 끌어낼 수 있어 국가와 사회구성원의 관계를 개선하는 데 기여할 수 있게 했다.

취약국 지원에 대한 국제사회 협력태도TRUST는 취약국의 PSGs 달성 과정에 국제사회가 어떠한 관점에서 지원을 실시해야 하는지 가이드라인을 제시한 것이다. 국제사회는 취약국에 지원되는 공적개발원조ODA: Official Development Assistance 등 개발재원이 취약국에 의해 투명하게 집행될 수 있도록 모니터링 시스템을 구축하고Transparency, 취약국 지원 시 발생 가능한 위험요소에 대한 국제사회의 공동 대응Risk-sharing을 통해 피해를 최소화하고, 취약국 정부의 기본 기능 수행역량을 강화하기 위해 취약국 시스템을 최대한 활용하며Use and Strengthen Country System, PSGs 이행계획 수립 및 실제 이행에 참여하는 취약국 정부 및 시민사회의 역량강화Strengthen Capacity를 지원하고, 시의적절하고 예측 가능한 원조Timely Predictable Aid를 통해 취약국 개선 노력의 동력이 약해지지 않도록 했다.

2) 강제이주 문제 해결

(1) 강제이주의 영구적 해결

강제이주에 관한 영구적 해결은 이주자가 더 이상 이주로 인한 어떠한 외부적 도움이 필요 없는 상태가 되는 것을 의미한다. 대표적으로 강제이주를 발생시킨 이유가 해소되어 원래의 거주 지역(또는 국가)으로 자발적으로 돌아가거나return, repatriation, reintegration at the place of origin, 이주 지역에 정착하거나local integration, 제3의 지역에 정착resettlement하는 세 가지 방법이 있다. 영구적 해결은 난민 및 국내외이재민 모두에 해당하는 공통된 해결방법이다. 이러한 영구적 해결이 성공적이며 지속가능하려면 먼저 강제이주 발생 원인을 해결해야 한다. 이주 발생 원인이 해결되기 전에 강제이주자를 자발적 혹은 비자발적으로 귀환시킬 경우 귀환은 지속가능하지 않으며 장기적으로 또다시 이주를 선택할 악순환의 가능성이 높기 때문이다. 국가 취약성을 개선하고, 분쟁과 무력폭력을 종식하고, 미래의 발생 가능한 위험에 대응할 수 있는 복원력을 기르는 방향으로 재건 복구가 이뤄져야 한다.

두 번째는 강제이주자의 자립 역량 구축이다. 강제이주에 대한 국제사회의 대응은 대부분 당장의 인도적 지원에 머무르는 경향이 크다. 물론 생활터전을 떠나야 했던 이주민들에게 식량, 식수, 피난처 등 생존을 위한 지원이 우선적이기는 하다. 하지만 이들의 경제적 자립 역량이 구축되지 않는다면 원조에 만성적으로 의존할 수밖에 없다. 따라서 인도적 지원과 더불어 교육 및 직업훈련 등 역량 개발과 취업 등 생계수단을 찾을 수 있는 개발협력 지원이 동반되어야 한다.

마지막으로, 강제이주의 영구적 해결이 이뤄질 때까지 이들을 보호하는 것이다. 이주민의 존엄이 보장될 수 있도록 보건의료, 안전한 거주환경, 통신, 에너지 등이 제공되어야 하며, 폭력, 범죄, 착취, 차별로부터 보호받을 수 있어야 한다. 이를 위해서는 강제이주자를 수용하고 있는 국가 또는 커뮤니티의 정치적 의지가 중요하다. 특히 최근 강제이주가 대규모화 및 만성화되면서 강제이주 수용국 및 커뮤니티의 부담이 커지고, 강제이주자 문제를 둘러싼 갈등이 증가하고 있다. 따라서 강제이주 수용국 및 커뮤니티에 대한 국제사회의 부담 공유burden-sharing가 필요하다. 강제이주 수용국 및 커뮤니티가 강제이주자를 보호하고, 영구적 해결을 위해 수용국 및 커뮤니티 개발계획에 강제이주자의 요구와 필요가 반영되도록 유도하고, 이들 지역의 강제이주자 수용에 따른 경제적·사회적 부담이 경감될 수 있도록 지속적인 개발원조 지원과 제3국으로의 재정착에 협조해야 한다. 그리고 무엇보다도 강제이주자와 현지인들 간의 갈등을 최소화할 수 있도록 문화적·종교적 측면에서 사회통합의 노력을 동반해야 한다.

(2) 국제사회 지원체계

전통적으로 이주자에 대한 국제사회의 지원은 「1951년 난민 지위에 관한 협약」 및 「1967년 난민 지위에 관한 의정서」를 바탕으로 하며, 난민들은 국제사회로부터 보호받을 권리를 보장받는다. 그런데 2000년대 들어 9·11 등 국제 테러활동이 확산되며 이주자들이 국제 평화와 안보에 위협이 된다는 인식이 높아지며 이주 통제 강화로 이어졌다. 특히 강제이주자의 경우 난민과 다르게 국제사회의 보호 메커니즘이 없어, 이주 과정에 또는 정착지역 내에서 생존을 위협받거나 각종 범죄의 대상이 되고 있다. 이러한 상황 때문에 기존 난민 보호체계의 개선 요구가 확산되고 있다.

국내이재민 지원

1990년대 이후 내전 확산, 범죄 및 인권 탄압 등으로 국내이재민이 증가했다. 그런데 기존의 국제사회 보호체계는 오직 국경을 넘는 난민에게만 적용되는 것이어서 자국 내의 이재민을 지원할 수 있는 새로운 보호체계의 마련이 시급해졌다. 이에 1998년 유엔인권위원회UN Commission on Human Rights는 '국내이재에 대한 원칙Guiding Principles on Internal Displacement'을 채택했다. 동 원칙은 국내이재민을 위한 임시 보호 제공, 기본 서비스 접근성 보장, 안전한 귀환 및 재정착 지원 등 이주 발생부터 해결까지 단계적으로 지원해야 할 사항을 명시했다. 중요한 점은 국내이재민 보호의 우선 책임이 해당 국가에 있다는 것을 강조하고, 해당 국가가 이에 대한 역량 또는 의지가 없을 경우 국제사회가 개입할 수 있도록 했다는 것이다. 2010년에는 기관 간 상임위원회IASC: Inter-Agency Standing Committee[•]에서 '국내이재민을 위한 영구적 해결 프레임워크IASC Framework on Durable Solution for Internally Displaced Persons'를 수립하고, 분쟁뿐 아니라 자연재해 또는 인재로 인해 발생한 이재민도 보호하도록 지원대상을 넓혔다.

하지만 분쟁부터 자연재해까지 명백한 이유에 따른 이재민만을 지원대상으로 하기 때문에, 증빙할 수 없으나 복합적인 이유로 인한 이주는 지원대상에서 배제되면서 여전히 많은 이주자들이 지원의 사각지대에 놓였다. 또한 이주 발생 원인에 대한 해결은 제시하지 않아 이주 문제에 대한 근본적 접근은 아니었다. 2018년 국내이재에 대한 원칙 수립 20주년을 기념하여 수립된 '국내이재민 예방, 보호 및 해결을 촉진하기 위한 이해관계자 간 액션플랜'[••]에서 이러한 한계를 극복하기 위한 조치들이 추가되었다. 국내이재민을 국가 개발계획 및 관련 정책 수립 시 참여시켜 이재민이 차별 및 소외되지 않도록 했으며, 예방적 차원에서 이주를 발생시킨 근본 원인 해결의 중요성이 강조되었다. 또한 분쟁 및 자연재해뿐 아니라 기후변화와 개발 등 이주를 발생시키는 다양한 요인들을 모두 포괄하면서 국내이재민 이슈가 특정 국가나 지역의 문제라는 인식을 탈피하도록 했다. 그리고 국내이재민 문제를 해결하기 위한 다양한 이해관계자의 참여와 종합적인 대응책 마련을 촉구했다.

• IASC는 인도주의 지원을 위한 기관들의 협력을 위한 주요 메커니즘으로 1992년 UN 총회 결의 46/182로 설립되었다.

•• GP20 Plan of Action, a Multistakeholder Plan of Action for Advancing for Internally Displaced People 2018-2020.

앞서 설명했듯이 난민에 대한 국제사회 보호체계는 오랜 역사를 가지고 있으나 난민 외 국제이주에 대한 국제사회 지원은 최근에 들어서야 논의가 활발해졌다. 2003년 MDGs 달성을 촉진하기 위해 개발에서 이주의 긍정적 기여를 강조하고 부정적 영향을 최소화할 목적으로 UN 총회에서 국제이주에 대한 고위급대화United Nations High-level Dialogues on International Migration and Development를 정기적으로 개최하기로 합의했다. 2006년 첫 회의에서 이주와 개발에 대한 글로벌 포럼Global Forum on Migration and Development이라는 비공식적 대화 및 협력 플랫폼이 제안되었으며, 2013년 2차 회의에서는 모든 이주자의 인권 보호, 노동이주의 비용(국제송금 수수료 감소, 사회보장 제공 등) 감소, 인신매매와 같은 이주민 착취 근절, 고립된 이주민 이슈 해결, 이주민에 대한 대중의 인식 개선, 개발정책에 이주민 포함 등 이주를 개발정책에 통합시키는 것을 논의했다.

하지만 취약국 문제와 취약국으로부터 발생한 강제이주가 국제사회의 관심을 끌 만한 수준에 이르지 않고 이주와 개발의 관계에 집중하는 경향을 보였다. 이후 2011년에 시작된 아랍의 봄 및 시리아 내전으로 인해 유럽 난민 위기가 발생하면서 취약국과 강제이주가 국제사회에서 관심의 대상이 되었다. 2016년 개최된 세계인도주의정상회의에서 '인류를 위한 어젠다Agenda for Humanity'를 채택하고, 강제이주를 발생시키는 원인의 해결로 분쟁의 예방과 종식을 위한 국제사회의 정치적 리더십을 강조하고, 이주자의 지위에 상관없이 누구나 안전하고 존엄한 삶을 살 수 있도록 국제사회의 보호책임의 범위를 확대했다. 이주 문제가 국제화되면서 '2016년 난민과 이주민에 대한 UN 총회UN Summit for Refugees and Migrants 2016'를 개최하고, 후속조치로 2018년 「안전하고 질서 있는 정규 이주를 위한 글로벌 협약Global Compact for Safe, Orderly and Regular Migration」과 「난민을 위한 글로벌 협약Global Compact on Refugee」을 채택했다. 이주의 근본 원인인 취약성 감소를 위한 지원을 보장해야 하고, 이주민의 신분에 상관없이 인권을 보장해야 하며, 더 나아가 이주가 개발에 기여할 수 있도록 안정적 정착을 지원해야 한다고 강조했다. 그리고 무엇보다도 이주민 수용국의 부담을 경감하기 위한 국제사회의 부담 공유에 합의하여 강제이주로 인한 지역안보 취약화 예방에 노력할 것을 촉구하고 있다.

6. 결론

취약국과 이주 문제는 취약국 자체적으로 해결하기 어려우므로 국제사회의 협력이 필수적이다. 그러나 취약국과 강제이주가 테러 등 국제안보에 위협이 된다는 인식이 확산되면서 이주민에 대한 차별과 고립이 심각해지고 있다. 특히 미국, 유럽연합EU: European Union, 호주 등 선진국에서 강제이주자 입국 거부 정책이 확산되면서 취약국과 선진국 간 갈등은 더욱 깊어지고 있다. 그 결과 강제이주자는 국제사회의 지원으로부터 소외되고 더욱 취약해지면서 세대를 이어 피해가 이어지는 '잃어버린 세대lost generation' 문제가 발생하고 있다.

이러한 문제를 해결하기 위해서는 취약국과 국제사회의 정치적 의지가 중요하다. 취약성 극복과 국가건설을 위해 취약국이 지속적으로 노력을 기울일 수 있도록 취약국 내부의 정치적 의지와 국제사회의 지원이 함께 필요하다. 하지만 장기화되고 있는 글로벌 경기침체로 취약국에 대한 지원을 계속하는 것에 대한 비판적 시각도 크다. 그러나 명심해야 할 부분은 취약국 문제가 해당국에 국한된 이슈가 아니며 국제안보와 평화, 지속가능한 개발에 영향을 끼치는 이슈라는 점이다. 국제사회는 취약국에 대한 지원을 지속할 정치적 의지를 공고히 할 방법을 찾아야 한다.

유럽 난민위기로 강제이주자들이 처한 위험상황에 대한 국제적 인식이 높아졌다. 그러나 종교적·인종적 이유 등을 바탕으로 한 불특정 다수에 대한 테러로 일상적인 삶이 위협받기 시작하면서 강제이주자에 대한 부정적이고 배타적인 시각이 깊어지고 잘못된 정보가 확산되고 있다. 아이러니하게도 이러한 태도는 상호 간의 갈등을 유발하고 불신이 깊어져 테러와 범죄 등 부정적인 결과를 다시 불러일으키는 악순환으로 이어진다. 이러는 와중에 강제이주민을 대규모로 수용하고 있는 국가는 대응역량이 한계에 도달하여 국제사회의 지원을 절실히 요청하고 있다. 국제사회는 난민협약의 근간이 되는 국제인권법의 의미를 되새겨 강제이주자의 출신이나 신분에 상관없이 이들을 위한 보호를 제공해야 하며, 강제이주 수용국의 부담을 공유하는 책임 있는 자세가 필요하다.

사 례

난민과 이주민 보호의 양면성

취약국과 이주 이슈에서 국제사회가 당면한 우선 과제는 이주자들에 대한 보호이다. 난민은 난민협약에 의해 국제사회의 보호를 받을 수 있다. 하지만 난민 이외의 이주자들, 예를 들면 자국의 취약상황으로 무력폭력, 범죄, 경제적 결핍, 기후변화 위험 등을 피해 이주를 선택할 수밖에 없는 비정규 이주자, 무국적자, 보호자 동반 없는 미성년자, 인신매매 등 범죄 피해자와 같은 강제이주자는 국제사회의 보호를 받을 수 있는 어떠한 법적 기반이 없다. 난민은 보호하고, 그렇지 않은 경우는 위험에 노출되어도 되는 것은 아니다. 이주자의 지위와 상관없이 이들 모두 국제인권법에 의해 보호받아야 할 동등한 권리를 가지기 때문이다. 이러한 딜레마를 보여주는 것이 「이주 글로벌 컴팩트(Global Compact on Migration)」를 둘러싼 국제사회의 충돌이다.

유럽 난민위기로 인해 촉발된 이주자 보호 문제와 관련해서 2016년 UN 총회에서 '난민과 이주자에 대한 뉴욕 선언(New York Declaration on Refugees and Migrants)'을 채택하며 난민 지위 여부와 상관없는 이주자에 대한 보호책임과 국제사회의 협력에 합의했다. 그리고 후속조치로 2018년에 「이주 글로벌 컴팩트」와 「난민 글로벌 컴팩트(Global Compact on Refugees)」에 서명했다. 그런데 난민 글로벌 컴팩트와 다르게 이주 글로벌 컴팩트는 다수 국가가 불참했다. 우선 미국은 2017년부터 논의에서 빠졌으며, 호주, 오스트리아, 헝가리, 칠레, 이스라엘, 폴란드, 체코공화국, 도미니카공화국, 불가리아, 슬로바키아, 스위스, 이탈리아, 에스토니아가 불참했다. 불참 이유는 이주자가 자국의 안전에 위협이 될 수 있으며, 경제적 목적으로 이주를 선택한 자발적인 이주자들이기 때문에, 불가피한 이유로 이주하는 난민과 다르게 보호할 의무가 없다는 것이다. 하지만 국가가 취약해져 이주를 선택한 이들에게 이주란 불가피한 선택인 경우가 다수이다. 자국으로의 귀환보다 이주 과정에서 발생할 수 있는 위험을 선택할 정도로 취약국에서의 삶은 유지될 수 없는 수준인 것이다. 취약국으로부터의 이주는 자발적 이주인지 비자발적 이주인지에 대한 구분이 모호할 수밖에 없다. 사회 전반의 안전이 붕괴되고 생계를 상실한 것을 객관적으로 증명하기란 어렵다. 또한 이주자들이 이를 증명할 수 있는 역량이 부족한 취약계층인 점도 잊어서는 안 된다.

우리나라의 입장은 어떠할까? 대표적인 사례가 2018년 500여 명의 예멘인이 제주도에 입국한 사건이다. 예멘은 오랜 기간 지속된 내전으로 빈곤과 불안정이 만연하여 유엔난민기구(UNHCR: UN High Commissioner of Refugee)에 따르면 약 200만 명이 인도적 지원이 필요한 상태이다(UNHCR, 2018). 그러나 당시 국내에서는 예멘 입국자들을 둘러싼 각종 가짜 뉴스와 입국자 대부분이 믿고 있는 이슬람 종교에 대한 위화

감을 조성하는 루머들이 난무하며 입국 찬성과 반대 여론이 강하게 부딪혔다. 입국 반대자들은 예멘인들이 경제적 목적으로 입국한 불법이주자들이니 자국으로 돌려보내야 한다고 주장했다. 취약국 문제가 해결되기 전에는 강제이주 문제 해결도 어렵다. 하지만 취약국 문제는 단기간에 해결되는 과제가 아니므로 자국으로 입국하는 강제이주자의 수용, 보호 및 재정착 지원을 위한 국제사회의 태도 변화가 필요하다.

생각할 문제

1 예멘 난민 인정 사건에 대한 각자의 의견을 토론해 보자.

2 한국 내 이주민의 종류와 규모, 지역적·직업적 분포에 대한 통계를 찾아보고 이주민의 사회통합을 위해 각자 할 수 있는 일을 토론해 보자.

09

기후변화와 환경

1. 개요

최근의 국제적인 논의에서 빠지지 않는 부분이 기후변화와 환경오염의 문제이다. 기후변화와 지구의 환경보호는 인류가 직면하고 있는 가장 심각하면서도 공통된 문제이고, 그래서 전 세계가 거의 모든 분야에서 활발하게 논의하고 공동의 노력을 촉구하고 있지만 영향을 미치는 범위가 너무 방대하고 수많은 이해관계자들을 포함하고 있어 또 그만큼 해결하기 어려운 문제이기도 하다.

그렇다면 기후변화와 환경문제는 어떻게 발생하고 우리에게 어떤 영향을 끼치고 있는가. 또한 이러한 전 세계 공동의 문제를 해결하기 위해 국제사회는 어떠한 노력들을 기울여왔는가.

이 장에서는 환경오염과 기후변화 문제가 언제 어떻게 본격화되었고 그 심각성을 어느 계기에 인식하게 되었는지를 논의하고, 이후에 환경오염과 기후변화가 인간에게 미치는 영향을 알아볼 것이다. 이어서 기후변화와 환경오염이 개도국의 지속가능한 발전에 미치는 영향을 생각해 보고 최근의 기후변화 대응을 위한 국제적인 논의와 노력들을 이야기해 보고자 한다.

마지막으로 기후변화와 환경문제가 지속가능발전의 개념 형성에 어떠한 영향을 미치고 이러한 개념이 지속가능개발목표SDGs: Sustainable Development Goals에 어떻게 포함되었는지 알아보려 한다.

2. 환경문제 인식과 논의 흐름

1) 환경문제의 인식

전 세계의 환경오염은 1950년대 산업화가 본격화됨과 동시에 막대한 양의 매연, 폐수, 오물, 분진, 화학물질 등이 공기, 토양, 바다, 강으로 배출되면서 본격화되었다. 1952년 런던에서는 석탄 매연과 심한 안개, 무풍 상태와 기온 역전이 결합하여 5일간 극심한 대기 오염이 발생하면서 약 8000여 명이 사망하는 사건이 벌어졌다. 또한 1935년 일본에서도 지하수에 이질 환자의 배설물이 흘러들어 1만 8000명의 이질 환자가 발생하고 3500명이 사망했으며, 1973년 미국에서는 유해한 농약인 키폰Kepone이 인근 강으로 방출되어 대량의 물고기가 폐사하고 용수 이용이 불가능하게 되어 농약제조회사에서 수억 달러의 배상을 한 사례도 있었다.

이러한 주요 환경오염 사건에도 불구하고 1960년대만 해도 전 세계적으로 환경오염에 대한 인식도 낮았고 환경보호 및 환경오염 방지를 위한 법적 제도도 마련되어 있지 못했다. 그러나 1962년 레이첼 카슨Rachel Carson의 『침묵의 봄The Silent Spring』이라는 저서가 세계적으로 큰 반향을 불러일으키며, 환경오염의 심각성이 본격적으로 논의되는 계기가 되었다. 『침묵의 봄』은 느릅나무에 뿌려진 살충제인 DDTDichloro-Diphenyl-Trichloroethane가 여러 곤충과 지렁이들을 죽이면서 지렁이를 먹이로 삼던 종달새가 급격하게 줄어들어 새소리가 들리지 않는 '침묵하는 봄'이 된 당시 미국의 상황을 묘사했다. 이 책은 살충제, 제초제, 살균제 및 농약 등이 생태계와 인간 건강에 미칠 수 있는 악영향을 밝혀내어 환경오염에 대한 경각심을 높였으며, 환경보호와 관련하여 각 정부의 정책이 수립되고 시민단체들의 환경운동을 활성화시키는 데 큰 기여를 했다. 『침묵의 봄』이 기폭제가 되어 미국 정부는 1969년에 「국가환경정책법」을 제정했으며, 1970년에는 지구의 날이 제정되었다. 또한 『침묵의 봄』의 출판과 더불어 많은 환경운동단체들이 생겨났으며 환경운동이 활발해졌다.

2) 국제 환경 논의의 발전과 지속가능발전 개념의 대두

1960년대 『침묵의 봄』 등으로 전 세계적으로 환경오염에 대한 인식이 제고

되면서 1970년대에는 국제적인 환경 논의가 본격화되었다. 1972년 유엔인간환경회의United Nations Conference for Human Environment가 개최되어 인간환경에 관한 스톡홀름 선언•과 행동계획이 채택되었으며 이를 바탕으로 1973년에는 유엔환경계획UNEP: United Nations Environment Plan이 창설되었다.

아울러 1972년에 로마클럽Club of Rome••에서는 「성장의 한계Limits to Growth」라는 저서를 발표했다. 「성장의 한계」는 인간의 행위와 지구 환경의 상호작용을 분석한 보고서로서 인구 증가와 환경오염이 지속되면 자원 고갈과 환경 악화로 100년 이내에 지구는 성장을 멈출 것이라고 지적하여 환경과 개발의 연관성을 강조했다. 이 보고서는 이후 유엔UN: United Nations의 「우리 공동의 미래Our Common Future」 등에 영향을 주는 등 지속가능발전 개념이 정립되는 데 기여했다.

SDGs로 더욱 유명해진 지속가능한 발전sustainable development은 1987년 유엔세계환경개발위원회의 작업보고서인 「우리 공동의 미래」에서 처음 등장했다. 지속가능한 발전은 "미래 세대의 필요를 충족시킬 능력을 저해하지 않으면서도 현재 세대의 필요를 충족시키는 발전development that meets the needs of the present without compromising the ability of future generations to meet their own needs"이라고 규정된다. 즉, 지속가능한 발전은 장기적 성장을 위하여 단기적인 환경 훼손을 초래하지 않는 발전을 강조한다.

지속가능발전의 개념은 1992년 리우에서 개최된 유엔환경개발회의UNCED: United Nations Conference of Environment and Development에서 중심 원칙으로 채택되어 뒤에 소개할 '리우 선언', '리우 협약' 및 '의제 21'의 토대가 되었다. 리우 정상

• 환경위기에 처한 지구를 보전하는 데 전 지구인이 다 함께 노력하자는 선언적 규정으로 환경에 관한 인권선언으로 비유하며, 천연자원이나 야생동물의 보호, 유해물질 또는 열의 배출 규제, 해양 오염 방지, 개발도상국의 개발 촉진과 이를 위한 원조, 인구정책, 환경 교육, 환경보전의 국제협력 등을 촉구하고 있다.

•• 1968년 세계 고위 정치인, 과학자, 시민단체 등으로 구성된 싱크탱크(think-tank).

박스 9-1 리우 정상회의와 리우 선언

- 리우 정상회의(UNCED 또는 지구 정상회의)
  - 1992년 6월 브라질 리우데자네이루에서 지구 환경보전을 위해 126개국의 대표들과 민간단체들이 개최한 회의. 이 회의에서 리우 선언과 행동 계획인 의제 21 발표
- 리우 선언
  - 1972년 유엔환경회의에서 채택된 인간환경선언(스톡홀름 선언)을 재확인
  - 인류는 자연과 조화를 이루면서도 건강한 삶을 누릴 수 있다고 선언하고 27개 기본원칙에 입각
  - 환경보호를 통해 지속가능한 발전을 이루어야 하면서도 개도국은 발전을 할 권리가 있다는 원칙
  - 자국의 우선순위에 따라 각국이 환경보호 목표와 기준을 수립할 수 있다고 강조하며 선진국은 그동안의 환경오염의 책임을 인식하고 개도국의 환경보호를 위해 지원할 의무가 있다고 강조

회의에서 국제사회는 환경과 개발은 상반된 이슈라는 기존의 인식을 깨고, 지속가능한 발전에 대한 공감대를 이루며 '리우 선언'을 이끌어냈다. 또한 3대 국제환경협약인 유엔 기후변화협약UNFCCC: UN Framework Convention on Climate Change, 유엔 생물다양성협약UNCBD: UN Convention on Biological Diversity, 유엔 사막화방지협약UNCCD: UN Convention to Combat Desertification이 채택되며, 환경보전과 지속가능한 발전을 위해 전 세계적인 공동 노력의 기초를 마련했다.

리우 정상회의 10주년을 기념하며, 2002년 남아프리카공화국의 요하네스버그Johannesburg에서 지속가능발전 정상회의WSSD: World Summit for Sustainable Development가 개최되었다. 이 회의에서 국제사회는 지속가능한 발전에 대한 논의가 한층 진전되었음을 인정하면서도 개발도상국(이하 개도국)과 선진국 간의 발전 격차가 전 세계적인 안정과 평화를 위협하는 요인이 되고 있다고 지적했다. 아울러, 이 회의에서는 환경문제뿐만 아니라 영양실조, 빈곤, 불법약물, 범죄, 기후변화 등 전 지구적인 문제에 대한 세계적 공동 대응을 강조하며 지속가능한 발전의 개념을 사회 개발과 국제 파트너십의 영역으로까지 확대시켰다.

3. 기후변화에 대한 인식의 시작

1) 기후변화의 의미

기후변화는 장기간에 걸친 지구 기후와 기온의 변화를 뜻한다. 지구 역사상 7억 년 전과 3억 년 전에 대규모의 빙하기가 있었다. 11~13세기까지는 온난한 기후가 유지되다가 13세기 중반 이후에는 혹한이 빈번하게 나타나 19세기 말까지 한랭한 시기가 계속되었다. 과거 1000년 동안 지구는 평균적으로 오늘날보다 낮은 기온을 유지했다. 산업혁명 이전 지구 기후의 변화는 기후시스템과 지각변동 등 자연적인 원인에 기인했다.

그러나 1900년대 산업화 이후 기온의 변화는 이전의 지구 기후시스템에 의한 기후변화와 다른 양상을 보인다. 이전의 기후변화가 0.08~0.1℃ 정도의 미미한 기온 상승인 데 반해, 최근 30년 동안 지구 온도는 매 10년마다 약 0.2℃ 상승한 것으로 분석되고 있다(IPCC, 2014). 더욱이 이러한 기온 변화가 혹한, 혹서 등의 이상기후를 동반하고 있어서 단순한 지구 기후시스템 변화에 의한 자연스러운 현상보다는 인간의 화석에너지 사용이 폭발적으로 증가하면서 생긴 지구온난화global warming 현상으로 이해되고 있다.

지구온난화 현상은 이산화탄소, 메탄, 이산화질소 등의 온실가스가 지구에 도달한 적외선이 지구 밖으로 방출하는 것을 막으면서 지구의 온도가 올라가는 현상을 말한다.

산업혁명 이후 대기 중의 이산화탄소 수준은 280ppm에서 400ppm으로 상승했으며, 기온은 최근 30년 동안 매 10년마다 약 0.2℃씩 상승해오고 있다. 그림 9-1에서 볼 수 있듯이 기후변화에 관한 정부 간 패널IPCC: Intergovernmental Panel of Climate Change 보고서 등에 따르면 1900~2015년까지 지구의 온도는 약 0.87℃ 정도가 상승했고, 2015년 이후의 두 실선은 낮은 수준의 온실가스 배출 시 2100년까지 약 1.5℃, 높은 수준의 온실가스 배출 시 약 4.5℃

박스 9-2 온실효과와 기후변화

태양에서 지구로 오는 빛에너지 중에서 약 34%는 구름이나 먼지에 의해 반사되고 44% 정도만이 지구 지표면에 도달한다. 지구는 도달한 태양 에너지 중 일부를 적외선으로 지구 밖으로 방출하는데 이때 이산화탄소(CO_2), 메탄(CH_4), 아산화질소(N_2O), 수소화불탄소(HFCs), 과불화탄소(PFCs), 육불화황(SF_6) 등의 온실가스가 적외선 파장의 일부를 흡수해 외부로 나가지 못하게 된다. 적외선을 흡수한 온실가스 내 구성 분자는 에너지가 높아진 상태가 되고, 안정 상태로 돌아가기 위해 에너지를 외부로 다시 방출하여 이로 인해 지구의 온도가 다시 올라가는 현상을 온실효과(green-house effect)라 한다. 제3차 당사국총회에서 상기 6개 가스는 6대 온실가스로 지정되었다.

그림 9-1 20세기 이후 지구 기온 변화

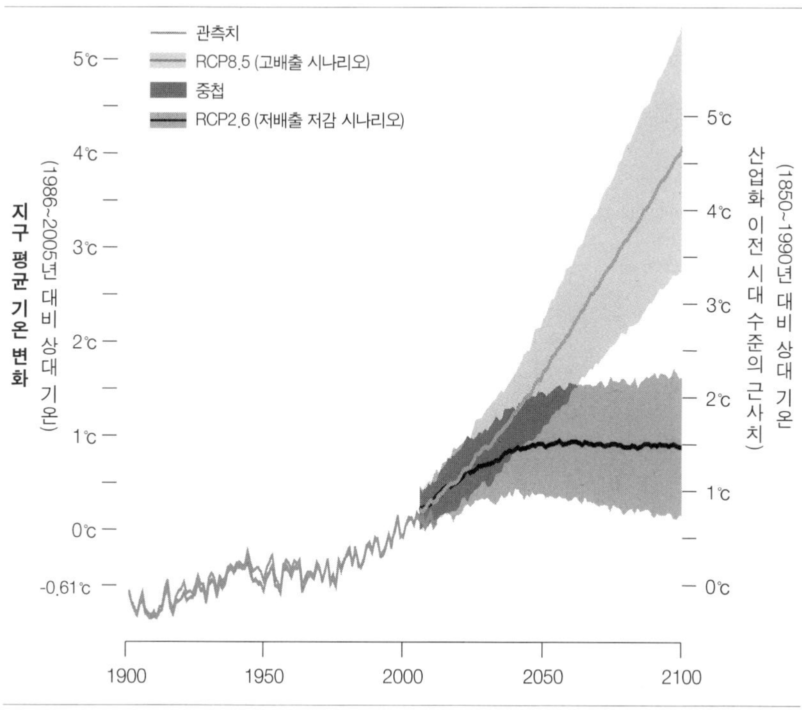

자료: IPCC(2014: 62).

까지 기온이 상승할 것이라고 설명하고 있다.

IPCC는 이산화탄소가 산업혁명 수준의 두 배인 450ppm이 되면 기온이 2℃ 상승할 가능성이 99%라고 설명한다. 또한 1.5℃에서 2℃ 이상의 기온 상승은 적응이 가능한 수준이며, 3℃ 이내는 위험 수준이라고 경고하고 있다(IPCC, 2014).

2) 기후변화로 인한 현상

기후변화로 인해 지구 환경에 나타나는 이상 현상 중 가장 두드러진 것은 해수면 상승과 이상기후, 생태계 교란이다. 기온 상승으로 극지 빙하가 녹아 해수면이 상승할 것으로 예측된다. 강수량의 급격한 변화로 지구 곳곳에 혹한, 폭염, 태풍, 가뭄 등의 이상기후가 빈번하게 발생하며, 기온 상승으로 생태계가 변화하고 교란되고 있다. 이러한 생태계의 변화로 신종 질병 출현, 사막화로 인한 물 부족 현상, 재난재해로 인한 주요 인프라 손실 및 농업생산성 감소 등의 피해가 예상된다.

(1) 빙하 용해와 해수면 상승

지구온난화로 인해 남, 북극의 빙하와 고산지대의 눈이 녹아내리고 있다. 지난 100년간 북극 빙하는 2.7% 정도 감소했다. 알프스 빙하는 19세기 후반에 비해 절반이 감소했다. 아울러, 해빙속도가 점차 빨라져 최근 2년간 10~15배 증가했다. 이 결과, 지난 100년간 해수면은 10~25cm 높아졌으며, 지난 40년간 이 속도는 더욱 빨라져 해수면은 매년 1.8mm씩 상승했다(IPCC, 2007). 해수면 상승으로 인해 섬나라들은 국토가 침수하는 위기에 처할 수 있다. 키리바시 공화국의 2개 섬은 이미 침수되어버렸다. 해수면 1m 상승 시, 이집트는 1%, 네덜란드는 6%, 방글라데시가 17.5%, 마셜군도는 80%의 국토를 손실하게 될 것이다.

(2) 기후 이상과 재난재해

지구온난화로 인해 태풍, 폭염, 혹한, 홍수 및 가뭄 등 이상기후도 세계 곳곳에서 나타나고 있다. 예를 들어, 2003년에는 유럽에서 35도 이상의 폭염이 발생하여 프랑스는 1만 4802명, 독일은 7000여 명, 스페인은 4230명, 이탈리아는 4175명의 사망자가 발생했다. 한편, 2017년 아프가니스탄에서도 폭설로 100명의 사망자가 발생했다. 또한 남아메리카 및 페루, 에콰도르에서 엘니뇨현상 발생 빈도가 잦아졌다. 1982~1983년 역대 최대의 엘니뇨가 발생한 이래, 1997~1998년, 2015년~2016년 엘니뇨는 다시 발생했다. 또한 지구 온도가 올라가자 공기의 흐름도 바뀌면서 강수의 유형도 변화해 극심한 가뭄과 홍수 등의 발생 빈도가 빈번해지고 있으며, 태풍, 허리케인, 쓰나미 등의 강도도 강화되고 있다. 최근 일어난 폭염의 75%, 홍수 등의 극단적인 강수현상의 18%가 기후변화로 인한 것이다(Hallegate et al., 2016)

(3) 물 부족과 사막화

기후변화로 인해 북위도의 한대 지역에서는 강수량이 증가할 것으로 예측된다. 그러나 열대 및 아열대 지역은 강수량이 감소하면서 건조화와 사막화가 진행되며, 이에 따라 물 부족 현상이 나타나게 된다. 물 부족은 농업용수 부족, 식수 부족, 산업용수 부족 등으로 농작물 감소, 식량 안보와 관련된 보건문제, 식수의 오염으로 인한 각종 수인성 질병 등 농업 및 보건에 다양한 영향을 끼친다.

(4) 생태계 변화

변화하는 강수 패턴, 기온, 토양 내 이산화탄소 축적량, 단축된 식물의 생장곡선, 지역별 기온 변화는 생태계의 변화도 가져온다. 변화하는 기후에 따라 적응하는 생물이 나오기도 하지만, 적응하지 못하는 생물은 도태되고 새로운 생물이 출현하기도 한다. 아울러, 지역별 생물의 양상도 달라지고 외래종 유입으로 특정 지역의 생태계가 변화하면서 새로운 질병이 출현하는 등 기후변화는 농업생산성, 생물다양성, 보건 등 다양한 영역에 영향을 미치고 있다. 또한 바닷물 내에 이산화탄소의 양이 증가하면서 바닷물이 산성화되고 있다. 이는 어종을 변화시켜 해양 생태계와 생물다양성에도 영향을 준다.

3) 국제사회의 기후변화 논의

1972년 로마클럽 보고서에서 지구온난화는 환경 위험으로 처음으로 대두되었다. 이후 1988년에 기후변화의 원인과 대응방안에 대해서 연구와 조사를 수행하기 위한 과학자, 정부 고위급 관료 등이 참여한 싱크탱크think-tank인 IPCC가 최초로 구성되었다. IPCC는 1990년 1차 보고서를 통해 지난 100년간 지구의 온도가 0.6℃까지 상승했음을 규명했고, 이를 기반으로 앞서 말한 리우 정상회의에서 UNFCCC가 채택되었다.

UNFCCC는 대기 중 온실가스의 농도를 안정화시키는 것을 궁극적인 목적으로 하고 있다. 이 협약은 '공통적이지만 차별화된 책임과 각자의 능력common but differentiated responsibilities and respective capabilities'의 원칙에 따르는데 이것은 개도국과 선진국의 온실가스 배출에 대한 입장 차이를 보여주고 있다. 산업화 이후 온실가스 배출의 더 큰 책임은 선진국에 있으므로, 개도국은 산업발전을 위해 온실가스 배출의 재량권을 부여하고, 반면 선진국은 기후변화 대응 및 온실가스 배출 감소에 선도적인 역할을 할 것을 제안하고 있다. 이에 따라 당사국 중 부속서 I 국가는 2000년까지 온실가스 배출을 1990년 수준으로 안정화시킬 것을 약속했으며, 개도국인 비부속서 II 국가에 온실가스 저감을 위한 재정을 지원하기로 했다. 178개 회의 참가국 중 한국을 포함해 154개국이 협약에 서명했으며, 1994년 3월 발효했다.

그러나 1995년 1차 당사국총회COP: Conference of the Parties에서 협약상 감축의

박스 9-3 **기후변화에 관한 정부 간 패널(IPCC)**

- 설립일/소재지: 1988. 11/스위스 제네바
- 세계기상기구(WMO)와 유엔환경계획(UNEP)이 기후변화와 관련한 문제를 논의하기 위해 각국의 기상학자, 해양학자, 빙하전문가, 경제학자 등 3000여 명으로 구성한 정부 간 협의체
- 주요 활동: 리우 환경회의에서 채택한 UNFCCC와 교토의정서 이행과 관련한 특별 보고서 작성
- 특별 보고서: 1990년부터 4차에 걸쳐 발간
  - 1990년 1차 보고서: 1900년 이후 100년 동안 지구의 온도가 0.3~0.6℃ 상승했고 해수면의 높이가 10~25cm 상승했음을 분석
  - 1995년 2차 보고서: 지구의 온도 상승이 계속될 경우 2100년에는 지구의 온도가 0.8~3.5℃, 해수면의 온도가 15~95cm까지 상승할 것이라고 경고
  - 2001년 3차 보고서: 기후변화가 자연적인 것이 아니라 인간의 온실가스 배출 활동에서 비롯된 것임을 인정하고, 인간이 온실가스 배출을 현 상태로 지속할 경우 지구가 1만 년 전 겪었던 심각한 기후변화를 경험할 것이라고 경고
  - 2007년 4차 보고서: 21세기 내에 지구의 온도가 1.8~4.0℃ 상승하고 더욱더 심각한 기후변화 현상을 겪을 것이라고 경고

박스 9-4 **유엔 기후변화협약(UNFCCC)**

- 체결: 1992년 UNCED에서 기후온난화를 감소하기 위해 체결
- 당사국: 한국 포함 194개국
- 목적: 대기 중의 이산화탄소 농도 안정화
- 원칙: 공동의 차별화된 책임(기존 기후변화에 대한 선진국의 책임 인정, 선진국들의 선도적인 역할 발휘 요구)
- 참여국가: 부속서 I 국가와 부속서 II 국가인데, 부속서 I 국가는 온실가스 배출을 1990년대 수준으로 낮춰야 하며, 부속서 II 국가는 온실가스 감축 노력과 함께 개도국에 대한 기술 지원과 재정 지원의 의무를 가짐

당사국총회(COP)

- 설립: 1992년 UNCED에서 체결한 기후변화협약의 구체적인 이행방안을 논의하기 위해 매년 열리는 당사국들의 회의
- 개최 경과: 1차 회의는 1995년 독일 베를린에서 개최, 1997년 교토에서 열린 3차 당사국회의에서 교토의정서 채택

무만으로는 지구온난화 방지가 불충분하다는 인식하에 1997년 12월 교토에서 개최된 3차 COP에서 2000년 이후 선진국의 감축 목표를 주요 내용으로 하는 교토의정서가 채택되었다.

박스 9-5 **교토의정서**

- 의의: 기후변화협약의 구체적 이행방안
- 시기: 1997년 제3차 COP에서 채택
- 1차 이행체제: 선진국 중심으로 온실가스 감축 목표 설정
  - 선진국은 호주, 캐나다, 미국 등 37개국으로 2008~2012년까지 온실가스 총 배출량을 1990년 수준보다 총 5.2% 감축, 각국의 감축량은 -8%에서 +10%까지 차별적으로 설정 가능
  - 감축대상가스는 이산화탄소, 메탄, 이산화질소, 불화탄소, 수소불화탄소, 불화유황 등 여섯 가지
  - 선진국은 의무이행대상국이며 개도국은 자발적 이행국, 한국은 개도국으로 분류되어 의무이행대상국에서 제외
  - 온실가스 감축의 융통성을 발휘하기 위해, 배출권거래(Emission Trading), 청정개발이행체제(Clean Development Mechanism), 공동이행(Joint Implementation)을 채택
- 2차 이행체제
  - 2013~2020년까지 1990년에 비해 25~40%까지 감축 목표
  - 의무 감축대상국은 37개국이며, 미국, 일본, 캐나다 등 주요 온실가스 배출국이 불참

4. 환경오염과 개발

1) 환경오염과 보건

환경오염은 인체에 큰 영향을 미친다. 특히 인간이 식수로 사용하는 강이나 하천, 지하수의 오염은 건강에 직접적인 해를 줄 수 있다. 19세기 이후 선진국들의 산업화와 도시화가 본격화되면서 유독 화학물질이 포함된 공장 폐수나 생활하수 등이 강이나 하천으로 방류되어 유럽, 일본 및 미국에서 미나마타병• 등 수질 오염으로 인한 질병이 증가했다. 수질 오염은 화학성 물질이 상수원에 포함되거나 축산 폐기물, 생활하수 등에 있는 유기물 등으로 인한 수질 내 세균 증가로 인체나 강, 하천 호수에 서식하는 해조류, 어류 등에 악영향을 미친다.

• 1956년 일본 구마모토 현 미나마타 시에서는 인근 화학공장에서 바다에 방류한 메틸 수은이 포함된 조개류, 어류 등을 먹은 인근 주민들이 사지, 혀, 입술 등의 떨림 등 신경계통에 문제가 생겨 미나마타병으로 불렸으며, 2001년까지 2265명의 환자가 발생했다.

수질 오염뿐만 아니라 대기 오염도 여러 가지 건강상 문제를 일으키는 원인이 된다. 대기 오염은 연료의 연소, 공장 공정, 폐기물 소각, 교통수단에서 발생한 오염물질이 공기에 배출되면서 발생한다. 대기 오염은 비나 공기의 이동 등으로 희석되거나 정화될 수 있다. 그러나 무풍지대나 계곡이나 분지 등 공기 이동이 적은 지역에서는 그대로 축적되어 대기 오염이 심해질 수 있다. 대기 오염으로 인한 인체의 악영향은 천식, 기관지염, 호흡기 감염, 폐암 등 호흡기 질환으로 나타나고 만성질환으로 발전하게 된다.

세계보건기구WHO: World Health Organization가 규정한 환경오염의 종류는 자외선 노출, 대기 오염, 작업장에서의 화학물질 노출, 기후변화 또는 생태계 변화, 농업 방식 변화, 비위생적인 식수 등을 포함하고 있다. 세계 인구 사망률의 25%와 5세 미만 아동 사망의 26%가 환경오염에 따른 것이라고 분석하고 있다(Prüss-Üstün & Corvalán, 2016). 환경오염으로 인한 질환은 환경오염에 대한 규제가 약하고 산업발전이 가속화되며 환경 의존도가 더욱 높은 개도국에서 그 피해가 더욱 크게 나타난다.

개도국의 환경오염은 크게 두 가지 형태에서 비롯된다. 첫 번째는 급속한 산업화와 도시화로 인한 오염물질 배출 증가이다. 두 번째는 선진국에서의 폐기물 수입 등 오염 이전이다. 산업화와 도시화로 인한 공장 폐수 배출, 생활 쓰레기 증가, 차량 증가, 화력발전소 증설 등으로 인한 대기 오염 증가, 상업적 농업 증가로 인한 유해성 비료와 농약 사용의 확대 등으로 개도국의 수질, 대기, 토양 오염이 점차 심각해지고 있다.

특히 수질 오염은 수인성 질병을 발생시켜 개도국 주민들의 보건에 큰 영향을 미친다. 2018년 저소득국 사망 원인 1, 2순위는 하부 호흡기 질환과 설사병으로, 대기 오염과 수질 오염이 개도국 주민의 건강에 매우 큰 영향을 미치고 있는 것을 알 수 있다. 적절한 식수 위생시설, 정수 및 하수 처리 시스템 등의 미비는 수질 오염 문제를 악화시킨다. 전 세계 8억 명의 인구가 기본적

그림 9-2 **실내 공기오염으로 인한 사망자 수**

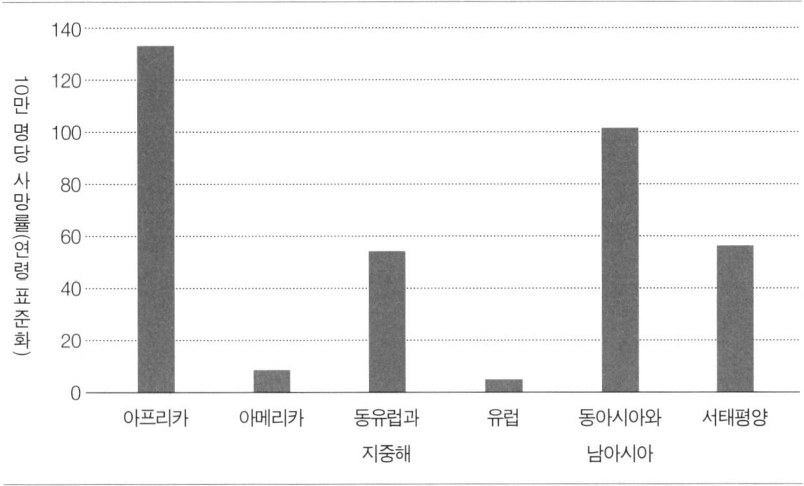

자료: WHO, "Global Health Observatory(GHO) Data: Mortality from Household Air Pollution." https://www.who.int/gho/phe/indoor_air_pollution/burden/en/

인 식수 위생시설의 혜택을 받지 못하고 있으며, 연간 약 50만 명의 인구가 이질, 설사, 홍역 등 수인성 질병으로 사망한다(Prüss-Üstün & Corvalán, 2016). 심지어 개도국은 보건시설에도 깨끗한 식수나 하수 시설이 부족하여 병원 내 감염으로 인한 질병이 발생한다. 저소득국 병원 시설의 38%가 식수 시설이 부족하고 19%가 적절한 위생시설을 가지고 있지 않으며, 35%가 청결을 위한 비누와 물이 부족하다(Prüss-Üstün & Corvalán, 2016).

개도국에서는 대기 오염도 수질 오염 못지않게 주민 건강에 악영향을 끼친다. 전 세계에서 매년 300만 명의 사람들이 대기 오염 관련 질병으로 사망하며 이들 중 90%는 개도국에서 발생한다(Prüss-Üstün & Corvalán, 2016). 개도국 가정에서는 석탄 등 안전하지 않은 연료의 실내 사용으로 인한 보건 문제가 발생하기도 한다. 2016년 전 세계적으로 380만 명의 인구가 이러한 실내 공기오염으로 인한 질병으로 사망했다. 그림 9-2에서 보여주듯이 실내 공기오염은 다양한 연료원이 개발되지 않은 아프리카, 서남아시아 지역 등 개도국에서 심각하게 나타난다(Prüss-Üstün & Corvalán, 2016).

최근에는 개도국의 쓰레기 문제 또한 심각하다. 산업화와 도시화로 인한 각종 폐수, 폐기물, 생활 쓰레기가 증가하고 있음에도, 개도국에서는 이를 안전하게 처리할 수 있는 시스템이나 소각시설 등이 부족하다. 2016년 20억 톤 규모였던 전 세계 쓰레기량은 2050년까지 34억 톤으로 늘어날 것으로 예측된다. 특히 남아시아와 사하라 사막 이남 아프리카에서의 쓰레기가 급증할 것이라고 전망된다. 개도국에서 쓰레기는 적절하게 처리되지 못하고 유해 성분이 남은 채 그대로 대기와 강, 호수, 바다로 버려지고 있다. 특히 낙후된 소각시설로 인해 소각 과정에서 다이옥신 등 인체에 치명적인 화학물질이 발생하여 주민 건강을 위협하고 있다. 한편, 최근 선진국 폐기물의 개도국 수입, 선진국 오염유발 산업시설들의 개도국 이전 등으로 선진국들이 자국 환경오염을 개도국으로 이전시키고 있다는 비난을 일으키고 있다.

2) 환경오염과 농·수산업

환경오염은 물, 토양, 해양 등을 오염시켜 농업, 수산업에도 악영향을 미친다. 강이나 바다 근처에 공업, 산업단지 및 인근 시설 등이 증가하면서 각종 산업 폐수, 생활하수, 선박으로부터의 오물 등이 하천과 바다로 흘러들어 가 수질 오염과 해양 오염을 발생시킨다. 각종 오물 등이 바다로 흘러들어 감에 따라 해저 퇴적물이 증가하고 유조선 충돌 및 난파로부터 발생한 다량의 유류는 해양의 수면에 기름막을 형성하여 생물의 번식을 억제하거나 폐사시켜 악취를 유발하는 등 수산업에 막대한 피해를 준다. 폐수나 지하수에 섞여 있는 질소나 인분은 바다에서 유독성 조류를 발생시켜 적조현상을 일으킨다. 또한 농경지하수에 포함된 농약은 해양에 유입되어 부유생물을 폐사시켜 수산업에 큰 영향을 준다. 토양 오염은 산성비, 공장폐수 유입, 유독 폐기물 매립, 농약의 대량 살포 등으로 발생한다. 수은, 카드뮴, 납, 비소 등의 유독한 중금속은 토양을 통해 농작물에 축적되어 농작물과 인체에 악영향을 끼치고, 산성비는 토양을 산성화시켜 식물 성장을 억제하거나 고사시킨다.

3) 환경문제 대응을 위한 노력

각종 환경문제에 대응하기 위해서는 무엇보다도 개도국과 선진국 정부의 환경오염 방지를 위한 규제 정책들과 오염원의 안전한 처리를 위한 기술개발이 필요하다. 이에 따라 각국은 다양한 노력을 기울이고 있다.

수질 오염을 방지하기 위해 도시 하수처리나 주택 정화조 시설을 설치하고, 산업체별 폐수처리시설을 두어 오염물질을 정화 처리하도록 하고 있다. 또한 공장, 산업장, 하수처리장 등에는 배출허용 기준을 두고 오수 배출을 감시하거나, 오염물질의 배출, 저장 등을 위한 시설 설치를 의무화하는 등의 조치를 취하고 있다. 아울러, 유해물질 사용 시설에서는 유해물질의 안전한 방출 및 감염 방지 시설 등을 설치하게 하고 있다.

대기 오염 방지를 위해서 공장 등 산업시설에 집진 장치 등 설치를 의무화하거나, 매연 배출 기준 설정 등을 통해 관리하고 있다. 아울러, 자동차 배기가스 감소를 위해 경유 차량에 세금 추가 등 조치를 취하고 있다. 농업 부문에서도 비료, 제초제, 농약 등에 대한 제조 및 사용 기준 등을 두고 환경에 주는 악영향을 최소화하려는 노력들을 하고 있다.

각종 산업 쓰레기, 생활 쓰레기, 화학물질 감소를 위해서도 적절한 쓰레기 처리시설, 소각장, 하수 처리시설 등을 구비하는 기준 등을 제정했으며, 최근에는 쓰레기의 단순 처리뿐만 아니라 재활용을 위해 산업 폐기물을 에너지로 재활용하는 시설, 음식물 쓰레기 재활용 시설을 구축하는 등 쓰레기의 재활용, 에너지화를 위해 노력하고 있다.

5. 기후변화와 개발

1) 생태계 변화

앞서 서술한 바와 같이 기후변화는 전반적인 생태계 변화를 초래하고 사막화를 확대한다. 사막화desertification는 1940년대에 처음 등장했다. 산림 벌채, 농경지 확장, 목축업 증대 등으로 건조지역 또는 반건조지역에서 발생한 토양 황폐화를 의미하는 사막화는 1977년 '사막화 관련 UN 회의'에서 공식 용어로 사용되었다. 지구온난화는 전 세계의 건조, 반건조 기후 지역의 사막화를 더욱 빠르게 촉진하고 있다(IPCC, 2014). 지구 기온이 상승하면서 물의 증발량이 강수량보다 많은 사헬 지역, 아프리카와 중앙아시아 지역의 반건조 지대 등은 물 부족이 심화되며 건조화가 가속화되고 있다. 한편, 기후변화로 인한 해수면 상승으로 해안가 지역이나 나일 삼각주, 남아시아의 삼각주 지역 토양 염류화 현상이 심각해지며, 비옥했던 이 지역이 식물이 자랄 수 없는 환경으로 변화하며 건조화가 가속화되고 있다.

지구상에는 1000만~1억 종의 생물이 존재하고 있다. 다양한 요소가 생물다양성에 영향을 미친다. 화산 폭발, 운석 충돌 같은 자연적인 과정 또는 지구 자체의 내부 역학에 의한 다섯 차례의 대멸종이 있었다. 현재 환경오염, 상업 농업, 어업, 양식업 증대, 동물 가죽 획득 및 약품 제조를 위한 동식물 포획 등 인류의 경제활동이 특정 종의 증가 및 감소, 먹이사슬의 변화 및 생물다양성 변화에 주요 원인이 되고 있다. 특히 최근 인간의 온실가스 배출로 인한 기후변화는 이 모든 원인들 중에도 생태계 변화 및 생물다양성 변화에 가장 큰 영향을 미치는 요소 중에 하나가 되고 있다. 기온의 변화에 빠르게 적응하지 못하는 동물이나 식물은 개체수의 감소나 멸종 위기에 처할 수 있다(IPCC, 2014). 유전적인 다양성을 갖추게 하거나 인간의 물리적인 종의 이동, 기후변화 요인의 인위적인 제거 등으로 생물의 적응을 도울 수는 있지만

그림 9-3 **기후변화에 따른 생물의 지역적 이동 속도**

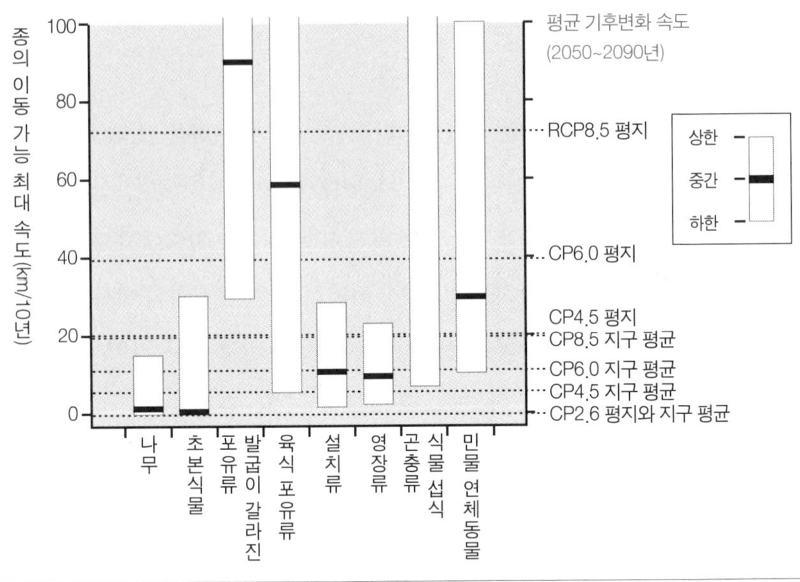

자료: IPCC(2014: 67).

기후변화가 지표면이나 수자원에 갖는 파급효과, 또는 생태계의 유전적인 적응 능력 자체를 개선시킬 수는 없기 때문에(IPCC, 2014) 기후변화가 생태계와 생물다양성에 갖는 영향은 치명적이라고 할 수 있다.

그림 9-3은 IPCC에서 분석한 생물의 지역별 이동 속도를 보여준다. 그림을 보면 나무의 이동 속도가 가장 느린 것을 볼 수 있다.

지구 표면과 대기권에 축적된 이산화탄소로 인해 나무와 숲이 급격히 감소하고 있으며, 이러한 산림면적의 감소는 이산화탄소 흡수량 감소, 수자원 질 저하, 생물다양성 감소 등에 영향을 준다. 제지나 의약품 원료, 농경지 확보 등을 위한 산림 벌채는 이산화탄소 흡수원을 감소시켜 기후변화를 더욱 가속화하고 생물다양성을 감소시킨다. 아울러, 산림을 주요 서식지로 하고 있던 동물, 식물의 종 감소에도 영향을 미친다. 인류의 지속적인 산림 벌채

활동으로 아마존 분지, 콩고 분지, 인도네시아 군도의 산림 손실이 이미 심각하게 진행되었다. 최근 미국이나 스칸디나비아 지역, 중국 북부 등은 농지를 산림으로 되돌리는 재산림화도 진행하고 있다(삭스, 2015).

지표면이나 산림뿐만 아니라 바다에서도 기후변화로 인한 생물다양성 감소가 진행되고 있다. 바다에 이산화탄소량이 증가하고 산소량이 감소함에 따라 어류 서식지가 감소하고 있다. 고위도 지역은 전반적으로 해수의 온도가 상승함에 따라 어종이 당분간 증가할 예정이나 열대 지역은 어종이 줄어들 것으로 예측된다(IPCC, 2014). 일반적으로 갑각류, 연체 해양생물이나 산호초 등이 바닷물의 기온 변화에 더욱 민감하다. 이러한 어종의 멸종은 인간 생활에도 영향을 미친다. 아울러, 이산화탄소가 바다에 축적됨으로써 바다의 산성화가 이루어져 산호초나 물고기들의 먹이가 되는 플랑크톤의 개체수에 변화가 이루어지고 있다.

이러한 생물다양성 감소에 대응하기 위해서 국제사회는 다양한 국제협약을 체결했다. 대표적인 협약은 1992년의 「유엔 생물다양성협약UNCBD: UN Convention on Biological Diversity」과 1973년의 「멸종 위기에 있는 야생 동식물의 국제거래에 관한 협약CITES: Convention on International Trade in Endangered species of Wild Fauna and Flora」이다(삭스, 2015). UNCBD는 생물다양성의 감소를 늦추고 역전시키는 것을 목표로 1992년 리우 정상회의에서 체결되었다. CITES는 멸종위기에 처한 야생 동식물의 국제거래를 규제함으로써 이들 종의 위험과 압박을 줄이자는 목적에서 체결되었다(삭스, 2015). 국제사회는 이러한 협약들을 통해 생물다양성 보존을 위해 노력했으나, 동식물을 통해 상업적 이익을 얻고 있는 기업과 국가의 이해관계로 인해 현재까지는 큰 성과를 내지 못하고 있다.

박스 9-6 **생물다양성 관련 국제협약**

유엔 생물다양성협약(UNCBD)

- 체결 시기: 1992년 리우 정상회의 계기
- 회원국: 158개국이 회원, 133개국에서 의정서를 채택, 비준
- 주요 내용: 각국별 지침을 별도로 마련, 생물 자원의 주체적 이용을 제한, 환경영향평가를 도입하여 각종 개발사업의 생물에 대한 악영향 최소화, 유전 자원의 활용을 통해 나오는 혜택을 공정하고 공평하게 공유
- 특성: 기술적 특성이 강한 기후변화협약과는 달리 생물적 다양성이 우월한 개도국의 발언권이 강함. 브라질, 인도, 말레이시아 등 개도국이 생물종을 사용한 유전공학의 결실에 대한 공공 소유권을 주장

야생 동식물 국제거래에 관한 협약(CITES)

- 시기: 1972년 미국에서 체결
- 회원국: 81개국
- 주요 내용
  - 국제적으로 보호되는 동식물 종을 지정하고 수출입증명서 확인 등 일정한 요건과 절차를 거치게 하여 수출입 규제
  - 멸종 위기에 처한 동식물, 교역을 규제하지 않으면 멸종 위기에 처할 위험이 있는 동식물, 교역에 의한 규제를 위해 국제협력이 필요한 동식물로 분류
  - 코뿔소, 고릴라, 안경곰, 사자, 북극곰, 하마 등 3만 5600가지 동식물 지정(한국의 경우, 황새, 따오기, 두루미, 산양, 독수리 등)

2) 기후변화와 농업

농업은 기온, 강수량, 습도 등 기후 환경과 밀접한 관련을 갖기 때문에 기후변화는 농업에 큰 영향을 미친다. 기후변화로 급증한 홍수, 가뭄, 한파 등의 자연재해는 농업 생산성과 농가 소득을 크게 감소시킨다. 기후변화에 따른 작물별 생산량 변화를 보면 기온이 3℃ 상승했을 때, 온대성 기후에서 섬유질 식물의 생산량은 약 9% 감소하며, 가축은 목초지 감소로 몸무게가 줄고, 곡물은 기후변화 적응 조치가 이루어지지 않을 때 생산량이 감소할 것이다(OECD, 2010). 한편, 기온 상승과 기후변화로 농작물 생산에도 변화가 일어난다. 일례로 우리나라의 경우, 기온 상승으로 아열대 지방에서만 생산되던 과일, 채소 등을 최근 남부 지방에서 생산하게 되었다.

개도국은 가뭄, 홍수, 태풍 등 자연재해나 갑작스러운 기온, 강수량, 습도 등의 변화를 대비하기 위한 농업 인프라(댐, 저수지, 관개수로 등)가 부족하고 기후와 관계없이 일정량의 품질과 생산량을 유지시킬 농업기술이 발달하지

그림 9-4 **기후변화로 인한 빈곤 증가의 분야별 원인**

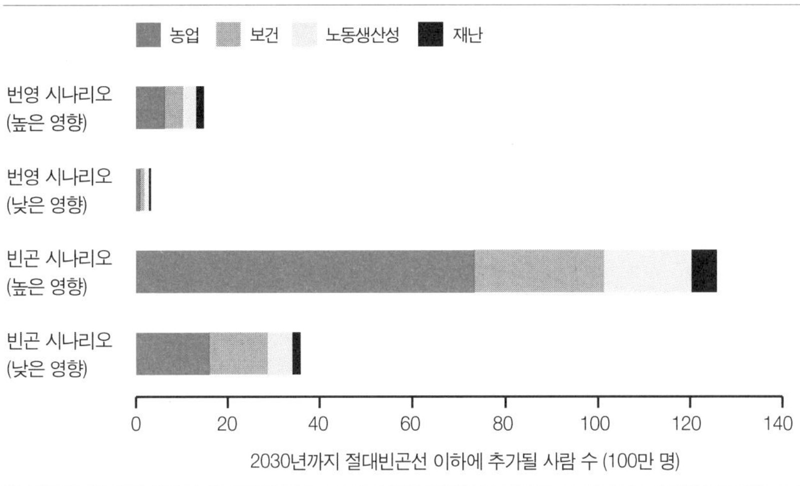

자료: Hallegate et al.(2016: 14).

못하여 이러한 기후변화에 더더욱 취약할 수밖에 없다. 즉, 개도국 농민은 기후변화에 매우 취약하며 기후변화는 농민의 소득을 감소시키므로, 기후변화가 가속화되고 자연재해가 빈번해질수록 농민들은 빈곤층으로 전락하거나 빈곤이 악화된다. 그림 9-4는 지구 기온변화의 수준에 따른 빈곤층 인구와 경제적으로 더욱 풍요해지는 인구 증가수이며 농업으로 표시되는 부분이 보건이나 노동생산성, 기후 재해보다 빈곤인구 증가에 더 큰 영향을 미치고 있음을 알 수 있다.

한편, 그림 9-5는 기온 변화에 따른 사하라 이남 아프리카와 남아시아 지역의 식량 공급량을 보여주는데 온실가스 배출량이 높을수록 두 지역의 식량 생산량이 급격하게 감소하는 것을 볼 수 있다.

기후변화로 인한 이상기후 현상, 즉 태풍, 홍수, 가뭄, 혹한 등의 증가는 농작물의 생산량 감소로 이어질 수 있다(OECD, 2010). 호주에서는 2002~2003년의 가뭄으로 인해 국내총생산GDP: Gross Domestic Product의 1.6%가 감소했으며

그림 9-5 **기후변화에 따른 사하라 이남 아프리카와 남아시아 지역 식량 공급량 변화**

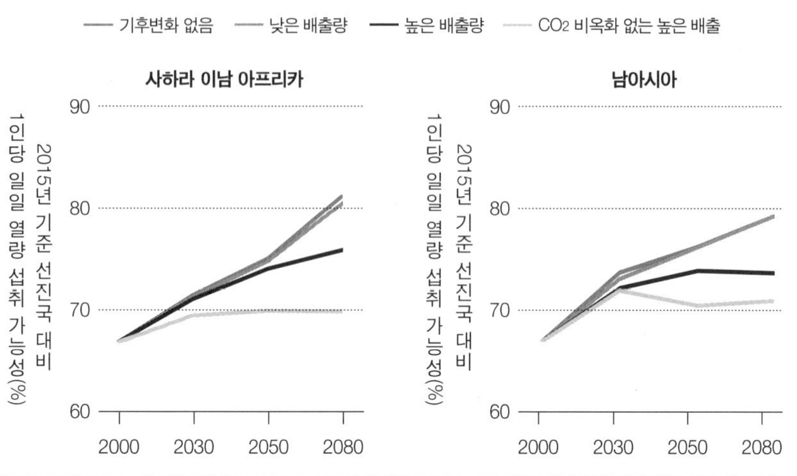

자료: Hallegate et al.(2016: 4).

(O'Meagher, 2005; OECD, 2010 재인용) 2003년 유럽의 이상 더위로 인해 이탈리아의 옥수수 생산량이 36% 감소했다(Cias et al., 2005; OECD, 2010 재인용).

기후변화로 신종 식물, 가축 질병이나 잡초가 나타날 수 있다. 일부 연구에 따르면 중위도 지역에서는 이미 새로운 가축 질병, 식물 질병들이 나타나고 있다(OECD, 2010). 또한 기후변화는 가축의 생산성 및 기후 적응능력을 떨어뜨린다. 이러한 영향은 특히 소에게 심해 우유 생산량도 감소한다는 보고가 있다(OECD, 2010). 농산물 생산량 감소는 식료품 가격 상승으로 이어져 빈곤층의 상황을 악화시킨다. 빈곤층은 기후변화로 인한 피해에 무방비하게 노출되어 있다. 빈곤층은 특히 재난재해 관련 보험 등 기후변화 대응을 위한 가용 자원이 부족하다. 따라서 빈곤층을 위한 사회 복지 및 지원책을 마련할 필요가 있다.

지금까지는 기후변화가 농업에 미치는 영향을 살펴보았다. 하지만 농업이 기후변화에 미치는 영향 또한 적지 않다. 농업의 상업화는 대규모 경작지 확보를 위해 산과 숲을 농지로 개간하며 많은 이산화탄소를 배출한다. 육지 면적의 약 40%가 농경지이지만, 더 많은 농지를 확보하기 위해 이산화탄소를 흡수할 수 있는 산림을 파괴하고 있다. IPCC 보고서에 따르면, 전체 온실가스의 배출 요인 중 2/3는 화석 에너지 사용에 기인하고 1/3은 비에너지 부문에 기인한다. 비에너지 부문 중 농업은 큰 부분을 차지한다(삭스, 2015). 농업은 주요 온실가스인 이산화탄소의 주요 배출원이자 메탄과 질소 배출에도 영향을 미친다. 메탄은 작물의 생산과 가축의 소화과정을 통해 배출되며, 질소는 대부분의 비료에 포함되어 온실가스 배출이 주된 원인이 되고 있다. 또한 농업용수 수요 증가, 기후변화에 따른 건조 지역 증가 및 강과 호수, 바다의 담수를 통한 관개용수의 증가로 물 부족 현상도 심화되고 있다.

3) 기후변화와 개도국 빈곤

기후변화는, 농업에 대한 의존도가 높고 각종 사회안전망이 취약하며 기후변화에 대응할 수 있는 기술과 기반시설이 부족하기 때문에 기온 상승의 부정적인 효과가 나타나는 지역에 위치한 개도국과 각국의 빈곤층에 가장 큰 영향을 미친다. 컬럼비아대학교의 국제지구과학정보네트워크센터CIESIN: Center for International Earth Science Information Network는 국가별로 기후변화에 대한 민감성과 대응능력을 분석하고 기후변화에 대한 취약성을 측정했다. 기후변화 취약성이 가장 덜한 나라들은 스칸디나비아 국가들, 프랑스, 벨기에, 일본, 캐나다, 미국 등 선진국이었다. 반면, 취약성이 가장 높은 15개국 중 하나는 방글라데시였고 나머지 14개 국가는 모두 아프리카에 위치했다(Eric Posner et al., 2014). 한편, 독일 비정부기구NGO: Non-Governmental Organization인 저먼워치Germanwatch는 2006년부터 기후위험지수CRI: Climate Risk Index를 매년 발표한다. 1998년부터 2017년까지 기후변화 취약국가들을 살펴보면, 개도국들의 기후변화로 인한 사망자 수, 경제적 손실, 재난재해 수가 선진국보다 높음을 알

표 9-1 **기후위험지수를 토대로 한 기후변화 취약국(2017년)**

순위	국가	연간 사망자 수(명)	인구 10만 명당 사망자 수(명)	GDP상 경제적 손실(%)	2017년 인간개발 지수(HDI)
1	푸에르토리코	2,978	90.242	63.328	-
2	스리랑카	246	1.147	1.135	76
3	도미니카	31	43.662	215.440	103
4	네팔	164	0.559	2.412	149
5	페루	147	0.462	1.450	89
6	베트남	298	0.318	0.625	116
7	마다가스카르	89	0.347	1.739	161
8	시에라리온	500	6.749	0.858	184
9	방글라데시	407	0.249	0.410	136
10	태국	176	0.255	0.354	83

자료: Eckstein, Hutfils and Winges(2019: 6).

수 있다.

기후변화로 인한 물 부족 문제도 선진국보다 개도국에서 심각하게 나타난다. 2050년까지 기후변화로 발생한 물 부족에 따른 피해 인구수를 보면 유럽, 미국 등 경제협력개발기구OECD: Organization for Economic Cooperation and Development 국가들은 약 40억 명에 해당하지만 아프리카, 아시아 등 개도국은 50억 명 이상일 것으로 추산된다.

대부분 아열대와 섬나라인 개도국이 기후변화에 더욱 많이 노출되어 있어 취약할 뿐만 아니라, 개도국은 재원과 기술 및 각종 제도적 장치가 부족해 기후변화 적응과 저감 능력도 선진국에 비해 현저히 떨어진다.

개도국뿐만 아니라 각 사회의 빈곤층도 기후변화에 취약하다. 세계은행은 기온 1.5℃ 상승 시, 2030년까지 전 세계 1억 명의 인구가 빈곤층으로 전락

표 9-2 **분야별 기후변화 적응 정책 및 장애요인**

분야	적응 정책에 대한 장애요인
물	수자원 통합관리를 위한 재원, 인력, 기술
농업	신품종 개발, 농작물 다변화를 위한 재원, 기술
인프라, 주거지	기술적·재원적 한계, 주거지 이전을 위한 대규모 부지
보건	취약계층, 지식 부족
관광	새로운 관광지 홍보, 타 분야에 대한 잠재적 리스크 방지
교통	재정적·기술적 제약
에너지	재정적·기술적 제약

자료: IPCC(2007: 15).

할 것이라고 예측했다. 기후변화로 인한 농작물 감소는 식료품 가격을 상승시켜 식료품 지출이 많은 빈곤층에 타격을 주고, 영양실조 등으로 이어질 수 있다. 기후변화가 현 상태로 계속 진행 시 사하라 이남 아프리카 지역에서의 식료품 가격은 타 지역보다 12% 이상 상승하고, 이것은 동 지역에 저체중을 23%나 상승시키는 결과를 낳게 될 것이라는 분석도 있다(Hallegate et al., 2016). 아울러, 2~3℃의 기온 상승으로 말라리아 위험 인구가 5% 이상 증가할 것이고 설사병이 증가할 것이라는 전망도 있다(Hallegate et al., 2016). 가뭄, 홍수, 폭염 등 이상기후 및 자연재해도 개도국과 빈곤층에 큰 영향을 미친다. 기온 상승에 따른 가뭄 영향 지역의 거주 인구 85%가 개도국 인구이다. 많은 강이 분포한 농촌 지역에 빈곤층들이 대부분 거주하고 있기 때문에 홍수에 의한 개도국 주민 및 빈곤층의 피해도 더 크다(Hallegate et al., 2016). 예를 들어, 볼리비아에서 2006년 발생한 홍수로 빈곤층이 12%나 증가했으며, 방글라데시는 2009년 사이클론으로 실업률이 11%에서 60%까지 치솟았다(Hallegate et al., 2016).

기후변화로 인한 재산 손실도 빈곤층에서 크게 나타난다. 빈곤층은 보험에 가입되지 않은 경우가 많으며, 나무 주택, 가축, 토지 등 기후에 취약한 재산을 갖고 있기 때문이다. 1998년에 온두라스 태풍으로 빈곤층의 재산 손실이 3배나 많았고, 2007년에 방글라데시 사이클론으로 인한 빈곤층 가구 소득 감소율은 42%로 빈곤층이 아닌 가구의 17%보다 더 큰 폭으로 감소했다 (Hallegate et al., 2016).

4) 기후변화 대응 방안

기후변화에 대응하는 방안은 크게 기후변화 적응과 기후변화 저감으로 볼 수 있다.

(1) 저감

기후변화 저감mitigation은 지구온난화의 주요 원인인 온실가스 배출을 일정 수준 이상으로 감축하는 것이다. 지구 대기는 국경선을 두지 않고 공기의 흐름에 따라 이동하기 때문에 이산화탄소 배출 감소는 전 세계적으로 공동의 노력이 동반되어야 한다. 이에 따라 전 세계는 기후변화협약, 교토의정서, 최근 2015년의 파리 협정 등을 통해 온실가스 감축 목표치와 일정을 설정하는 등 공동 대응을 수행하고 있다.

그러나 온실가스 배출이 불가피한 산업화와 경제발전이 우선인 개도국과 선진국의 이해관계가 상충되고 선진국 내에서도 에너지 산업, 자동차 제조업, 상업적 농업 등 온실가스 배출과 연관된 산업 관계자의 이해관계가 맞물려 있어 필요한 수준의 감축 목표가 합의 및 이행되지 않고 있다. 또한 개도국들은 온실가스 배출 감소를 위한 기술 역량과 인프라도 부족하므로 이와 관련한 선진국들의 기술 지원이 절실한 실정이다. 그럼에도 불구하고 기후변화 현상이 더욱 두드러지게 나타나고 기후변화 악영향에 대한 인지도가 높아짐에 따라, 전 세계적으로 이산화탄소 배출 감소를 위한 각종 기술이 개발되고 있고 이에 대한 정부들의 정책적 규제와 지원들도 강화되고 있다.

대표적인 기후변화 저감 기술로서 석탄, 석유, 가스 등 화석연료 감소를 위해 태양광, 풍력, 소수력, 바이오매스 등 신재생에너지 개발 및 활용이 증가하고 있고 교통 부문에서 배기가스 배출 감소를 위한 전기차, 수소차 등의 개발도 각국에서 박차를 가하고 있다. 에너지 효율화 개선, 석탄 포집 등도 기후변화 저감 노력에 포함된다. 각국 정부에서도 탄소세 부과, 신재생에너지 개발 및 활용 지원 정책, 공장 등에서 이산화탄소 배출 등에 대한 각종 규제를 통해 기후변화 저감 노력에 동참하고 있다. 아울러, 조림 등을 통해 온실가스의 흡수 능력을 높이려는 것도 주요한 노력 중에 하나이다. 전 세계적으로는 산림 벌채와 산림 황폐화에 따른 온실가스 배출 감소REDD: Reducing Emission from Deforestation and Forest Degradation 등을 통해 인공 조림, 산림 관리 강화 노력을 강화하고 있다.

기후변화 저감을 위한 유인 요소는 부족하지만 기후변화 취약성이 높은 개도국을 위해서 전 세계는 교토의정서 등에 따라 청정개발체제CDM: Clean Development Mechanism 같은 방식을 통해 선진국이 개도국의 온실가스 배출 감소 노력을 지원했을 때 이러한 실적을 선진국의 온실가스 배출 감소 실적에 포함시켜 선진국과 개도국이 온실가스 배출 감소를 위해 공동으로 협력할 수 있는 기제를 만들었다.

(2) 적응

지구의 온도가 위험 수준인 2℃ 이상 상승하지 않도록 하기 위해서 전 세계는 온실가스 배출 감소에 최우선적으로 노력을 해야 한다. 그러나 그럼에도 불구하고 현실적으로 개도국의 경제발전이 가속화되는 이상, 온실가스 증가를 막기는 어렵다. 설령 온실가스 배출이 전혀 증가하지 않더라도, 해수 온도는 육지의 온도보다 늦게 상승하므로 해수 온도가 상승할 경우 지구 기온

표 9-3 **기후변화 현상별 적응 정책**

분야	적응 정책
물	빗물 집수 장치, 물 보관 및 보전 시설 구축, 수자원 재활용, 관개 및 수자원 관리 효율화, 염류화 방지
농업	품종 시기와 농업 작물 다변화, 곡물 파종 재배치, 조림을 통한 토양 관리
인프라, 주거지	제방 등 건설, 해수면 상승을 상쇄시킬 습지대 개발, 자연 제방 보호
보건	재난에 대비하고 대응하기 위한 보건 시스템 구축, 말라리아 등 기후변화에 민감한 질병 감시 체계 구축, 식수위생 관리 강화
관광	관광지 다변화, 스키장을 북쪽으로 재배치, 인공 강우 기술 개발
교통	기온 변화에 대응 가능한 교통수단, 기술 개발
에너지	에너지 효율화, 전선의 지하 배치, 에너지원 다변화

자료: IPCC(2007: 15).

의 상승은 피할 수 없다. 따라서 기후변화에 수반되는 각종 영향들을 극복하고 대응할 수 있도록 새로운 기술을 개발하거나 대비책을 마련하는 조치들을 기후변화 적응adaptation이라고 한다.

예를 들면 물 부족, 홍수, 가뭄 등 갑작스러운 강수량 패턴 변화에 대응하기 위해 저수지, 댐 등을 개발한다거나 물 관리의 효율성을 높이는 체계를 구축하는 조치 등이 있다. 가뭄, 기온 상승, 생물다양성 감소에 따른 농업 생산량 감소에 대응하기 위해 열에 강한 작물 품종을 개발한다든지, 농작물 품종 다변화 등의 조치도 포함된다. 또한 새로운 전염병 출현, 수자원의 질 저하에 따른 각종 수인성 질병에 대응하기 위한 식수 위생시설 확대 및 정비, 공공 보건 당국의 전염병 감시 시스템 구축 등을 들 수 있다(IPCC, 2014). 그 외에 건강보험 대상 인구 확대 등을 통해 기후변화로 인한 질병 발생에 신속하게 대처할 수 있도록 해야 한다. 아울러, 각종 자연재난 및 재해 등에 대비하기 위한 재해 조기경보 시스템 구축, 기후 및 강수량 모니터링 시스템 구축,

빈곤층의 재산 손실에 대비한 사회안전망 구축도 필요하다.

6. 최근 동향

1) 파리 협정(2015)

교토의정서의 만료시한이 2020년으로 다가오면서 국제사회는 2015년 제21회 당사국총회COP21 에서 파리 협정을 채택했다. 동 협정은 2021년부터 발효될 예정으로 선진국뿐 아니라 195개 당사국 모두에게 감축의무가 적용되어 보편성을 확보했다. 다만 각국의 온실가스 감축 목표에 법적 구속력을 부과하는 데 실패했다는 한계가 있다. 최근 IPCC 5차 보고서에 향후 2050년까지 지구 평균기온은 최소 1.5~2℃까지 상승할 것으로 예측했고 2℃ 이상으로 상승할 경우 전 세계가 심각한 영향을 받게 될 것이라고 분석했다.

그림 9-6은 기온 변화에 따른 분야별 영향을 보여주고 있는데, 1℃ 이상 상승 시 30%의 생물종이 감소하고 2℃ 이상 상승 시 해안가에 홍수와 태풍이 증가하고 새로운 질병인자들이 나타날 것이라고 예측한다. 3℃ 이상 상승 시, 위도가 높은 지역에서 강수량이 증가하지만 대량의 생물종이 멸종되고 곡물 생산량이 감소하며, 30%의 지구 습지가 사라지고, 매년 수백만 명의 사람들이 홍수 등의 피해를 입을 것이라고 말하고 있다.

이에 따라 파리 협정의 장기 목표는 산업화 이전 대비 지구 평균기온을 2℃보다 낮은 수준으로 유지하고 1.5℃ 이하로 제한하기 위한 노력을 추구하는 것이 되었다. 나라별 온실가스 감축량은 각국이 제출한 자발적 감축목표를 그대로 인정하되 2020년부터 5년마다 상향된 목표를 제출하게 했다. 또한 정기적으로 모니터링하면서 2023년에 국제사회의 종합적 이행 점검 시스템을 도입하기로 합의했다. 교토의정서의 선진국과 개도국 간 차별화된 의

그림 9-6 **지구 기온 변화에 따른 분야별 영향**

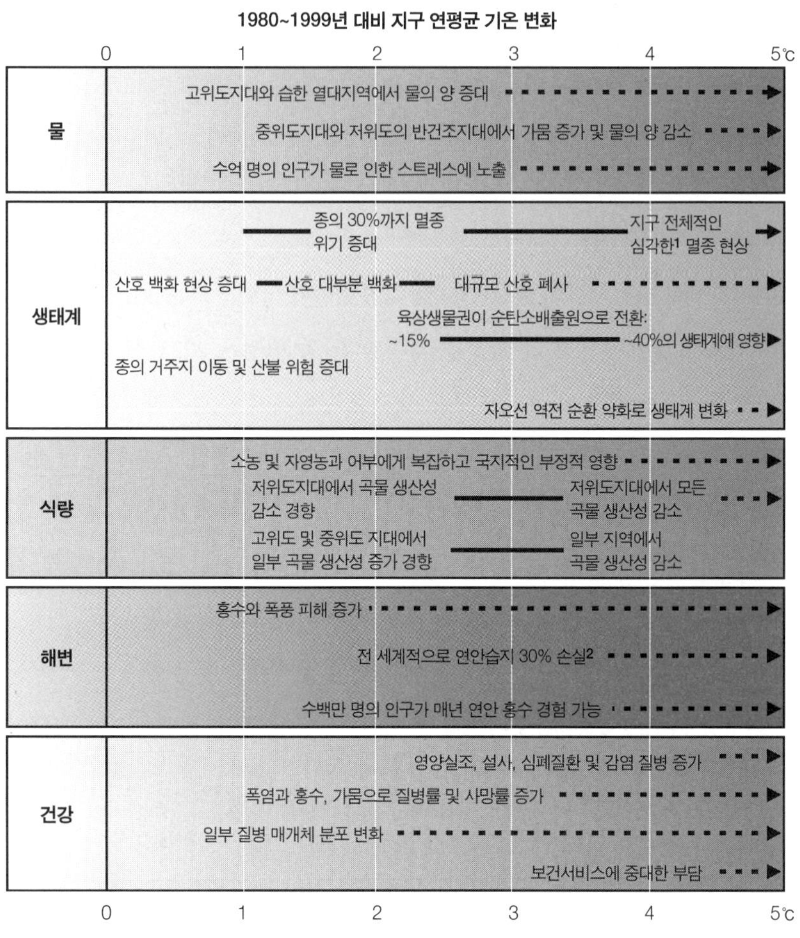

1 여기서 '심각한'은 40% 이상으로 정의된다.
2 2000년부터 2080년까지 연평균 4.2mm 해수면 상승 기준.
자료: IPCC(2007: 51).

무 원칙은 그대로 두어 선진국은 온실가스 감축의 절대량을 유지해야 하고 개도국은 절대량 방식과 배출 전망치 대비 방식 중에 선택할 수 있게 했다.

표 9-4 **SDGs 목표별 기후변화와 환경 관련성**

SDGs 목표	기후변화, 환경 관련 내용
목표 1. 모든 곳에서 모든 형태의 빈곤 종식	1.5. 2030년까지 빈곤층 및 취약계층의 복원력을 구축하고 기후 관련 재해와 경제적·사회적 충격에 대한 노출과 취약성을 경감
목표 2. 기아 종식, 식량 안보 달성, 영양상태 개선, 지속가능한 농업	2.3. 2030년까지 기후변화, 이상기후, 가뭄, 홍수 및 기타 재해에 대한 적응 능력을 강화하고, 생태계를 보전하며, 토지와 토양의 질을 향상하는 지속가능한 식량생산 시스템 구축, 복원력 있는 농업활동 추진
목표 6. 모두를 위한 식수 및 위생시설의 가용성 보장 및 지속가능한 관리	6.3. 2030년까지 오염 감소, 쓰레기 무단 투기 근절, 유해화학물질 및 위험물질 방출 최소화, 미처리 하수 비율 설반으로 감소, 전 세계적으로 재활용 확대 및 안전한 재활용을 통한 수질 개선
	6.6. 2030년까지 집수, 담수화, 용수 사용 효율화, 폐수 처리 및 재활용 기술을 포함하여 개도국의 식수 위생 관련 활동과 프로그램에 대한 국제협력과 역량강화 활동을 지원
목표 7. 모두를 위한 적정 가격의 신뢰가능하고 지속가능한 현대적인 에너지에의 접근 보장	7.2. 2030년까지 전 세계 에너지원 중에 신재생에너지 비중을 대폭 확대 7.a. 2030년까지 재생에너지, 에너지 효율, 청정한 화석에너지 사용 기술 등을 포함하여, 청정에너지 연구와 기술에 접근가능하도록 국제협력을 강화하고 에너지 관련 시설과 청정에너지 기술에 대한 투자 증자
목표 8. 모두를 위한 지속가능하고 포용적이며 지속적인 경제성장, 생산적이고 완전한 고용 및 양질의 일자리 증대	8.4. 2030년까지 소비와 생산에서 전 세계의 자원 효율성을 점진적으로 개선하고 선진국의 주도하에 '지속가능한 생산과 소비에 대한 10년 계획 프레임워크'에 따라 경제성장이 환경 악화로 이어지지 않도록 노력
목표 9. 복원력 높은 사회기반 시설 구축, 포용적이고 지속가능한 산업화 및 혁신 장려	2030년까지 모든 국가는 각각의 역량에 따라 자원사용 효율성을 높이고 청정기술 및 환경친화적 공정을 산업에 적용하며, 기존의 기반시설과 산업을 지속가능하게 개선
목표 11. 도시와 주거지를 포용적이며 안전하며 복원력 있을 수 있도록 지속가능하게 구축	11.6. 2030년까지 도시 공기의 질과 기타 폐기물 관리에 특별한 주의를 기울여, 도시 인구 1인당 환경 악영향 감소 11.b. 2020년까지 포용, 자원 효율성, 기후변화 완화와 적응, 자연재해에 대한 복원력을 지향하는 통합된 정책과 계획을 채택하고 이행하는 도시와 주거지를 대폭 늘리고, 재난 위험 경감을 위한 센다이프레임워크에 따라 모든 수준에서의 통합재난위험관리 개발 및 이행

2) SDGs, 기후변화와 환경

지속가능발전의 개념은 2015년 유엔 개발정상회의를 통해 환경보전·사회발전·경제성장 등 다방면의 지속가능성을 고려하도록 이루어져야 한다고 정의되었다. 이러한 논리를 바탕으로 새천년개발목표MDGs: Millennium Development Goals는 SDGs로 이어졌다. SDGs는 평화, 인권 등 사회적인 개발목표까지 포함되었지만 또 한편으로는 환경보호의 중요성을 더욱더 강조한 개념이라고 볼 수 있다. MDGs에는 포함되지 않은 환경오염, 기후변화 관련 목표로 17개 중 4개가 별도로 수립되었으며, 이 외에도 에너지, 물, 산업화에도 환경적으로 지속가능해야 한다는 세부 목표치를 포함시켜 환경보호와 기후변화가 SDGs 체계 안에서 주류화되었음을 알 수가 있다.

SDGs 중에서 환경보호와 기후변화 대응을 직접적인 목표로 하는 것은 크게 4개이다. 목표 12는 지속가능한 생산과 소비를 목표로 하며, 목표 13은 기후변화와 그 영향에 대한 즉각적인 대응이다. 목표 14는 지속가능한 발전을 위해 대양, 바다, 해양자원을 지속가능하게 사용하는 것이다. 목표 15는 육상 생태계의 지속가능한 사용, 보전, 복원으로서 산림의 지속가능한 사용, 사막화 방지를 위한 토지 황폐화 중지 및 복구, 생물다양성 손실 중지이다. 이들 4개 목표 외에도 대부분의 목표가 부문별 환경보호와 기후변화 대응에 대한 내용을 포함하고 있다.

7. 결론

인간의 문명화와 산업화는 인류의 삶의 터전인 지구 환경과 자원을 끊임없이 개척하고 활용하면서 이루어졌다. 그러나 SDGs 체제가 보여주듯이 이제 우리가 살고 있는 지구 환경, 생태계와 자원을 보호하고 고려하지 않는 개발은 지속되지 못할 뿐 아니라 큰 대가를 치르게 될 것이라는 경고가 이어지고 있다. 최근의 기후변화 등이 보여주는 이러한 엄청난 경고에도 불구하고, 지구는 가장 대표적인 글로벌 공공재로서 공공재가 갖는 '공유지의 비극'의 모습을 가장 잘 보여주고 있다. 즉, 모두가 자유롭게 이용할 수 있으며, 어느 누구도 관리의 책임을 지지 않기 때문에 훼손되기 쉽다.

환경오염과 기후변화가 현재의 상태로 지속될 경우, 인류가 공멸할 수 있다는 여러 경고에도 불구하고 환경보호와 기후변화 대응을 위한 국제협력은 쉽게 이루어지지 않고 있다. 인류의 지속가능한 발전과 생존을 위해서는 결국 환경오염과 기후변화의 주된 원인 제공자였으며 위험에 대응할 수 있는 지식과 기술, 재원을 보유하고 있는 선진국들의 적극적인 노력과 지원이 필요하다. 특히 개도국과 빈곤층에 대한 지원을 통해 가난하고 취약한 계층이 더 큰 피해를 받지 않도록 국제적인 공조가 요구된다.

사 례

환경 쿠즈네츠 곡선과 교토의정서 비준

환경 쿠츠네츠 곡선

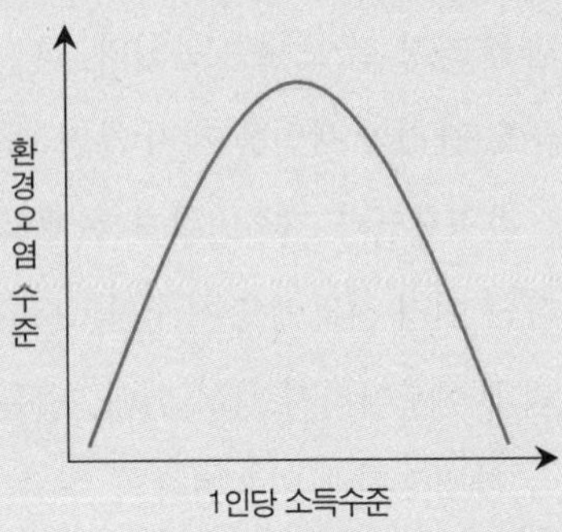

환경 쿠츠네츠 곡선은 경제성장과 소득 불평등의 관계가 'U'자형을 띤다는 쿠츠네츠 이론을 차용한 것으로서 경제성장과 환경오염은 '역U'자형을 띤다는 이론이다. 즉, 후진국은 환경오염 시설이 적으므로 환경오염이 적지만 경제성장이 진행되면 산업화로 환경오염이 증가하고 이러한 환경오염을 감수하다가, 선진국이 될수록 삶의 질을 더욱 중시하게 되면서 환경보호에 대한 수요와 중요성도 증가하여 환경오염이 줄어든다는 것이다.

교토의정서 합의에서의 선진국과 개도국

환경 쿠츠네츠 곡선은 1992년 교토의정서 비준에서도 나타난다. 교토의정서의 합의 전까지 개도국과 선진국 간 환경오염의 역사적인 책임과 향후의 국가별 온실가스 감축 의무에 대한 이견이 첨예하게 드러났다.

개도국들은 환경오염과 기후변화의 역사적 책임이 선진국의 급격한 경제발전과 산업화로 인한 것임을 주장하고 경제발전을 가속화시켜야 하는 개도국들은 온실가스 배출 의무에서 제외되어야 한다고 주장했다.

선진국들은 미래에 지속된 기후변화가 선진국뿐만 아니라 개도국에도 심각한 악영향을 줄 것임을 경고하고 개도국들을 설득하려 노력했으나 크게 성공하지 못했다. 이로 인해 교토의정서는 '공통의 그러나 차별화된 책임'이라는 원칙하에 선진국들만 온실가스 배출 감소 의무이행국으로 지정했다.

이러한 당장의 개발과 경제적 이익에 대한 수요와 환경보호의 수요는 일치하지 않아 국내에서도 이해관계가 엇갈린다. 미국, 캐나다와 같은 주요 온실가스 배출국도 국익 및 국내의 이해관계자들의 로비 등에 의해 결국 교토의정서의 의회 비준에 실패하고 2001년 탈퇴했다.

생각할 문 제

1 환경 쿠츠네츠 곡선에서 볼 수 있듯이, 중국, 브라질 등 개도국들은 급속한 경제발전과 더불어 환경오염 및 온실가스 배출이 가속화되고 있다. 그러나 이들에게 환경보호에 대한 우선순위는 낮다. 한편, 환경오염과 기후변화에 가장 취약한 국가들도 개도국이다. 이들은 기후변화 대응을 위해 경제발전 속도를 늦춰야 하는 것인가?

2 선진국은 어느 정도 개발을 이미 달성해 SDGs를 달성할 수 있으나 개도국의 현 수준에서 과연 SDGs는 현실적으로 달성 가능한 목표인가?

3 환경은 지구 공공재이므로 환경보호 및 기후변화 대응을 위해 국제적인 공조가 절실하다. 그럼에도 불구하고 각종 국제협약은 그다지 큰 성과를 나타내지 못했다. 국제협약의 실질적인 준수를 위해 어떠한 조치들이 필요한가?

열 두 개 의
키 워 드 로
이 해 하 는
국 제 개 발 협 력

10

개발재원

1. 개요

앞 장들에서 논의된 개발과제를 해결하기 위해서는 재원이 필수적이다. 개발도상국(이하 개도국)에서 지속가능개발목표SDGs: Sustainable Development Goals 달성을 위해 필요한 투자재원이 연평균 약 3.9조 달러인 것으로 예측되는데, 현재 이 중 1.4조 달러만이 동원 가능하며 2.5조 달러는 추가로 마련을 해야 하는 상황이다(UNCTAD, 2014). 한편, 최근 10여 년간 국제개발협력에 민간재단, 신흥공여국, 시민사회, 기업 등 다양한 주체들이 등장했다. 따라서 개발에 필요한 재원을 확보하는 데 있어 공적개발원조ODA: Official Development Assistance 이외 재원의 종류, 주체, 규모, 추가 동원 가능성 여부 등에 대한 논의가 활발하게 진행되었다. 2002년부터 2015년까지 멕시코 몬테레이Monterrey, 카타르 도하Doha, 에티오피아 아디스아바바Addis Ababa에서 진행된 세 차례의 개발재원회의International Conference on Financing for Development가 그 대표적인 논의 장소라고 할 수 있다.

이렇게 개도국의 빈곤퇴치 및 경제사회 개발을 위해 마련되는 재원을 통틀어 개발재원Development Finance이라고 정의하는데, 이 장에서는 개발재원에 대해서 알아보고자 한다. 먼저 개발재원의 정의와 종류에 대해 알아보고, 이를 조성하기 위해 투입되는 공공 및 민간의 노력들을 확인해 보기로 한다. 그리고 이러한 노력들의 한계와 앞으로의 과제 및 전망에 대해서 짚어보기로 한다.

2. 정의

개발재원은 크게 ODA와 같은 재정적 재원과 무역, 기술협력, 제도개선 등과

표 10-1 **개발재원의 구분과 대표적인 예**

	국내	국제
공공	조세 수입	공적개발원조(ODA), 기타 공적자금(OOF)
민간	저축, 국내 투자	송금, 해외직접투자, 자선재단 기부금 등

자료: 박수영·오수현(2015a: 42).

같은 비재정적 재원•으로 구분될 수 있다. 재정적 개발재원은 국내/국외, 공공/민간의 기준으로 나눴을 때 표 10-1에서 보는 바와 같이 국내공공재원, 국내민간재원, 국제공공재원, 국제민간재원 네 가지로 구분된다. 국내공공재원은 개도국 내에서 동원되는 공공재원으로 조세 수입이 대표적인 재원이라고 할 수 있다. 국내민간재원은 개도국 국민들의 저축 및 기업의 투자와 같이 해당 국가 내에서 동원되는 민간재원이라고 할 수 있다. 국제공공재원은 우리가 잘 알고 있는 ODA 또는 기타 공적자금OOF: Other Official Flow과 같은 공여국 정부가 제공하는 공적자금을 들 수 있다. 국제민간재원은 국제적으로 동원되는 민간재원으로 다국적기업의 해외직접투자FDI: foreign direct investment, 민간재단 기부금, 해외노동자들의 본국 송금remittance 등이 있다. 한편, 혁신적 개발재원innovative development finance이란 개발재원을 다른 준위로 구분한 것으로 전통적인 방식으로 동원된 재원-ODA와 같이-이 아닌 기존과는 다른 새로운 방식으로 동원되는 개발재원을 일컫는다.

국제사회는 개발재원을 추가로 조성하고 그 규모를 측정하기 위한 다양한 노력을 진행하고 있다. 다음 절에서는 이러한 노력들을 상세하게 살펴보기로 한다.

• 이 글에서는 지면의 한계상 재정적인 재원만을 다루기로 한다.

3. 공공 개발재원 조성 노력

1) 국제회의를 통한 개발재원 논의 지속

국제사회는 새천년개발목표MDGs: Millennium Development Goals 이행 초기부터 개발재원의 중요성을 인지하고 이를 조성하기 위해 2002년부터 정기적으로 개발재원회의를 개최해오고 있다. 개발재원회의의 목적은 개도국의 빈곤퇴치와 경제사회 개발을 위해 동원 가능한 재원을 파악하고 재원 조달 및 활용을 위해 국제사회가 어떠한 노력을 기울여야 하는지 논의하는 것이라 할 수 있다.

표 10-2는 지금까지 개최된 개발재원회의 내용을 비교한 표이다. 제1차 개발재원회의는 멕시코 몬테레이에서 개최되었다. 이 회의의 결과물로 몬테레이 컨센서스Monterrey Consensus가 채택되었는데 여기에는 개발재원으로써 개도국 내 재원 동원, 국제민간재원 동원, 개발을 위한 무역의 중요성, 개발을 위한 국제 재정 및 기술협력 증대, 채무 탕감 및 채무 재조정 노력, 개도국의 무역 참여율 확대 및 금융서비스 개선을 위한 국제제도 개혁 필요성이 담겼다.

제2차 회의는 6년 후인 2008년 카타르 도하에서 개최되었는데 몬테레이 컨센서스의 6개 분야 결의사항을 재확인하고 식량위기 및 기후변화라는 새로운 글로벌 도전과제 해결을 위한 지원 필요성을 논의했다. 그리고 개도국 내 재원 동원을 위해 개도국 조세제도 개혁과 불법자금 흐름에 대한 규제가 필요하다는 내용도 제기되었다. 또한 ODA가 민간개발재원을 동원하는 촉매제 역할을 해야 한다는 주장이 처음으로 등장했다.

제3차 회의는 7년 후인 2015년 에티오피아 아디스아바바에서 개최되었다. 이 회의는 1, 2차 회의 결과의 이행사항을 점검하고, MDGs를 잇는 국제사회의 새로운 개발목표인 SDGs 이행에 필요한 개발재원을 조성하기 위한 회의였다. 결과문서로 채택된 아디스아바바 행동계획AAAA: Addis Ababa Action Agenda에 포함된 내용 중 기존 회의에서 다루지 않은 새로운 내용을 간단히 살펴보

표 10-2 **몬테레이 컨센서스, 도하 선언 및 아디스아바바 행동계획 비교**

구분	몬테레이 컨센서스 (총 73항)	도하 선언 (총 90항)	아디스아바바 행동계획 (총 134항)
총장	I. 개발을 위한 자금조달의 어려움 직면: 글로벌 대응 (1~9)	도입: 몬테레이 컨센서스의 목표와 약속 재확인 (1~7)	I. Post-2015 개발 자금조달을 위한 글로벌 프레임워크 (1~19)
본문	II. 주요 활동 A. 개발을 위한 국내재원 동원 (10~19) B. 개발을 위한 국제재원 동원: 외국직접투자와 기타 민간재원 흐름 (20~25) C. 개발을 위한 동력으로서 국제 무역 (26~38) D. 개발을 위한 국제 금융 및 기술협력 확대 (39~46) E. 외부채무 (47~51) F. 시스템 이슈: 개발 지원 측면에서 국제 통화, 금융, 무역시스템의 정합성 및 일관성 강화 (52~67)	• 개발을 위한 국내재원 동원 (8~22) • 개발을 위한 국제 재원 동원: 외국직접투자와 기타 민간재원 흐름 (23~29) • 개발을 위한 동력으로서 국제 무역 (30~39) • 개발을 위한 국제 금융 및 기술협력 확대 (40~55) • 외부채무 (56~67) • 시스템 이슈: 개발 지원 측면에서 국제 통화, 금융, 무역시스템의 정합성 및 일관성 강화 (68~79) • 기타 새로운 과제 및 이슈 (80~86)	II. 활동영역 A. 국내공공재원 (20~34) B. 국내/국제 민간 기업 및 금융 (35~49) C. 국제개발협력 (50~78) D. 개발을 위한 동력으로서 국제 무역 (79~92) E. 채무와 채무 유지 가능성 (93~102) F. 시스템 이슈 (103~113) G. 과학기술 혁신과 역량개발 (114~124)
종장	III. 참여 유지 (68~73)	참여 유지 (87~90)	III. 데이터, 모니터링 및 후속 조치 (125~134)

자료: 박수영·오수현(2015b: 6).

면, 기존에는 국제민간재원만을 다뤘으나 그 범위를 개도국 내 민간재원까지 넓혔고, 개도국의 과학기술혁신 노력 지원, 통계 및 데이터 투명성에 대한 고려가 포함되었다. 그리고 금융 및 거시경제 안정성 강화를 위한 정책일관성의 필요성이 강조되었다. 또한 회의 이후 '개발재원을 위한 기관 간 태스크포스팀Inter-Agency Task Force on Financing for Development'이 신설되었고, 2016년부터 개발재원FfD: Financing for Development 포럼이 매년 개최되고 있다. 2019년에는 특별히 9월 유엔UN: United Nations 정기 총회 기간에 개발재원 고위급 회담이 개최될 예정이다.

2) 개도국 내 공공재원 확대 노력

개도국은 경제성장에 필요한 두 가지 투입요소인 자본과 노동 중 자본이 부족하여 지금까지 이를 ODA로 채우고 있었다. 그러나 이것은 개도국의 경제 성장을 위한 근본적인 해결책이 아니며, 결국 개도국은 자체 재원 마련을 위한 노력을 기울여야 한다. 개발에 필요한 재원을 자체적으로 조달할 수 있다면 그것은 개도국의 개발 패턴을 근본적으로 바꾸는 시도라고 할 수 있다. 또한 개도국 내 공공재원 확대 노력은 개발에 있어서 수원국의 주인의식을 고취하는 중요한 요소라고 할 수 있다.

대표적인 개도국 내 공공재원이라고 한다면 세금을 들 수 있는데 조세시스템이 제대로 갖춰져 있어야 개도국 정부가 공공서비스를 제공하는 데 필요한 세금을 거둬들일 수 있다. 국제사회에서는 아디스 조세 이니셔티브ATI: Addis Tax Initiative를 출범시켜 개도국의 조세역량강화를 위해 2020년까지 해당 분야 지원을 2배 늘리는 것으로 약정했다. ATI에 참여하는 국가들이 국내재원동원에 지원한 규모는 2016년 기준 3억 5800만 달러이며, 이는 2015년과 대비해 61%가 증가한 수치이다(ITC, 2018). 또한 국경 없는 조세감시관TIWB: Tax Inspectors without Borders은 개도국들이 다국적기업의 세무조사를 실시할 때 겪는 어려움을 해소하기 위해 세무조사 전문가를 파견하여 조언을 제공하고 있다(김지현, 2016). 경제개발협력기구OECD: Organization for Economic Cooperation and Development에서는 선진국의 조세 분야 지원의 정확한 통계를 측정하기 위해 흩어져 있던 조세 관련 원조보고시스템CRS: Creditor Reporting System 목적코드를 합쳐 새로운 코드를 신설하여 2015년부터 적용해오고 있다. 이 외에도 국제사회가 참여하는 다양한 조세 관련 구상*들이 있으며 개발협력사업을 통해

표 10-3 **ODA 정의 변화**

구분	2018년 이전	2018년 이후
측정 방식	순지출의 현금 흐름(cash flows) = 총지출액 – 상환액	증여등가액 = 지출액 × 증여율
최소증여율	25%	• 소득그룹별 차등 최소증여율 적용 - LDC/LIC: 45% - LMIC: 15% - UMIC: 10%
할인율	10%	• 소득그룹별 차등 할인율 적용 - LDC/LIC: 9% - LMIC: 7% - UMIC: 6% * IMF 이자율 5%에 소득그룹별로 파산위험을 감안하여 각각 4%, 2%, 1% 추가 적용
가이드라인 명확화	평화 및 안보 관련 지원, 공여국 내 난민 지원에 대한 불명확한 지침	평화 및 안보 관련 지원, 공여국 내 난민 지원에 대한 명확한 지침 개발
민간금융수단(PSI)의 구분	OOF에 포함	ODA에 포함

자료: 박수영·조한슬(2015: 28)을 바탕으로 재구성.

박스 10-1 **ODA 정의 관련 주요 용어 정리**

ODA 정의 (변경 전): ODA는 중앙 및 지방정부 또는 정부의 실행기관을 포함하는 공공기관이 개도국의 경제개발과 복지 향상을 주요 목적으로 DAC 수원국 리스트와 국제기구 리스트에 포함된 수원처에 지원한 (10% 할인율로 계산했을 때) 증여율이 최소 25% 이상이며 성격적으로 양허성을 가진 자금이다.

- 양허성: 자금을 제공하는 데 있어서 시장에서 제공하는 자금보다 저렴한 이자율 및 완화된 상환조건을 제공할 때 성격적으로 양허적이라고 정의한다.
- 증여율: 공여재원의 무상 정도를 나타내는 지표로 차관의 경우, 차관액과 차관원리금 현재가치의 차액으로 측정된다. 증여율을 높으려면 현재가치가 작아야 하고, 현재가치가 작으려면 이자율이 낮고, 상환기간이 길고, 할인율이 높아야 한다.
- 할인율: 미래금액의 현재가치를 계산할 때 사용하는 이자율이다. 현재금액의 미래가치를 계산할 때는 이 이자율을 현재금액에 곱하지만, 미래금액의 현재가치를 계산할 때는 이 이자율로 미래금액을 나누게 된다. (나누면 금액이 적어지는 할인의 효과가 나타나게 됨)

서도 개도국의 조세 부문 발전을 지원하고 있다.

3) ODA 정의 변화와 개발기여도 인정 확대

ODA는 1969년 경제협력개발기구/개발원조위원회OECD/DAC Organization for Economic Cooperation and Development/Development Assistance Committee에서 규정한 가장 널리 알려진 국제공공개발재원으로, 선진국의 개발공헌도를 정량적으로 측정하는 대표적인 척도로 활용되어왔다. 그러나 ODA 정의가 최근 변화하는 개발협력 환경을 제대로 반영하고 있지 못하다는 지적과 비교가능성comparability의 원칙에 위배되는 보고 사례[••]로 인하여 2015년 표 10-3과 같이 수정되었고 OECD/DAC은 2018년 이후 수정된 정의에 따라 ODA를 측정하고 있다.

변경된 내용을 더 구체적으로 살펴보면, 과거에는 현금, 서비스, 물자의 물리적 국경이동이라는 현금 흐름 기준으로 ODA를 산정했다. 그러나 2018년부터는 무상원조는 기존대로 측정하고, 유상원조는 산출된 증여율grant element을 바탕으로 산술적으로 계산된 무상원조에 상응하는 금액, 즉 증여등가액grant equivalent을 ODA로 산정하게 되었다. 또한 현재 낮은 시장이자율을 감안했을 때 할인율discount rate이 지나치게 높아 증여율이 현실과 다르게 과도하게 높아지는 문제가 있어, 소득수준별로 다른 증여율과 할인율 기준을 도입했다. 그리고 평화와 안보, 공여국 내 난민 지원 비용을 ODA에 포함하는 데 있어 지침이 불명확하여 이를 개선하는 노력도 진행 중이다.

• 소득이전을 통한 세원잠식(BEPS) 구상, 도난자산회수(StAR) 구상, 채굴산업투명성 구상(EITI), 국제자금세탁방지(FATF), UN반부패협약(UNCAC), 국제조세협력에 관한 UN전문가위원회, 조세 목적의 투명성과 정보공유 글로벌 포럼 등이 있다.

•• ODA 정의에서 성격적으로 양허적이어야 한다는 부분이 모호하여 국가마다 이 부분을 다르게 해석하고 있음이 드러났다.

표 10-4 **비증여수단별 정의**

구분	정의	상환순위
대출	수원처가 추후 공여기관에서 제공한 원금과 이자의 법적 상환의무를 지니는 현금 이전	채무불이행 시 공여기관 입장에서는 제일 먼저 변제를 받음
메자닌 금융	대출과 투자의 특징을 모두 지니고 있는 중간적인 성격의 금융수단으로, 공여기관이 제공한 이 수단을 통해 재원을 마련한 수원처는 추후 공여기관에 대해 원금과 이자의 법적 상환의무(대출성격의 메자닌)를 지거나 배당의 의무(투자성격의 메자닌)를 짐	채무불이행이나 투자 손실이 났을 경우, 공여기관의 입장에서는 대출 다음으로 변제를 받음
지분투자	공여기관이 수원처에서 발행하는 주식이나 지분을 구매한 후 경영권과 배당권한을 갖고, 이를 통해 재원을 마련한 수원처는 추후 공여기관에 대해 배당의 의무를 짐	투자손실이 났을 경우, 공여기관의 입장에서는 대출, 메자닌 금융 다음으로 변제를 받음
보증	수원처가 채무를 불이행하거나 투자 손실을 냈을 때 공여기관이 대신 해당 손실을 보전한다는 법적 약속	

자료: 박수영·오수현(2015a: 51)을 바탕으로 재구성.

4) PSIs의 ODA 인정

국제공공재원을 금융수단financial instrument 기준으로 보면 수원국의 입장에서 상환의무가 없는 증여grants와 상환의무가 있는 비증여non-grants로 나눌 수 있다. 비증여수단은 표 10-4에서 보는 바와 같이 대출debt instrument, 메자닌 금융mezzanine finance instrument, 지분 투자equity investment, 보증guarantee* 으로 구분할 수 있다. 비증여수단들 중 ODA 정의를 만족한 금액들만 ODA로 인정되고 나머지 금액들은 OOF로 구분되었다.

한편, 공여기관이 비증여수단을 활용하여 개도국의 민간 기업에 자금을 지

* 보증은 수원국이 자금을 상환할 수 없을 때 흐름이 발생하게 되므로 이때는 증여로 구분되어야 한다.

원하는 경우에 이를 민간금융수단PSIs: Private Sector Instruments*이라고 부른다. PSIs는 최근까지 OOF로 구분되었다. 그러나 민간 부문이 고용 창출, 혁신과 성장의 동력, 부 축적, 세수 제공을 통해 SDGs 달성에 중요한 역할을 할 것이라는 기대에 2018년부터 PSIs도 ODA에 포함하기로 했다. ODA로 포함하기 위해서는 해당 자금규모를 정확히 측정할 기준이 필요하다. 그러나 공여국들은 아직 PSIs의 ODA 측정 방식에 대한 합의에 도달하지 못했으며 현재는 제안된 두 가지 임시 측정방법을 적용하고 있다. 첫 번째는 기관 중심 접근institutional approach 방법으로 개발금융기관DFIs: Development Financial Institutions을 통해서 지원된 PSIs은 모두 ODA로 산정하는 것이다. 두 번째는 수단 중심 접근instrument-specific approach 방법으로, PSIs 수단별로 ODA를 산정하는 것이다. 대출의 경우는 10% 할인율을 적용했을 때 최소 25%의 양허율이 나오는 지원금을 ODA로 산정한다. 지분 투자의 경우는 ODA 정의에 부합하는 자금만 산정 가능하다. 한편, 보증과 메자닌은 계상방법에 대한 합의가 나오지 않아 ODA로 산정이 되지 않는다(OECD, 2019a).

공여기관은 기관 중심 접근방법과 수단 중심 접근방법 중 한 가지를 선택하여 현금 흐름을 기준으로 PSIs의 ODA 금액을 산정해야 한다. 추후 상환이나 이익 발생으로 인하여 공여기관으로 자금 흐름이 발생하게 되면 이는 네거티브negative ODA로 산정한다. 또한 PSIs를 ODA로 산정할 때는 재무적 추가성 또는 가치 추가성과 함께 개발 추가성 유무를 반드시 제시해야 한다. 그리고 각 추가성 평가에 대한 상세한 설명도 포함해야 하며, 해당 사업이 추구하는 개발목적development objective도 제시해야 한다. 박스 10-2는 추가성의 종류와 정의를 설명하고 있다.

* 유사한 뜻으로 시장유사수단(market-like instruments)이라는 용어도 사용된다.

박스 10-2 **추가성의 종류와 정의**

- **재무적 추가성(financial additionality)**: 공공자금이 지원되지 않았더라면 높은 투자 위험으로 인해 해당 기업이 다른 상업재원을 조달하지 못했으리라는 것이 증명되면 그것을 재무적 추가성이라고 한다. 재무적 추가성 존재 여부를 심사하는 이유는 공공자금의 민간 기업 지원으로 인해 발생할 수도 있는 시장 왜곡을 피하기 위함이다.
- **가치 추가성(value additionality)**: 공공기관이 그들이 가진 비교우위와 특별한 위치로 인하여 민간 부문에서 제공할 수 없는 비재정적 지원(지식 또는 전문가 제공, 현지 네트워크와의 연결)들을 해당 기업에게 제공했다면 그것은 가치 추가성이 된다. 가치 추가성은 올바른 기업 관리, 보호수단 도입 등 개발 관점에서 기업투자나 영업활동의 사회적 책임을 촉진하는 데 기여할 수 있다.
- **개발 추가성(development additionality)**: 공공기관과 해당기업 간 파트너십이 없었더라면 투자로 인한 개발효과가 일어나지 않았을 것이라는 것이 증명되면 그것을 개발 추가성이라고 한다.

자료: OECD(2019a).

5) 지속가능개발을 위한 총공적지원(TOSSD) 도입

국제사회는 ODA 정의의 수정과 함께 '지속가능한 개발을 위한 총공적지원 TOSSD: Total Official Support for Sustainable Development'이라는 새로운 개념을 도입했다. TOSSD는 개도국의 지속가능개발을 지원하고, 글로벌 또는 지역 차원의 도전과제를 해결하거나 개발촉진환경 development enabler을 조성하기 위해 직간접적으로 제공되는 국제공공지원의 포괄적인 규모를 측정하기 위해서 새롭게 제안된 개념이다. ODA는 특정 정의와 기준을 바탕으로 하여 DAC 회원국은 의무적으로, 기타 국가는 자발적으로 보고하는 데이터이지만, TOSSD는 국제공공재원 제공자 및 이들과 협력하는 민간 부문 모두가 제공하게 되는 데이터이다. ODA는 증여등가액으로 보고되지만 TOSSD는 명목가치의 현금흐름으로 보고된다. 또한 ODA는 양허성이라는 적격성 검증기준이 있으나 TOSSD는 이에 대한 기준이 없다. 마지막으로 ODA는 개도국의 경제사회 개발이 목적이지만 TOSSD는 개도국의 SDGs를 달성하는 데 기여하는 모든 지원을 포함한다. 표 10-5는 ODA와 TOSSD의 차이점을 정리한 것이다.

TOSSD는 AAAA에서 언급된 재정적/비재정적 개발재원을 모두 측정하는

표 10-5 **ODA와 TOSSD의 차이**

구분	ODA	TOSSD
보고 주체	DAC 공여국 및 기타 자발보고국가	국제공공재원의 모든 제공자 및 이들과 협력하는 민간 부문
보고 방식	증여등가액	명목가치 기준의 현금 흐름
적격성 기준	ODA 정의의 양허성 기준 만족	양허성 기준 없음
지원 목적	개도국의 경제사회 개발을 위한 지원	개도국의 SDGs를 달성하는 데 기여하는 모든 지원

자료: OECD(2016).

것을 원칙으로 하고 있다. SDGs를 이행하고 AAAA에서 합의한 내용들을 실행하기 위해서는 우리가 가지고 있는 재원의 수요-공급 차와 지원우선순위를 확인하여 어떻게 전략적으로 배분하여 쓸 것인지를 계획해야 한다. 이를 위해서 우리가 활용 가능한 재원이 얼마나 되는지 우선 파악하려는 것이다. TOSSD는 남남협력, 삼각협력, 다자기구, 전통 및 신흥공여국의 지원뿐만 아니라 공공의 개입을 통해 동원되는 민간재원까지 측정하여 더 높은 수준의 투명성과 책임성을 장려하고 있다. 또한 SDGs 달성에 기여하는 국제공공재 IPGs: International Public Goods와 개발촉진환경 조성을 위해 사용되는 지원의 측정까지 포함하는 것으로 계획되어 있어, ODA를 대체하는 척도가 아닌 ODA를 보완하는 척도라고 할 수 있다.

한편, TOSSD를 측정하기 위한 측정 기준은 논의가 초기 단계이다. 특히 IPGs, 개발촉진환경 및 글로벌 도전과제를 위해서 사용된 금액과 같이 새롭게 도입된 개념의 경우, 정확한 기준을 마련하기 위한 추가적인 논의가 필요하다.

4. 민간 개발재원과 측정 노력

1) 민간재단의 증가

앞서 국제민간재원의 대표적 예로 기업직접투자나 송금을 언급했으나 이들 금액의 근본적인 목적은 개도국의 개발을 위한 것은 아니다. 따라서 국제민간재원의 주요 출처는 기업 또는 개인의 기부금이라고 할 수 있다. 이들은 개발 비정부기구NGO: Non-Governmental Organization에 자금을 지원하거나, 적극적이고 장기적인 참여를 위해 민간재단이나 유한회사를 설립하여 개발사업을 지원한다. 민간재단이란 비정부 또는 비영리 기관으로 자기자금을 보유하고 있으며 자체 이사회에 의해 운영되고 사회적·교육적·자선적·종교적 활동 이외에 일반 복지에 기여하는 활동을 지원하기 위해 설립된 단체이다(OECD, 2003). 표 10-6은 이러한 민간재단의 종류와 정의를 보여주고 있다. 민간재단은 주로 NGO, 시민사회, 대학 및 연구소를 통해 지원을 하고 직접 사업을 수행하는 경우는 14% 정도에 불과하다. 이러한 민간재단들이 개발을 목적으로 개도국에 지원하는 규모는 연평균 78억 달러 정도이다(OECD, 2017). 그러나 이 금액은 OECD에서 전 세계 130개 민간재단으로부터 2012년에서 2015년까지의 지출액 정보를 받아 분석한 것으로, 모든 민간재단을 포함한다고 볼 수 없다. 실제 지원 규모는 이보다 더 클 것으로 추측된다. 미국의 파운데이션 센터Foundation Center의 통계에 따르면 미국 내 민간재단이 국제적으로 지원한 금액은 2011년 기준 72억 달러에서 2015년 93억 달러로 4년간 약 30%가 증가했다(Foundation Center and Council on Foundations, 2018).• 유럽의 경우

• 이 금액이 모두 개도국에 지원이 되었다고 보기는 어렵지만 약 52%의 금액이 아시아 태평양, 아프리카, 중남미 지역으로 배분된 것으로 나타나고 있다. 미국의 민간재단의 수는 2015년 기준으로 총 8만 6203개이며 이들의 국내외 지원액은 총 326억 달러이고 국제지원은 이 중 29%를 차지한다. 미국의 민간재단 수와 지원액은 꾸준히 증가 추세에 있다.

표 10-6 **민간재단의 종류 및 정의**

종류	정의
Independent	Include most of the nation's largest foundations. Generally established by individual donors or donor families. 주로 개인 기부자 또는 가족 기부자에 의해 설립됨
Operating	Primarily run their own programs, but some also make grants. Generally established by individual donors or donor families. 자체사업을 운영하면서 일부 외부 사업을 지원하기도 함. 개인 기부자 또는 가족 기부자에 의해 설립됨
Corporate	Established by businesses ranging from major corporations to family-owned shops, although legally separate entities. 기업이나 가족사업체에 의해 설립되며 법적으로는 분리된 조직임
Community	Raise funds from the public. Engage in grantmaking primarily within a defined geographic area. 일반 국민으로부터 자금을 모으고, 기본적으로 특정 지역만을 지원함

자료: Foundation Center(2014).

2016년 기준 24개국에 등록된 민간재단이 총 14만 7000개이며 이들은 연평균 600억 유로를 지출하는 것으로 조사되고 있다(McGill, 2016).

2) 자선목적 유한책임회사의 출현

민간재단과 같은 역할을 하는 자선목적 유한책임회사LLC: Limited Liability Company(이하 자선목적 LLC)도 새로운 국제민간재원의 자금처가 되고 있다. 민간재단과 법적인 성격만 다를 뿐 같은 활동을 수행하는 자선목적 LLC는 페이스북 창업자인 마크 저커버그Mark Zuckerberg가 설립한 챈-저커버그 이니셔티브CZI: The Chan Zuckerberg Initiative로 인하여 대중의 주목을 받기 시작했다. 자선목적의 LLC는 민간재단과 비교했을 때, 정부의 세제혜택을 받을 수는 없지만 다양한 분야에 투자할 수 있고 로비활동이나 정치적 캠페인 활동을 할 수 있으며, 각종 법률상 규제와 정보공개 의무에서 자유로워 사업에 대한 완전한 통제력을 가질 수 있다는 장점이 있다. 한편, 로비활동을 통해 사회적 이슈들에 막대한 영향력을 행사하는 데 비해 투명성이 부족하여 자선목적 LLC 사업활동에 대해 시민사회의 감시가 불가할 수도 있다는 점은 일반 대중에게 부정적으로 느껴질 수 있다. 이러한 자선목적 LLC가 전통적인 자선단체를 대체하기보다는 사회공헌을 위한 자산규모를 증가시킬 것이라는 낙관적인 전망이 우세한 상황이다(Reiser, 2018).

3) 크라우드 펀딩을 이용한 재원조달

크라우드 펀딩crowd funding은 영국의 한 록그룹이 미국 공연에 필요한 자금을 인터넷을 통해 모금한 것에서 유래되었으며, 상품 및 서비스 개발을 위해 소셜네트워크서비스SNS: Social Network Service를 이용하여 불특정 다수인으로부터 소액을 모아 필요한 재원을 조달하는 방법을 말한다. 크라우드 펀딩에는 후원/기부형, 대출형, 증권형 등이 있는데 이는 국제공공재원이 증여, 대출, 지분투자 등으로 구분되는 것과 같은 맥락이다. 개발재원의 새로운 조성방법으로서 크라우드 펀딩의 잠재력은 상당하다고 할 수 있다. 2015년 기준으로, 전 세계적으로 1413개 크라우드 펀딩 플랫폼이 운영 중이며 여기에서 조달되는 재원 규모가 약 1392억 달러이다. 2014년 기준으로, 168개의 플랫폼이 있는 것으로 조사되었는데 1년 사이에 10배 가까운 성장을 보인 것이다(Rau, 2017).• 개발협력기관뿐만 아니라 혁신적인 아이디어를 가진 개도국의 창업자들까지 크라우드 펀딩 플랫폼을 이용하여 사업에 필요한 재원을 조달하는 방법을 모색해볼 수 있다. 실제로 독일 개발협력기관인 독일 국제협력공사GIZ: Deutsche Gesellschaft für Internationale Zusammenarbeit는 개발협력사업을 진행하는 데 있어서 크라우드 펀딩을 도입하는 방안에 대해 연구를 진행하기도 했다.

• 우리나라의 크라우드 펀딩 규모 또한 2018년 기준 약 1300억 원에 이르는 것으로 추산되고 있다. 이는 2017년 600억 원 대비 두 배 이상 성장한 수치이다(명순영·나건웅, 2019.2.15).

한편, 케냐에서는 4명의 고등학생이 현지 재료(이스트, 설탕, 물)로 말라리아 전염 매개체인 모기를 잡기 위한 간단한 트랩을 개발했는데, 크라우드펀딩플랫폼인 M-Changa를 통해 6574달러의 재원을 조달했다(AlliedCrowds, 2015).

4) 공공자금을 통해 동원된 민간재원 측정

국제사회는 공공자금을 통해서 동원된 민간재원을 측정하기 위한 노력을 진행하고 있다. 앞서 언급한 PSIs는 개발금융기관, 수출입은행 및 투자기금, 개발은행, 원조기관, 관련 정부부처 등 다양한 공여기관에 의해 제공될 수 있다. 그런데 이 수단들은 공공자금으로만 구성되는 것이 아니라 민간자금과 혼합되어 민간 기업에 제공될 수 있다. 그럴 경우, 이러한 민간자금이 이미 투입된 공공자금으로 인하여 동원된 것일 수 있다. 국제사회에서는 이렇게 동원된 금액을 측정하는 방법을 5개의 금융수단•에 한하여 개발했다. 그리고 2012년부터 2017년까지 공공자금에 의해 동원된 민간자금 데이터를 수집했다. 이것을 수집하는 이유는 첫째, 공여국의 입장에서 공공자금의 민간재원동원 노력을 인정해주기 위함이다. 둘째는 수원국의 입장에서 접근 가능한 재원의 규모를 더 상세하게 측정하기 위함이다. 즉, 개발재원 중 국내민간재원, 국제민간재원의 규모를 좀 더 구체적으로 알 수 있는 효과가 있다. 5개의 금융수단과 프로젝트파이낸싱project financing, 코파이낸싱cofinancing에 의해 2012년부터 2017년까지 동원되었다고 측정된 민간재원금액은 총 1250억 달러이다. 이는 2018년 잠정 ODA 금액(1530억 달러)의 82%에 상당하는 금액이다(OECD, 2019).

• 신디케이티드(syndicated) 대출, 크레디트라인(credit line)(이상 대출), 집합투자펀드, 직접투자(이상 지분투자), 보증이며 현재 추가적으로 코파이낸싱(cofinancing)에서의 일반 증여 및 대출, 프로젝트파이낸싱(project financing)의 민간재원동원 측정방법을 개발 중에 있다.

5. 한계 및 기술적 문제

1) 개발재원총회 논의의 한계

3차에 걸쳐 개최된 개발재원회의는 나름의 의미와 성과를 도출했으나 한계점도 분명히 있다. 제1차 회의는 개발재원 증액을 위한 정치적 결의를 다지는 계기를 마련했으며 개도국의 국내재원 조성을 통해 개발에 있어서의 수원국의 주인의식을 다시 한 번 강조했다. 그러나 이행을 위한 실행방안이나 메커니즘이 부재하여 구체성이 결여되어 있다는 문제를 가지고 있었다.

제2차 회의는 글로벌 금융위기 상황에서도 개발재원을 확대하기 위한 국제사회의 노력을 공고히 하는 기회였다는 데 그 의미가 있었다. 또한 개도국의 국내재원동원을 위해 조세시스템을 개혁하고 다국적기업의 세금탈루, 불법자금 이동 등 자본 도피를 막기 위한 국제 공조의 필요성이 강조되었다. 그러나 제1차 회의의 이행상황을 점검하고 향후 나아갈 길을 모색하기 위해 마련된 자리라는 목적과는 다르게 기존 회의에서 나온 내용을 다시 확인하는 수준에 그쳤으며 이행 강제성도 없는 합의였다는 비판이 있었다.

제3차 회의의 가장 큰 성과는 과학기술혁신 관련 기술촉진 메커니즘 구축을 명시하여 개도국으로 자유로운 기술이전의 기틀을 마련했다는 점이다. 또한 교육 및 보건 등 기본적인 사회 서비스를 국가가 제공하지 못하면 국제사회가 지원한다는 사회적 협약social compact을 약속했으며 인프라 간극을 메우기 위한 새로운 포럼 설립의 근거를 마련했다. 그러나 준비되었던 부대행사가 민간재원을 지나치게 강조하여 개발협력이 민영화되고 있다라는 비판이 있었다. 또한 개도국 조세시스템 개혁 및 다국적기업의 자본 도피를 막기 위한 제도 마련에 있어서 개도국이 주장한 유엔 산하의 세금 문제를 다루는 정부간위원회 구성이 받아들여지지 않았다.

결론적으로, 국제사회에서는 개발재원 조성을 위한 회의를 지속적으로 개최해오고 있으나 이행방안 및 강제성의 부재로 인해서 그 실효성에 대한 확신이 없는 상황이다. 또한 개발협력에서 가장 많은 책임을 지녀야 할 선진국들이 이러한 회의에서 민간재원동원, 남남협력 강조 등을 통해 자신들의 의무를 다른 주체들에게 떠넘기고 있다는 지적도 간과할 수 없는 상황이다. 개도국들은 공여국들이 예전부터 약속했던 목표인 GNI 대비 ODA 지원 비율 0.7%, 최빈국에 대한 GNI 대비 ODA 지원 비율 0.2%를 먼저 달성하라고 주문하고 있다.

2) PSIs의 추가성 평가 및 양허성 기준의 문제

PSIs의 ODA 인정에 대한 큰 전제는 해당 자금이 추가성을 가지고 있다는 것이다. 그러나 추가성 평가방법에 대한 명확한 기준이 아직 마련되지 않았다. 추가성은 모두 일어나지 않은 사실을 가정하여 증명해야 하기 때문에 객관적인 근거자료를 제시하기가 어렵다. 그뿐 아니라 개발 추가성의 경우에는 다른 사업과 비교하여 해당 사업을 통해 개발효과가 더 효율적으로 달성되었는지에 대한 검토도 같이 이루어져야 한다. 즉, 같은 개발효과를 좀 더 적은 비용을 들여서 달성했는지 보아야 하는 것이다. 추가성에 대한 명확한 심사 기준이 없다는 점은 통계의 비교가능성을 해치고 PSIs의 ODA 적격성 인정을 위협할 수 있다. 그뿐 아니라 앞에서 언급한 PSIs의 ODA 산정방법 중 DFIs를 통해 지원된 PSIs를 양허성 검토 없이 ODA로 산정 가능하게 한 기관중심 접근방법은 ODA의 가장 기본적인 원칙을 위배하고 있다. OECD/DAC는 양허성 심사 대신 ODA 산정 적격성을 가진 DFIs인지 평가하는 항목을 만들기로 했으나 아직 구체적인 방안이 나오지 않은 상태이다.

3) PSIs 활성화로 인한 수원국의 부채위험 증가

PSIs가 ODA로 산정 가능해짐으로 인하여 이러한 지원들이 늘어날 것으로 예상되고 있다. 특히 양허성 기준이 없는 기관 중심 접근방법을 통한 지원은 공여국에 큰 비용 부담을 주지 않는다는 측면에서 확대될 가능성이 높다. 문제는 이렇게 확대된 지원들이 수원국에 부채위험을 증가시킬 수 있다는 점이다. 기존의 ODA 차관 금액에서 추가적으로 채무가 늘어나는 것이기 때문이다. 게다가 이 지원들은 원리금 상환 또는 배당의 형태로 공여국으로 다시 이동하여 부富가 편중되는 현상을 초래할 수 있다.

4) TOSSD 측정방법의 문제

앞서 언급했던 것처럼 TOSSD의 측정 기준은 논의 초기 단계에 있으며 어떠한 IPGs, 개발촉진환경, 글로벌 도전과제를 TOSSD로 포함시킬지 정리되지 않았다. TOSSD에 포함될 IPGs와 개발촉진환경 초안은 표 10-7에 제시된 바와 같으나 최종은 아니다. TOSSD 지원 적격국가 리스트에 있는 국가만 수혜를 받는 활동들만 포함이 되도록 명확한 기준을 세울 예정이라고 한다. 그러나 IPGs는 비배타적인 특성이 있어 재원을 지원한 국가도 혜택을 받을 수 있다. 또한 상황에 따라서 해당 재원이 공여국 내에서 지출이 될 수도 있다. 이러한 경우를 모두 구분할 수 있는 기준이 세워질 수 있을지 장담하기 어렵다. 그뿐 아니라 남남협력의 경우에는 수원국은 공여국이 될 수도 있는데 두 역할을 모두 하는 국가들이 IPGs를 지원하기 위해 자국 내에서 사업을 한 경우 해당 금액을 TOSSD에 포함시킬 수 있을 것인가라는 문제도 제기된다. 현재까지 논의된 내용은 해당 지원액은 TOSSD에서 배제된다는 것이라고 한다. 그러나 TOSSD가 SDGs 이행을 위한 지원을 측정하는 것을 근본 목적으로 하고 SDGs 이행이 전 세계가 참여하는 목표라고 본다면 이러한 결정은 논란의 소지가 있을 수 있다.

표 10-7 **TOSSD에 포함된 국제공공재(IPGs) 초안**

IPGs	개발촉진환경 조성의 예(중간 IPGs)
평화와 안보	분쟁 해결, 평화 유지, 국제범죄와의 싸움, 인신매매 및 착취와의 싸움, 분쟁 예방 및 완화, 인도적 활동/연구/지식 전파
세계보건/질병퇴치	전염질병 관리, 의학 지식의 배포, 보건 이슈에 대한 글로벌 거버넌스 및 글로벌 규범, 백신 연구개발, 전염병 치료와 예방, 양질의 보건의료에 대한 보편적 접근
금융안정성	국제 감시, 글로벌 거버넌스, 규정과 기준의 조화, 지식 전파 및 연구
국제무역시스템	국제분쟁해결시스템, 지역 무역통합, 무역협정
안정된 기후, 깨끗한 대기, 생물다양성 보호	온실가스 배출 감소, 글로벌 거버넌스와 국제협정, 모두를 위한 지속가능한 에너지 제공, 천연자원의 지속가능한 사용
자본 보호	재해위험 관리 및 재해 대처 개선
글로벌 거버넌스, 인권 포함	다자기구, 인권 보호와 촉진을 위한 구상, 국제규범 도입 과정에서 개도국 의견 반영 확대를 위한 구상, 민주적이며 일관된 글로벌 거버넌스 메커니즘, 법치에 근거한 굿거버넌스 활동
지식	국제 연구, 신기술 개발, 기술 및 지식의 저렴한 이용

자료: OECD(2018b: 4).

5) 공공자금에 의해 동원된 민간재원 측정의 불명확한 원칙

OECD/DAC에서는 PSIs에 의해 동원된 민간재원을 측정하는 데 있어서 인과관계, 기여도, 측정시기라는 세 가지 원칙을 제시하고 있다. 표 10-8은 각 원칙에 대한 정의이다.

그러나 인과관계를 어떻게 증명해야 하는지 방법을 제시하고 있지 않으며, 동원되었다고 측정되는 민간재원은 기본적으로 모두 공적투자와 인과관계가 있다고 가정하고 있다. 또한 기여 정도는 전체 공적투자금액 중 각 공적투자자가 기여한 금액의 비율로 계산한다. 이러한 계산 방법은 민간재원을 동원하는 데 더 적극적인 역할을 했거나 투자손실위험을 더 많이 감당한 공공기관의 기여도는 측정하지 못하는 한계점이 있다. 그리고 측정시기에 대한

표 10-8 **민간재원동원 측정원칙**

원칙	정의
인과관계(Causality)	민간자본가들이 해당 사업에 공적투자가 없었더라면 투자를 했을 것인가?(Would the private financier have invested in the project without the official investment?)
기여도(Attribution)	한 개 이상의 공공기관이 프로젝트에 참여했다면 각 기관이 민간재원동원에 각각 얼마나 기여했을까?(If more than one official agency is involved in the project, how much did each of them mobilise?)
측정시기(Point of measurement)	민간재원 동원으로 인정하는 시점은 언제여야 하는가? 해당 재원이 약정되었을 때인가 집행되었을 때인가? 민간재원이 차년도에 프로젝트에 투자한 경우는 어떻게 해야 하는가?(When are funds counted as mobilized? At the commitment or disbursement stages? What about private finance invested in the project in subsequent years?)

자료: OECD(2014).

기준은 직접투자와 크레디트라인credit line에만 제시되어 있다. 현재까지 5개의 금융수단에 대해서 민간재원동원 측정방법 개발이 완료되었으나 DAC는 해당 방법들이 여전히 개발 중에 있으며 수정안에 대한 필요가 있을지 지속적으로 검토할 예정이라고 언급하고 있다. 이는 DAC에서도 앞서 지적한 문제점을 인지하고 있기 때문일 것이다.

6. 결론

개발재원은 SDG 17번 개별 목표에서 언급될 만큼 SDGs 이행에 중요한 수단이다. 그래서 국제사회는 모두 참여하는 개발재원회의를 정기적으로 개최하여 해당 이슈에 대한 관심을 유지하려 노력하고 있다. 또한 개도국 내 세수 확보를 통한 개발재원 마련을 위해 다양한 지원도 하고 있다. 그뿐 아니라 ODA 현대화, 민간 기업에 지원된 공적자금의 ODA 인정, 공적자금으로 인해 동원된 민간재원의 규모 측정, TOSSD 도입 등 국제공공재원 마련을 위한 노력도 진행 중이다. 민간 부문도 민간재단, 유한책임회사, 크라우드 펀딩 등을 통해 개도국의 개발을 위한 재정적·비재정적 지원을 제공하고 있다.

이러한 노력들이 나름의 한계점을 가지고 있는 것은 사실이지만 개발재원에 대한 전망이 부정적인 것만은 아니다. 특히 통계척도를 개선하는 데 지금까지 지지부진한 모습을 보인 국제사회가 2019년 9월 열리는 개발재원 고위급회담을 계기로 합의에 가속도를 낼 수 있을 것으로 전망하고 있다. 2019년 9월 유엔 정기 총회 시 열리는 고위급회의 전에 TOSSD 정의 도출을 마무리 짓는다는 계획을 가지고 있기 때문이다.

그리고 새롭게 설립된 다자 금융기관으로 인하여 재원의 규모도 확대될 예정이다. 2015년에 설립된 2개의 다자금융기관 중에 하나인 신개발은행New Development Bank은 2016년 총 15억 달러 규모의 7개 프로젝트를 승인했다. 또 다른 신규 금융기관인 아시아인프라투자은행Asian Infrastructure Investment Bank은 2017년 기준 총 9개의 프로젝트(약 17억 달러)를 승인했으며 향후 15년간 매년 약 100억에서 150억 달러의 차관을 제공할 것으로 예상되고 있다. 그뿐 아니라 신흥공여국의 은행인 중국개발은행, 중국수출입은행, 브라질국립개발은행이 개발재원의 주요 공급처가 되고 있는데, 2014년 기준으로 이 3개 은행이 지출한 차관의 규모가 1조 8000억 달러에 이른다.

개도국에서 SDGs 달성을 위해 필요한 투자재원 중 추가로 마련해야 하는 재원이 연평균 2.5조 달러임을 감안했을 때 이러한 노력들은 긍정적인 신호라고 할 수 있다. 무엇이든 한 번에 해결될 수 있는 것들은 없다. 또한 문제를 해결하는 데 한 가지 방법만이 존재하는 것은 아니다. 시도와 실패를 반복하는 과정에서 합의점을 찾고 이를 바탕으로 조금씩 전진한다면 우리는 좀 더 나은 미래를 만들 수 있을 것이다.

사 례

TOSSD 포함 항목

TOSSD는 개도국의 지속가능개발을 지원하고, 글로벌 또는 지역 차원의 도전과제를 해결하거나 개발촉진환경을 조성하고자 직간접적으로 제공되는 국제공공지원의 포괄적인 규모를 측정하기 위한 통계척도이다. 아래 표는 TOSSD에 포함할 상세한 활동을 국제공공재(IPGs), 글로벌 도전과제, 개발촉진환경 조성이라는 세 분류로 구분해 놓은 것이다.

IPGs, 글로벌 도전과제, 개발촉진환경 조성

IPGs/글로벌공공재	글로벌 도전과제	개발촉진환경 조성
평화와 안보		
평화, 국제범죄 및 폭력 예방, 인간안보	국제 테러리즘, 핵확산 금지, 테러리즘과의 싸움, 무기 확산, 초국가적 범죄, 마약 밀매, 냉전 이후 전쟁 폐허 및 혼란스러운 국가의 재건	모든 종류의 폭력 예방, 테러리즘 및 범죄와의 싸움, 인신매매 및 착취 종식, 핵 안보, 분쟁 예방 및 완화
환경		
안정된 기후, 기후변화 완화, 깨끗한 대기, 식물다양성 보존, 환경보호	글로벌 기후변화, 자연재해, 오존층 고갈, 오염 관리 및 지구온실화 해결, 기후변화 완화, 기후 안정, 물 부족, 기후변화, 토지 부족	지속가능한 에너지 제공, 포용적 녹색성장을 지원하는 일관된 거시경제 및 개발정책, 지속가능한 식량, 천연자원의 지속가능한 이용, 재난 위험 관리 및 재난 대응 강화
보건		
전염병 관리, 질병 퇴치, 백신 개발과 관련된 과학지식	전염병 확대, 전염병 관리, 조류독감, 신규 변형질병	전염성/비전염성 질병을 위한 방지책, 치료, 백신 연구 및 개발, 양질의 보건의료에 대한 보편적 접근
경제와 금융안정성		
국제시장, 금융안정성, 국제무역시스템, 시장효율성, 국제무역과 금융의 제도적 구조	소비재 가격의 과도한 변동, 금융위기의 국가 구제, 금융 충격, 국제 금융안정성, 금융의 과도한 변동성, 소비자 가격 변동, 시장 점유를 위한 치열한 경쟁, 투자와 일자리 기회	지역적 경제 통합과 상호 간 연결성, 글로벌 금융 및 거시 안정성, 보편적이며 제도에 따른 열린, 투명한, 예측 가능한, 포용적, 비차별적, 공정한 다자무역시스템, 지역 협력 및 지역 무역협정, 글로벌 경제 거버넌스, 국제금융, 통화,

	무역시스템, IMF의 거시 및 금융위기 조기경보 시스템 개선, 적절한 기능을 하는 식량시장, 공정하고 안정된 글로벌 무역시스템, 안정된 금융시스템과 개발을 위한 적절한 재원조달, 포용적 녹색성장을 지원하는 일관된 거시경제 및 개발정책
거버넌스(인권 포함)	
인권, 글로벌 통신 및 교통 시스템, 일반 비행에 대한 국제적 규정, 기본 인권과 같은 국제규범, 글로벌 이주의 거버넌스	규범 도입과정에서 개도국의 의견 반영, 민주적이며 일관된 글로벌 거버넌스 메커니즘, 법치에 기반한 굿거버넌스 실천, 인권 보호, 여성에게 권한 이양
지식	
과학, 연구, 기술	신기술 개발, 지구 관찰, 지방 인프라, 농업 연구, 과학적 지식 증대, 기술과 지식에 대한 저렴한 이용
국제이주	
안전하고 질서정연하며 정기적인 이주	이주 관리의 공정한 규칙

자료: OECD(2018b: 8~9).

생각할 문제

1 이러한 영역에 사용되는 재원들이 TOSSD에 포함되는 것이 적당한가, 적당하지 않은가? 이러한 영역에서의 지원활동들이 지속가능개발을 어떻게 촉진한다고 보는가?

2 위의 표에 언급된 활동 이외에 IPGs, 글로벌 도전과제, 개발촉진환경 조성과 관련된 활동들은 어떤 것이 있을까?

11

과학, 기술과 혁신

1. 개요

인류의 역사에서 경제성장과 발전은 과학 발전과 기술의 진보와 함께해왔다. 신석기 시대의 농업혁명은 정주를 통한 문명의 발전을 이끌었고, 18세기의 산업혁명은 폭발적인 생산 증대를 통한 번영을 이룩했다. 개발도상국(이하 개도국)의 발전과 번영을 위해서 과학기술 개발과 혁신이 필요하다는 것은 자명한 이야기로 보인다. 신기술 개발과 혁신은 개도국에 기회로 작용한다. 기술 발전으로 전염병 등 질병 발병률과 사망률이 감소했고, 다른 한편으로 인터넷이나 통신의 발달은 개도국 시민들에게 새로운 고용과 창업의 기회를 제공했다.

1960년대부터 국제사회는 개도국의 경제성장을 위한 과학기술과 혁신 노력의 활용에 대한 논의를 시작했다. 이러한 논의는 2000년 새천년개발목표 MDGs: Millennium Development Goals가 등장하며 본격적으로 주목을 받기 시작했다. 지속가능개발목표SDGs: Sustainable Development Goals 체계 수립 이후, 경제, 사회, 환경을 아우르는 전 지구적 개발목표 달성을 위한 수단으로 과학, 기술, 혁신 STI: Science, Technology, Innovation의 역할에 대한 논의가 본격화되었다. 실제 17개 SDGs 목표 중 10, 13, 16번 3개를 제외한 나머지 목표체계에서 STI는 주요 이행수단으로 언급된다. 즉, 앞 장에서 논의된 불평등 감소와 고용 촉진, 지속가능한 산업화나 도시화, 민주주의와 평화 촉진을 위해 STI는 이행수단으로 중요한 의미를 갖는다.

한편, 기술혁신과 진보는 무에서 발생하지 않는다. 그러나 혁신과 진보를 위한 대규모 투자와 연구, 개발은 개도국에는 감당하기 어려운 과제이다. 인터넷과 정보혁명의 시대를 지나 사물인터넷, 인공지능으로 대변되는 4차 산업혁명은 개도국의 고용과 산업구조에 큰 충격을 주어 선진국과의 격차를 더욱 심화할 수 있다. 개도국의 상대적인 변화가 선진국에 비해 더딘 상황에서 개도국의 경제, 사회, 기술 환경의 차이는 적정 기술을 활용한 문제 해결을 제안하고 있다. 그러나 개도국에 적정한 기술은 한시적인 해결방안일 뿐 따라잡기를 위한 궁극적인 해결책은 아니다.

따라서 이 장에서는 개도국의 지속가능한 발전을 위한 STI의 역할을 알아본다. 우선, 개발협력에서 STI의 정의와 주요 논의의 흐름을 짚어보고, 개도국의 경제사회 개발에서 STI의 역할과 해결 과제를 고찰한다. 마지막으로, STI 촉진을 위한 국제사회의 다양한 노력을 확인해본다.

2. 정의와 흐름

1) STI의 정의

개발에서 STI의 의미를 정확히 확인하기 위해 우선 과학, 기술, 혁신 및 그와 유사한 개념들을 정리하는 것이 필요하다. 박스 11-1은 과학, 기술, 혁신, 발명, 연구개발R&D: Research & Development과 같은 유사한 단어들의 정의를 비교하여 보여준다.

과학Science은 보편적 진실을 탐구하는 지식체계 전체라는 방대한 범위를 포괄한다. R&D에 대한 지원 및 투자범위 확인을 위해서 경제협력개발기구OECD: Organization for Economic Cooperation and Development가 분류한 과학의 범위는 수학과 같은 자연과학부터 예술과 같은 인문학을 모두 포함한다. OECD(2006)는 과학을 크게 자연과학, 공학과 기술, 의학 및 보건과학, 농업공학, 사회과학, 인문학의 6개 분야로 구분한다. 즉, 일반적으로 생각하는 공학이나 자연과학뿐 아니라 우리가 대학에서 학습하는 거의 대부분의 지식은 과학에 포함된다.

OECD(2006)에서는 기술Technology을 과학의 하부로 두고 공학과 한 범주로

박스 11-1 **개념 정의들**

- **과학**: 물리 및 자연 환경과 그 현상과 관련하여 근본적인 자연법칙의 활동과 보편적 진실을 탐구하는 지식체계. 과학 지식을 생산하기 위해서는 과학적 방법론을 활용한 편향되지 않은 관찰과 체계적인 실험이 요구된다.
- **기술**: 생산이나 서비스 전달과정에 활용되는 체계적이고 이론적이며 실용적인 지식과 스킬(skill). 제품과 서비스 인도를 위한 기업가적인 전문지식과 전문적인 노하우를 포함.
- **발명**: 경험, 과학적 탐구나 연구개발을 통해 나타난 새롭거나 참신하고 실용적인 아이디어, 기술, 지식의 응용
- **혁신**: 대외관계, 직장조직, 사업 활동에서 새로운 조직방법론이나 새로운 마케팅 방법, 새롭거나 크게 개선된 상품(제품 또는 서비스) 또는 프로세스를 적용 및 실행
- **연구개발(R&D)**: 인류, 문화 및 사회에 대한 지식을 포함한 전체 지식 증대를 위해 또는 기존 지식의 새로운 응용방법의 고안을 위해 수행된 창조적이며 체계적인 활동. 기초연구, 응용연구, 실험개발의 세 종류로 구분되며, 연구개발활동은 반드시 새롭고, 창조적이며, 불확실하고, 체계적이며, 재생산 또는/그리고 전파 가능해야 한다.

자료: OECD(2006, 2015), OECD/Eurostat(2018), UNCTAD(2017)을 참고하여 작성.

구분하여 '기타 공학 및 기술'이라고만 기술할 뿐 구체적인 정의를 제공하지는 않는다. 유엔UN: United Nations 기구 중 STI를 담당하는 주요 기관 중 하나인 유엔 무역개발회의UNCTAD: UN Conference on Trade and Development는 기술은 실용적이거나 전문적인 지식Knowledge, 전문적 노하우Know-how, 스킬Skill을 포함하는 것으로 규정한다(UNCTAD, 2017). 즉, 기술에는 공학뿐 아니라 제품이나 서비스의 생산과 제공, 인도에서 활용되는 무형적 지식과 노하우가 모두 포함된다.

혁신Innovation은 과학이나 기술과는 약간 차이가 있다. 과학이 지식체계이고 기술이 지식과 노하우, 스킬을 의미한다면 혁신은 무형의 방법 또는 과정에 더 가깝다. 혁신에 대해서는 OECD와 유럽연합통계국Eurostat이 함께 발간하는 『오슬로 매뉴얼Oslo Manual』의 정의가 국제적으로 통용된다. 2018년 발간된 『오슬로 매뉴얼』 제4판의 정의는 박스 11-1과 같이 경영이나 관리에서의 개선된 유, 무형의 결과를 모두 포함한다.

지속가능한 개발과 관련하여 STI는 서로 유사한 부분이 있으며, 혼용되기

도 한다. 지속가능한 개발과 관련된 여러 보고서에서 STI는 명확한 정의나 구분 없이 혼용되고 있다. 앞서 서술한 바와 같이 UN은 개발재원과 함께 STI를 SDGs 달성의 주요 이행수단means of implementation으로 규정했다. 이는 UN이 STI를 지속가능한 경제사회 발전을 이루기 위한 도구로 이해하고 있다는 점을 보여준다. 따라서 개발협력에서 STI는 크게 세 가지 의미를 갖는다고 할 수 있다. 첫째로 STI는 경제사회 발전을 위한 기술이나 지식의 활용을 의미할 수 있다. 두 번째로는 경제사회 발전을 위해 아이디어, 기술의 응용방식 또는 지식과 스킬과 노하우를 개발하거나 개선하는 활동을 의미할 수 있다. 마지막으로는 개선된 생산 방식 또는 성과를 향상시키기 위해 지식과 기술을 활용하는 과정을 의미한다고 볼 수 있다.

2) STI와 개발 관련 흐름

1960년대부터 국제사회는 개도국의 경제성장을 위한 과학기술 발전과 혁신 노력에 대한 논의를 본격적으로 시작한다. STI를 개발과제 해결에 활용한다는 개념은 1961년 유엔과학자문위원회UNSAC: United Nations Scientific Advisory Committee에서 처음 등장한다. UNSAC는 「개발을 위한 과학과 기술Science and Technology for Development」이라는 제목의 보고서를 발간하고 성장에서 기술개발과 혁신의 역할을 강조하며 개발에 관한 관점의 변화에 영향을 끼쳤다. 이어, 1963년에 '저개발국의 이익을 위한 제1차 유엔과학기술회의UNCST: United Nations Conference on Science and Technology for the Benefit of Less-Developed Nations'가 개최되었다. 회의에서는 과학기술 개발과 혁신은 개도국의 경제성장에 도움이 되는바, 선진국들은 개도국들의 과학기술 발전을 지원해야 한다는 합의가 도출되었고, 이는 1960년대에 걸쳐 지속적으로 강조되었다. 1970년 UN은 「개발을 위한 과학기술행동계획World Action Plan on Science and Technology for Development」 보고서를 발표하고 선진국 R&D 지출의 5%는 빈국을 위해 사용되어야 한다고 주장했다.

1970년대와 1980년대 중반까지 개발담론은 개도국 정부의 과학기술정책 수립과 실행을 강조하며 선진국의 개도국 노력 지원을 촉구했다. 1979년에 비엔나Vienna에서 개최된 '개발을 위한 유엔과학기술회의UN Conference on Science and Technology for Development'는 개도국 전통 과학기술 역량의 중요성을 강조하며 유엔 과학기술개발금융시스템UNFSSTD: United Nations Financing System for Science and Technology for Development의 창립을 결의했다. 그러나 냉전체제하에서 기구 운영을 위한 자발적 기금은 마련되지 못하고, 1990년대 초반 폐지되었다.

1980년대부터 1990년대에는 워싱턴 컨센서스Washington Consensus로 대변되는 신자유주의의 영향으로 과학기술 발전에 대한 강조가 사라지고 시장중심주의 개발담론이 주류로 부상하게 되었다. 한편, 부채위기를 겪은 개도국 정부들은 R&D에 대한 정부지출을 축소한다. 이런 상황 속에서 UN에서 비엔나 회의 10주년을 기념하며 개발을 위한 과학기술 담론을 재활성화하기 위한 시도가 제기되나, 구체적인 행동으로 이어지지 못했다.

1990년대 말부터는 신자유주의적 개발담론의 한계가 드러나면서, 1960~1970년대에 강조된 계획 수립의 중요성이 재조명되었다. 개발담론에서 전략적 계획 수립의 중요성이 재강조되면서 개발을 위한 경쟁력 강화와 혁신시스템 구축의 중요성이 대두되었다. 즉, 개발을 위한 혁신 어젠다는 1980년대 이전의 담론인 중저소득국 발전을 위한 과학기술 역량강화 및 인프라 구축 노력으로의 회귀라는 의미가 있다.

2000년대 들어 MDGs 체제가 수립되며, 개발을 위한 과학역량강화담론은 보건, 교육 등 분야의 개발문제 해결과 목표 달성을 위한 지원으로 변화되었다. 따라서 MDGs 달성과 과학기술 혁신을 위한 기술의 근간으로서 개도국 인프라Infrastructure 구축 및 과학기술교육 투자 확대, 과학기술 혁신에서 기업 활동 연계, 국제적 기술을 위한 거버넌스 체계 수립의 중요성이 강조되었다.

21세기에 들어서며, 개발문제 해결을 위해 STI를 활용하는 다양한 기구,

조직, 제도, 프로그램들이 등장한다. 동시에 2008년 글로벌 금융위기 이후 원조aid 자금이 감소하면서 개발 관련 기관들은 다양한 혁신적 메커니즘을 채택하며, 혁신경진대회나 개방형 혁신프로그램과 같이 새로운 아이디어에 기초한 특정 상품과 서비스 개발활동을 지원하고 있다. 한편, 원조기관들은 성과중심자금지원방식RBFA: Results-Based Financing Approach과 같이 계량적인 방법을 통해 개발사업의 구체적인 성과results와 영향impact을 측정하는 지원 형태를 도입한다. 즉, 과거의 개발을 위한 STI 지원이 과학 인프라 구축과 역량 강화에 집중한 것과 달리 최근 지원은 창의성과 자율성을 좀 더 강조하며, 새로운 아이디어나 혁신을 지원하는 방식으로 변화하고 있다.

3. 개발에서 STI의 의미와 역할

1) 경제성장과 따라잡기를 위한 기술혁신

경제학의 대가인 애덤 스미스Adam Smith, 카를 마르크스Karl Marx, 조지프 슘페터Joseph Schumpeter 등의 학자들은 모두 혁신을 경제 분석의 핵심으로 강조했다. 특히 슘페터는 혁신과 기업가 정신을 체계적으로 연구하고, 혁신과 창조적 파괴를 이끄는 기업가 정신이 이윤을 창조한다는 이론을 전개했다. 혁신과 성장의 관계를 계량적으로 입증한 최초의 학자는 로버트 솔로Robert Solow이다. 솔로는 기업의 이윤이 아닌 국가의 경제성장 관점에서 기술과 혁신의 역할을 학문적으로 고찰했다. 솔로는 1957년 논문에서 지난 40년간 1인당 국민소득 성장의 87%는 기술의 진보 덕분이며, 재정투자는 12%만 관련 있다는 결과를 발표했다. 솔로의 이 연구는 혁신의 경제성장에 대한 기여도를 계량적으로 입증하여 선진국들로 하여금 개도국 STI 지원에 대한 논리적 근거를 마련하게 했고, 이후 UN을 중심으로 한 국제사회에서 개도국 발전을 위한 과학과 기술의 논의를 촉발시켰다.

이후 기술개발과 혁신은 경제성장의 주요 요소로 받아들여졌다. 군나르 뮈르달Gunnar Myrdal은 개도국의 1차 산업 생산품은 장기적인 교역조건 악화로 개도국과 선진국 간 교역 이익 분배에 격차를 가져온다는 점을 주장했다. 따라서 개도국은 단순한 비교우위에 따라 1차 산업에 집중하기보다 기술혁신과 산업정책을 통해 제조업과 서비스업 경쟁력을 강화시킬 것을 주장했다. 서식스대학교Sussex University의 크리스 프리드먼Chris Freeman과 한스 싱어Hans Singer는 1970년 빈곤, 자립, 과학기술의 관계를 분석한 후 개도국 자체 과학기술역량강화를 강조하는 서식스 매니페스토Sussex Manifesto를 발표했다. 이후 1970년대를 거쳐 1980년대까지 개도국 기업들의 기술역량 습득 및 개발에 대한 일련의 연구가 등장했다. 이 시기 연구들은 경제의 구조적 변화보다는 기업 생산성 증대 방식과 기술변화, 생산디자인과 성과 개선을 위한 조직개선과 적응공학Adaptive Engineering을 강조한다. 1980년대 이후로는 선진국도 혁신시스템의 중요성과 국가 차원의 시스템 구축 및 활용 개발의 필요성을 인지했다. 즉, 현재까지의 연구는 경제성장과 발전을 위해 개도국은 물론 선진국에서도 기술개발 및 혁신이 필수 요건임을 확인하고 있다.

2) 개도국의 당면과제 해결

STI는 개도국이 직면한 어려운 문제 해결에도 중요한 역할을 수행한다. 인류는 항생제와 백신 개발, 상하수도 시스템 도입을 통해 공중보건을 개선하여 평균수명에 획기적인 개선을 이룩했다. 화학비료 사용과 종자 개량을 통해 농업생산성을 증가시켜 인류는 토머스 맬서스Thomas Malthus의 예측과 달리 많은 인구를 부양할 식량을 생산하게 되었다. 개도국이 직면한 다양한 전염병과 질병에 대한 치료법을 개발하고, 토양 유실 및 오염, 물 부족 등 기후변화와 환경오염에 대응하는 지속가능한 방식의 식량생산을 위해서도 기술혁신은 반드시 필요하다.

인구 증가와 수확량 감소는 개도국에 지속적인 위협이 되고 있다. UN은 2050년까지 세계 인구가 98억 명으로 증가할 것으로 전망하고 있다. 그러나 1990년대 이후 경작지 규모는 지속적으로 감소하고 있으며, 곡물 수확량 증가율도 1985년 이후로 꾸준히 감소하고 있다. STI를 활용한 정밀농업precision agriculture은 이를 해결하기 위한 대안으로 주목받고 있다. 정밀농업은 동일한 경작지 내에서도 위치에 따라 토양의 성분과 질, 물 빠짐, 일사량, 잔존 비료량 등이 상이하다는 점에 착안한 맞춤형 경작을 실시해 생산성을 높인다. 지금까지는 기술적 제약으로 크게 활성화되지 못하고 있었으나, 최근 사물인터넷IoT: Internet of Things, 빅데이터big data, 인공지능artificial intelligence, 드론drone, 로보틱스Robotics 등의 기술혁신으로 정밀농업이 본격적으로 발전하고 있다. 현재 어그테크Agtech(agriculture와 technology의 합성어)에 대한 투자와 논의가 선진국을 중심으로 활성화되고 있다. 정밀농업이 완전히 활성화될 경우 1에이커당 생산량이 약 155명분(1990년 기준)에서 265명분으로 약 70% 이상 증가할 것으로 예상된다.

교육의 질과 교육서비스 접근성 역시 STI의 발전으로 개선될 수 있다. 전 세계적으로 여전히 7억 명 이상의 성인이 문맹자이며 이 중 2/3는 여성이다. 보편적인 기초 교육권 확립과 불평등 해소를 위해서도 이러닝e-Learning, 모바일 교육 등을 통한 교육 확대는 필요하다. 이미 '여성과 소녀 교육을 위한 글로벌 파트너십Global Partnership for Girls's and Women's Education'은 인도, 방글라데시 등에서 모바일 기반 문해교육과 영어학습 프로그램을 제공하고 있다. 인터넷을 활용한 다중공개온라인강좌MOOC: Massive Open Online Courses 역시 개도국 교육의 질 향상에 활용 가능하다. 박스 11-2는 빌 게이츠Bill Gates의 추천으로 더욱 유명해진 MOOC인 칸 아카데미Khan Academy의 이야기이다.

박스 11-2 칸 아카데미

헤지펀드 애널리스트 출신 살만 칸(Salman Khan)은 사촌동생에게 장거리 수학 과외를 해주었다. 시간을 아끼기 위해 칸은 2006년부터 벽장을 개조해 비디오 장비를 갖추고 유튜브(Youtube)를 통해 동영상 강의를 올리기 시작했다. 칸이 개설한 유튜브 채널은 개설 한 달 만에 20만 뷰를 기록했고, 칸은 2009년 본격적으로 비영리 교육단체인 칸 아카데미를 설립했다.

지난 7년 동안 칸 아카데미는 수학은 물론 과학·역사·문학 등 다양한 분야의 4000여 개 강좌를 23개 언어로 무료로 제공했다. 강의는 핵심만 간추려 최대 15분을 넘지 않는다. 강의 외에 연습 문제와 지식 지도, 학습시간과 성취도 등을 담은 그래픽 차트 등을 모두 무료로 제공한다.

빌 게이츠는 2010년 "아들과 함께 인터넷에서 수학 강의 동영상을 봤는데 믿을 수 없을 정도로 뛰어났다"며 "교육의 미래를 봤다"고 극찬했다. 이 채널은 2019년 기준 전 세계적으로 정기 구독자 수 472만여 명, 누적 조회수 16억 5100만여 건을 기록하고 있으며, 이는 스탠퍼드 등 미국 명문대 채널보다 월등하게 많은 수치이다. 참고로 MIT의 유튜브 오픈 강좌 채널 구독자 수는 191만 명이다.

살만 칸은 무료 교육서비스를 제공하는 이유를 묻는 질문에 아래와 같이 답했다.

"교육은 깨끗한 공기나 물처럼 누구나 누려야 할 권리이기 때문이다. 대학 입학 후 사촌동생 나디아가 수학을 가르쳐달라고 했다. 집이 멀었기 때문에 고민하다 유튜브에 강의 동영상을 올렸다. 나디아만을 위한 것이었는데 낯선 이들의 감사 편지가 이어졌다. 보람이 컸다. 더 많은 사람에게 혜택을 주고 싶어 교육사업에 본격적으로 나섰다. 가진 자와 그렇지 못한 자의 격차를 줄이는 유일한 방법은 교육이다. 그런데 아직 이 세상에는 가난해서 교육받지 못하는 사람이 많다. 그들에게 고품질 교육서비스를 제공하는 게 인생의 목표가 됐다."

자료: https://www.khanacademy.org/; http://www.hani.co.kr/arti/international/america/436735.html; https://news.joins.com/article/11840237

3) 새로운 위험과 위기 대응

수십억 인구가 이동통신기기로 연결되어 있고, 역사상 어느 때보다 빠르고 광범위하게 정보처리나 지식에 대한 접근이 가능하다. 기술과 과학의 발전은 인공지능, 로봇공학, 빅데이터, IoT, 자동주행차량, 3D 프린팅, 블록체인 blockchain[•]으로 대표되는 물리적·생화학적 진보를 융합하는 4차 산업혁명으로 가속화될 것이다.

인류는 현재 전례 없는 번영을 누리고 있지만, 그 결과 지구 생태계의 안정

• 중앙 통제에 의존하지 않은 참여자 간의 항구적이고 투명한 교환 형태.

표 11-1 **첨단기술별 활용방안**

혁신기술	활용방안
빅데이터	실시간 대량 정보 전송으로 정책 결정의 정확성을 높이고 보건 증진, 혁신에 도움
IoT	사물이나 기계를 연결하여 작동을 조정하고 관리하여 효과적인 모니터링 가능
인공지능	문제 해결, 논리적 추론, 이미지 인지 능력 등을 포함하며, 로보틱스(Robotics)와 결합하여 제조 공정 등 생산과정과 사업추진 방식에 혁신적 변화 가능
3D 프린팅	빠르고 저렴하게 복잡한 상품이나 부품의 소규모 생산 또는 빠른 신제품 모델 형성 가능. 교육, 건축, 건강관리 등에서 개선 가능
바이오공학	유전자 편집을 통해 맞춤형 의약품과 치료제 생산, 개발 등 농업과 의학 발전에 기여 가능
나노테크	식수 정화, 배터리 충전, 정밀농업, 의약품 제조 등에서 초소형 단위 생산조작으로 개선 가능
재생에너지	스마트 그리드 등으로 에너지 소비를 줄이고, 중앙집중형 그리드를 활용할 수 없는 고립된 지역에도 전기 제공 가능

성을 파괴했다. 현재 인류가 직면한 기후변화, 해양 산성화, 화학적 오염, 토지 황폐화, 생물다양성 손실 등 새로운 위험은 인류의 생존을 위협하고 있다. 안타까운 사실은 이러한 새로운 위험이 경제적·사회적으로 취약한 개도국에 더 큰 영향을 미칠 것이라는 점이다. 기술개발과 혁신을 통해 이러한 새로운 위기를 극복하고 친환경, 재생 공유경제라는 새로운 시스템을 구축할 필요가 있다. 이러한 전환은 개도국에 위기이자 발전의 기회로 작용할 수도 있다.

STI는 개도국이 직면한 새로운 위험과 위기에 대응하기 위해서도 반드시 필요하다. UNCTAD(2018)는 SDGs 달성에 가장 큰 기여를 할 수 있을 것으로 예상되는 일곱 가지 첨단기술로 빅데이터, IoT, 인공지능, 3D 프린팅, 바이오공학, 나노공학, 재생에너지와 블록체인을 선정했다. 표 11-1은 첨단기술 활용방안을 보여준다. 이 외에도 드론은 상품 유통에 혁신을 가져올 수 있으며, 블록체인은 인허가, 세금 징수, 토지 등록 등에서 비용 절감이 가능하다.

즉, 기술개발 및 혁신을 통해 새로운 형태의 위기가 요구하는 창발적인 대응이 가능할 것이다. 그러나 개도국의 경우 앞서 간략히 언급한 인프라 및 역량의 한계, 제도의 문제 등으로 STI 활용에 어려움이 있을 수 있다. 개도국의 효과적인 대응을 위해 다음 절에서는 개도국이 갖고 있는 문제점을 크게 네 부분으로 나누어 살펴본다.

4. STI 활용의 한계와 과제

1) 역량(Capacity)과 연계성(Connectivity)

STI 발전을 위해서는 기본적인 인적자원과 기초 인프라가 뒷받침되어야 한다. 그러나 개도국은 이러한 부분이 취약하다는 한계가 있다. 전문적인 연구인력과 첨단 연구시설도 중요하지만, 기본적인 역량과 소양을 갖춘 인력 확보도 중요하다. 즉, 기술개발과 혁신을 위한 연구를 수행하고 그 결과를 상업적으로 발전시켜 적절한 마케팅 전략을 통해 수익을 창출하기까지 일련의 업무를 수행할 역량을 갖춘 인력이 우선적으로 필요하다. 그림 11-1에서 알 수 있듯이, 기본적인 컴퓨터 활용 능력에서 개도국과 선진국 간의 격차는 여전히 심각한 수준을 보인다. 파일 전송이나 이메일 활용과 같은 기본적인 컴퓨터 활용능력에서도 개도국과 선진국은 평균적으로 10% 정도의 격차를 나타냈다.

STI 관련 연구나 개발을 담당하는 전문인력의 경우 그 격차가 더욱 확연히 드러난다. 그림 11-2는 인구 100만 명당 연구자 수를 지역별로 비교해 보여준다. 2014년 기준으로, 전 세계 평균 인구 100만 명당 연구자 수는 1098명이다. 유럽과 북미, 오세아니아의 경우 세계 평균의 3배인 인구 100만 명당 3000명 이상의 연구전담인력이 활동하고 있다. 동아시아 및 동남아시아만이 세계 평균보다 약간 많은 수준의 연구인력을 보유하고 있다. 아프리카, 중남

그림 11-1 **개도국과 선진국 간 컴퓨터 활용능력 비교(2017년)**

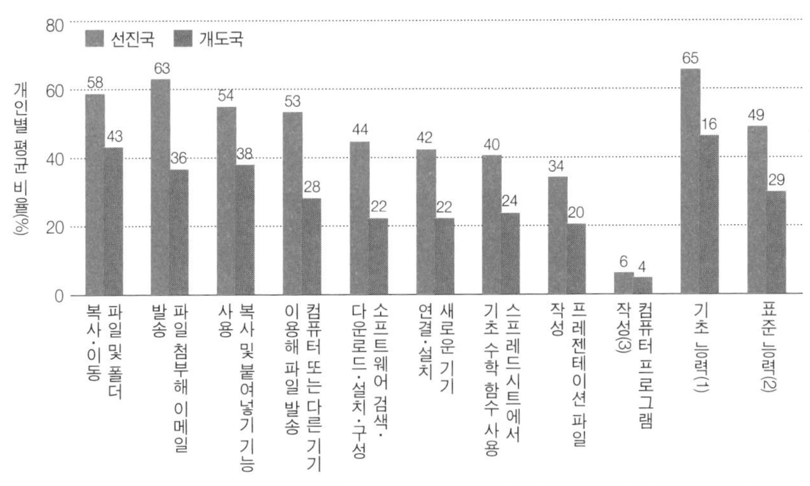

주: 모든 국가에서 N=52(30개 선진국과 22개 개도국), 모든 국가가 모든 종류의 데이터를 제출하지는 않았으며(N이 상이함), 2017년 데이터가 없는 몇몇 국가 데이터는 이전 연도 자료를 사용함.

(1) 기초 능력은 각국 첫 번째 4개 능력 중 최고치 비율로 구성함.

(2) 표준 능력은 각국 그다음 4개 능력(소프트웨어 검색·다운로드·설치·구성에서 시작)의 최고치 비율로 구성함.

(3) 측정된 단 한 개의 고급 능력은 컴퓨터 프로그램 작성임.

자료: ITU(2018: 32).

그림 11-2 **인구 100만 명당 연구인력 숫자의 지역별 비교(2000~2014년)**

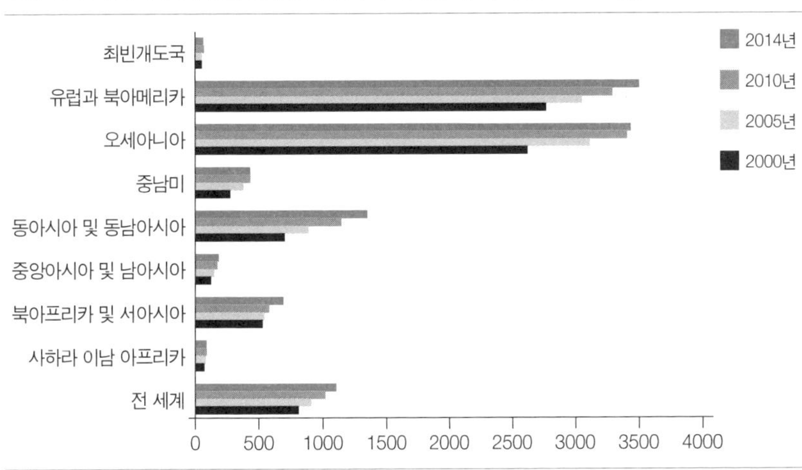

자료: UNCTAD(2018: 40).

그림 11-3 **GDP 대비 R&D 예산 비중의 지역별 비교**

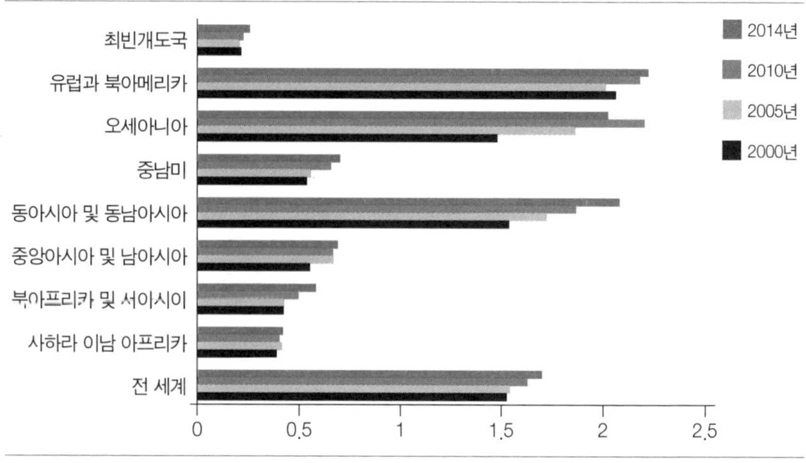

자료: UNCTAD(2018: 39).

미, 남아시아의 연구인력 규모는 평균 이하이며, 특히 최빈개도국은 63.4명, 사하라 이남 아프리카의 경우 87.9명으로 연구전담인력이 매우 부족한 상황이다.

모든 분야가 중요하지만 STI 발전을 위해서는 과학, 기술, 공학, 수학STEM: Science, Technology, Engineering, Mathematics 전문인력이 특히 중요하다. 그런데 STEM 전공자의 숫자도 지리적으로 균등하게 분포되어 있지 않다. STEM 전공자의 2/3는 아시아, 그중에서도 인도(29.2%)와 중국(26%)에 분포해 있다. 전공자의 5.2%만이 라틴아메리카에 있으며, 아프리카에는 1% 이하이다.

STI 발전을 저해하는 것은 인력만이 아니다. STI를 위한 투자 역시 지역별 격차가 매우 두드러진다. 그림 11-3은 국내총생산GDP: Gross Domestic Products 대비 R&D 예산 비율의 지역별 차이를 보여준다. 북미와 유럽, 오세아니아, 극동 및 동남아시아 지역은 세계 평균 이상의 예산을 R&D에 투입한다. 반면, 아프리카, 중남미 및 남아시아의 R&D 예산은 세계 평균 이하의 낮은 비율을 보여준다. 특히 최빈개도국의 경우, GDP의 0.25% 이하만을 R&D에 사용하

그림 11-4 **전 세계 인터넷 사용자와 전력사용자 비교**

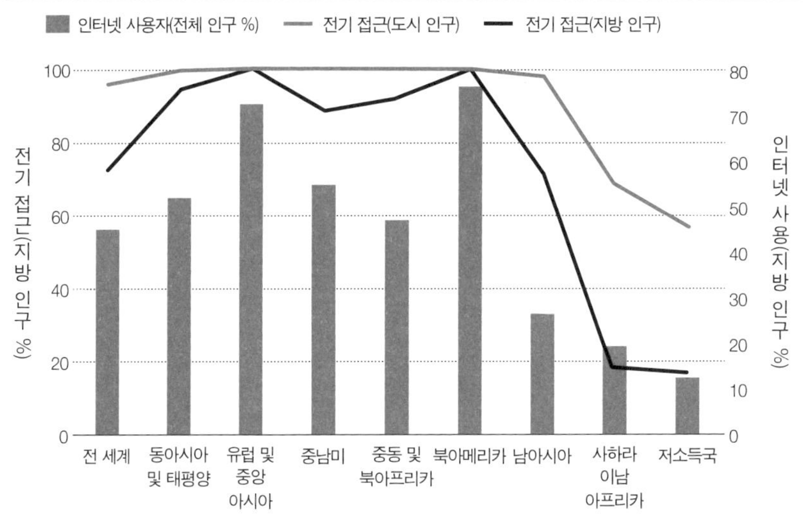

자료: UNCTAD(2018: 48).

고 있다. 선진국을 따라잡으려면 대규모 투자와 지원이 필요하다. 4차 산업혁명으로 인해 첨단기술 보유국과 비보유국 간의 격차가 심화될 것으로 예상되는 지금, 이러한 투자 격차는 개도국 발전과 따라잡기에 큰 제약이 된다.

한편, 인터넷으로 대변되는 정보생산 및 공유 플랫폼 접근을 위해서는 우선적으로 전력 및 통신 인프라를 통한 인터넷 접근권access 확보가 필요하다. 그러나 개도국은 혁신을 위한 인프라, 인프라를 통해 활용 가능한 콘텐츠가 모두 부족하다는 연계성connectivity의 문제가 있다. 그림 11-4는 전 세계 지역별 전력 및 인터넷 접근권 현황을 보여준다. 인터넷 사용자 비중, 전기 접근권을 가진 도시인구비중, 전기 접근권을 가진 농촌인구비중 모두에서 남아시아와 사하라 이남 아프리카는 상대적으로 열악한 환경에 처해 있음을 확인할 수 있다. 다만 중동과 북아프리카 지역의 경우, 높은 전기접근권에도 불구하고 상대적으로 낮은 인터넷 사용자 수를 보여준다.

그림 11-5 **인터넷 브로드밴드 접근권 비교**

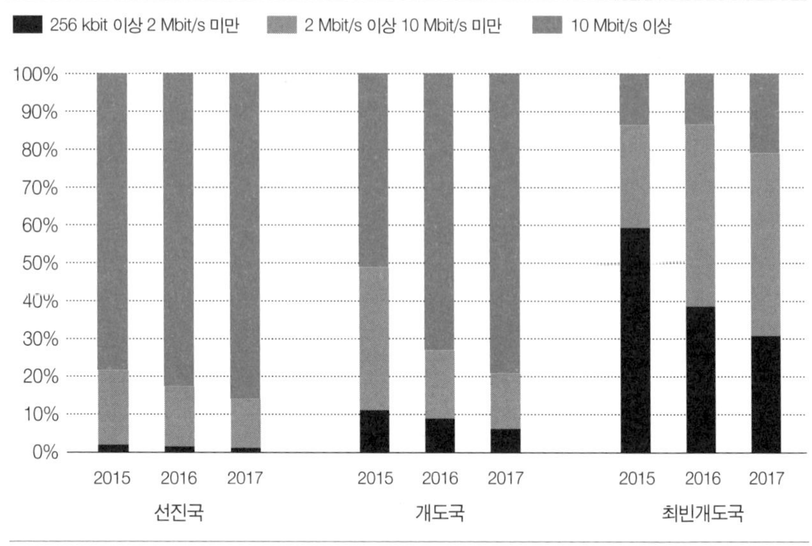

자료: ITU(2018: 7).

인터넷 접근권만큼 접속 속도 또한 정보 유통 및 활용에 중요한 영향을 미친다. 전 세계적으로 인터넷 접속 속도 또한 지역별, 소득수준별 격차가 있다. 그림 11-5는 소득수준별 브로드밴드broadband 접속 속도를 비교하고 있다. 선진국developed 그룹은 80% 이상이 초당 10메가바이트 이상의 초고속 브로드밴드를 활용하고 있는 반면, 최빈개도국은 20%를 조금 넘는 인구만이 고속 인터넷 서비스를 사용하고 있다.

접속 속도 차이보다 더 중요한 문제는 인터넷 사용인구의 격차이다. 인터넷은 정보 유통 및 공유뿐만 아니라 전자상거래, 통신, 학습 등 거의 전 분야에 걸쳐 활용되고 있다. 인터넷을 사용할 수 있는 인구가 적다는 것은 교육이나 취업, 창업 등에서 많은 인구가 배제된다는 것을 의미하며, 이는 점차 가속화되는 혁신의 속도를 고려할 때 개도국에 큰 난관이 된다. 그림 11-6은 인구 100명당 브로드밴드 인터넷 사용자 수 변화를 보여준다. 개도국의 경우

그림 11-6 **인구 100명당 인터넷 브로드밴드 사용자 수 변화(2005~2018년)**

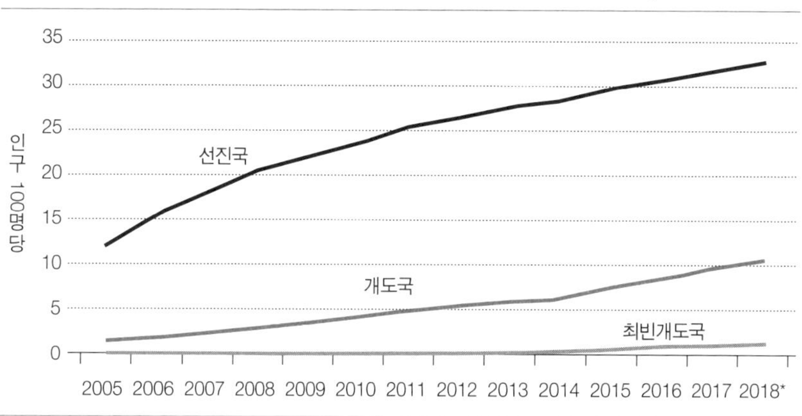

주: 2018년은 추정치.
자료: ITU(2018: 7).

10명 이하, 최빈개도국의 경우 5명 이하의 인구만이 인터넷 접속을 하고 있으며 이는 각각 선진국의 1/3, 1/6 수준이다. 더욱 큰 문제는 2005년 이후 최빈개도국에서는 접속자 수에 큰 변화가 없다는 점이다.

휴대전화 사용자의 경우, 상황이 좀 더 나은 것으로 나타난다. 그림 11-7은 2018년 기준으로 최빈개도국에서도 휴대전화 사용자 수가 100명당 50명 이상임을 보여준다. 특히 최빈개도국의 경우 유선전화를 건너뛰고 무선 기반 휴대전화로 통신 수단이 급격히 변화leapfrog했다.

그러나 휴대전화를 제외한 인적·물적 인프라 측면에서 개도국, 특히 최빈개도국의 상황은 매우 열악하다. 기술발전과 혁신은 무에서 창출될 수 없다. 튼튼한 기초 인프라와 역량은 발전의 밑거름이 된다. 급변하는 기술발전과 혁신이 개도국에 더 큰 불평등과 격차로 이어지기 전에 개도국 교육시스템 개선을 통한 인적역량 배양과 함께 전력 및 통신 등 기초 인프라에 대한 적극적인 투자가 우선적으로 필요하다.

그림 11-7 **인구 100명당 휴대전화 이용자 수 변화(2005~2018년)**

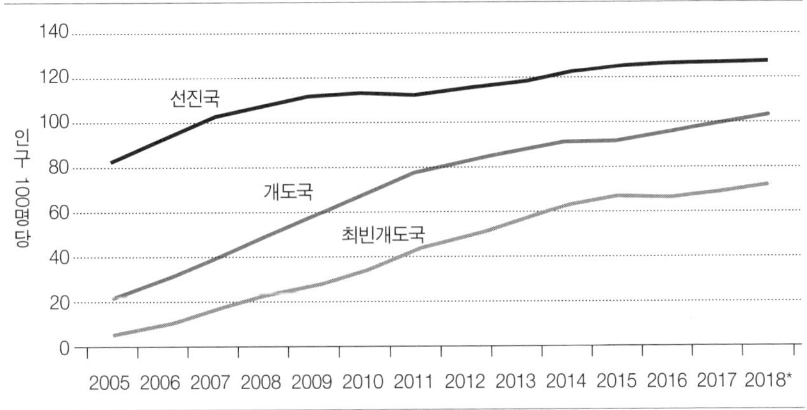

주: 2018년은 추정치.
자료: ITU(2018: 7).

2) 지식재산권과 기술개발

전 세계적으로 지식재산권 보호가 강화되는 추세이다. 출판물 저작권에서 출발한 지식재산권은 이제 아이디어와 온라인디지털콘텐츠에 대한 신지식재산권 논의로 확대 발전되고 있다. 지식재산권이란 인간의 창조적 활동 또는 경험 등을 통해 창출하거나 발견한 지식, 정보, 기술, 사상이나 감정의 표현, 영업이나 물건의 표시, 생물의 품종이나 유전자원, 그 밖에 무형적인 것으로서 재산적 가치가 실현될 수 있는 지식재산에 대해 법령이나 조약 등에 따라 인정되거나 보호되는 권리를 말한다(지식재산기본법 제3조). 따라서 지식재산권은 기술개발이나 혁신에 큰 영향을 미친다. 특허권, 저작권 등을 포함한 지식재산권은 창작자의 권한 보호를 통해 창작과 혁신의 동기를 강화하여 혁신의 인센티브로 작용한다. 창작물, 발명, 아이디어에 대한 배타적 권리를 인정함으로써 신약 개발, 기술혁신의 동기를 강화하여 더 많은 인력이 더 많은 혁신을 이끌어낼 수 있다는 점이 지식재산권의 장점이다.

그러나 개발과 지식재산권의 관계는 약간 다른 역사를 보여준다. 역사는 현재의 선진국들이 저발전국이었을 당시에는 지식재산권 보호의 취약점을 이용하여 혁신기술을 받아들이고 발전에 활용함으로써 선진국으로 성장했음을 보여준다. 그러나 세계무역기구WTO: World Trade Organization에서 「무역 관련 지식재산권에 관한 협정TRIPs: Trade Related Aspects of Intellectual Property Rights」이 발효되며 지식재산권 보호가 강화되었고, 개도국은 이러한 발전전략을 활용하는 데 제약을 받게 되었다. 따라서 지식재산권 강화는 개도국의 발전과 혁신에 부정적인 영향을 줄 수도 있다.

최근 연구는 개도국에서의 지식재산권 강화가 개도국 국내기관보다는 외국기관의 특허 증가로 이어지며, 대부분의 개도국에서 특허신청의 대부분이 자국 업체가 아닌 비거주자에 의해 이뤄진다는 점을 확인하고 있다. 1994년에 26만 4196건이던 비거주자 특허신청건수가 2014년에는 79만 3637건으로 3배가 증가했다(UNCTAD, 2018). 특히 최근 양자 간 또는 지역별 자유무역협정은 지식재산권 보호 수준을 'TRIP Plus'로 더욱 강화했다. 강제라이선스나 특허권 보호기간 연장 등의 조항이 추가되어 개도국은 더욱 불리한 상황에 직면하게 되었다.

이러한 우려를 반영하며, 국제적인 지식재산권 보호 강화는 최빈개도국을 포함한 개도국에 기술이전을 촉진하는 목적을 포함하여 구상되었다. TRIPs는 제7조나 제8.2조와 같은 기술이전을 촉진하는 조항들을 포함하고 있다. 특히 제66.2조는 선진국들이 최빈개도국의 기술이전과 관련된 자국 기업이나 기관의 활동에 인센티브를 제공하도록 하고 있다. 그러나 이러한 모호한 조문을 실행 가능한 구체적인 정책으로 구현하는 데 어려움이 있다. 우선 기술이전의 범위나 정의가 불분명하다. 첨단 기술을 활용한 상품이나 기계의 제공, 암묵적 노하우나 지식 제공, 기술훈련과 같은 다양한 활동 중에 구체적으로 어떤 활동이 인센티브를 받을 수 있는 기술이전 활동에 포함되는지 기준이 명확하지 않다. 더 큰 문제는 기술이전의 정의를 포함하여 관련 활동을 총괄하고 지원할 조직 자체가 부재하다는 점이다.

이런 상황에서 지식재산권 보호 강화 흐름에 대한 회의론이 대두되고 있다. 지식재산권 보호가 개도국의 취약한 특허제도와 조직에 과중한 부담을 안긴다는 비판이 있다. 한편, 특허제도가 본래의 취지와 달리 시장에서 경쟁자를 제거하기 위해 활용되거나, 특허권에 대한 독점적 또는 준독점적 지위를 활용하여 지대rent를 추구하는 데 활용된다는 비판도 있다.

따라서 지식재산권 보호 관련 국제기준은 선도개발자의 지식재산권 보호와 경쟁자의 후속혁신 촉진 간의 균형을 유지하도록 개선될 필요가 있다. 기술학습과 혁신은 기술발전 수준이나 경제구조, 민간과 공공의 관련 행위자의 역량에 따라 각국별로 그 수준과 속도가 다르다. 역사는 우리에게 적어도 산업발전 초기단계에는 특허권이나 지식재산권을 제한하는 것이 이롭다는 것을 보여준다. 따라서 국가별 혁신전략에 따라 지식재산권 관련 법규를 조정할 수 있도록 정책적 재량권을 허용하는 것이 혁신 강화라는 지식재산권의 근본적 목적을 보다 효과적으로 달성할 수 있는 방안이 될 수도 있을 것이다.

3) 혁신으로 인한 고용의 변화

기술혁신은 고용 감소 및 증대 모두와 연관을 갖는다. 증기기관의 발명과 기계화는 단순고용에서 배제된 노동자들이 러다이트 운동Luddite•을 일으키는 원인이기도 했다. 그러나 산업혁명은 새로운 산업을 일으켜 이전에 없었던 분야에서 고용을 창출하기도 했다. 기술혁신으로 인한 고용증대효과가 더 큰지 감소효과가 더 큰지는 확실하지 않다. 그러나 혁신은 대부분의 경우 복잡한 고급기술을 요하는 직업 수요를 증대하는 반면, 단순하고 반복적인 기술 관련 직업 수요를 감소시킨다. 따라서 기술혁신은 비숙련 노동 분야에 더

• 19세기 초반 영국에서 있었던 사회운동으로 기계화로 인한 고용 악화에 반대하여 노동자들이 대규모로 기계 파괴 등의 저항을 한 운동을 지칭한다.

많이 종사하는 여성고용에 더욱 부정적인 영향을 미치는 경향이 있다. 그러나 고용은 각국별 산업 및 경제구조, 수출입 현황 등과도 밀접한 연관성을 갖는다. 즉, 기술혁신으로 인한 고용의 영향은 각국별 경제시스템에 따라 다르게 나타날 것이다.

STI와 관련하여, 개도국 고용 감소에 가장 큰 영향을 미치는 문제는 자동화automation이다. 자동화는 선진국과 비교하여 상대적으로 비숙련low-skill 단순노동 형태가 더 많은 개도국에 보다 큰 위협으로 작용할 것이다. 다른 요소를 배제하고 기술만을 고려할 때, 개도국 고용의 2/3가 자동화로 대체 가능하다(World Bank, 2016). 물론 혁신은 새로운 직업군을 창출할 수도 있고, 기계나 로봇이 완벽하게 인력을 대체하는 데는 한계가 있을 수 있다. 또한 자동화의 기반이 될 전기, 정보통신기술ICT: Information & Communication Technology 등 관련 기본 인프라의 부재를 포함한 여러 변수가 자동화의 범위와 속도에 영향을 줄 수 있다. 그럼에도 여러 연구들은 공통적으로 자동화가 개도국의 비숙련 단순 노동직의 감소로 이어질 것을 예측하고 있다. 예를 들어, 국제노동기구ILO: International Labour Organization가 동남아시아 국가연합ASEAN: Association of South East Asian Nations 회원국 중 5개국(캄보디아, 인도네시아, 필리핀, 태국, 베트남)을 대상으로 수행한 연구는 향후 10년간 평균 56%의 고용이 자동화로 인해 위태로워질 것이라는 전망을 제시했다(ILO, 2016). 세계은행World Bank 역시 각국별로 자동화 가능한 고용 비율이 우즈베키스탄(55%)부터 에티오피아(85%)에 이르기까지 매우 높다는 점을 확인했다(World Bank, 2016).

자동화로 인한 고용대체 문제는 개도국 성장에 어려운 과제를 부과했다. 역사적으로 개도국은 저임금제조업 부분의 고용 확대를 통한 선진국 따라잡기의 방식으로 경제성장을 이루어왔다. 그러나 전통적 방식의 따라잡기가 이제는 매우 어려워졌다. 자동화 및 기술발전으로 인해 저렴한 노동력이 기업경쟁력에 도움이 되지 않게 된다면, 제조업은 선진국으로의 회귀reshoring

현상이 발생할 수 있다. 그렇다면 노동 비용 절감을 이점으로 제조시설을 유치하여 자본을 축적하고 선진 기술을 습득하는 방식으로 소득 증대와 경제성장을 추진하던 그간의 개도국의 성장 전략이 더 이상 통하지 않게 될 수 있다. 이는 개도국 산업화 전략과 발전모델의 전면적 수정과 재고를 요구한다. 즉, 개도국은 경제발전을 위한 새로운 성장전략을 찾아내야 한다는 난제에 직면했다. 개도국들은 자국의 고용상황과 기술혁신 정도를 함께 고려하여 종합적이며 지속가능한 성장 전략을 마련해야 할 것이다.

4) 프라이버시와 인권

기술혁신은 산업 전반의 효율성을 제고하고 일상생활을 보다 편리하게 만들어줄 수 있다. 그러나 빅데이터, IoT과 같은 새로운 혁신은 차별과 사생활 침해, 개인정보 매매와 범죄 발생이라는 역기능으로 이어질 수도 있다. 특히 관련 규제나 법규가 취약하고 종교나 인종 등에 따른 갈등요소가 첨예하게 상존하고 있는 개도국에서 정보통신기술은 시민권과 프라이버시privacy 침해 또는 나아가 시민 감시와 차별, 통제의 수단으로 악용될 수도 있다.

많은 개도국에서 시민으로서의 권리 보장과 공공서비스 접근권 향상을 위해 다양한 등록사업이 추진되고 있다. 예를 들어, 원조기관들과 개도국 정부는 기술혁신을 바탕으로 생체정보 기반 주민등록사업을 실시하고 있다. 사업 결과에 의거하여, 개도국 정부는 공공서비스를 제공하거나 주민선거를 실시한다. 이러한 등록사업은 개개인에게 법적 신분을 보장하여 공공서비스 접근권을 개선할 수 있다는 장점이 있다. 인도, 파키스탄, 콩고민주공화국, 남아프리카공화국 등 많은 개도국 정부가 생체정보 기반 주민등록제도를 도입하고 있다. 안면, 지문, 홍채, DNA와 같은 생체정보는 개인정보로 보호되어야 한다. 그러나 이러한 생체정보는 개개인의 인종적 특성을 파악하는 데 활용되어 차별과 배제의 수단으로도 사용될 수 있다.

인도 정부는 최근 지문을 활용한 주민등록제도를 도입하고, 이에 기반하여 취사용 연료 사용부터 기차 예매와 같은 다양한 공공서비스를 제공하도록 했다. 그러나 인도의 많은 저임금노동자나 노인계층은 고된 노동으로 식별 가능한 지문을 갖고 있지 못했다. 이로 인해 이들은 주민등록체계에 포함되지 못했고, 따라서 서비스도 받지 못했다. 한편, 이중 등록 사례가 밝혀지거나 등록 담당 기관의 부정부패 사건이 보도되기도 했다.

휴대전화를 활용한 공공서비스의 제공도 부작용이 없는 것은 아니다. 개도국에서 휴대전화는 가정당 한 개씩 남성 가장이 소유한 경우가 많다. 이런 경우 휴대전화로 부인이나 가족의 의료정보를 전달하는 과정에서, 가정폭력이 발생하거나 의료서비스가 필요한 가족구성원에게 정보가 적절히 전달되지 못할 가능성이 있다.

방대한 범위의 정보는 다른 정보와 결합되어 다양한 목적으로 활용될 수 있다. 따라서 한 분야에서 익명화anonymization가 된 정보라 하더라도 다른 정보들과 결합되어 개인 식별이 가능해져 사생활을 침해할 높은 위험이 있다. 사실상 선진국에서는 디지털 정보의 사생활 침해 및 인권침해적 요소로 인해 디지털 기반 정부서비스 제공에 많은 저항이 있었으며, 때로는 디지털 정보가 폐기되거나 도입이 취소되기도 했다. 개도국에서도 데이터의 수집, 사용 및 접근과 관련하여 사생활의 침해를 막고 보안을 강화하며 개인과 집단의 권리에 균형을 맞추면서도 혁신을 저해하지 않을 규제와 제도의 틀을 마련하는 것이 필요하다.

5. 포용적 성장을 위한 STI

1) STI 정책과 시스템 구축

과학기술의 발전과 혁신은 시장에만 맡길 수 없는 외부효과externality가 존재한다. 첫 번째는 혁신을 위해 투자가 필요하나, 수익성 있는 결과물이 도출될 가능성이 낮다는 불확실성uncertainty의 문제이다. 다른 하나는 투자의 결과물이 확산을 통해 투자를 하지 않은 다른 기관에도 이익을 줄 수 있다는 무임승차free rider 문제이다. 이러한 외부효과로 시장에서 충분한 STI 투자가 이루어지기 어렵다. 그러나 앞서 서술한 바와 같이 역사적으로 기술혁신은 경제성장과 사회발전의 동력이 되어왔다. 따라서 개도국의 지속가능한 발전을 위해서는 정부와 시민사회 등 다양한 이해관계자를 포함하는 종합적이고 체계적인 STI 정책과 시스템을 수립하는 것이 필요하다.

특히 앞서 살펴본 바와 같이 개도국은 혁신 기반이 상대적으로 취약하고, 기초적인 인프라와 역량이 부족하지만 이에 대한 투자는 여전히 매우 부족하다. 개도국의 1인당 R&D 투자는 선진국과 비교할 때 절대금액 면에서도, 1인당 국민소득 대비 비율로 계산한 상대적 비교에서도 그 규모가 매우 작다. 2000년 이후 많은 증가가 있었지만 대부분의 개도국에서 연구자의 수가 매우 적다. 이에 대응하여, 유연한 교육 커리큘럼을 개발 및 제공하고 모바일 통신과 전력 등 기초 인프라를 확대하는 것이 필요하다.

그러나 STI 정책은 단순한 과학기술 발전을 위한 투자만을 의미하지 않는다. 대부분의 개도국이 STI 정책을 지원대상 연구항목과 소요예산, 담당기관을 나열한 목록으로 치환하는 오류를 범하며, 따라서 정책은 의도한 목표를 달성하지 못한다. 과학기술의 발전과 혁신은 경제사회 개발을 위한 다른 모든 정책과 긴밀한 연관을 갖는다. 예를 들어, 혁신결과물의 상업적 활용과 발전을 위해 산업정책과의 연계가 필요하며, 혁신역량 강화를 위해서는 교육

정책과의 조율이 필요하다. 아울러, 재원을 조달하기 위해서는 거시경제 정책이나 재정 정책과의 연계가 필수이다.

즉, STI 정책은 STI 프로세스나 활동의 사회경제 개발 기여도 증대를 위한 모든 정책들을 의미하며, 따라서 기업과 기관의 R&D 활동 촉진 및 기술습득 역량 증대를 목적으로 하는 거시경제 정책, 특히 재정 정책, 변화하는 기술 및 환경 기준과 같은 규제 도구들, STI와 관련한 정부 각 부처의 업무 및 조달 활동, 산업 정책, 지식재산권 정책, 생명과학산업이나 지속가능기술을 촉진하는 특정 분야별 정책, ICT나 정보사회 발전 지원정책, 기업과 소비자 친화적 시장 창조 관련 정책, 정부, 학계 및 기업과 같은 STI 이해관계자의 상호연계와 네트워크를 지원하는 정책을 모두 포괄한다. 즉, 성공적인 STI 정책을 수립하고 실행하기 위해서는 다른 연관된 정책과 조율되는 정책일관성 policy coherence 이 반드시 필요하다. 따라서 STI 정책은 개도국의 국가개발정책 national development plan 에 포함되어 집행되어야 한다.

효과적인 STI 정책의 수립을 추진하기 위한 다른 중요 요소는 바로 관련 인력의 역량이다. 앞서 설명한 바와 같이 개도국은 STI와 관련된 인적기반이 상대적으로 취약하다. 그러나 STI를 위한 역량은 단순히 R&D와 관련된 인력의 역량만을 의미하지는 않는다. 관련 정책을 수립하고 운영하는 정부 관료의 역량, 경제성장과 혁신친화적 문화 및 환경을 만들어낼 인구 전체의 교육수준과 역량을 포괄적으로 의미한다. 따라서 좁게는 과학기술인력 양성 그리고 보다 장기적인 방향으로 포괄적으로는 개도국의 교육환경을 개선하고 강화하는 것이 필요하다.

즉, 개도국의 효과적인 혁신시스템은 포괄적인 STI 정책을 기반으로 혁신친화적인 제도 및 물적·인적 환경을 구축하는 것을 의미한다. 박스 11-3은 효과적인 STI 시스템의 다섯 가지 요소를 정리하여 보여준다.

박스 11-3 **효과적인 STI 시스템**

1. 혁신가나 기업의 장기 계획 추진을 촉진하는 예측 가능하고 안정적인 정책과 규제 환경
2. 경제활동 참여자들이 지대(Rent)가 아닌 생산활동에 투자하도록 유인하는 인센티브를 지원하는 거버넌스와 제도적 환경
3. 관리역량과 조직능력과 함께 적절히 제공되는 금융상품을 통해 혁신친화적 투자를 제공하는 기업가친화적 생태계
4. 탄탄한 직업교육시스템을 통해 혁신 관련 관리 및 기술 능력을 갖춘 인적자원
5. ICT 접근이 용이하고 지리, 젠더, 세대, 소득으로 인한 디지털 격차가 없는 기술과 R&D 인프라

자료: Brook et al.(2014).

2) 국제적 시스템 개선

개도국의 STI 발전 노력을 지원하기 위해 국제사회는 다양한 사업을 수행하고 있다. 이 중 2015년 에티오피아에서 개최된 제3차 유엔개발재원회의의 결과문서인 아디스아바바 행동계획AAAA: Addis Ababa Agenda for Action에 포함된 UN을 중심으로 한 국제적인 STI 협력프로그램 두 개를 소개한다.

(1) 최빈개도국 기술은행

2011년에 유엔 최빈개도국 회의UN Conference on the Least Developed Countries가 이스탄불에서 개최되었다. 회의는 최빈개도국을 위한 기술은행Technology Bank for the Least Developed Countries 설립 촉구를 포함한 이스탄불 행동계획Istanbul Programme of Action을 채택했다. 기술은행 설립 공약은 제3차 유엔개발재원회의에서 재확인되었고 SDG 17.8번으로 이어졌다. UN의 고위급 전문가 패널은 기술은행 설립을 위한 타당성 조사보고서를 발간했고, 유엔대학교UN University를 모델로 하여 최빈개도국의 STI 역량강화를 목적으로 한 은행 설립을 권고했다. 2016년 12월 23일 UN 총회는 공식적으로 최빈개도국을 위한 기술은행 설립안을 채택했고, 2018년 6월 4일 기술은행은 새로운 UN 기구로서 터키 게브제Gebze에서 공식 출범했다. 기술은행은 향후 최빈개도국을 위한 지식허브의 기능을 수행하며 최빈개도국 STI를 위한 프로젝트를 수행할 예정이다.

(2) 기술촉진 메커니즘

2012년 개최된 유엔 지속가능한 발전 총회Rio+20는 『우리가 원하는 미래The Future We Want』라는 결과보고서에서 지속가능한 발전을 위한 기술촉진 메커니즘TFM: Technology Facilitation Mechanism 수립 관련 방안을 마련할 것을 촉구했다. 2013~2014년에 걸쳐 2년간 UN은 여덟 차례에 거쳐 워크숍과 협의를 진행하고, 2014년 12월에 반기문 사무총장은 "기존의 이니셔티브를 보완하고 관련 이해관계자 모두가 참여하는 온라인, 글로벌 플랫폼"의 수립을 권고했다. 사무총장의 권고에 따라서 유엔 경제사회국UN DESA: UN Department of Economic and Social Affairs과 유엔환경계획UNEP: United Nations Environment Programme은 2014년 말에 기술촉진 메커니즘을 위한 기관 간 작업그룹IAWG: Interagency Working Group on a Technology Facilitation Mechanism을 출범시켰다. IAWG는 UN DESA, UNEP, 유엔 산업개발기구UNIDO: UN Industrial Development Organization, UNCTAD, 유엔 교육과학문화기구UNESCO: UN Educational, Scientific and Cultural Organization, 국제전기통신연합ITU: International Telecommunication Union, 세계지식재산권기구WIPO: World Intellectual Property Organization와 세계은행의 총 8개 기관으로 구성되었고, 기술촉진을 위한 네 가지 협력방안을 논의했다. 협력방안은 첫째, 혁신시스템과 기술역량 강화를 위한 정책형성 지원과 관련한 기존의 기술촉진 이니셔티브 매핑, 둘째, 기술과 관련하여 유엔 내의 협력가능 영역 확인, 셋째, 정보공유플랫폼 및 온라인 지식허브 구축방안 마련, 넷째, STI 역량강화를 위한 이해관계자 협력이다. 2015년에 UN은 IAWG의 논의 결과에 따라 UN이 TFM을 수립하는 내용을 AAAA에 포함했다.

TFM은 세 가지 형태로 구성된다. 첫 번째로는 SDGs를 위한 STI 이해관계자 포럼이며, 두 번째는 기존의 STI 이니셔티브, 메커니즘, 프로그램에 대한 정보를 안내하는 온라인 플랫폼, 세 번째로는 UN 내부에서 STI 관련 시너지와 효율성을 촉진하고 역량강화 이니셔티브를 고도화하는 문제를 조율하는

UN 기관 간 태스크팀IATT: Inter-Agency Task Team이다. STI 포럼은 2016년 이후 매년 개최되고 있으며 SDGs 달성을 위한 주제별 STI 관련사항을 논의한다. 앞서 출범된 IWAG는 IATT로 재구성되었다. 온라인 플랫폼은 현재 개발 중이다. IATT와 민간, 시민단체 대표로 구성된 10-Member Group 등이 참여하여 개발된 플랫폼은 2019년 현재 OLP 데모 사이트•가 운영되고 있다.

3) 개방형 혁신프로그램

개도국의 STI 지원을 위해 원조기관들은 혁신 아이디어를 강조하며 기존과는 다른 방식의 프로그램을 추진하기 시작했다. 개방형 혁신프로그램Open Innovation Programme은 공모방식을 활용하는 이전과는 다른 형식의 지원이다. 기관별 추진 방식은 유사한데, 원조기관들은 우선 혁신 지원 펀드를 개설하고 전 세계적인 공모를 통해 혁신사업을 모집, 선발한 뒤 일정 규모의 자금을 지원하고, 가능한 경우 확장scale up한다. 예를 들어 미국, 영국, 스웨덴, 호주 정부와 민간자선단체인 오미디아르 네트워크Omidyar Network는 2014년 글로벌 혁신펀드Global Innovation Fund를 공동으로 수립하고, 5만~25만 달러 규모로 혁신 아이디어를 지원하고 있다. 한편, 미국 국제개발처USAID: United States Agency for International Development는 별도의 자체적인 혁신프로그램으로 개발혁신벤처DIV: Development Innovation Ventures를 운영 중이다. DIV는 3단계로 지원을 수행하며, 1단계에서는 온라인 공모를 통해 아이디어를 수집, 선별하여 3년간 20만 달러 이하의 예산을 지원한다. 긍정적인 개발성과가 인정되면 2단계로 3년간 20만~150만 달러를 지원하고, 전파 및 확장가능성이 인정된 아이디어에 대해서 3단계로 5년간 150만~500만 달러를 지원한다. 이 외에도 혁신 아이디어의 응용과 전파를 위해 호주는 혁신교환InnovationXchange 프로그램을, 스웨

• 데모사이트 주소는 http://ec2-18-208-31-215.compute-1.amazonaws.com/

덴은 도전기금Challenge Fund을 운용한다.

4) 공동연구와 R&D 네트워크 확대

전 세계적으로 다양한 인적·물적 네트워크를 연계한 R&D가 늘어나고 있다. 1990년부터 2015년 사이 발간된 과학연구논문 저자의 출신을 분석한 결과, 논문 저자가 2개국 이상의 다국가 출신으로 구성된 경우가 10%에서 25%로 증대했으며, 이러한 다국적 저자의 연구결과는 인용 수 분석 시 더 많은 영향력impact을 보였다. 한편, 국제적인 R&D 프로젝트는 전 세계 R&D 프로젝트 예산의 20~50%를 차지한다. 특히 오픈데이터 증대, 정보통신기술 발달로 인한 국제적 네트워크 확산, 복잡하고 거대한 문제 해결을 위한 협업 필요성 증가 등의 이유로 국제 공조는 증대되고 있다. 개도국 인력이 이러한 국제협업에 참여한다면, 자체적인 STI 역량강화로 이어질 수 있을 것이다. 이미 인도와 중국 등의 일부 개도국들은 다양한 국제연구에 활발히 참여하고 있다. 국제 공동연구와 협업에 개도국의 참여가 확대되는 것은 개도국 역량강화뿐 아니라 연구결과의 신뢰도와 활용도를 높이는 윈윈win-win의 결과를 가져올 수도 있다. 선진국만이 아닌 개도국을 포함한 다양한 환경을 반영한 연구를 통해 연구 영향력을 확대할 수도 있을 것이다.

6. 결론

기술의 발전과 혁신은 인류에 전례 없는 부와 번영을 가져다주었다. 신기술 개발과 혁신은 개도국에 기회로 작용했다. HIV/AIDS 신약 개발은 2005년 이후 사망자 수 감소를 이끌었다. 인터넷 기반 온라인 학습은 교통인프라 부족과 같은 한계를 극복하고 학습기회를 제공하며 개도국 역량강화에 기여하고 있다. 물론 신기술은 과제 해결뿐 아니라 경제성장에도 필수적이다. 전 세계적인 인터넷망은 개도국 시민들에게 새로운 고용기회를 제공했다. 유통망과 물류 혁신을 통한 교역 증대 또한 개도국의 수출 증진에 기여했다.

그러나 기술혁신과 진보는 무에서 발생하지 않는다. STI 발전을 위해 필요한 대규모의 투자와 R&D는 개도국이 감당하기 어려운 과제이다. 한편, 지적재산권 보호 강화는 개도국의 자체적인 기술발전에 어려움이 되고 있기도 하다. 이런 상황에서 4차 산업혁명은 개도국의 고용과 산업구조에 큰 충격을 주어 선진국과의 격차를 더욱 심화시킬 수도 있다.

한편, 현 세대는 기술발전의 부작용 또한 겪고 있다. 화석연료에 기초한 발전은 기후변화와 환경오염을 초래했고 인류는 이제 다음 세대의 안전한 생존을 고민하는 위기에 직면했다. 기술격차는 한 국가 내에서 또는 국가 간에서 승자독식을 강화하여 불평등과 격차를 심화시킬 수 있으며, 이는 사회적 긴장감과 충돌 위험성을 높일 수 있다. 특히 현재와 같이 SNS와 통신 네트워크가 발달된 시대에 사람들은 국가별, 지역별 생활 격차나 불평등을 쉽게 접하고 민감하게 반응할 수 있다. 기술발전과 진보가 삶의 질 향상으로 이어지지 못할 때, 사회불안, 대규모 이주, 폭력적인 극단주의가 심화될 수 있으며 이는 사회 안정성을 해치고 발전을 저해하거나 퇴보시킬 수 있다.

21세기 초입에 선 지금, 인류는 생태계 한계 내에서 공존할 수 있도록 변화된 생활과 생산 방식을 고안해야 한다. 국제사회는 다각도의 노력을 경주하고 있으나, 더 큰 규모의 지원과 투자가 필요하다. 누구도 소외되지 않는 포용적인 성장과 생태계친화적인 발전을 위해 STI가 활용될 수 있도록 보다 적극적인 협력이 필요하다.

사 례

인도적 지원, 데이터와 프라이버시

인도적 지원 프로그램을 효과적으로 수행하기 위해 원조기관들이 기업과 협력하여 데이터를 활용하는 사례가 늘고 있다. 세계식량기구(WFP: World Food Programme)는 최근 자신들의 식량 및 현금 지원 프로그램을 체계화하기 위해 실리콘밸리의 데이터 기업과 협력하여 대량의 관련 데이터를 조직 내 어디서나 접속 가능하도록 하는 방안을 수립 중이다.

유엔 사무총장의 혁신 이니셔티브인 유엔 글로벌 펄스(UN Global Pulse) 대표 로버트 커크패트릭(Robert Kirkpatrick)은 빅데이터 활용의 어려운 점 중 하나를 프라이버시와 관련한 위험이 발생할 확률과 데이터 활용을 통해 예방할 수 있었을 다른 위험이 발생할 확률 간의 균형 찾기라고 말했다. 커크패트릭은 또한 현재 관련 규정이 지나치게 사생활 침해와 관련된 위험에만 초점이 맞춰져 있으며 공공선을 위한 빅데이터 활용의 이점을 제대로 반영하지 못하고 있다고 말했다.

한편, 프라이버시 인터내셔널(Privacy International)은 최근 발표한 보고서에서 인도주의 원조기관들이 디지털 시대에 맞춰 '피해금지(Do No Harm)' 원칙을 어떻게 적용할 수 있는지 안내하는 가이드라인을 제시했다. 일부는 일상생활에서 생산되는 데이터의 활용과 프라이버시의 관계를 개도국 시민이 명확히 이해할 수 있도록 교육부터 시작해야 한다고 주장한다.

빅데이터와 인공지능 회사인 제니시스(Zenysis Technologies)의 창립자 겸 CEO인 조너선 스탐볼리스(Jonathan Stambolis)는 "데이터가 문제의 규모를 줄이는 데 도움을 줄 수 있다"고 주장한다. 그는 에티오피아 보건부와 제니시스의 협력사례를 예로 들었다. 제니시스는 에티오피아 보건부와 함께, 이전까지는 개별 부서별로 나누어 관리되던 홍역 데이터를 통합하여 15세 이하 어린이에게 백신 접종을 할 경우와 5세 이하 어린이로 대상을 한정할 두 가지 경우의 타당성을 각각 분석하고 전국적인 홍역백신프로그램을 최적화된 방식으로 수행했다. "데이터 기반의 표적화된 문제규모 축소 방식의 접근법으로 3000만 달러의 예산을 절감한 것으로 추정합니다. 그 예산은 생명을 구하는 다른 보건 프로젝트에 사용되었습니다"라고 스탐볼리스는 말했다.

한편, 스탐볼리스는 제니시스를 시작하기 전, 미국의 데이터 회사인 팰런티어(Palantir)에서 국제개발과 보건문제와 관련하여 정부를 지원하는 국제 파트너십을 이끌었다. 팰런티어는 미국 중앙정보국(CIA)과 연계되어 있다. CIA는 자체 벤처펀드를 통해 팰런티어에 투자했고, 팰런티어의 고객이기도 했다. 팰런티어는 미국 정부의 오사마 빈 라덴(Osama bin Laden) 추적 작전에 대한 공로를 인정받았다. 허위로 백신 캠페인을 만들어 알 카에다(Al-Qaeda) 창립자가 숨어 있는 파키스탄 지역에 보건인력을 파견하여 DNA를 수집한 것이다. 작전은 성공이었지만, 이는 수십 년간의 백신 프로그램 활동가들의 노력을 무산시켰다. 한편, CIA와 팰런티어는 공식적으로 위와 같은 내용에 대한 확인을 거부했으며, 영국의 ≪가디언≫ 지는 오사마 빈 라덴의 DNA가 캠페인을 통해 수집되었는지 여부는 밝혀지지 않았다고 보도했다.

자료: https://www.devex.com/news/for-humanitarian-orgs-a-fine-line-between-data-misuse-and-missed-use-94271; https://www.theguardian.com/world/2011/jul/11/cia-fake-vaccinations-osama-bin-ladens-dna

생각할 문제

1 개도국에서 빅데이터의 활용을 통한 원조프로그램 수행의 장점과 한계점을 토론하고 한계점을 극복하기 위한 대안을 논의해 보자.

2 개도국에서 전자 주민등록제도 실시 시, 예상되는 장점과 단점을 토론해 보자.

3 리쇼어링과 자동화에 대응하여 개도국이 활용할 수 있는 대안적 발전 전략을 논의해 보자.

12

개발효과성과 성과

1. 개요

개발협력활동Development Cooperation Activity은 공여국 국민의 세금과 같은 공적 자금을 활용하여 시작되었다. 따라서 "세금을 활용하는 개발협력활동은 과연 효과적인가?"라는 질문은 원조aid와 함께 제기되었다. 효과성에 대한 논의는 개발협력활동 목표의 변화와 함께 진화했다. 초기 개발협력의 목적은 경제성장이었다. 따라서 초기 효과성 분석은 원조와 경제성장률의 상관관계를 규명하는 데 초점을 맞추어 진행되었다. 이후 개발 목적이 사회적 권리 증진과 인간개발 촉진으로 변화하자 효과성 논의는 원조와 교육, 보건 증진 등 사회적 개발목표의 상관관계 확인으로 변화되었다.

한편, 국가나 지역 단위에서 원조와 개발의 상관관계 유무 확인은 개발도상국(이하 개도국)에 실질적인 도움이 되지 못하기 때문에 구체적인 효과성 증진방안을 마련해야 한다는 주장이 1990년대 말부터 대두되었다. 보다 효과적인 개발협력을 위해서는 거시적인 효과성 유무 논쟁에서 벗어나 개별 협력활동들에 대한 분석을 통해 효과성 제고를 위한 구체적인 정책 제시가 필요하다는 것이다. 따라서 한편에서는 개별 프로젝트나 프로그램의 효과성을 체계적이고 계량적으로 분석하는 흐름이 전개되었다. 또 다른 한편에서는 공여국들이 회의를 개최하고 원조 수행 체계의 효과성을 증대하기 위한 원칙을 발표했다. 이것이 로마 선언의 원조효과성부터 부산 선언문의 개발효과성으로 이어지는 파트너십 체계이다. 원조와 거시적 경제사회 발전의 상관관계를 확인하던 원조효과성 담론은 부산 선언문 이후 원조 이외의 개발활동을 포괄하는 개발효과성 논의로 확대된다.

효과성 측정의 계량화와 수행체계 효과성 증대 논의는 공여기관 관리체제의 변화로 이어졌다. 이제 공여기관들은 객관적으로 비교, 분석, 측정이 가능한 방식으로 자체 성과를 종합적으로 관리하는 조직적인 성과관리체계를 도입하고 성과 중심의 새로운 사업을 추진하고 있다. 특히, 지속가능개발목표 SDGs: Sustainable Development Goals 체제 출범 이후 SDGs와 성과관리를 연계하는 다양한 논의가 있다.

앞 장에서 서술한 바와 같이 SDGs의 달성을 위한 재원이 매우 부족한 상황이다. 따라서 개발협력활동의 효과성 증대는 SDGs 달성에 매우 중요하다. 이러한 배경 아래 개발효과성은 SDGs의 이행수단 논의에 포함되게 되었다. 이 장에서는 원조효과성에서 개발효과성으로의 담론 변화를 고찰하고, 개별 사업의 효과성을 증대하기 위해 도입된 미시적 프로젝트 평가 및 무작위대조군연구RCT: Randomized Control Trial 활용에 대해 알아본다. 마지막으로 개발효과성 원칙과 원조기관별 성과관리체계 및 새롭게 등장한 성과중심지원에 대해 분석한다.

2. 거시적 효과성의 의미

표준국어대사전은 '효과'를 "어떤 목적을 지닌 행위에 의하여 드러나는 보람이나 좋은 결과"라고 정의한다. 개발협력에서 효과성effectiveness의 의미도 이와 유사하다. 가장 널리 쓰이는 효과성의 정의는 폴 모슬리Paul Mosley의 "의도한 목적을 달성함"이다(Mosley, 1987). 즉, 어떤 정책, 사업, 전략, 프로그램이 초기에 의도한 목적을 달성했다면 효과성이 있다고 간주된다. 한편, 경제협력개발기구OECD: Organization for Economic Cooperation and Development의 5대 평가기준* 중에 하나도 효과성이며 OECD는 효과성을 "각 목적의 상대적 중요성을 고려하여, 개발협력활동이 목적을 달성한 또는 달성할 것으로 예상되는 정

* OECD의 개발협력 평가 5대 기준은 적절성(Relevance), 효율성(Efficiency), 효과성(Effectiveness), 영향력(Impact), 지속가능성(Sustainability)이다.

도"•로 정의한다.

즉, 효과성은 목표달성 정도로 이해될 수 있다. 그러나 개발협력의 목표는 매우 다양하여, 개발협력에서의 효과성은 각 시기별로 개발협력이 달성하고자 하는 주요 목표에 따라서 변화해왔다. 개발에서 효과성을 원조가 달성해야 할 목적에 따라 크게 네 가지로 구분한다(박수영, 2018). 효과성은 첫째로 거시경제 성장에 대한 기여 정도 또는 두 번째로는 거시적 사회발전이나 개발에 대한 기여 정도로 구분된다. 세 번째로 미시적 수준에서 개별 프로그램이나 프로젝트가 기획된 목적의 달성 정도, 마지막으로는 추진체계나 방식의 효율성으로 구분한다.

1) 경제성장과 효과성

원조가 시작된 1960년대에는 낮은 저축률이 개도국 저성장의 원인으로 지목되었다. 개도국의 성장을 위해서는 많은 투자 자본이 필요하나, 국내 저축액은 과소한 경우가 많다. 따라서 외국 원조를 통해 필요한 투자 규모와 과소한 국내저축액 간의 차이를 없애는 것이 경제성장의 방법으로 제시되었다. 원조효과성에 대한 제1세대 연구에서는 원조와 저축, 경제성장 간의 선형관계linear relation를 가정하고, 원조가 성장에 필요한 저축률을 증대시키는지 분석했다. 제2세대 연구는 1세대 연구와 방법론이나 이론적 배경에서 큰 차이가 없다. 다만, 원조-저축-성장에서 이론이 예측한 관계가 실증연구로 검증되지 못하자 원조-투자-성장, 또는 무역의 역할, 원조가 성장에 직접적으로 미치는 영향 등 성장에 영향을 미치는 변수를 다양화하거나, 부정적인 영향의 원인을 도출하려는 연구들이 대두되었다.

제3세대 연구의 문을 연 피터 분Peter Boone은 개발에서 정치의 역할에 주목

• "The extent to which the development intervention's objectives were achieved, or are expected to be achieved, taking into account their relative importance."

하며 원조는 성장에 기여하지 못한다고 주장했다(Boone, 1994). 이후 크레이그 번사이드Craig Burnside와 데이비드 달러David Dollar 또한 원조는 좋은 정책 환경하에서만 유용하다고 주장했다(Burnside and Dollar, 1997). 이 연구들은 원조기관들의 원조정책을 크게 변화시키는 실질적 영향을 주었다. 세계은행World Bank, 영국의 국제개발부DFID: Department for International Development 등의 원조기관들은 좋은 정책을 개도국에 제안하는 조건부 원조를 실시했다. 즉, 원조효과성 연구는 정치, 제도, 정책의 역할을 원조효과성 논의에 포함했을 뿐 아니라 실제적으로 원조기관들의 원조프로그램 집행방식에 변화를 가져왔다. 그러나 이후 번사이드와 달러의 연구 검증 과정에서 방법론상의 문제가 제기되었고, 좋은 정책 환경에서도 원조의 효과는 유의미하지 않다는 점이 발견되기도 했다.

거시경제적 원조효과성에 대한 연구는 21세기 들어 다양한 방식으로 변화한다. 제4세대 연구라고 불리는 이 시기에는 자원의 저주Dutch disease, 원조의 가변성fungibility, 원조의 불확실성volatility 등 원조효과를 저해하는 다양한 변수에 대한 논의가 전개된다. 원조의 불확실성과 불안정성에 대한 연구는 이후 원조효과성 증대와 관련한 국제적 어젠다 수립에도 영향을 주었다. 예를 들어, OECD는 원조의 가변성과 불확실성을 줄이기 위해 원조일치alignment를 효과성 원칙의 하나로 채택했다.

표 12-1은 거시경제 성장과 원조효과성 연구의 흐름을 보여준다. 제1세대부터 제4세대까지의 원조의 거시경제적 효과성 연구는 원조와 경제성장 간의 긍정적인 관계를 확증하지 못했다. 그러나 2010년 이후 최근의 연구는 보다 엄정한 방법론과 폭넓은 데이터를 사용하여 원조의 거시경제적 효과성을 인정하는 방향으로 변화하고 있다. 채닝 아른트Channing Arndt 등과 헨리크 한센Henrik Hansen과 및 핀 타프Finn Tarp는 원조와 장기적 경제성장이 통계적으로 유의미한 양의 인과관계를 갖는다고 주장했다(Arndt et al., 2010; Hansen and

표 12-1 **거시경제 성장과 원조효과성 연구 흐름**

구분	주요 내용	영향
제1세대(1960~1980)	원조와 저축 증대를 통한 경제성장 분석	부정적 결론으로 인해, 원조와 사회개발 또는 미시적 효과성 분석으로 연구범위 확대
제2세대(1970~1980)	원조-투자 증대, 무역 등 변수 다양화	
제3세대(1990년대)	정치, 제도, 정책의 역할 포함 원조는 좋은 정책이 있을 경우 경제성장에 긍정적 영향	원조기관의 조건부 원조정책 도입
제4세대(2000년 이후)	자원의 저주(Dutch Disease), 원조의 가변성(Fungibility), 원조의 불확실성(Volatility) 등 원조효과를 저해하는 다양한 변수 분석	원조효과성 증대를 위한 국제적 어젠다 수립에 영향
제5세대(2010년 이후)	엄정한 방법론과 폭넓은 데이터를 사용해 1, 2세대와 달리 원조의 거시경제적 효과성 인정	원조효과성 유무가 아닌 효과성 원인 규명으로 방향 선회

Tarp, 2010). 이제 거시경제 성장에 대한 원조의 효과성 유무 분석보다 더 중요한 것은 원조가 어떤 환경에서 더 큰 효과를 거둘 수 있는지, 국가별 효과성 격차의 차이는 무엇인지를 규명하는 것이라 하겠다.

2) 사회개발과 효과성

거시적 효과성에 대한 두 번째 논의는 사회개발 목적 달성과 관련된다. 사회개발 효과성 관련 연구는 주로 교육이나 보건 분야 개발 프로그램이 어떻게 경제성장에 도움이 되는가를 규명하는 방식으로 시작되었다. 즉, '아동사망률 감소를 위한 보건 프로그램이 정부의 보건 지출 감소에 기여하거나, 취학률 증진을 위한 교육프로그램이 미래의 취업 노동자의 역량 향상에 기여하여 경제성장에 긍정적인 영향을 미칠 것이다'와 같은 논리구조를 확인하는 방식이 사회개발 원조효과성을 측정하는 주요 연구 흐름이었다.

1980년대 이후에 아마티아 센Amartya Sen 등이 주목한 역량capability이라는 개념이 등장하고, 1990년대에 이를 반영한 「인간개발보고서Human Development

표 12-2 **MDGs 체제의 주요 개발 성과**

	목표	성과
1	절대빈곤과 기아 종식	1990년 47%였던 개도국의 절대빈곤율이 2015년 14%로 급격히 감소하여, 전 지구적으로 절대빈곤인구수가 절반 이하로 감소함
2	보편적 초등교육 제공	개도국 평균 초등학교 입학률이 91%로 상승하여 초등학교 미취학 아동이 2000년 1억 명에서 2015년 5700만 명으로 절반 가까이 감소함
3	남녀평등 및 여성권익 신장	개도국의 약 2/3가 초등교육에서 양성평등을 달성함
4	아동사망률 감소	아동사망률이 1990년 1000명당 90명에서 2015년 43명으로 절반 이하로 감소함
5	모성보건 향상	1990년 이후 모성사망률이 10만 명당 380명에서 210명으로 45% 감소함
6	HIV/AIDS, 말라리아 확산 방지 및 기타 각종 질병 퇴치	HIV 감염률이 2000년에서 2013년 사이 40% 감소함 전 지구적으로 말라리아 사망률은 58%, 결핵 사망률은 45% 감소함
7	지속가능한 환경보전	전 지구적으로 58%의 인구가 수도 접근성을 갖게 됨
8	개발을 위한 범지구적 파트너십 구축	2000년에서 2014년 사이에 공적개발원조(ODA: Official Development Assistance)는 66% 증액됨

자료: UN(2015)을 바탕으로 재구성.

Report」가 출간되면서 사회개발 자체가 원조 목적으로 인정된다. 학자들은 사회개발을 경제성장의 수단이 아닌 그 자체의 목적으로 인식하고 취학률 향상이나 사망률 감소와 같은 지표를 활용하여 원조가 사회개발이라는 목적을 달성하는지에 대해 분석하기 시작했다. 이러한 연구 흐름은 주로 교육과 보건 분야 원조에 대한 국가별, 지역별 효과성 분석을 통해 수행되었다.

지역별·국가별 패널 분석을 통해 이루어지던 사회개발 원조효과성에 대한 연구는 새천년개발목표MDGs: Millennium Development Goals 체제의 등장으로 새로운 전기를 맞게 된다. MDGs는 원조 역사상 최초로 폐렴이나 말라리아와 같은 주요 전염병 감염률 감소, 여성 권리 신장, 보편적 초등교육 실현과 같은 사회개발목표를 국제적으로 달성해야 할 개발목표로 정하고 사회개발원조의 방향성을 제시했다. 유엔UN: United Nations은 MDGs 체제 종료와 함께 MDGs의 성과와 한계를 종합적으로 분석했다(UN, 2015). 표 12-2는 원조가 전 세계적 차원에서 절대빈곤 감소, 전염병과 질병 퇴치, 취학률 증진 개선 등에 기여했음을 보여준다.

3. 미시적 효과성과 RCT

원조의 거시경제적 효과성을 분석하는 하나의 큰 흐름에 반해 개별 원조프로젝트의 효과성을 분석하는 미시적 연구의 흐름이 또 다른 축을 차지한다. 미시 연구자들은 국가별 비교를 통해 원조의 거시경제 효과성을 추적하는 연구들이 원조가 단일한 형태와 방식으로 집행되지 않으며 원조와 성장 사이에 많은 변수들이 있다는 점 등을 간과했다고 비판한다. 특히 거시경제효과성 분석은 단순한 인과관계 유무만을 검증하며 정책적 대안을 제시하는 데 한계가 있다. 따라서 효과성에 대한 논의는 개별 프로젝트나 프로그램의 효과를 분석하고 효과성을 증진하는 방안을 제시하는 방향으로 확대되었다.

1) 개별 사업 효과성

로버트 캐슨Robert Cassen 등은 세계은행 프로젝트를 분석하여 세계은행 프로젝트들의 경우 평균적으로 전체 프로젝트의 약 70%는 만족 또는 매우 만족이라는 평가를 받았다는 사실을 발견했다(Cassen et al., 1994). 세계은행의 2008년도 보고서는 프로그램에 대한 만족도 평가에서 '만족' 이상의 비율이 2004년 77%, 2005년 81%, 2006년 83%, 2007년 76%임을 보여주었다. 거시경제적인 효과성이 뚜렷이 검증되지 않은 상황에서 미시적 수준의 프로젝트들은 높은 효과성을 보여주는 이러한 상반된 결과를 모슬리(Mosley, 1986)는 미시-거시 패러독스Micro-Macro Paradox라고 명명했다. 그러나 원조효과성의 미시-거시 패러독스는 원조가 거시적인 측면에서도 효과성이 있다는 제5세대 연구가 등장함과 함께 그 의미가 퇴색했다.

한편, 캐슨 등의 초기 미시 효과성 연구는 기관이 자체적으로 수행한 내부평가 결과에 기초하고 있어, 그 신뢰도에 비판이 있다. 2008년도에 스웨덴 국제개발청SIDA: Swedish International Development Agency은 자체 사업평가가 OECD의 평가 5대 기준 항목별로 신뢰도 있는 정보를 제공하는지 분석했다. 분석결과, 영향력impact 항목에 대한 적절한 분석은 절반 이하였으며, SIDA 평가의 30~80%는 5대 기준 각각의 항목에 대해 타당한 결과를 제공하지 못했다(Forss et al., 2008).

2) RCT와 계량적 성과 측정

기술발전으로 보다 정교하고 광범위한 데이터 수집 및 처리가 가능해지며 계량적인 성과 측정 및 관리법이 최근 주목을 받고 있다. 이제 정성적·상대적 평가가 아니라, 계량적 측정 및 비교분석이 가능한 지표와 목표치를 수립하고 관리하여 각 프로젝트나 프로그램의 정확한 성과를 확인하고 교훈을 도출하는 성과관리가 확산되고 있다. 1960년대 이후 활용되던 논리모형logical framework이 재조명되며, 사업별 성과관리도구로 활용되고 있기도 하다.

최근에 개별 프로젝트나 프로그램의 효과성을 보다 정교하게 측정하려는 새로운 노력의 일환으로, 이공계 실험실에서 사용되던 RCT가 원조 프로젝트 평가에 도입되었다. 전통적으로 RCT는 샘플sample을 선정하고 무작위로 실험군과 대조군을 분리하여 신약의 효과 등 실험성과를 비교, 확인하는 데 활용되었다. 개발협력에서 RCT는 프로젝트의 기획 단계부터 대조군과 실험군을 분리하여 프로젝트를 실행하고 그 결과를 분석하여 대조군과 실험군과의 차이에서 계량적이고 유의미한 프로젝트의 효과를 분석, 확인한다는 것이다. 이 중 가장 유명한 연구는 케냐에서 수행된 교육프로젝트를 통한 학업성취도 개선방안 연구이다. 국제기독교지원ICS: International Christian Support•이라는 네덜란드 단체는 교육개선사업을 수행했다. 마이클 크레머Michael Kremer 등의 연구자는 RCT를 활용하여 서로 다른 교육개선사업의 성과를 비교했다. 연구진은 실험군과 대조군을 분리하여 교원 확충에 따른 교사 1인당 학생 수 감소를 통한 성취도 개선, 교과서 보급 확대를 통한 학생의 학업 집중도 제고 등 기존의 프로젝트들에 대한 테스트를 수행했다. 그 결과, 놀랍게도 구충제 보급을 통한 기생충 감염률 저하 활동만이 통계적으로 유의미한 학업 성취도 개선의 성과를 보였다(Banerjee and Duflo, 2009).

RCT는 개입수단의 통제를 통해 과학실험의 방법으로 기존의 개발 관련 가설들을 검증하여 보다 성과가 높은 사업에 투자가 이루어지도록 한다는 증거중심정책Evidence-Based Policy을 지향하고 있다. 그리고 RCT는 교육이나 보건, 마이크로파이낸스Microfinance 등의 분야에서 기존과는 다른 방법을 활용하여 비용 대비 효과가 높은 개발협력 프로젝트 추진방안이나 정책을 선별할 수 있게 해준다는 이점을 보여주었다.

그러나 RCT에도 단점은 있다. RCT는 특정 환경에서의 효과적 개입방안을 확인해준다는 장점이 있지만 이를 다른 환경에 적용하는 데 한계를 보인다. 위 사례에서 효과성이 검증된 구충제 보급 사업도 케냐에서는 효과적이었으나 중국이나 에티오피아에서도 효과성이 보증된다고 말할 수는 없다. RCT는 또한 어떤 방법이 효과적이었나를 일일이 검증할 수는 있으나 왜 효과적이었거나 비효과적이었나라는 질문에는 답할 수 없으며, 궁극적인 원인 규명에 취약하다. 또한 RCT는 하나의 개발문제에 영향을 줄 수 있을 것으로 추정되는 여러 가지 원인에 대한 개별적 검증을 통하지 않고는 다른 대안에 대한 종

• 현재는 Investing in Children and Their Societies(ICS)로 명칭이 변경되었다.

합적인 검증이 불가능하다. 따라서 RCT는 미시적인 개별 프로젝트 검증에는 효과성이 있으나, 거시적인 문제에 대응하는 부분에 한계가 있다.

4. 원조추진체계 효과성과 부산 선언문

원조효과성 분석의 네 번째 흐름은 효과성을 원조추진체계의 효과성으로 세분화하여 측정하는 것이다. 원조는 수천 개의 프로그램과 프로젝트로 나뉘어 다양한 형태로 집행된다. 따라서 다양한 원조 사업을 실제 집행하는 방식과 추진체제가 효과적이라면 원조의 효과성이 증대될 수 있을 것이다. OECD를 중심으로 한 국제사회는 일련의 회의와 논의를 걸쳐 추진체계의 효과성 측정의 기준이 될 원칙과 절차를 수립했다. 원조추진체계의 효과성은 원칙별로 측정지표를 선정하여, 동 지표가 개선되도록 원조가 추진되는지를 확인하는 것으로 측정할 수 있다. 목표치를 달성했다면 원조추진체계가 효과적이라는 의미인바, 이는 효과적인 원조로 구분된다. 2005년 '원조효과성에 관한 파리 선언Paris Declaration for Aid Effectiveness(파리 선언)'과 그 이행 모니터링 체제와 함께 발표된 이후, 이행지표 목표치의 달성 정도를 분석하는 연구가 본격적으로 시작되었다.

1) 원조추진체계 효과성 논의

파리 선언에서 주장하는 효과적인 원조는 공여국이 수원국의 주인의식을 존중하고ownership, 수원국의 발전 전략과 체계에 따라 원조를 수행하며alignment, 공여국 간 협력을 통해 중복을 지양하고harmonization, 함께 협력하여 성과를 이룩하고managing for results, 함께 그 성과에 책임mutual accountability을 지는 5개의 원칙에 따르는 원조이다.* OECD는 5개 원칙을 12개 지표로 다시 세분화하고 공여국과 수원국별로 이행 정도를 측정했다. 이러한 계량적 지표와 목표 체계를 갖는 국제적 효과성 원칙은 파리 선언이 최초라는 의의를 갖는다.

한편, 2005년 파리 선언이 채택된 이후 OECD는 세 차례에 걸쳐 이행상황 점검 모니터링을 실시하고 최종보고서를 발표했다. 보고서는 원조추진체계 효과성에 개선이 있었음을 보여준다. 그러나 개선의 속도가 매우 느려 대부분의 지표에서 목표치를 달성하지는 못했다. 13개 지표 중에서 2010년도 목표치 달성에 성공한 지표는 4번 지표인 '조화로운 지원을 통한 역량강화' 단 한 개였다. 주목할 만한 점은 모든 지표에서 개선이 있었다는 점과 수원국에서의 개선 정도가 공여국에서의 개선 정도보다 높았다는 점이다.

2) 부산 선언문과 GPEDC: 원조효과성에서 개발효과성으로

개발협력 지형이 다변화하며 원조가 아닌 다른 형태의 개발협력사업을 추진하는 다양한 이해관계자가 등장했다. 이를 반영하여, 파리 선언의 원조효과성은 아크라 행동계획을 거쳐 부산 선언문의 개발효과성으로 확대, 발전된다. 파리 선언의 5대 원칙은 부산 선언문에서 4대 원칙으로 조정된다. 부산 선언문에는 투명성transparency과 책무성accountability의 원칙이 포함되었다. 그리고 파리 선언에서 공여국과 수원국 간의 협력원칙으로 포함된 원조조화, 원조일치, 상호책임은 포괄적 개발파트너십inclusive development partnership으로 수정되었다. 부산 선언문은 개발협력 지형의 변화를 인정하고, 개도국의 발전을 위한 행위자로 원조기관뿐만 아니라 시민사회, 기업, 자선재단 등 다양한 행위자를 포함하는 포괄적인 파트너십을 수용한 것이다.

파리 선언의 뒤를 이은 부산 선언문 역시 계량 지표와 목표치를 포함하는 모니터링 체제를 갖추고 있다. 부산 선언문은 이행과정을 점검하고, 관련 교

• 즉, 파리 선언의 5대 원칙은 주인의식(Ownership), 원조일치(Alignment), 원조조화(Harmonization), 성과중심관리(Managing for Results), 상호책임(Mutual Accountability)이다.

육을 제공하며 협력을 추진하는 협의체로 '효과적인 개발협력을 위한 글로벌 파트너십Global Partnership for Effective Development Cooperation'을 출범시켰다. 부산 선언문의 모니터링체계는 각국별로 2년에 한 번씩 다양한 이해관계자들이 이행과정을 추적하고, 결과에 따라 협의를 실시하고 이해당사자의 행동 변화를 통한 개발협력의 영향력impact 증대를 추구한다는 논리에 따라 구축되었다. 이에 따라 글로벌 파트너십은 2013~2014년에 제1차 모니터링을 실시하고, 2014년 멕시코시티에서 제1차 고위급회담을 개최하여 동 모니터링 결과를 논의했다. 2015~2016년간 실시된 모니터링 결과는 2016년 케냐의 나이로비에서 개최된 제2차 고위급회담에서 논의되었고, 그 결과 나이로비 결과문Nairobi Outcome Document이 발표되었다. 표 12-3에서 보여주듯이, 두 차례의 모니터링 결과는 지표별 목표치가 달성되지 못했으나 전 세계적으로 지표 이행에 개선이 있음을 보여준다.

그러나 여전히 의문점은 남는다. 부산 선언문 지표별 개선을 지난 5년간 전 세계적 차원의 원조효과성 증진으로 결론지을 수 있는가라는 문제이다. 글로벌 파트너십의 모니터링에 대한 논거는 지표 개선을 통해 개발 영향력의 증대를 도모하겠다는 것이었다. 그러나 아직까지 지표 개선과 개발효과성 증대 간의 실증적인 효과가 분석되고 증명되지 못한 것이 사실이다. 원조추진체제의 효과성 개선을 통한 효과성 증대를 추구하는 기관들은 이 두 관계의 연결고리를 보다 강화하는 방안을 모색할 필요가 있다.

표 12-3 **부산 선언문 모니터링 지표별 모니터링 결과**

원칙	번호	지표 내용	목표	2015	2010
주인의식	5a	개발협력의 연간 예측가능성	90%	84%	85%
	5b	개발협력의 중기 예측가능성	85%	74%	71%
	9a	국가시스템 강화	50%	18%	-
	9b	개발파트너는 수원국 공공재정관리 및 조달 시스템 사용	절반 이상 개도국이 PFM/CPIA 측정에서 1단위 이상 상승	51%	45%
	10	언타이드(untied) 원조	지속적 발전	79%	74%
성과중심	1a	개발파트너는 국가별 성과프레임워크 활용	모든 참여자의 프레임워크 사용	85%	
	1b	국가별 성과프레임워크 구축	모든 수원국은 성과프레임워크 구축	99%	
포괄적 개발 파트너십	2	시민사회의 참여와 공헌을 최대화할 수 있는 환경에서 활동	지속적 발전 (목표치 없음)	-	-
	3	민간부문 참여와 기여를 촉진할 민관대화	지속적 발전 (목표치 없음)	-	-
투명성과 책무성	4	개발협력정보의 투명한 대중 공개	공동기준 이행	-	-
	6	국회심의를 받고 정부예산에 포함된 개발협력 예산	85%	67%	54%
	7	포괄적 리뷰를 통한 상호 책무성 강화	100%	55%	57%
	8	정부는 양성평등과 여성권한 강화를 위한 재원배분을 추적할 시스템 구축	100%	48%	29%

자료: OECD(2016)를 바탕으로 재구성.

5. 추상적 효과성과 실질적 성과

1) 개발협력기관의 성과중심관리

원조 전체와 경제성장 또는 사회발전 정도의 상관관계를 추상적으로 확인하는 원조효과성에 대한 논의는 점차 세분화되고 구체화되고 있다. 추진체계와 개별 사업의 효과성을 각각 계량적으로 분석하는 효과성 논의는 원조기관의 통합적 성과중심관리 강화와 새로운 형태의 성과중심사업 개발로 발전했다.

개발협력에서 성과관리에 대한 논의는 공여국 내, 외적인 변화의 영향을 받았다. 1990년대 이후, 대다수의 공여국들은 재정적자 증대, 세계화로 인한 경쟁력 강화의 압박, 공공분야의 구조적 문제 대두 등으로 인해 개혁 요구에 직면했다. 정부에 대한 대중의 불신, 보다 고객친화적인 서비스에 대한 요구 증대, 또는 세금의 적절한 사용 증명 요구 등도 정부가 국민에 대해 정확한 성과를 보여줄 책무성accountability과 투명성transparency 강화를 위한 개혁 요구로 이어졌다.

다른 한 축의 논의는 앞서 서술한 원조체계의 효과성에 대한 원칙에서 출발한다. 파리 선언과 부산 선언문은 모두 성과중심관리를 효과성 증대의 주요 원칙으로 선정하고 공여국과 개도국이 협력을 통해 원조가 예산대비가치value for money* 원칙을 달성하도록 주문한다. 따라서 공여국 정부들은 잇달아

* 직역하면 돈의 가치, 즉 예산의 효과적 사용을 통한 최대가치 달성을 의미한다. Value for Money의 Value는 다양한 의미를 포괄하고 있으므로, Value for Money는 단순히 비용절감을 의미하지 않는다. 다양한 원조기관들은 Value에 대한 해석에 따라 Value for Money 원칙을 수립, 운용 중이다. 예를 들어 캐나다의 경우, Value를 경제성(Economy), 효율성(Efficiency), 효과성(Effectiveness), 윤리(Ethics)의 네 기준으로 구분하고, 비용의식(cost consciousness), 경쟁장려(encouraging competition), 증거기반 정책결정(evidence-based decision making), 비례성(proportionality), 실적 및 위험관리(performance and risk management), 성과중심(results focus), 실험과 혁신(experimentation and innovation), 책무성과 투명성(accountability and transparency)의 8개 원칙을 수립하여, 원조 영향(impact) 최대화를 도모한다.

그림 12-1 **성과사슬의 예시**

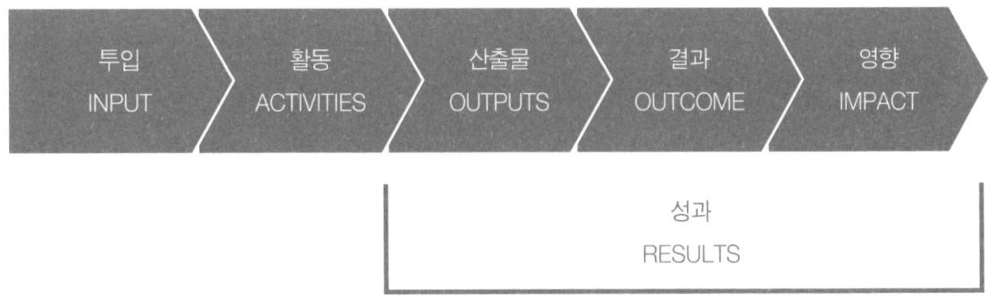

개발원조 성과중심관리정책을 수립하고 성과관리시스템을 도입한다.

개발협력에서의 성과관리체계를 본격적으로 분석하기에 앞서 관련된 개념을 정확히 정립하고 분석의 틀을 마련하는 것이 필요하다. 개발협력에서의 성과results는 변화이론theory of change의 논리에 기반한 성과사슬results chain의 개발활동 결과물들을 의미한다. 성과사슬은 개발협력활동이 의도한 목적을 달성하는 데 필요한 인과관계의 순서를 말하며 투입input으로 시작하여 활동activities을 거쳐 산출물outputs, 결과outcome, 영향impact으로 구성된다.

성과사슬에서 투입과 활동은 개발협력활동의 과정이며, 과정의 결과물인 산출물, 결과, 영향의 세 가지가 개발협력의 성과로 구분된다(그림 12-1 참조). 따라서 개발협력에서 "성과중심관리Results Based Management란 더 나은 활동과 산출물, 개발목적, 영향력 달성에 집중하는 경영전략• 이다"(OECD, 2010: 34).

초기의 성과관리는 개별 프로젝트나 프로그램 단위에서 시작했다. 원조기관들은 논리모형 또는 프로젝트기획매트릭스Project Design Matrix라고도 불리는 성과틀results framework을 활용해서 개별 프로젝트의 성과를 기획하고 달성 정도를 분석했다. 이러한 개별 프로젝트 중심의 성과관리는 1990년대 이후 개

• "A management strategy focusing on performance and achievement of outputs, outcomes and impacts"

발협력활동 전체의 성과를 포괄적이고 체계적으로 관리하는 다층적 시스템 구축으로 변화한다.

아네터 비넨데이크(Binnendijk, 2000)는 원조수행기관의 성과관리체계를 3단계로 구분한다. 최상위 전략의 성과관리체계가 첫 번째 층위이다. 두 번째 층위는 각 공여국이나 기관별로 차이가 있으나, 원조 주제별theme, 분야별sector, 또는 수원국별 프로그램country programme의 성과를 측정한다. 가장 하위 단계의 층위는 개별 프로젝트나 프로그램의 논리모형이다. 많은 원조기관들이 이제 개별 프로젝트나 프로그램별 성과관리에서 벗어나 자국 원조 전체를 포괄하는 통합 성과관리로 나아가고 있다. 이를 통해 개별 활동들 간의 중복을 지양하고 전략과 사업 간의 연계성을 강화하여 원조예산의 예산대비 가치를 높이고 궁극적으로 자국 원조의 효과성을 증대한다. 박스 12-1은 네덜란드 정부가 2017년 재정비한 3단계의 원조성과관리체계를 보여준다.

박스 12-1 **네덜란드 원조성과관리체계**

네덜란드 외교부 내의 국제협력국(DGIS: Director-General for International Cooperation)은 네덜란드 정부의 개발협력 정책 수립과 조정, 기금운용 및 집행을 모두 담당한다. 2012년 네덜란드의 새로운 정부는 무역부문의 관리를 위해서 해외경제관계국(Directorate for Foreign Economic Relations)을 신설했고, DGIS와 협력하며 원조와 무역 및 투자관계를 조율한다.

네덜란드 정부는 개발 촉진을 위한 무역관계 확대와 원조 활용을 강조했다. 이에 따라 네덜란드 외교부는 무역, 투자, 원조를 통합하는 정책을 수립했고, 절대빈곤 감소, 전 지구적인 포용적 지속가능 성장 촉진, 네덜란드 기업의 해외성공 확대라는 세 가지의 목표를 적시했다. 그에 따라 네덜란드 정부는 네덜란드가 강점을 보이는 개발 주제(Theme) 4개와 추가적인 지원이 필요한 3개 주제를 선정했다. 네덜란드가 강점을 갖는 주제는 식량안보, 물, 성생식 보건과 권리, 안보 및 법치 4개 주제이며 여성권리와 성평등, 민간부문 발전과 기후변화를 추가했다. 네덜란드 정부는 또한 인도주의 지원과 중저소득국에서의 시민사회 강화를 모니터링 대상으로 추가하고, 총 9개의 주제별로 성과를 측정할 수 있는 성과체계를 수립했다.

네덜란드 정부 원조 성과체계

	주제	지표	SDGs 연계
1	기후	재생에너지	1, 2, 6, 7, 12, 13, 15번
		벌목 근절	
		기후변화 대응 농업	
		물과 기후변화 저항	
		기후변화 외교	
2	식량과 영양 안보	영양결핍	1, 2, 6, 10, 13번
		농업	
		지속가능성	
		가능한 환경 조성	
3	인도주의 지원	위기 대응	1, 2, 3, 5, 6번
		위기 준비태세	
		효과적인 인도지원체제	
4	민간부문 발전	시장접근성과 지속가능한 무역	1, 5, 8, 9, 10, 12, 17번
		경제제도와 행위자	
		인프라 개발	
		금융 분야 발전	
		기업 발전	
5	안보 및 법치	인간안보	1, 5, 10, 16번
		법치	
		평화와 거버넌스	
		사회 및 경제 재건	
6	성생식 보건과 권리	청소년, 정보와 선택	1, 3, 5, 10, 16번
		보건용품	
		보건서비스	
		권리와 존중	
7	시민사회 강화	영향 증대	1, 10, 17번
		시민사회 연계	
		포용적 정책 및 실행	

	주제	지표	SDGs 연계
8	물	농업 분야의 효율적인 물 사용	1, 6, 9, 13번
		안전한 삼각주와 개선된 강유역 관리	
		WASH	
		네덜란드 물 분야 연계	
9	여성권리와 성평등	폭력에서 자유로운 삶의 권리	1, 5, 10, 16번
		권력과 리더십을 행사하는 여성	
		경제적 주체로서 권한을 갖는 여성	
		갈등 이후 사회 형성과 갈등 해결 및 방지에서의 여성	

자료: 네덜란드 개발성과 홈페이지(http://www.dutchdevelopmentresults.nl/) 자료를 바탕으로 작성.

전략 단위 아래 중간 단계로 네덜란드는 주제별 그리고 지역별로 성과관리를 시행한다. 네덜란드 외교부는 9개 주제별, 그리고 15개 중점 국가와 2개 지역에 대한 성과를 보고한다. 네덜란드 정부는 지원 대상 국가와 지역별로 앞서 말한 9개 주제 중 1~4개의 중점 지원 주제를 선정하고, 성과를 관리한다. 다음의 표는 네덜란드의 지원국가 및 지역별 주제를 보여준다. 인도주의 지원은 개발협력과는 성격이 다른바 포함되지 않으며, 중저소득국에만 지원하는 시민사회 강화도 국가별 프로그램에는 포함되지 않았다. 또한 주요 지원은 네덜란드 정부가 강점이 있다고 선정한 4개 주제와 여성권리 및 성평등에 집중되어 있음이 나타난다.

네덜란드 국가별/지역별 중점 지원 주제

국가별 중점 지원 주제	기후	식량과 영양 안보	인도 주의 지원	민간 부문 발전	안보와 법치	성생식 보건과 권리	시민 사회 강화	물	여성 권리 및 성평등
아프가니스탄					○				○
방글라데시		○				○		○	○
베냉		○				○		○	
브룬디		○			○	○			
에티오피아		○			○	○			○
가나		○		○		○		○	
대호수지역*	○	○			○	○		○	
아프리카의 뿔**					○				

국가별 중점 지원 주제	기후	식량과 영양 안보	인도 주의 지원	민간 부문 발전	안보와 법치	성생식 보건과 권리	시민 사회 강화	물	여성 권리 및 성평등
인도네시아		○			○			○	
예멘					○	○		○	○
케냐		○			○			○	
말리		○			○	○		○	
모잠비크		○				○		○	○
우간다		○			○				
팔레스타인		○			○			○	
르완다		○			○			○	○
남수단		○			○			○	

* 대호수지역(Great Lake Region): 빅토리아 호수를 포함하는 아프리카의 대호수를 둘러싼 지역으로 네덜란드 정부는 브룬디, 콩고민주주의공화국, 르완다, 우간다 4개국에 대해 통합지원을 실시한다.

** 아프리카의 뿔(Horn of Africa): 아덴만 남쪽과 홍해 남서쪽에 면한 동아프리카의 반도 지역으로 네덜란드 정부는 수단, 남수단, 지부티, 에리트레아, 에티오피아, 소말리아, 소말릴란드에 대한 지원을 실시한다.

직접 수행하는 프로젝트나 프로그램의 경우, 네덜란드는 대부분의 공여국과 동일하게 논리모형을 활용하여 성과관리를 수행한다. 한편, 네덜란드는 프로젝트 사업 정보 공개에 앞장서고 있다. 네덜란드 정부는 OECD/DAC 회원국 중 최초로 국제원조투명성기구(IATI: International Aid Transparency Initiative) 기준에 따른 정보 공개를 실시했고, 정보 공개 확대를 위해 지속적으로 노력하고 있다.

2) 성과중심자금지원방식

효과성에 대한 논의가 개발협력 기관이나 주체의 사업 성과달성 방법으로 변화하면서, 성과달성을 강조하는 새로운 사업방식이 대두되었다. 특히 기술발전과 데이터 증가는 구체적이고 정량화된 성과 측정의 정확성을 높여 성과달성 정도에 따른 인센티브와 보상을 기반으로 하는 성과중심자금지원방식RBFA: Results-Based Financing Approach의 발전을 도왔다.

기존의 개발협력사업은 대부분 특정 목표를 달성하기 위한 방법론을 포함한 계획을 수립하고 그에 대해 예산을 사용하는 방식으로 수행되었다. 그러나 RBFA는 특정 개발성과를 설정하고 개발활동을 수행하여 달성된 성과에 대해 예산을 지불한다. 즉, RBFA는 기존의 개발협력사업과 달리 공여국과 수원국이 달성할 성과목표와 그에 대한 지원 금액만을 합의하여 설정할 뿐 성과를 달성하는 방식은 자유롭게 선택할 수 있다. RBFA는 수원국이 자체적 우선순위에 따라 지원프로그램을 선별할 수 있고, 성과달성에 중심을 두며, 방법론과 참여자에 다양성과 유연성이 있고, 성과에 대한 모니터링과 평가를 수원국이 공개적으로 제시할 수 있다는 장점을 갖는다.

RBFA는 다양한 장점이 있지만 한계점도 갖고 있다. 성과측정 지표 달성만을 과도하게 강조하여 프로그램의 질이 저하될 수 있다. 긍정적 성과 보고에 대한 편향으로 결과의 신뢰도에 문제가 있을 수 있다. 또한 계량적으로 측정 가능한 명확한 성과가 제시되기 용이한 보건, 교육, 인프라 등 특정 분야에서만 실행 가능하다는 단점도 있다.

RBFA에는 대금상환원조COD Aid: Cash on Delivery Aid, 사회적 영향채권SIB: Social Impact Bonds과 개발영향채권DIB: Development Impact Bond, 조건부 현금 이체CCT: Conditional Cash Transfer, 우선시장진입보증AMC: Advanced Market Commitment, 분할성과 예산지원Budget Support with Performance Tranches 등이 있다. 표 12-4는 각 RBFA의 종류와 지원방식을 정리하여 보여준다.

표 12-4 **RBFA의 종류와 집행방식**

구분	내용	
대금상환원조 (COD Aid: Cash on Delivery Aid)	방식	합의된 성과목표의 달성도에 따라 고정된 대금을 지급하는 방식의 원조로, 초등학교 학년말 시험에 통과하는 학생 1인당 200달러 지원과 같은 목표, 보상체제를 사전에 합의하고 그 달성 정도(시험통과학생 수×200달러)를 보상함
	특징	공여국이 투입이 아닌 산출물에 대해서만 예산을 지원하고, 실행기관이 지원금 사용에 대한 모든 책임과 재량권을 가지며, 개발목표가 독립적으로 검증됨. 또한 투명성을 보장하기 위해 성과나 협약에 대한 모든 정보를 공개하며, 다른 원조나 개도국 국내 자금에 대한 보완조치로 사용될 수 있음
개발영향채권 (DIB: Development Impact Bond)	방식	DIB는 개발협력에서 사용되는 SIB를 의미함. DIB는 사업수행기관과 투자기관, 공여기관 간의 계약으로 성립됨. 개발성과 달성을 조건으로 투자자가 초기 프로젝트 비용을 지불하면, 사업수행기관이 사업을 실시하고, 종료 후 당초 목표한 개발성과가 달성되면 공여국은 투자원금과 수익을 보전함
	특징	DIB는 개발성과를 직접적으로 보상하나, 재정적 위험과 수익을 모두 제3자에게 전가할 수 있어, 민간자본을 유치하는 데 유리함
조건부 현금 이체 (CCT: Conditional Cash Transfer)	방식	아동을 학교에 보내거나 예방적 보건서비스를 이용하는 것과 같이 특정 서비스 참여 또는 활용을 권장하기 위한 재정적 인센티브로 활용됨. 아이를 학교에 보낸 가정, 또는 아이에게 예방접종을 완료한 엄마에게 현금을 지원하는 방식으로 수행됨
	특징	공공서비스 수요를 늘려 공급을 확대하거나 향상하는 데 활용 가능함
우선시장진입보증 (AMC: Advanced Market Commitment)	방식	개도국에서 연구개발비용 대비 적정수익이 보장되지 못하여 질병률과 사망률이 높은 질병의 백신들이 개발되지 않는 상황을 극복하기 위해 고안됨. 특정 질병에 대해 아직 공급이 되지 못하는 백신을 특정한 가격으로 구매할 수 있도록 보조금을 지급하는 법적 구속력을 갖는 계약을 의미함. 즉, AMC 메커니즘에서 공여국은 특정한 예산 또는 일정 규모 이상의 백신 구매를 위한 보조금을 지급함. 목표한 규모의 판매가 완료되면 제약회사들은 개도국에 적정 가격에 백신을 판매하거나 개도국 생산자에게 생산허가권을 부여하고, 결과적으로 백신이나 저렴한 의약품 시장은 업체 투자가 가능한 규모로 충분히 커지고 수익성이 개선되어, 개도국이 필요로 하는 의약품이 신속하게 개발됨
	특징	민간 기업이 저가 제품 개발에 투자하고 소외된 시장에 서비스를 제공하도록 장려 가능

분할성과 예산지원 (Budget Support with Performance Tranches)	방식	수원국 주인의식 고취라는 장점은 있으나 투명성에 취약한 단점을 보이는 원조방식인 예산지원(Budget Support)의 단점을 보완하기 위해 개발됨. 특정 성과목표를 사전에 합의하고 고정 금액(비용)을 지원한 뒤, 성과에 따라 추가 자금을 분할 이체함
	특징	기존의 예산지원의 단점인 부패와 투명성의 문제에 보다 효과적으로 대응이 가능함

6. 결론

거시적이고 추상적인 원조효과성에 대한 논의는 이제 매우 구체적이고 계량화된 성과 측정 및 달성과 관련된 논의로 발전되었다. 2008년 금융위기 이후 원조예산 증대가 어려워지면서 원조기관들은 자체적인 성과를 증명하라는 안팎의 압력에 직면하고, 원조 체계, 원조 사업의 결과를 계량적으로 증명하기 위한 성과관리체제를 도입했다. 따라서 향후에도 계량적 성과관리에 대한 요구는 증대될 것으로 예상된다. 계량적 성과중심관리는 단순한 업무의 완료 또는 종료를 목적으로 하지 않고, 업무 완성을 통해 실질적으로 산출한 성과에 집중하도록 하여, 기관의 각각의 업무가 기관의 고유 미션과 목표와 연계되어 달성되도록 하는 장점이 있다. 그러나 성과중심관리도 문제점이 없는 것은 아니다.

첫 번째는 성과관리에서 예측하는 성과의 특징과 실제 개발협력 환경에서 나타나는 성과의 특징 간의 차이이다. 성과관리는 측정 가능하고 명확한 성과를 가정하고 그 성과를 몇 단계로 구분한다. 그러나 개발협력에서 사회적 성과나 영향은 특히 사업의 통제가 불가능한 외부에서 발생하는 경우가 많으며, 성과가 나타나기까지 많은 기간이 소요되고, 많은 다른 요소들의 영향을 받는다. 따라서 계량적 성과관리는 개도국의 복잡하고 변화무쌍한 현실을 적절히 반영하여 성과를 규명하는 데 한계가 있다.

두 번째, 성과관리는 모든 성과들이 측정 가능하다는 가정하에 지표와 목표치를 설정한다. 그러나 개발협력에서 많은 경우 성과는 수량적인 측정이 불가능하거나 어려운 경우가 많다. 많은 경우, 개도국의 통계와 데이터 환경의 한계로 인해 기존의 지표나 표준 지표를 사용하지 못한다. 이런 경우, 각 사업별로 별도의 지표와 목표치를 개발해야 하며 이는 많은 예산과 시간, 노력이 요구된다. 또한 변화의 정도가 주관적이거나 무형인 경우도 많다. 예를 들어, 개도국 지역개발사업에서 사업 이후 참여마을 여성 주민의 권리 증진 정도 또는 소수민족의 정치 절차에 대한 참여 의식 증진과 같은 성과는 달성 여부를 객관적으로 측정하는 데 한계가 있다. 그러나 성과관리는 객관적으로 측정 가능한 지표로 성과의 달성 여부와 달성과정을 관리하므로, 수량지표를 설정하기 어려운 사업은 배제되거나 실제 성과를 정확히 측정하기 어려운 대의지표를 설정하게 되어 오히려 개발협력사업 전체의 효과성을 저해할 수도 있다.

이와 관련하여 세 번째로, 성과관리에 대한 지나친 강조는 오히려 성과관리를 수행하기 상대적으로 쉬운 사업을 선택하는 역선택의 결과를 초래할 수 있다. 예산대비가치를 위해 한정된 예산으로 해당 개도국에 최우선적으로 필요하거나 최대의 효과성을 도출할 수 있는 사업을 선택하는 것이 아니라, 경영진에게 또는 국회나 감사기관과 같은 상위 기관들에게 적절히 보고하기 용이한 사업들, 즉 수량지표를 상대적으로 쉽게 선정, 관리할 수 있는 사업이 선택될 가능성이 높다.

네 번째는 성과중심관리의 적절한 수행의 어려움이다. 개발협력사업 현장은 해외 개도국이다. 따라서 지표 측정과 관련 데이터 수집 및 분석 등의 과정은 당연히 개도국에서 수행된다. 그러나 아직 개도국은 관련된 역량에 한계가 있으며, 따라서 이는 성과중심관리를 위한 데이터의 질이나 수집범위 등에서 전반적인 어려움으로 나타난다. 신뢰도가 낮은 데이터에 기반한 성과관리 자체의 신뢰도에 의문이 제기될 것이다.

마지막으로 국제개발협력에서의 성과중심관리는 이중 책무성의 문제가 있다. 대부분의 공공기관들은 자국 내에서 자국민을 위해 업무를 수행한다. 그러나 원조기관들은 해외에서 자국뿐 아니라 원조를 받는 수원국 국민들을 위해서도 활동한다. 따라서 원조기관은 원조를 제공하는 납세자에게뿐만 아니라 원조를 제공받는 수혜자에게도 책무성을 갖는다. 이러한 이중의 책무성은 잠재적으로 갈등의 소지가 될 수 있다. 예를 들어, 우리나라의 공공기관들은 경영평가를 통해 고객만족도를 높이기 위한 방향으로 업무를 수행했는지 여부를 심사받는다. 대부분의 국내 공공기관은 시민과 관련업체 등을 고객으로 구분한다. 그러나 원조기관의 고객 범위는 다르다. 원조기관의 고객은 국내 이해관계자뿐 아니라 해외의 프로젝트 수혜자, 수원국 담당기관, 때로는 국제기구 등을 포함한다. 이러한 방대한 범위의 다양한 고객들의 요구와 이해를 모두 만족시키는 일은 매우 어려운 것이 사실이다.

따라서 원조 업무에 대한 성과중심관리시스템은 위와 같은 특성을 고려하여 국내 업무를 추진하는 기관들과는 다른 접근법과 방식으로 구축되어야 한다. 성과관리는 적절히 활용된다면 개발협력기관의 사업효과성 증대에 이로울 수 있다. 개도국의 주민부터 정부기관까지 다양한 이해관계자들은 명료한 성과매트릭스를 확인하여 사업결과 정보를 습득하고 공통된 틀 안에서 사업에 참여할 수 있다. 공여국 납세자들도 측정 가능한 정보를 통해 세금의 유용한 활용 여부를 검증할 수 있다. 개발협력기관들 역시 성과관리 정보를 교훈으로 활용하여 자체 업무 프로세스 개선을 도모할 수 있다. 그러나 정확한 정보에 기초한 체계적인 성과관리를 위해서는 관련된 이해관계자들의 역량, 예산, 적절한 시스템 등이 우선적으로 갖추어져야 할 것이다.

사 례

RCT로 검증한 마이크로파이낸스 성과분석과 그 영향

마이크로파이낸스(Microfinance)는 수십여 년간 빈곤감소와 역량강화를 위한 혁신적 개발프로그램으로 각광을 받았다. 소액대출(Microcredit)로 시작한 마이크로파이낸스는 이제 보험, 저축 등으로 다각화되고 있으며, 전 세계적으로 소액금융기관(MFIs: Microfinance Institutions)이 앞다투어 설립되었다. 그러나 RCT를 활용한 개발프로젝트 성과평가를 주도한 J-PAL의 연구진은 2015년 놀라운 연구결과를 발표한다. 아래 표는 아비지트 배너지(Abhijit Banerjee), 딘 케이를런(Dean Karlan), 조너선 진먼(Jonathan Zinman)이 6개 국가에서 소액대출 프로그램의 성과를 RCT를 활용하여 평가한 결과의 요약이다.

소액대출의 영향평가: 6개 RCT 결과 종합

	보스니아	에티오피아	인도	멕시코	몽골	모로코
신용접근	⬆	⬆	⬆	⬆	⬆	⬆
사업활동	⬆	⬆	⬆	⬆	✖	⬆
소득	✖	✖	✖	✖	✖	✖
소비	⬇	⬇	✖	✖	⬆	✖
사회적 영향	✖	✖	✖	⬆	✖	✖

⬆ 유의함(+) ⬇ 유의미함(-) ✖ 무의미함

평가결과는 소액대출이 신용에 대한 접근권 향상과 사업활동 활성화(몽골 제외)에는 유의미한 영향을 주었으나, 가계소득 증대, 사회적 영향에서는 단 한 국가에서도 유의미한 성과를 도출하지 못했음을 보여주었다. 몽골에서는 대출자의 소비가 증가했으나(경제학자들은 소비 증대를 빈곤감소 측정 기준의 하나로 간주한다), 보스니아에서는 정반대의 결과가 나타났으며, 에티오피아에서는 식량 안전(Food Security) 측면에서 부정적 영향이 관찰되었다. 연구팀은 6개의 평가결과를 종합분석하며 가장 일관성 있는 연구결과는 "평균적으로 소액 대출자에 대한 변화의 증거가 부족하다"는 것이라고 말했다. 한편, 연구자들은 소액대출의 빈곤감소 효과 자체에 대해서는 부정적이었지만, 소액대출이 저소득가구의 소득관리 재량권을 제공한다는 유용성은 인정된다고 설명했다.

이 연구는 즉각적으로 큰 반향을 일으켰고, MFIs의 방만 경영과 이윤추구 행위에 대한 날선 비판도 제기되었다. 즉, 연구는 약 3억 명의 사람들을 지원하는 680억 달러 산업에 공여국이 지속적으로 투자해야 하는지, 투자한다면 어떻게 해야 하는지에 대한 질문을 제기했다.

빈곤퇴치(Poverty Action)를 위한 혁신활동의 글로벌 아웃리치 책임자인 저스틴 올리버(Justin Oliver)는 "소액대출이 빈곤퇴치의 최선의 방법"이라고 보증하지 말았어야 했다고 말했다. 한편, MFI의 시초인 그라민(Grameen)의 대표 겸 CEO인 앨릭스 카운츠(Alex Counts)는 당초 소액대출이 고객의 삶을 변화시킬 것이라고 아무도 말하지 않았기 때문에 고객의 삶의 변화 정도를 측정한 이 연구는 '불공정'하다고 주장했다.

한편, 연구결과는 소액대출이 상당 규모의 수혜자에게 일정 정도의 이익(modest benefit)을 주었다는 점을 보여준다. 카운츠는 연구결과가 일정 정도의 이익을 얻은 수혜자가 2억 가구에 이르는 점을 보여주며, 이는 결코 적은 성과가 아니라고 말한다. 또한 연구결과, 5~10%의 수혜자가 변혁적 혜택을 경험하고 있음이 나타났다. 카운츠는 이제 MFIs는 마이크로파이낸스가 보다 더 높은 성과를 거둘 수 있는 방법을 모색하는 데 집중해야 한다고 주장한다.

참고자료: devex.com의 기사 및 Justin Sandefur, "The final word on Microcredit?" https://www.cgdev.org/blog/final-word-microcredit

생각할 문제

1 RCT를 활용한 소액대출 성과평가방식과 결과에 대해 토론해 보자.

2 소액대출 프로그램의 장기적 성과달성에 영향을 미칠 수 있는 요인들을 분석하고 개발협력에서 성과달성의 의미를 토론해 보자.

국제사회는 2015년 새천년개발목표MDGs: Millennium Development Goals를 계승하고 발전시킨 지속가능개발목표SDGs: Sustainable Development Goals를 채택함으로써 2030년까지 전 인류가 지구환경과 조화를 이루며 누구도 소외되지 않는 평화와 번영의 사회 건설이라는 공동의 목표를 설정했다. 그리고 개발도상국에서 이 SDGs를 달성하기 위해서는 이 책에서 언급한 빈곤과 불평등, 포용적 성장과 고용, 에너지, 도시화, 지속가능한 생산·소비·폐기, 성평등과 인권, 평화와 민주주의, 취약성과 이주, 기후변화와 환경 이외에도 다양한 글로벌 도전과제들을 해결해야 한다.

그런데 오늘날 개발협력 지형은 행위자, 재원, 이행방식 등에서 계속 변화하고 있다. 우리가 당면한 도전과제도 점점 복잡해지고 서로 긴밀하게 얽혀가고 있다. 그래서 한 개별 과제를 해결하기 위해서는 해당 과제만 해결하면 되는 것이 아니라 관련된 다른 과제들을 같이 해결해야 하는 상황이다. 예를 들면, 포용적 고용과 에너지 불평등 해소는 빈곤 종식에 기여할 수 있고, 순환경제 활성화는 기후변화 대응의 한 해결책이 될 수 있다.

결국, 한정된 재원과 기한이라는 제약조건에서 이러한 과제들을 효율적으로 해결하기 위해서는 개발협력의 다양한 이해관계자들이 다면적·다층적·다각적으로 협력해야 한다. 이를 위해서는 공여국, 수원국, 중앙정부, 지방정부, 국제기구, 시민사회, 기업, 개인 등 이해관계자들 간의 강력하고 동등한 파트너십 구축이 필수적이라고 할 수 있다. SDGs의 기본 가치인 5P, 즉 사람, 평화, 지구, 번영, 파트너십People, Peace, Planet, Prosperity, Partnership에 파트너십이 포함되어 있는 것도 그 때문이라고 해석할 수 있다. SDGs 달성을 위해 다양한 이해관계자 파트너십이 중요한 수단이라는 것은 SDG 17번 '지속가능한 개발을 위한 글로벌 파트너십 활성화 및 이행 수단 강화'에서도 강조되고 있다. 개발의 모든 주체는 이 파트너십을 매개로 개도국의 SDGs 달성을 지원하기 위해 지식, 전문성, 기술, 재원을 상호 공유해야 한다.

SDGs가 논의되는 과정에서 국제사회는 파트너십의 중요성을 강조했지만 해당 용어의 공통된 정의 및 합의된 구성요소에 대해서는 상세하게 다루지 않았다. 실제로 파트너십은 국가 간 또는 국제기구 간 협정부터 공공-민간 파트너십까지 다양한 의미로 사용된다. 유엔UN United Nations에 따르면 파트너십이란 "모든 참가자가 공동의 목적을 달성하기 위해 함께 노력하고 특정 업무를 수행하고 위험과 책임, 자원, 이익을 공유하는 데 동의하는 국가와 비국가의 다양한 당사자 간의 자발적이고 협력적인 관계"라고 정의할 수 있다(UN DESA, 2015). 그리고 SDGs 출범 전후로 하여 다양하고 복잡한 양상의 개발 파트너십이 나타나고 있다. 전 세계적 차원에서 지역 사회 수준의 파트너십, 국제 네트워크에서 양자협정 형태의 파트너십, 다분야/다주제 플랫폼에서 개별 분야/개별 주제 관심 그룹의 파트너십까지 다양하다고 할 수 있다.

이러한 파트너십을 개발협력의 맥락에서 보면 크게 다섯 가지로 구분해 볼 수 있다. 첫째, 전통적인 공여국과 수원국과의 파트너십, 둘째, 원조효과성 제고를 목적으로 하는 원조조화 차원의 공여국 간 파트너십, 셋째, 새로운 재원, 기술, 전문성의 투입을 목적으로 하는 공여기관과 민간부문과의 파트너십, 넷째, 남남협력과 삼각협력을 촉진하는 수원국 간의 파트너십, 다섯째, SDGs의 효율적 이행을 위한 중앙정부와 지방정부와의 파트너십. SDGs 17번에서 언급하고 있는 다자이해관계자 파트너십MSP: Multi-stakeholder Partnership은 사회 여러 분야의 기관이 협력하고, 위험을 공유하고, 자원과 능력을 통합시켜 더 혁신적이고, 지속가능하며, 효율적이고, 시스템적인 접근을 통해서 공유 파트너십 가치와 개별 파트너의 목표를 생산하고 극대화하는 것이라고 정의할 수 있다(Stribbe and Prescott, 2016). 결국 앞에서 언급한 다섯 가지 파트너십의 모든 주체들이 SDGs라는 공동의 목표를 위해 지속적인 협력 형태를 유지하는 것을 MSP라고 볼 수 있다.

파트너십의 효과성은 다양한 요인에 의해서 결정된다. 그중에 가장 중요한 것은 파트너십이 다루고자 하는 이슈, 과정, 해결책과 관련된 지식 및 전문성을 공유하고 관리하는 역량이다. 그 이유는 파트너십을 통해 얻은 지식과 전문성이 가능한 한 많은 이들에게 전달, 공유되도록 함으로써 파트너십의 효과성을 확대할 수 있기 때문이다. 파트너십의 효과성을 제고하기 위해서는 '2030 개발의제'의 원칙과 동일하게 파트너십이 변환적이고, 포용적이며, 책임 있어야 한다(Beisheim and Ellersiek, 2017). 파트너십이 변환적인 효과를 가져올 수 있어야 한다는 것은 구조적인 결핍으로부터 나타나는 문제를 포착하고 이를 위한 시스템 변환 수준의 해결책을 찾을 수 있어야 한다는 것을 의미한다. 그리고 가장 소외된 사람을 먼저 지원한다는 '2030 개발의제'의 원칙처럼, 파트너십도 포용적으로 설계되어야 한다. 포용성의 대상에는 파트너십을 통해 혜택을 얻는 이들뿐만 아니라 참여하는 주체들도 포함되어 있다고 볼 수 있다. 마지막으로 파트너십의 주체들은 각자의 행동에 책임을 져야 한다. 파트너십 구성원 중 한 그룹이라도 부적절한 행동을 하게 되면 파트너십 전체의 신뢰를 무너뜨려 더 이상 파트너십을 유지할 수 없는 결과를 가져올 수 있기 때문이다.

한편, 유엔에서는 파트너십의 활성화를 위해서 여러 활동을 진행하고 있다. 2016년 유엔 경제사회국UN DESA: UN Department of Economic and Social Affairs은 유엔 파트너십 사무국UN Office for Partnerships과 유엔 글로벌 콤팩트Global Compact와 공동으로 SDGs를 위한 파트너십 데이터Partnership Data for SDGs라는 구상을 출범시켰다. 이 구상은 SDGs 이행을 지원하기 위해 수립된 MSP와 자발적 공약 이행을 통해 얻는 경험을 공유하고, 파트너십의 책임성 및 투명성을 제고하기 위해 계획되었다. 온라인 플랫폼에 파트너십을 등록하고, 모니터링 및 평가하며, 신뢰할 수 있고 유용한 정보를 통일된 형식으로 수집하고 있다. 적극적인 협력 경험을 통해 파트너십의 주체들이 상호 학습할 수 있다는 측면에서 이러한 파트너십 데이터의 생산과 보급은 필수적이라고 할 수 있다.

현재까지 이 온라인 플랫폼에 등록된 파트너십 및 자발적 공약은 총 4155개이다. 그리고 여기에 등록된 파트너십은 대규모 글로벌 공약 및 공동행동부터 특정 지역을 대상으로 하는 소규모 공동 프로젝트에 이르기까지 다양하다. 파트너 주체 또한 회원국 기관, 지역 비정부기구NGO: Non-Governmental Organization, 글로벌 기업, 지역 협동조합 등 조직의 규모와 특성 면에서 다양하다고 할 수 있다. 이러한 다양성은 파트너십의 강점 중 하나이며 지속가능개발에 대한 전 세계의 관심 및 참여 수준을 알 수 있는 척도라고 볼 수 있다.

물론 파트너십이 만병통치약은 아니다. 일반적으로 파트너십은 처음에 구축하기가 어렵고 유지하거나 확장하는 데 많은 어려움이 따른다. 그뿐 아니라 높은 거래비용을 초래하기도 하고 운영 측면에서 효과성과 효율성을 추구해야 하며 파트너십 거버넌스와 책임성도 강화해야 한다. 특히 분야 간의 효과적인 파트너십을 구축하기 위해서는 개인은 새로운 사고방식과 기술이, 기관은 새로운 역량 및 인센티브가 필요하다. 요즘처럼 단기 성과 요구에 대한 압력이 높고, 특정 이슈에 대한 주의 집중이 짧게 끝나버리는 환경에서 파트너십을 잘 유지하기 위해서는 인내심, 끈기 및 장기적 약속이 필요하다.

우리는 지금까지 유례없는 성장을 달성해왔다. 그러나 테러, 양극화, 기후변화, 식량위기, 환경오염 등 우리가 해결해야 하는 문제 또한 산적해 있다.

이를 해결하기 위해서는 공동의 목표, 상호 신뢰, 위험 및 책임 공유를 바탕으로 한 강력한 파트너십을 구축해야 한다. 파트너십은 보다 책임 있고 포용적이며 지속가능한 성장으로 나아가게 하는 중요한 도구라고 할 수 있다. 새롭게 부상하는 개발주체인 기업이 지속가능한 개발에 참여하고 이를 확대하는 데 있어서 시장 실패, 거버넌스 격차 및 신뢰 부족 문제가 있다면 파트너십을 통해서 이러한 장애를 해결할 수 있다. 국제사회는 여러 행위자들의 다양한 행동을 통합, 조율하고 다양한 개발목표와 분야 간의 연계를 강화하는 효과적인 플랫폼 구축과 파트너십 강화를 위해 노력해야 한다.

참고문헌

제1장 빈곤과 불평등

로슬링, 한스(Hans Rosling)·올라 로슬링(Ola Rosling)·안나 로슬링 뢴룬드(Anna Rosling Ronnlund) 2019. 『팩트풀니스: 우리가 세상을 오해하는 10가지 이유와 세상이 생각보다 괜찮은 이유』. 이창신 옮김. 파주: 김영사.

배너지, 아비지트(Abhijit Banerjee)·에스테르 뒤플로(Esther Duflo). 2012. 『가난한 사람이 더 합리적이다: MIT 경제학자들이 밝혀낸 빈곤의 비밀』. 이순희 옮김. 서울: 생각연구소.

샤이델, 발터(Walter Scheidel). 2017. 『불평등의 역사』. 조미현 옮김. 서울: 에코리브르.

프로스트, 로라(Laura J. Frost)·마이클 라이히(Michael R. Reich). 2013. 『의료접근성: 가난한 나라에는 왜 의료 혜택이 전해지지 못할까?』. 서울대학교 이종욱 글로벌의학센터 옮김. 서울: 후마니타스.

피케티, 토마 외(Thomas Piketty et al.). 2017. 『애프터 피케티』. 유엔제이 옮김. 서울: 율리시즈.

피케티, 토마(Thomas Piketty). 2014. 『21세기 자본』. 장경덕 외 옮김. 파주: 글항아리.

하라리, 유발(Yuval Noah Harari). 2018. 『21세기를 위한 21가지 제언: 더 나은 오늘은 어떻게 가능한가』. 전병근 옮김. 파주: 김영사.

홍성국. 2018. 『수축사회』. 서울: 메디치미디어.

환경부. 2018. 「2018 국가 지속가능성 보고서」. 지속가능발전위원회. http://ncsd.go.kr/app/sub02/85.do

Oxfam. 2017. "99퍼센트를 위한 경제." https://www.oxfam.or.kr/an-economy-for-the-99-99퍼센트를-위한-경제/

_____. 2018. "2018년 불평등 해소 실천 지표." https://www.oxfam.or.kr/불평등해소실천지표-2018-commitment-to-reducing-inequality-index-2018/

_____. 2019. "공익이냐 개인의 부냐?" https://www.oxfam.or.kr/public-good-or-private-wealth/

Klingholz, Reiner. 2014. "Absage an den Untergang." *Die Zeit*, Nr.7.

UN. 2018. "The Sustainable Development Goals Report." UN DESA.

World Bank. 2015. "A Measured Approach to Ending Poverty and Boosting Shared Prosperity: Concepts, Data, and the Twin Goals." Policy Research Report. Washington, DC: World Bank.

제2장 포용적 성장과 고용

유경준. 2008. 「빈곤감소적 성장(Pro-poor Growth): 정의와 한국에의 적용」. KDI 정책연구시리즈 2008-03.

윤성주. 2017. 「포용적 성장의 개념 및 논의동향」. 세종: 국토연구원.
이우진. 2018. 「포용적 성장과 사회 정책 연구」. 세종: 보건복지부.
허장. 2016. "포용적 성장을 위한 생산성 증대 어떻게?: OECD의 포용적 성장 논의." KDI 경제정보센터. ≪나라경제≫, 2016년 4월호.
한국국제협력단. 2015. 「지속가능개발목표(SDGs) 수립현황과 대응방안」. 서울: 한국국제협력단.

Chant, Sylvia. 2008. "The Informal Sector and Employment." Vandana Desai and Rob Potter(eds.). *The Companion to Development Studies*, New York: Routledge.
Chetty, R., J. N. Friedman, N. Hilger, E. Saez, D. W. Schanzenbach and D. Yagan. 2011. "How does your kindergarten classroom affect your earnings? Evidence from Project STAR." *The Quarterly Journal of Economics*, 126(4), pp. 1593~1660.
Ernst, Christoph, and Janine Berg. 2009. "The role of employment and labour markets in the fight against poverty." *Promoting Pro-Poor Growth: Employment*. Paris: OECD.
ILO. 2014. "World of Work Report 2014." Geneva: ILO, https://www.ilo.org/wcmsp5/groups/public/---dgreports/---dcomm/documents/publication/wcms_243961.pdf (검색일: 2019.3.15).
_____. 2018a. "Trends for Women 2018: Global Snapshot." World Employment Social Outlook.
_____. 2018b. "Women and Men in the Informal Economy: A Statistical Picture"(Second edition). Geneva: ILO.
IMF. 2019. "Work In Progress: Improving Youth Labor Market Outcomes in Emerging Market and Developing Economies." USA: IMF, https://www.imf.org/en/Publications/Staff-Discussion-Notes/Issues/2019/01/18/Work-In-Progress-Improving-Youth-Labor-Market-Outcomes-in-Emerging-Market-and-Developing-45130 (검색일: 2019.3.19).
Lloyd-Evans, Sally. 2008. *The Informal Sector and Employment: The companion to development studies*, Second edition. New York: Hodder Education.
OECD. 2014. "Report on the OECD framework for Inclusive Growth." Paris: OECD, http://www.oecd.org/mcm/IG_MCM_ENG.pdf (검색일: 2019.3.20).
_____. 2017. "Bridging the gap: Inclusive Growth 2017 update report." Paris: OECD, http://www.oecd.org/inclusive-growth/Bridging_the_Gap.pdf (검색일: 2019.4.20).
Pereznieto, Paola. 2016. "Eliminating Child Labour: Achieving Inclusive Economic Growth." World Vision. Overseas Development Institute.
Saad-Filbo, Alfredo. 2010. "Growth, Poverty and Inequality: From Washington Consensus to Inclusive Growth." DESA Working Paper No. 100.
Samans, Richard. 2017. "The Inclusive Growth and Development Report 2017" Geneva: World Economic Forum, http://www3.weforum.org/docs/WEF_Forum_IncGrwth_2017.pdf (검색일: 2019.3.20).

제3장 에너지

세바, 토니(Tony Seba). 2015. 『에너지혁명 2030』. 박영숙 옮김. 교보문고.

신윤성. 2013. 「셰일가스가 에너지시장과 산업에 미치는 영향」. KIET 산업경제(201301). 산업연구원.

안희민. 2015. "IEA '화석연료 보조금, 재생에너지의 4배'", ≪에너지경제≫, 2015년 4월 5일, http://www.ekn.kr/news/article.html?no=129000

BP. 2014. "BP Statistical Review of World Energy 2014."

_____. 2018. "BP Statistical Review of World Energy 67th edition."

_____. 2019. "Energy Outlook 2019 edition."

ESMAP. 2018. "2018 Tracking SDG 7 Report."

ESMAP & World Bank. 2018. "Policy Matters: Regulatory indicators for sustainable energy." RISE report.

IEA. 2017. "World Energy Outlook."

_____. 2018. "World Energy Outlook."

IPCC. 2019. "Climate Change 2014 Synthesis Report Fifth Assessment Report."

IRENA. 2016. "Solar PV in Africa: Costs and Markets."

_____. 2018. "Renewable power generation costs in 2017."

Khazzoom, Daniel J. 1980. "Economic implications for mandated efficiency in standards for household appliances." *The Energy Journal*, 1(4), pp. 21~40.

Lazard. 2017. "Lazard's Levelized cost of Energy Analysis-Version 11.0."

May, Nadine. 2005. "Eco-balance of a Solar Electricity Transmission from North Africa to Europe." Technical University of Braunschweig, Diploma Thesis.

OECD & IEA. 2010. "Energy Poverty: How to make modern energy access universal?"

UNDP. 2000. "World Energy Assessment: Energy and the challenge of sustainability."

World Bank. 2018. "Global Tracking Framework."

Zomers, Adriaan, et al. 2011. "The Global Electrification Challenge: The Case of Rural and Remote Areas." Invited paper CIGRE Electra 259(December 2011).

BP. 2014. "Statistical Review 2014." https://www.bp.com/en/global/corporate/energy-economics/energy-outlook/global-backdrop.html (검색일: 2019.6.12)

Fractional Flow. 2014. "The Powers of Fossil Fuels." https://runelikvern.online/2014/10/10/the-powers-of-fossil-fuels/ (검색일: 2019.6.12)

IIASA. 2014. "Energy Inequality." http://www.iiasa.ac.at/web/home/research/alg/energyinequality.html (검색일: 2019.6.12)

NASA. 2017. "Earth at Night." https://www.nasa.gov/topics/earth/earthday/gall_earth_night.html (검색일: 2019.6.12)

World Bank. 2019. "Global Solar Atlas." https://www.nasa.gov/topics/earth/earthday/gall_earth_night.html (검색일: 2019.6.12)

제4장 도시화

강식. 2014.「동남아시아의 도시화 동향 및 전망」. 경기: 경기개발연구원.

권율. 2012.「동남아시아의 개발수요와 한국의 분야별 ODA 추진방안」. 세종: 대외경제정책연구원.

김나연. 2018.「인도의 스마트시티 개발 동향」. 충북: 정보통신정책연구원.

김동현 외. 2015.「도시의 기후 회복력 확보를 위한 공간단위별 평가체계 및 모형 개발(I)」. 한국환경정책·평가연구원.

김수진. 2015.「포용도시정책 수립을 위한 기초연구」. 안양: 국토연구원.

김지헌. 2017.「'모두를 위한 도시' 사례와 시사점」. ≪희망이슈≫, 통권 제28호, 1~12쪽.

문정호 외. 2016.「포용적 국토 실현을 위한 정책과제 연구」. 안양: 국토연구원.

박영호 외. 2016.「아프리카 도시화특성분석과 인프라 협력방안」. 세종: 대외경제정책연구원.

오윤아 외. 2015.「동남아 도시화에 따른 한·동남아 경제협력 방안」. 세종: 대외경제정책연구원.

예상한 외. 2015.「2015 아프리카 국별 연구 시리즈 [르완다]」. 서울: 한-아프리카교류협회.

유엔 해비타트. 2015.『UN-Habitat의 리더들을 위한 도시계획 개론』. 강명구 옮김. 서울: ㈜오씨에스도시건축사사무소.

이소영 외. 2016.「중남미 도시화 특성 분석에 따른 한·중남미 개발협력방안 연구」. 안양: 국토연구원.

임현묵 외. 2017.「한국사회와 지속가능발전목표 11: 우리의 지속가능한 도시」. 유네스코한국위원회.

정연우. 2016.「중남미 주요 국가의 도시개발 협력수요와 한국의 진출전략」. 안양: 국토연구원.

최병두 외. 2004.「지속가능한 발전과 새로운 도시화: 개념적 고찰」. ≪대한지리학회지≫, 제39권 1호, 70~87쪽.

한국국제협력단. 2018.「[르완다] 농업 및 농촌개발 분야 현황」. 성남: 한국국제협력단.

DFID. 2016. "ICED: Infrastructure and Cities for Economic Development." London: Department for International Development.

_____. 2017. "Economic Development Strategy: Prosperity, Poverty and Meeting Global Challenges—Infrastructure, Energy and Urban Development." London: Department for International Development.

Green Climate Fund. 2016. "(Fund Proposal) FP013: Improving the resilience of vulnerable coastal communities to climate change related impacts in Viet Nam."

McKinsey & Company. 2013. "Infrastructure Productivity: How to Save $1 Trillion a Year." United States: New York.

Ramola Naik Singru. 2014. "Regional balanced urbanization through second tier city development." ADB International Policy Workshop on Rural-Urban Poverty Linkages.

UN DESA. 2015. *World Urbanization Prospects, The 2014 Revision*. New York: United Nations.

UN-Habitat. 2016a. "10 Policy paper."

_____. 2016b. "Urbanization and development: emerging features."

United Nations Statistics Division. 2016. "UNSD, 2016, Global Indicator Framework_ A.RES. 71.313 Annex." United Nations.

제5장 지속가능한 생산·소비·폐기

국가청정지원센터. "청정생산기술". https://www.kncpc.or.kr/clean/technology.asp
레이워스, 케이트(Kate Raworth). 2017.『도넛경제학』. 홍기빈 옮김. 서울: 학고재.
맬서스, 토머스(Thomas Malthus). 2011.『인구론』. 이서행 옮김. 동서문화사.
산업통상자원부. 2018.「재제조, 청정생산 시장조사 및 시장확산 전략 연구」, 5쪽.
임해숙. 2015.「자원순환분야 지속가능발전목표(SDGs) 이행 기반 마련을 위한 기초연구」. 한국환경정책평가연구원.
≪한겨레≫, 2006.11.7. "선진국 유독 폐기물, 후진국으로…'죽음의 항해'". http://www.hani.co.kr/arti/PRINT/170157.html
≪한국경제신문≫. 2014.12.8. "자원고갈론은 틀렸다". http://sgsg.hankyung.com/apps.frm/news.view?nkey=20141208004530000081&c1=01&c2=01
≪환경경찰 뉴스≫. 2019.5.24. "죽음의 구름이 덮친 마을, 세베소". http://www.epnnews.com/news/articleView.html?idxno=1589

BP. 2015. "BP Statistical Review of World Energy 2015(64th edition)."
_____. 2016. "BP Statistical Review of World Energy 2016(65th edition)."
_____. 2017. "BP Statistical Review of World Energy 2017(66th edition)."
_____. 2018. "BP Statistical Review of World Energy 2018(67th edition)."
Choe, E. K. 2007. "Study on the Methodology to Enhance the Domestic Testing Capability for the Coming REACH." Final Report of KATS-funded Reseach Project(Serial No. TB-3). Ansan: Korea Institute of Industrial Technology.
Kahn, Danielle J., M. E. Kaseva and S. E. Mbuligwe. 2009. "Hazardous wastes issues in developing countries." Hazardous Waste Management.
One Planet Network. http://www.oneplanetnetwork.org
Triassi, Maria et al. 2015. "Environmental Pollution from Illegal Waste Disposal and Health Effects: A Review on the 'Triangle of Death'." *International Journal of Environmental Research and Public Health*, 12(2), pp. 1216~1236.
UNEP. 2015a. "Global Waste Management Outlook." United Nations Environment Programme.
_____. 2015b. "Sustainable Consumption and Production A Handbook for Policymakers."
_____. 2015c. "Waste Crime: Waste Risks Gaps in Meeting the Global Waste Challenge."
_____. 2017. "Assessing Global Resource Use."
Van Berkel, Rene. 2016. "Resource Efficient and Cleaner Production for Competitive, Clean and Innovative Industry." Conference paper. UNIDO.
Waste Atlas. http://www.atlas.d-waste.com
World Bank. 2018. "What a Waste 2.0."

누스바움, 마사(Martha Nussbaum). 2015. 『역량의 창조』. 한상연 옮김. 파주: 돌베개.
도열, 레슬리(Lesley Doyal). 2010. 『무엇이 여성을 병들게 하는가: 젠더와 건강의 정치경제학』. 김남순 외 옮김. 파주: 한울.
비슨달, 마라(Mara Hvistendahl). 2013. 『남성 과잉 사회: 지워져버린 소녀들의 진실과 도래할 인류의 재앙』. 박우정 옮김. 현암사.
유엔 인권최고대표사무소. 2014. 「인권과 빈곤 감소: 개념적 프레임워크」. 『인권과 국제개발협력: 유엔과 개발원조기관의 정책 소개』. 한국인권재단 옮김. 국가인권위원회.
카림, 라미야(Lamia Karim). 2015. 『가난을 팝니다: 가난한 여성들을 착취하는 착한 자본주의의 맨 얼굴』. 박소현 옮김. 파주: 오월의봄.
한국인권재단. 2016. 「인권개발협력 애드보커시 가이드」.
허라금·강선미 외. 2010. 「KOICA 사업의 성 주류화 방안」. KOICA.
KOICA. 2018. 「여성청소년 포괄적 교육지원을 위한 국제교육개발협력 사업사례 리포트」. KOICA 사업품질성과관리팀 엮음. KOICA.
KOICA ODA 교육원. 2016. 『국제개발협력 심화편』. 파주: 시공미디어.

Arutyunova, Angelika, and Cindy Clark. 2013. "Watering the Leaves, Starving the Roots: the status of financing for women's rights organizing and gender equality." AWID.
Nam, Cheongsoo. 2018. "Consultation Report: Integrating gender perspective into Integrated Maternal and Child Health Promotion Project(2017-2020)." in Battambang Province, Cambodia(Cambodia Battambang Province DOH), not published.
EIGE(European Institute of Gender Equality), https://eige.europa.eu (검색일: 2019.4.7)
Fikree, Fariyal F. and Omrana Pasha. 2004. "Role of gender in health disparity: the South Asian context." *British Medical Journal*, 328.
Fredman, Sandra, and Beth Goldblatt. 2015. "Discussion Paper: Gender Equailty and Human Rights." UN Women.
ILO. 2016. "Women at Work 2016."
OECD. 2016. "Handbook on the OECD-DAC Gender Equality Policy Maker."
Parpart, Jane L., Shrin M. Rai, and Kathleen Staudt, ed. 2002. *Rethinking Empowerment: gender and development in a global/local world.* Routledge.
The European Union & the United Nations. 2017. "Spotlight Initiative: to eliminate violence against women and girls." Terms of Reference 2017-2023.
The 4th World Conference on Women(WCW). 1995. "Beijing Declaration and Platform for Action."
The Global Affairs Canada. 2017. "Canada's Feminist International Assistance Policy: #HerVoiceHerChoice."
The Guardian. 2019.4.18. "Bangladeshi teenager set on fire after accusing teacher of harassment."
The Ministry of Foreign Affairs The Government Offices of Sweden. 2018. "Handbook

Sweden's Feminist Foreign Policy."
UN DESA. 2015. "The World's Women 2015: Trends and Statistics." UN.
UNESCO. 2018. "Global Education Monitoring Report Gender Review 2018: Meeting Our Commitments to Gender Equality in Education."
UN Inter-Agency Steering Committee(IASC). 2015. "Guidelines for Integrating Gender-based Violence Interventions in Humanitarian Action: Reducing risk, promoting resilience, and aiding recovery."
UN Women. 2015. "Progress of the World's Women 2015~2016: Transforming economies, realizing rights."
_____. 2018. "Turning Promises into Action: Gender Equality in the 2030 Agenda for Sustainable Development."
UN Women & Inter-Parliamentary Union. 2019. "Women in Politics: 2019."
UN Women Training Center. 2016. "Typology on Training for Gender Equality." UNWTC.
Wennerholm, C. J. 2002. *The Feminization of Poverty: The use of concept*. SIDA.
World Economy Forum. 2017. "Global Gender Gap Report 2017."

제7장 평화와 민주주의

갈퉁, 요한(Johan Galtung). 2000. 『평화적 수단에 의한 평화』. 강종일 외 옮김. 파주: 들녘.
김수진. 2017. 「선진 공여기관의 분쟁 취약국 지원전략 및 성과관리」. ≪국제개발협력≫, 2017-2호. 성남: 한국국제협력단.
_____. 2018. 「인도적지원-개발-평화 '연계(triple nexus)' 논의 현황 및 한국 ODA 시사점」. 한국국제협력단. ≪개발과 이슈≫, 제44호.
김수진·이승철. 2017. 「KOICA의 효과적인 취약국 지원을 위한 성과프레임워크 지표풀 개발: 공공행정 분야」. 성남: 한국국제협력단.
박의경. 2014. 「지속가능한 평화를 위한 제언: 평화의 제도화를 향하여」. ≪국제정치논총≫, 제54집 4호, 342~376쪽.
박인휘. 2010. 「안보와 지역: 안보 개념의 정립과 동북아안보공동체의 가능성」. ≪국가전략≫, 제16권 4호, 33~62쪽.
양승함·배종윤. 2003. 「21세기 국제사회의 안보·평화 개념과 평화지수의 적실성」. ≪국제정치논총≫, 제43집 2호.

Alava, Henni. 2010. "Exploring the Security-Development Nexus: Perspectives from Nepal, Northern Uganda and Sugango." Helsinki: Ministry for Foreign Affairs of Finland.
Booth, Ken. 2007. *Theory of World Security*. Cambridge: Cambridge University Press.
Buzan, Barry. 1991. "People, States, and Fear: An Agenda for International Security Studies in the Post Cold War Era." 2nd. ed. Boulder: Lynne Rienner.
Buzan, Barry, and Lene Hansen. 2009. *The Evolution of International Security Studies*. Cambridge: Cambridge University Press.

Huysmans, Jef. 1998. "Security! What do You Mean? From Concept to Thick Signifier." *European Journal of International Relations* 4, 2, pp. 226~255.

ICAI. 2015. "DFID's Scale-up in Fragile States: Terms of Reference." London: ICAI.

Knight, W. Andy. 2008. "Disarmament, Demobilization, and Reintegration and Post-Conflict Peacebuilidng in Africa: An Overview." *African Security*, vol(1), pp.24~52.

Pathfinders for Peaceful, Just and Inclusive Societies(Pathfinders). 2017. *The Roadmap for Peaceful, Just and Inclusive Societies: A call to Action to Change our World.* New York: Center on International Cooperation.

Smith, Steve. 2002. "The Concept of Security Before and After September 2011: The Contested Concept of security." IDSS Working Paper Series No.23. Singapore: Institute of Defense and Strategic Studies.

UNDP. 1994. "Human Development Report 1994." New York: Oxford University Press.

_____. 1999. "Human Development Report 1999." New York: Oxford University Press.

_____. 2000. "Human Development Report 2000." New York: Oxford University Press.

_____. 2016. "Building Inclusive Societies and Sustaining Peace through Democratic Governance and Conflict Prevention." New York: United Nations.

UNGA. 2015. "Transforming our World: The 2030 Agenda for Sustainable Development." (A/RES/70/1). New York: United Nations.

_____. 2016. "Review of the United Nations peacebuilding architecture." Resolution adopted by the General Assembly on 27 April 2016(A/RES/70/262). New York: United Nations.

UNOCHA. 2017. "World Humanitarian Data and Trends 2017." Geneva: The UN Office for the Coordination of Humanitarian Affairs(OCHA).

UNSC. 2016. Resolution 2282 adopted by the Security Council at its 7680th meeting on 27 April 2016(S/RES/2282). New York: United Nations.

UNSG. 2015. "Securing Our Common Future: An Agenda for Disarmament." New York: United Nations.

_____. 2018. "Peacebuilding and Sustaining peace" Report of the Secretary General (A/72/707-S/2018/43). New York: United Nations.

UN·World Bank. 2018. "Pathways for peace inclusive approaches to prevent violent conflict." Washington, DC: World Bank.

USIP. 2007. "Natural Resources, Conflict, and Conflict Resolution." A study Guide Series on Peace and Conflict. Washington, DC: United States Institute of Peace(USIP).

Williams, Paul D., ed. 2008. *Security Studies: An Introduction.* Abingdon: Routledge.

제8장 취약국과 이주

국제이주기구(IOM). 2011.『이주 용어 사전(제2판)』. 국제이주기구.

이현. 2014.「'취약국 개입을 위한 뉴딜': 논의 배경, 주요 내용, 그리고 시사점」. 한국국제협력단. ≪개발과 이슈≫, 제20호.

Carment, D., and Y. Samy. 2017. "Exiting the Fragility Trap; Rethinking our approach to the world's most fragile states." UNU-WIDER Working Paper 2017/181.

Collier, P., T. Besley and A. Khan. 2018. "Escaping the fragility trap." The LSE-Oxford Commission on State Fragility, Growth and Development.

Department for International Development(DFID). 2016. "International Development Committee(IDC) Inquiry: Allocation of Resources." Memorandum by the Department for International Development(DFID). http://data.parliament.uk/writtenevidence/committeeevidence.svc/evidencedocument/international-development-committee/dfids-allocation-of-resources/written/28276.pdf (검색일: 2019.5.13).

Fund for Peace. 2019. "Fragile State Index Annual Report 2019."

Grävingholt, J., S. Ziaja and M. Kreibaum. 2012. "State Fragility: Towards a Multi-Dimensional Empirical Typology." Discussion Paper 3/2012. Bonn: DIE.

Hoeffler, A. 2013. "Out of the Frying Pan into the Fire? Migration from Fragile States to Fragile States." OECD Development Co-operation Working Paper. No. 9. Paris. OECD Publishing.

International Organization for Migration(IOM). 2018. "Global Migration Indicators 2018." Berlin: GMDAC. IOM.

Kaplan, S. 2014. "Identifying Truly Fragile States." *The Washington Quarterly*, 37(1), pp. 49~63.

Martin-Shields, C. 2017. "State Fragility as a Cause of Forced Displacement: Identifying Theoretical Channels for Empirical Research." Discussion Paper 30/2017. Bonn: DIE.

Metre, L. 2016. "Fragility and Resilience." Policy Brief. No. 2. Fragility Studty Group(FSG). https://www.usip.org/sites/default/files/Fragility-Report-Policy-Brief-Fragility-and-Resilience_0.pdf (검색일: 2019.5.13).

Overseas Development Institute(ODI). 2016. "10 Things to Know about Refugees and Displacement." Humanitarian Policy Group. London: ODI.

_____. 2018. "SDG progress Fragility, crisis and leaving no one behind." London: ODI.

Organisation for Economic Cooperation and Development(OECD). 2007. "Fragile States. Glossary of Statistical Terms."

_____. 2011. "Supporting Statebuilding in Situations of Conflict and Fragility: Policy Guidance, DAC Guidelines and Reference Series. OECD Publishing."

_____. 2015. "States of Fragility 2015: Meeting Post-2015 Ambitions." Paris: OECD Publishing.

_____. 2018. "States of Fragility 2018." Paris: OECD Publishing.

Rotberg R. 2004. "The Failure and Collapse of Nation-States: Breakdown, Prevention, and Repair." *When States Fail: Causes and Consequences*. Princeton University Press, ch. 1. http://assets.press.princeton.edu/chapters/s7666.pdf (검색일: 2019.5.13).

Stewart, F., and G. Brown. 2010. "Fragile State." Centre for Research on Inequality, Human Security and Ethnicity(CRISE), Number 3. Oxford: University of Oxford. https://assets.publishing.service.gov.uk/media/57a08b17ed915d3cfd000b1c/CRISE-Overview-3.pdf (검

색일: 2019.5.13).
United Nations Hight Commissioner for Refugees(UNHCR). 2018. "UNHCR Global Trend Forced Displacement in 2017." Geneva: UNHCR.
_____. 2019. "Desperate Journeys: Refugees and Migrants Arriving in Europe and at Europe's Borders January-December 2018." https://www.unhcr.org/desperatejourneys/ (검색일: 2019.5.13).
USAID. 2005. "Fragile States Strategy." https://pdf.usaid.gov/pdf_docs/PDACA999.pdf (검색일: 2019.5.13).
World Bank. 2011. "Conflict, Security, and Development." World Development Report 2011. Washington D.C.: The World Bank.

제9장 기후변화와 환경

레이워스, 케이트(Kate Raworth). 2017.『도넛경제학』. 홍기빈 옮김. 서울: 학고재.
삭스, 제프리(Jeffrey Sachs). 2015.『지속가능한 발전의 시대』. 홍성완 옮김. 파주: 21세기북스.
한국국제협력단. 2016.『국제개발협력: 심화편』. 파주: 시공미디어.

Prüss-Üstün, A., and C. Corvalán. 2016. "Preventing Disease through Health Environment." WHO(World Health Organization).
Desai, Vandana, et al. 2008. *The Companion to Development Studies*. Routledge.
Eckstein, David, Marie-Lena Hutfils and Maik Winges. 2019. "Global Climate Risk Index." Germanwatch.
Hallegate, Stephan, et al. 2016. *Shock Waves Managing the Impacts of Climate Change on Poverty*. Washington, DC: World Bank.
IPCC(Intergovernmental Panel on Climate Change). 2007. "Climate Change 2007 Synthesis Report: Summary for Policy Makers."
_____. 2014. "Climate Change 2014 Impacts, Adaptation, and Vulnerability."
OECD. 2010. "Climate Change and Agriculture Impacts, Adaptation and Mitigation." https://dx.doi.org/10.1787/9789264086876-en
UN. 2019.5.3. "Sustainable Development Goal." https://www.un.org/sustainabledevelopment/sustainable-development-goals/
WHO. "Global Health Observatory(GHO) Data: Mortality from Household Air Pollution." https://www.who.int/gho/phe/indoor_air_pollution/burden/en/

제10장 개발재원

김지현. 2016.「개발도상국 국내재원동원(DRM) 지원방안 연구」. KOICA.
명순영·나건웅. 2019.2.15. "크라우드펀딩 규제 벗고 두둥실." ≪매경이코노미≫, 제1995호.

박수영·오수현. 2015a. 「Post-2015체제의 개발재원 논의분석」. KOICA.

_____. 2015b. 「제3차 개발재원총회와 아디스아바바 행동계획의 함의 분석」. 한국국제협력단. ≪개발과 이슈≫, 제24호.

박수영·조한슬. 2015. 「Post-2015체제의 ODA정의 현대화와 총공적개발지원 분석 연구」. KOICA.

오수현·이인호. 2018. 「OECD DAC의 민간재원동원 측정방안연구」. KOICA.

정지원·정지선. 2011. 「국제사회의 개발재원 논의동향과 한국의 정책과제」. 대외경제정책연구원.

AlliedCrowds. 2015. "Developing World Crowdfunding: Sustainability through Crowdfunding."

Foundation Center. 2014. "Key Facts on U.S. Foundation(2014 edition)."

Foundation Center & Council on Foundations. 2018. "The State of Global Giving by U.S. Foundations 2011-2015."

ITC. 2018. "ATI Monitoring Brief 2016."

McGill, Lawrence. 2016. "Number of registered public benefit foundation in Europe exceeds 147,000." Foundation Center.

Moon, Younghwan and Junseok Hwang. 2018. "Crowdfunding as an Alternative Means for Funding Sustainable Appropriate Technology: Acceptance Determinants of Backers." *Sustainability*, 10(5), pp. 1~18.

OECD. 2003. Philanthropic Foundations and Development Co-operation. Off-print of the DAC Journal 2003, Volume 4, No. 3.

_____. 2014. "Measuring Mobilisation in An International Statistical System."

_____. 2016. "TOSSD Compendium for Public Consultation."

_____. 2017. "Global Private Philanthropy for Development."

_____. 2018a. "Possible Emerging Excerpts of TOSSD Reporting Instructions."

_____. 2018b. "Definition of the Second Pillar of TOSSD."

_____. 2019a. "Converged Statistical Reporting Directives for the Creditor Reporting System (CRS) and the Annual DAC Questionnaire." DCD-DAC-STAT(2018)9-ADD3.

_____. 2019b. "Amounts Mobilized from the Private Sector by Development Finance Interventions in 2012~2017."

Rau, P. Raghavendra. 2017. "Law, trust and the development of crowdfunding."

Reiser, Dana Brakman. 2018. "The Rise of Philanthropy LLCs." *Stanford Social Innovation Review*, 16(3), pp. 26~33.

UNCTAD. 2014. "World Investment Report 2014: Investing the SDGs An Action Plan."

제11장 과학, 기술과 혁신

Brook, David, Caitlyn MacMaster and Peter A. Singer. 2014. "Innovation for Development." in Bruce Currie-Alder, Ravi Kanbur, David M. Malone and Rohinton Medhora(eds.). *International Development: Ideas, Experience, and Prospects*. Oxford: Oxford University Press.

ILO. 2016. "ASEAN in Transformation: The Future of Jobs at Risk of Automation."

ITU. 2018. "Measuring the Information Society Report, Vol. 1."

McKinsey Global Institute. 2017. "A Future That Works: Automation, Employment and Productivity."

OECD. 2006. "Revised Field of Science and Technology(FOS) Classification in the Frascati Manual." DSTI/EAS/STP/NESTI(2006).

_____. 2015. "Frascati Manual 2015: Guidelines for Collecting and Reporting Data on Research and Experimental Development." The Measurement of Scientific, Technological and Innovation Activities.

_____. 2016. "OECD Science, Technology and Innovation Outlook 2016."

OECD/Eurostat. 2018. "Oslo Manual 2018: Guidelines for Collecting, Reporting and Using Data on Innovation." 4th Edition. The Measurement of Scientific, Technological and Innovation Activities.

UNCTAD. 2017. "Training Course on STI Policies: Module 1. Innovation, Policy and Development Participant's Handbook."

_____. 2018. "Technology and Innovation Report 2018."

UN et al. 2018. "Fast-forward Progress: Leveraging Tech to Achieve the Global Goals."

World Bank. 2016. "Digital Dividends." World Development Report 2016.

제12장 개발효과성과 성과

박수영. 2018.「원조효과성 분석 연구 동향 고찰을 통한 개발협력 정책 제언」. ≪국제개발협력연구≫, 10, 231~254쪽.

Arndt, Channing, Sam Jones and Finn Tarp. 2010. "Aid, Growth, and Development Have We Come Full Circle?" WIDER Working Paper Series 096. World Institute for Development Economic Research(UNU-WIDER).

Banerjee, Abhijit V. and Esther Duflo. 2009. "The Experimental Approach to Development Economics." *Journal of Economic Survey*, 23, pp. 433~461.

Banerjee, Abhijit, Dean Karlan, and Jonathan Zinman. 2015. "Six Randomized Evaluations of Microcredit: Introduction and Further Steps." *American Economic Journal: Applied Economics*, 7(1), pp. 1~21.

Binnendijk, Annette. 2000. "Results Based Management in the Development Cooperation Agencies: A Review of Experiences." http://www.oecd.org/development/evaluation/1886527.pdf

Boone, Peter. 1994. "The Impact of Foreign Aid on Savings and Growth." Centre for Economic Performance, Working Paper, No. 677.

Burnside, Craig and David Dollar. 1997. "Aid, Policies and Growth." *The American Economic Review*, 90(4), pp. 847~868.

Cassen, Robert, and the Associates. 1994. *Does Aid Work?* Second edition. Oxford: Clarendon Press.

Forss, Kim, Evert Vedung, Stein E. Kruse, Agnes Mwaiselage and Anna Nilsdottir. 2008. "Are SIDA Evaluations Good Enough?" An Assessment of 34 Evaluation Reports SIDA Studies in Evaluation 2008: 1.

Hansen, Henrik and Finn Tarp. 2000. "Aid Effectiveness Disputed." *Journal of International Development*, 12(3), pp. 375~398.

Mosley, Paul. 1986. "Aid Effectiveness: The Micro-Macro Paradox." *Institute of Development Studies Bulletin*, 17(2), pp. 22~27.

_____. 1987. *Overseas Aid: Its Defence and Reform*. Brighton: Wheatsheaf Books.

OECD. 2010. "Glossary of Key Terms in Evaluation and Results Based Management." https://www.oecd.org/dac/evaluation/2754804.pdf

_____. 2016. Making Development Cooperation More Effective: 2016 Progress Report.

UN. 2015. "Millennium Development Report 2015."

결론

Beisheim, Marianne, and Anne Ellersiek. 2017. "Partnerships for the 2030 Agenda for Sustainable Development Transformative, Inclusive and Accountable?" Stiftung Wissenschaft und Politik.

Stibbe, Darian, and Dave Prescott. 2016. "An introduction to Multi-stakeholder Partnerships." The Partnering Initiative.

UN DESA. 2015. "Partnerships for Sustainable Development Goals: A Legacy Review towards Realizing the 2030 Agenda."

KOICA(Korea International Cooperation Agency)

1991년에 창립한 한국국제협력단(KOICA)은 우리나라를 대표하는 무상원조기관입니다. 개발도상국가의 경제·사회 개발을 지원함으로써 개발도상국의 빈곤퇴치를 위해 다양한 노력을 기울여왔습니다. 이를 통해 상호의존성이 증대하고 있는 국제사회에서 우리나라의 국제적 이미지를 높이고 여러 개발도상국과 우호·협력 관계를 증진하기 위해 최선의 노력을 기울이고 있습니다.

홈페이지: www.koica.go.kr

발간에 참여하신 분들

기획

한국국제협력단(KOICA)

감수

김태균 서울대학교 국제대학원 국제개발학 교수

지은이(가나다순)

고요한 한국국제협력단(KOICA) ODA 연구정보센터 연구원
컬럼비아대학교 국제관계학 석사

기경석 한국국제협력단(KOICA) 과장
서울과학기술대학교 에너지환경대학원 에너지정책학 박사과정

김수진 한국국제협력단(KOICA) ODA 연구정보센터 연구원
고려대학교 국제대학원 개발협력학 박사과정

김지윤 한국국제협력단(KOICA) 차장
런던정치경제대학교 개발학 석사

남청수 한국국제협력단(KOICA) 과장
웁살라대학교 국제학 석사

박수영 한국국제협력단(KOICA) 차장
맨체스터대학교 개발정책학 박사

박재신 한국국제협력단(KOICA) 상임 이사
케임브리지대학교 경영학 박사

박종남 한국국제협력단(KOICA) ODA 연구정보센터 연구원
경희대학교 사회학 박사

원종준 한국국제협력단(KOICA) 과장
서울대학교 도시공학 박사

이상미 한국국제협력단(KOICA) 과장
서울대학교 보건대학원 보건학 박사과정

정유아 한국국제협력단(KOICA) 차장
맨체스터대학교 개발정책경영학 박사과정

한근식 한국국제협력단(KOICA) 차장
서울대학교 환경대학원 환경계획학 석사

한애진 한국국제협력단(KOICA) 과장
브리스톨대학교 국제관계학 석사

편저

박수영, 고요한

연구보조

신보람, 김성은, 김신애, 장혜진

한울아카데미 2171
열두 개의 키워드로 이해하는 국제개발협력

기획 한국국제협력단(KOICA)
펴낸이 김종수 | **펴낸곳** 한울엠플러스(주)

초판 1쇄 발행 2019년 7월 31일 | **초판 2쇄 발행** 2021년 4월 30일

주소 10881 경기도 파주시 광인사길 153 한울시소빌딩 3층
전화 031-955-0655 | **팩스** 031-955-0656
홈페이지 www.hanulmplus.kr | **이메일** hanul@hanulbooks.co.kr
등록번호 제406-2015-000143호

ISBN 978-89-460-8068-3 93340

* 책값은 겉표지에 표시되어 있습니다.